Wolls Lehr- und Handbücher der Wirtschafts- und Sozialwissenschaften

Herausgegeben von

Universitätsprofessor Professor h.c. Dr. Dr. h.c. Artur Woll

Bisher erschienene Werke:

Aberle, Transportwirtschaft, 2. Auflage
Barro, Makroökonomie, 3. Auflage
Barro · Grilli, Makroökonomie – Europäische Perspektive
Blum, Volkswirtschaftslehre, 2. Auflage
Branson, Makroökonomie, 4. Auflage
Bretschger, Wachstumstheorie
Brösse, Industriepolitik
Büschges · Abraham · Funk, Grundzüge der Soziologie, 2. Auflage
Cezanne, Allgemeine Volkswirtschaftslehre, 3. Auflage
Fischer · Wiswede, Grundlagen der Sozialpsychologie
Leydold, Mathematik für Ökonomen
Rosen · Windisch, Finanzwissenschaft I
Rush, Übungsbuch zu Barro, Makroökonomie, 3. Auflage
Sachs · Larrain, Makroökonomik – in globaler Sicht
Schneider, Grundlagen der Volkswirtschaftslehre, 3. Auflage
Tirole, Industrieökonomik
Varian, Mikroökonomie, 3. Auflage
Wachtel, Makroökonomik
Wohltmann, Grundzüge der makroökonomischen Theorie, 2. Auflage

Grundlagen der Volkswirtschaftslehre

Von

Dr. Helmut Schneider

ordentlicher Professor
für theoretische und angewandte Sozialökonomie
an der Universität Zürich

Dritte Auflage

R. Oldenbourg Verlag München Wien

Die Deutsche Bibliothek - CIP-Einheitsaufnahme

Schneider, Helmut:
Grundlagen der Volkswirtschaftslehre / von Helmut Schneider.
- 3. Aufl. – München ; Wien : Oldenbourg, 1998
(Wolls Lehr- und Handbücher der Wirtschafts- und Sozialwissenschaften)
ISBN 3-486-24585-6

Rosenheimer Straße 145, D-81671 München
Telefon: (089) 45051-0, Internet: http://www.oldenbourg.de

Gedruckt auf säure- und chlorfreiem Papier
Gesamtherstellung: R. Oldenbourg Graphische Betriebe GmbH, München

ISBN 3-486-24585-6

Vorwort zur dritten Auflage

Diese "Grundlagen der Volkswirtschaftslehre" haben schon während vieler Jahre als Vorlage bei der einführenden Vorlesung über Wirtschaftswissenschaften bei den Rechtswissenschaftlern gedient. Das ist auch der Hauptzweck dieses einführenden Lehrbuchs. Vielleicht kann es der Leser vermeiden, auf die Zwischenprüfung fixiert zu werden, so daß er sich von den angesprochenen Problemen so faszinieren läßt, daß er den einen oder anderen Originalbeitrag liest - also *studiert*.

Allerdings habe ich auch die Erfahrung gemacht, dass eine derartige Gesamtschau der Probleme, wie sie in den "Grundlagen der Volkswirtschaftslehre" versucht wird, auch von Studierenden der Volkswirtschaft in den höheren Semestern geschätzt wird. Ich bin davon überzeugt, dass das Bedürfnis, sich über konkrete volkswirtschaftliche Probleme zu informieren, in der letzten Zeit eher zugenommen hat. Das erfordert aber letztlich eine ausführliche Behandlung der theoretischen Grundlagen. Deshalb bin ich an mehreren Stellen erheblich über den Stoff, der in einer zweistündigen Vorlesung vermittelt werden kann, hinausgegangen und habe im Zweifel nicht nur ausführlicher erklärt, sondern auch mehr Aspekte aufgenommen, als in einer Vorlesung behandelt werden können - in der Meinung, man müsse dieses Buch auch später - in der Praxis - zu Rate ziehen können.

Zu danken habe ich meinen Assistenten, die mich bei der Anfertigung dieses Textes tatkräftig unterstützt haben, und den Zürcher Studenten der Rechtswissenschaft, die mich mit ihren Reaktionen immer wieder zur Auseinandersetzung mit dem Stoff angeregt haben.

Helmut Schneider

Inhaltsverzeichnis

Vorwort V

I. Teil: Grundlagen

1. Einleitung 1
1.1 Das Grundproblem des Wirtschaftens 1
1.2 Überblick über die Wirtschaftsordnungen 4
1.3 Die staatliche Wirtschaftspolitik 5

2. Der Einkommenskreislauf 7
2.1 Der einfachste Fall
2.2 Der Einkommenskreislauf einer offenen Volkswirtschaft mit staatlicher Aktivität 15
2.3 Die Nationale Buchhaltung 19

3. Die Wirtschaftsordnung 21
3.1 Idealtypische Wirtschaftsordnungen 21
3.2 Die Vorteile der Marktwirtschaft 27
3.3 Die Wirtschaftsordnung der Schweiz 31
3.31 Die Produktionsverfassung 31
3.32 Die Marktverfassung 32
3.33 Die Geldverfassung 36
3.34 Die Finanzverfassung 38

II. Teil: Die Funktionsweise einer Marktwirtschaft

4. Die Gütermärkte 43
4.0 Vorbemerkungen 43
4.1 Die Güternachfrage 48
4.11 Die Nachfrage auf einem Markt 49
4.111 Die direkte Preiselastizität der Nachfrage 49
4.112 Die Kreuzpreiselastizität der Nachfrage 51
4.113 Die Einkommenselastizität der Nachfrage 52
4.114 Das Schätzen von Nachfragefunktionen 55
4.12 Die Nachfrage eines Haushalts 57
4.121 Die Nachfrageentscheidung eines Haushalts 57
4.122 Die Reaktion des Haushalts auf Datenänderungen 63

4.2 Das Güterangebot 72
4.20 Einführung 72
4.21 Kostenfunktion und Kostenprognose 74
4.22 Kostenminimierung und Kostenkontrolle 78
4.221 Die Produktionsfaktoren 79
4.222 Die Kostenkontrolle 80
4.223 Die Auswirkungen von Faktorpreisänderungen 84
4.224 Die Konsequenzen für die Kostenfunktion 86
4.23 Die Angebotsfunktion 88
4.3 Das Marktgleichgewicht 90

5. Die Faktormärkte 98
5.1 Der Arbeitsmarkt 98
5.2 Der Bodenmarkt 106

6. Das makroökonomische Gleichgewicht 111
6.1 Der Multiplikator 112
6.11 Die Konsumfunktion 112
6.12 Der Multiplikator 115
6.13 Die IS-Kurve 117
6.2 Das Geld 119
6.21 Die Geldfunktionen 120
6.22 Die Geldschöpfung 124
6.3 Das Gleichgewicht auf dem Geldmarkt 127
6.31 Der Geldmarkt 127
6.311 Der Interbanken-Geldmarkt 127
6.312 Der Geldmarkt nach J. M. Keynes 128
6.32 Die LM-Kurve 131
6.4 Das IS-LM-Modell 131
6.5 Exkurs: Die Kreditmarkttheorie des Zinses 135
6.51 Das Kreditmarktgleichgewicht 135
6.52 Das Say'sche Gesetz 137

III. Teil: Wirtschaftspolitik in einer Marktwirtschaft

7. Grundlagen der Wirtschaftspolitik 139
7.0 Einleitung 139
7.1 Arten und Instrumenteder Wirtschaftspolitik 140
7.2 Die wirtschaftspolitischen Ziele 143
7.21 Die soziale Wohlfahrtsfunktion 144
7.22 Das sozialökonomische Optimum 148

7.3 Wirtschaftspolitik in einer Marktwirtschaft 152
7.31 Die Äquivalenz von sozialökonomischem Optimum und Marktgleichgewicht 152
7.32 Marktversagen als Rechtfertigung staatlicher Wirtschaftspolitik 159
7.4 Die Wirkungsweise ablaufpolitischer Instrumente 163
7.41 Die direkten ablaufpolitischen Instrumente 163
7.411 Preisregulationen 163
7.412 Mengenregulationen 170
7.42 Indirekte ablaufpolitische Instrumente 171

8. Die Wettbewerbspolitik 175
8.1 Die Marktformen 175
8.2 Die Preisbildung 180
8.20 Eine Problemübersicht 180
8.21 Das reine Monopol 181
8.22 Die monopolistische Konkurrenz 188
8.23 Einige Hinweise zum Oligopol 190
8.3 Die Ursache von Monopolstellungen 192
8.31 Das natürliche Monopol 193
8.32 Marktzugang 196
8.4 Die volkswirtschaftliche Beurteilung 198
8.41 Die Cournot-Lösung als Grundlage der Beurteilung 199
8.42 Der funktionsfähige Wettbewerb 203
8.43 Schlußfolgerungen 208
8.5 Die Wettbewerbspolitik 209
8.51 Das Kartellgesetz 209
8.52 Die Preisüberwachung 212
8.521 Die Wirkungen von Höchstpreisen 213
8.522 Das Preisüberwachungsgesetz 215
8.523 Ein Anwendungsbeispiel: Der Mieterschutz 216
8.53 Öffentliche Unternehmen 221

9. Information und Konsumentenschutz 229
9.0 Einleitung
9.1 Der Konsumentenschutz 230
9.2 Das Gesetz gegen unlauteren Wettbewerb 234
9.3 Unvollständige Information 236
9.31 Versicherungen 238
9.32 Zur Haftung innerhalb eines Vertrages 242

10. Externe Effekte 245
10.1 Externe Effekte 245
10.2 Öffentliche Güter 248
10.3 Externe Effekte privater Güter 252
10.4 Wirtschaftspolitische Konsequenzen
10.41 Die Verstaatlichung 257
10.42 Eigentumsbeschränkungen durch Auflagen 259
10.43 Steuern, Gebühren, Beiträge, Subventionen 262
10.44 Schlußfolgerungen 268

11. Konjunkturpolitik 270
11.1 Das Konjunkturphänomen 270
11.2 Die Ursachen der Konjunkturzyklen 272
11.21 Lange Wellen und Echoprinzip 276
11.22 Die verzögerte Anpassung der Investitionen 280
11.221 Die verzögerte Anpassung: Der Schweinezyklus 280
11.222 Das Akzelerationsprinzip 282
11.3 Die Konjunkturpolitik 285
11.31 Die Ansatzpunkte der Konjunkturpolitik 285
11.32 Die Instrumente der Geldpolitik 287
11.33 Die Instrumente der Finanzpolitik 291

Literatur 295
Personen- und Sachregister 299

I. Teil: Grundlagen

1. Einleitung

1.1 Das Grundproblem des Wirtschaftens

1. Ziel allen Wirtschaftens ist die Befriedigung menschlicher Bedürfnisse. Das wird nur deshalb zum Problem, weil uns zur Befriedigung unserer (materiellen) Bedürfnisse erfahrungsgemäss zu wenig ***Güter*** zur Verfügung stehen, sie deshalb - von wenigen Ausnahmen abgesehen - ***knapp*** sind. Die quantitative und qualitative Verbesserung der Versorgung, die seit Urzeiten angestrebt wird, ist eine der zentralen Antriebskräfte allen menschlichen Handelns überhaupt und damit auch der wissenschaftlichen Forschung.

Bevor wir uns mit einigen Grundvorstellungen hierüber beschäftigen, sollten wir einige Begriffe einführen, um die Verständigung untereinander zu erleichtern.

2. Unter ***Gütern*** verstehen wir im folgenden nicht nur Waren, sondern auch Dienstleistungen, Nutzungen von Boden, Häusern usw. Werden sie verbraucht oder in der Produktion eingesetzt, verlieren sie regelmässig ihre Existenz - ganz oder teilweise, wenigstens verringert sich ihr Wert. Das erlaubt Ihnen unsere Rechtsordnung nur, wenn Sie ***Eigentümer***[1] dieser Güter sind. Wie wird man Eigentümer? Regelmässig durch den Abschluss einen Vertrages mit dem jetzigen Eigentümer, in dem dieser sich bereit findet, Ihnen das (volle) Verfügungsrecht zu übertragen; dafür wird er von Ihnen eine Gegenleistung, den ***Preis***, verlangen. - Einen Preis ist man nur zu zahlen bereit, wenn man sich die Verfügungsberechtigung über das Gut nicht anderweitig verschaffen kann: Das Gut muss ***knapp*** sein. Deshalb kann man den Preis geradezu als Indikator für die Knappheit eines Gutes benutzen. - Weil das der Regelfall ist, interessieren wir uns im folgenden nur für solche Güter, für die man einen Preis bezahlen muss.

3. Die Güter, die wir verbrauchen wollen, müssen idR. ***produziert*** werden. Diesen Produktionsprozess haben wir uns so vorzustellen, dass Rohstoffe, Zwischenprodukte usw. unter Ausnutzung technisch-

---

[1] Natürlich gibt es noch andere rechtlich zulässige Besitzverhältnisse wie Pacht usw., auf die wir hier aber nicht eingehen werden.

wissenschaftlicher Zusammenhänge in andere Güter umgewandelt werden; dazu ist es regelmäßig erforderlich, Arbeitskräfte, Maschinen usw. einzusetzen.

Man sagt deshalb auch, daß die ***produzierten Produktionsmittel*** (in der Form von Investitionsgütern, Rohstoffen, Zwischenprodukten) zusammen mit den ***primären Produktionsfaktoren*** (wie der menschlichen Arbeit und Boden) die Produktionstätigkeit ermöglichen. - Andererseits werden aber nicht nur ***Endprodukte*** (wie z.B. Konsumgüter) hergestellt, sondern auch Maschinen, Zwischenprodukte usw., eben produzierte Produktionsmittel, die weiterver- oder bearbeitet werden. Abb. 1.1 vermittelt Ihnen eine Vorstellung dieses Zusammenhangs.

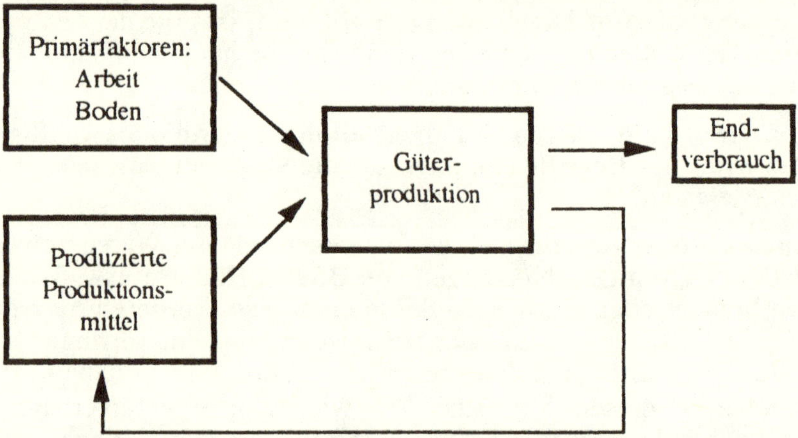

Abb. 1.1

4. In der Schweiz leben wir in einer ***Marktwirtschaft***. Darunter verstehen wir ein Wirtschaftssystem, in dem alle wirtschaftlichen Entscheidungen von Privaten getroffen werden: Private entscheiden über ihren Einkommenserwerb und die Verwendung ihres Einkommens, private Unternehmer entscheiden darüber, was sie auf welche Weise wo produzieren wollen usw. (vgl. etwa *Eucken*). Grundsätzlich mischt sich der Staat - in der (reinen) Marktwirtschaft - in diese Entscheidungen nicht ein.

Wenn wir das (wirtschaftliche) Geschehen in einer Volkswirtschaft wie der Schweiz verstehen wollen, müssen wir uns mit den Handlungen beschäftigen, die aus den ***Entscheidungen*** der Privaten folgen: Wir fassen also z.B. die Nachfrage nach Konsumgütern auf als eine Folge der Entscheidung der Privaten darüber, in welchem Umfang sie die einzelnen Güter nachfragen *wollen*, das Angebot an Gütern, auf das wir alle zugreifen können, als die Folge der Entscheidungen der Unternehmen, was sie produzieren *wollen* usw. - Nach diesen Überlegungen ordnen wir (natürliche und juristische) Personen nach ***Entscheidungseinheiten***: Es sind diejenigen Personen und -gruppen, die die uns interessierenden ökonomischen Entscheidungen treffen.[2] - Wir unterscheiden also zwei Typen von Entscheidungseinheiten:

- (Private) ***Haushalte*** sind definiert als die Entscheidungseinheiten, die den Einkommenserwerb und die Einkommensverwendung festlegen,
- ***Unternehmungen*** als diejenigen, die das Ausmaß und die Art und Weise der Produktion bestimmen.

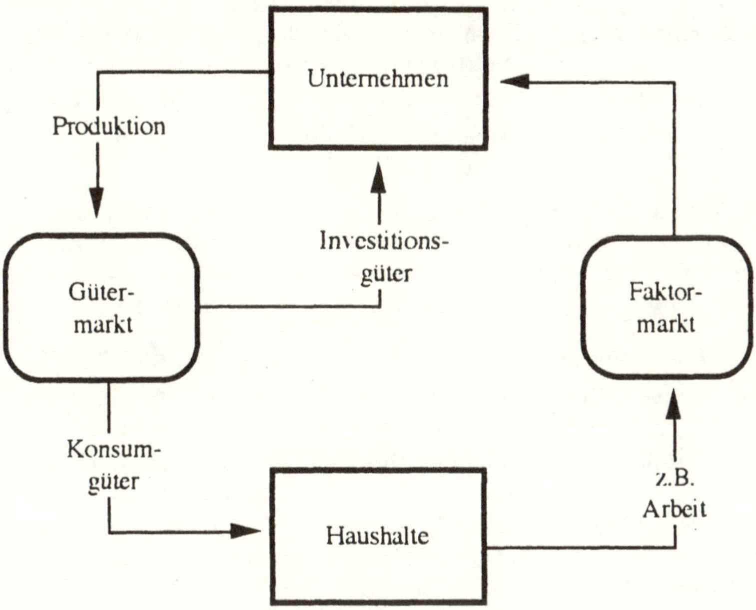

Abb. 1.2

Da eine Person sowohl die eine als auch die andere Funktion ausüben kann, müssen wir sie einmal als Haushalt, ein anderes Mal als Unternehmer ansehen - was uns aber nicht weiter stören soll.

5. Mit dieser Unterscheidung von Haushalten und Unternehmungen kann man die Güterströme in einer Volkswirtschaft in einem ***Wirtschaftskreislauf*** schematisch darstellen, wie das in Abb. 1.2 ge-

[2] Die Art und Weise, wie sie zu ihren Entscheidungen kommen, also den Entscheidungsprozeß, behandeln wir in diesem einführenden Buch nicht.

schehen ist, wobei allerdings vom Staat und von allen außenwirtschaftlichen Verflechtungen abgesehen wird.

Den Güterströmen sind regelmäßig Geldströme entgegengerichtet: Die von den Haushalten empfangenen Güter müssen bezahlt werden, das sind die Konsumausgaben der Haushalte. Einkommen (in Geld) verschaffen sich die Haushalte etwa dadurch, daß sie Faktorleistungen (z.B. Arbeit) an den Unternehmenssektor abgeben. - Der Einfachheit halber sind in Abb. 1.2 diese Geldströme nicht eingezeichnet.

Bei den Faktorströmen im rechten Teil von Abb. 1.2, die von den Haushalten zu den Unternehmen fließen, handelt es sich um das Äquivalent von Faktorleistungen, das Unternehmen zur Durchführung der Produktion nachfragen. Kommen sie wirklich alle von den Haushalten? Woher denn sonst? Alle Faktoren haben einen Verfügungsberechtigten, d.h. einen Eigentümer, sei es einen privaten Haushalt oder ein privates Unternehmen (mit eigener Rechtspersönlichkeit, was sich aber innerhalb des Unternehmenssektors "herauskürzt").

Da in Abb. 1.2 weder der Staat noch das Ausland eingezeichnet sind, sagt man, mit diesem Kreislauf würde eine ***geschlossene Volkswirtschaft ohne staatliche Aktivität*** beschrieben. - Im allgemeinen werden wir uns auf diesen einfachen Fall beschränken.

1.2 Überblick über die Wirtschaftsordnungen

6. ***Ziel alles Wirtschaftens*** ist die Bedürfnisbefriedigung mit Gütern, die regelmäßig produziert werden müssen. Dabei interessieren wir uns hier nicht für die naturwissenschaftlich-technischen Produktionsmöglichkeiten oder die biologischen Zusammenhänge, die wir etwa bei unserer Ernährung berücksichtigen müssen usw. Im Mittelpunkt unserer Überlegungen steht vielmehr der Umstand, daß sich diese Güterproduktion heute nur noch im sozialen Verband vollzieht: Sie werden wohl niemanden finden, der alle Güter, die er verbraucht, selbst herstellt, vielmehr haben wir uns alle auf eine Tätigkeit spezialisiert, wofür wir Geldeinkommen bekommen, das wir zum Kauf derjenigen Güter benutzen, die wir schließlich verbrauchen: Diese interpersonelle Arbeitsteilung hat einerseits unsere Produktivität gewaltig gesteigert, andererseits aber auch unsere Abhängigkeit von unseren Mitmenschen sehr erhöht. Deshalb fragen wir danach, wie Produktion und Verbrauch organisiert werden sollen: ***Wer*** soll darüber entscheiden, ***welche*** Güter auf ***welche*** Weise ***wo*** produziert werden und ***wem*** sie in welchem Ausmaß zugute kommen sollen?

Dabei lassen sich zwei Grundtypen solcher Organisationsformen unterscheiden: Die ***Zentralverwaltungswirtschaft*** konzentriert die ganze (wirtschaftliche) Entscheidungskompetenz an einer einzigen Stelle. In einer (reinen) ***Marktwirtschaft*** werden die (wirtschaftlichen) Entscheidungen dagegen vollständig dezentral getroffen; die Rolle des Staates beschränkt sich darauf, einen geeigneten rechtlichen Rahmen für wirtschaftliches Handeln bereitzustellen. - Auf die Probleme dieser ***Wirtschaftsordnungen*** gehen wir in Kapitel 3 näher ein.

1.3 Die staatliche Wirtschaftspolitik

7. In der Schweiz leben wir in einer Marktwirtschaft. Grundsätzlich hängt deshalb das wirtschaftliche Ergebnis von den vielen Entscheidungen der Privaten ab. Dabei kann es natürlich vorkommen, daß wir damit nicht einverstanden sind und deshalb vom Staat fordern, er möge es ihm Rahmen seiner ***Wirtschaftspolitik*** ändern: Der wirtschaftspolitische Entscheidungsträger setzt dabei ganz bestimmte wirtschaftspolitische Instrumente ein.

Nach *Pütz* (1974) umfaßt die staatliche Wirtschaftspolitik die Ordnungs- und die Ablaufpolitik. Gegenstand der ***Ordnungspolitik*** ist dabei die konkrete Ausgestaltung der Wirtschaftsordnung eines Landes. Um in Extremen zu formulieren: *Sollen* wir unsere Wirtschaft als Markt- oder als Zentralverwaltungswirtschaft organisieren? Wir werden auf diese Frage in Kapitel 3 und 6 zurückkommen. Unter ***Ablaufpolitik*** versteht man den Versuch des Staates, mit wirtschaftspolitischen Instrumenten wie dem Zinssatz, dem Steuersatz (oder -tarif) einer bestimmten Steuer usw. auf das Ergebnis einzuwirken, das bei dem wirtschaftlichen Handeln für die Privaten herauskommt. Ziel ist es dabei, sie zu Reaktionen zu veranlassen, die im übergeordneten staatlichen Interesse liegen.

Wie nehmen Sie eigentlich wirtschaftspolitisches Handeln wahr? Ich vermute, daß Sie dabei regelmässig an staatliche Maßnahmen der Ablaufpolitik denken: Wir leben in einer Wirtschaftsordnung, die auf die Initiative des Einzelnen abstellt, also in einer Marktwirtschaft. Sie ist allerdings dadurch gekennzeichnet, daß der Staat auf vielfältige Art im Rahmen seiner Ablaufpolitik in den Wirtschaftsablauf eingreift, um das wirtschaftliche Ergebnis - z.T. nachträglich - annehmbar zu machen. Wie ist eine solche Ablaufpolitik zu formulieren? Zunächst müssen wir etwas darüber wissen, wie eine Marktwirtschaft funktioniert, wie sich wirtschaftliches Handeln bestimmt. Dieser Fragestellung ist der ganze II. Teil dieses Buches gewidmet. Im III. Teil wird an vier verschiedenen Fragenkomplexen gezeigt, aus welchen Gründen das marktwirtschaftliche Ergebnis verbessert und wie das im einzelnen erreicht werden kann.

8. Wirtschaftliches Handeln wird sowohl im Rahmen der Betriebs- als auch der Volkswirtschaftslehre untersucht, beide haben weitgehend

denselben Untersuchungsgegenstand:

Die ***Betriebswirtschaftslehre*** befaßt sich dabei mit den wirtschaftlichen Aktivitäten eines Unternehmens. Stellen Sie sich vor, wir hätten ein bestimmtes Unternehmen ***zu beraten***: Der Inhalt dieser Stellungnahme ist Teil der Betriebswirtschaftslehre.

Gegenstand der ***Volkswirtschaftslehre*** sind zwei Aspekte:

- Was kommt dabei heraus, wenn viele Einzelne wirtschaftliche Entscheidungen treffen? Was kann man vorkehren, um das Wirtschaften innerhalb eines Landes zu gewährleisten? - Das Charakteristische dabei ist gerade das Zusammenwirken vieler oder aller Wirtschaftseinheiten, wir sprechen auch von der ***Interdependenz*** des wirtschaftlichen Handelns.
- Können wir etwas darüber aussagen, wie eine ganze Volkswirtschaft organisiert sein *soll*, wie also u.a. die Kompetenzen in einem Land verteilt sein *sollen*, die mit dem Fragesatz oben beschrieben sind? - Sie wissen, daß diese Frage die Reform in Osteuropa bestimmt hat.

Obwohl sich die beiden Teildisziplinen der Wirtschaftswissenschaften in einem gewissen Ausmaß überschneiden (weil sie teilweise dasselbe Erkenntnisobjekt haben), unterscheiden sie sich durch die Fragestellung: Steht bei der Betriebswirtschaftslehre die "Unternehmung" als Einzelwirtschaft im Vordergrund, interessiert sie im Rahmen der Volkswirtschaftslehre nur insoweit, als sie für das Funktionieren der Gesamtwirtschaft von Interesse ist. Betriebs- und Volkswirtschaftslehre sind deshalb nicht als Gegensatz, sondern als zwei sich ergänzende Spezialgebiete innerhalb der Wirtschaftswissenschaften zu verstehen.

9. Schließlich noch ein Hinweis auf den Aufbau dieses Lehrbuchs: Kapitel und Abschnitte sind mit Hilfe des Dezimalsystems geordnet. Jede "0" in einer Ordnungszahl weist auf einführende Überlegungen hin, in denen nur ein Überblick, aber noch kein Stoff vermittelt werden soll.

2. Der Einkommenskreislauf

2.1 Der einfachste Fall:
Eine geschlossene Volkswirtschaft ohne staatliche Aktivität

1. In diesem Kapitel wollen wir versuchen, uns einen Überblick über die wirtschaftlichen Tätigkeiten in einer Volkswirtschaft zu verschaffen. Dazu vernachlässigen wir zunächst einmal den Staat (mit der Erhebung von Steuern und seiner Güternachfrage, die er mit diesen Einnahmen finanziert) und die wirtschaftlichen Verflechtungen mit dem Ausland: Wir beschäftigen uns mit einer ***geschlossenen Volkswirtschaft ohne staatliche Aktivität***.

In der Einleitung haben wir einerseits die Unterscheidung von Güter- und Faktormärkten und andererseits die des Unternehmen- und Haushaltsektors kennengelernt. Die Güterströme zwischen diesen beiden Sektoren (aus Abb. 1.2) sind gestrichelt eingezeichnet. In einer Marktwirtschaft, wie wir sie kennen, sind ihnen Geldströme entgegengerichtet, die in Abb. 2.1 ausgezogen sind.

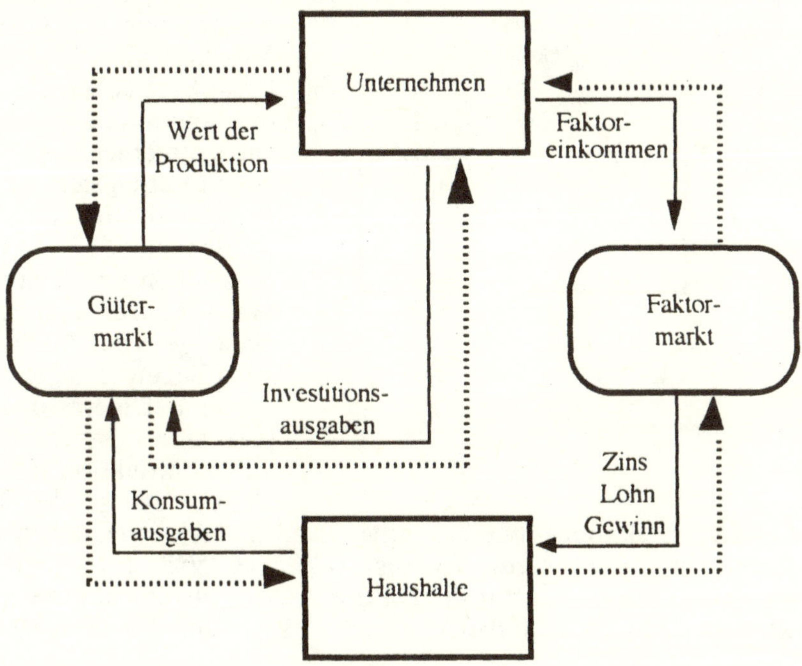

Abb. 2.1

Wir werden uns im folgenden immer auf die Darstellung der ***Geld-***

ströme beschränken: Denn erstens können wir eigentlich gar keine Güterströme zeichnen, weil es so viele verschiedenartige Güter gibt. Und zweitens besteht in einer Marktwirtschaft eine feste Beziehung zwischen ihnen. - In Abb. 2.2 sind außerdem die Sektoren ein wenig anders - übersichtlicher -angeordnet.

2. Trotzdem interessiert man sich aus den verschiedensten Gründen dafür, wieviel Güter in einer Volkswirtschaft erzeugt worden sind. Lassen Sie uns darüber nachdenken, wie wir das messen könnten.

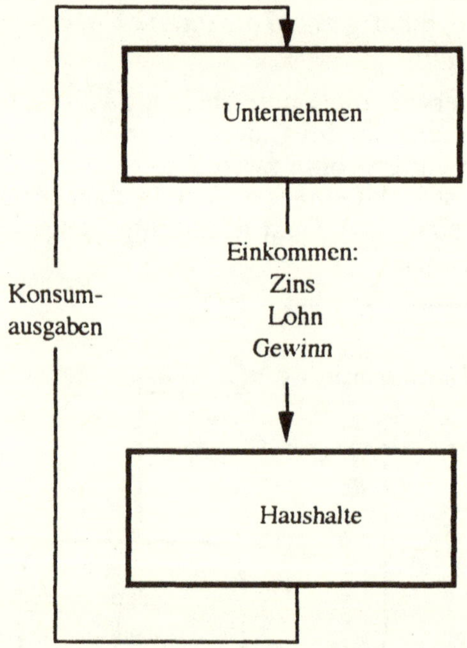

Abb. 2.2

Beginnen wir mit der Überlegung, *wer* die Güter eigentlich erzeugt. Natürlich sind es - definitionsgemäß - die Unternehmen. Da wir unter einem Unternehmen eine wirtschaftliche Entscheidungseinheit verstehen[1], würden wir bei unserer Messung alle diejenigen Produkte unberücksichtigt lassen, die innerhalb eines Unternehmens von einem Betriebsteil zu einem anderen geliefert werden; und deshalb wäre das von uns benutzte Maß für die erzeugte Gütermenge von der wirtschaftlichen Organisation des Unternehmenssektors abhängig. Und diese Produktion ist bei weitem der größte Teil aller Gütertransaktionen innerhalb eines Landes! - Also versuchen wir es anders: Um alle Probleme der Abgrenzung der Wirtschaftseinheiten zu umgehen, messen wir nur die ***Endprodukte***, also nicht die vielen Zwischenprodukte, die auf den intermediären Produktionsstufen entste-

[1] Im Unterschied zu einem Betrieb als der technischen Einheit.

hen. Dabei verstehen wir unter den Endprodukten alle Konsumgüter, die nur noch an den Konsumenten abgegeben werden. Allerdings zählen dazu auch die Investitionsgüter, die über mehr als eine Zeitperiode hinweg genutzt werden, denn bei ihnen müssen wir zwischen der Periode, in der sie produziert werden, und den (vielen) Perioden, in denen sie in der Produktion eingesetzt werden, unterscheiden.

3. In einem Kreislauf muß jeder Sektor zugleich Einnahmen und Ausgaben haben. Die Ausgaben des Unternehmenssektors sind die ***Einkommen*** der Haushalte: Das Sozialprodukt ist deshalb nicht nur ein Maß für die Produktion, sondern auch für die Einkommen, die in einer Volkswirtschaft entstehen.

Fließt wirklich alles Einkommen nur von den Unternehmen zu den Haushalten? Das überprüfen wir am leichtesten an einem vereinfachten Kreislauf: Das gesamte Einkommen einer Volkswirtschaft, das "Volkseinkommen", als Summe aller individuellen Einkommen setzt sich aus dem Zins- und Lohneinkommen und dem Gewinn der Unternehmen zusammen. - Während sich Zins- und Lohneinkommen als "kontraktbestimmte Einkommen" relativ leicht feststellen lassen, muß der Gewinn eines Unternehmens als residualbestimmtes Einkommen erst berechnet werden. Das wollen wir uns etwas genauer ansehen.

Es gibt zwei Möglichkeiten, den Gewinn zu berechnen. Da der Gewinn die Erhöhung des Nettovermögens des Unternehmens ist, kann man versuchen, ihn durch Vermögensvergleich festzustellen. Also geht man von der ***Bilanz*** oder ***Vermögensaufstellung*** aus, die Unternehmen üblicherweise aufstellen, sie hat die in Abb. 2.3 angegebene Struktur.

Bilanz

Aktiva	Passiva
Umlaufvermögen	**Fremdkapital**
Zahlungsmittel	(= aufgenommene Kredite)
Forderungen	**Eigenkapital**
Lagerbestände	
Anlagevermögen	
Anlagen	
Gebäude	
Grundstücke	

Abb. 2.3

Die Addition der (Vermögens-)Werte auf der Aktivseite ergibt das Bruttovermögen. Zieht man davon die Schulden, d.h. das Fremdkapital, ab, erhält man das Nettovermögen oder das ***Eigenkapital***. - Durch den Vergleich der Bilanzen zweier aufeinander folgender Jahrer kann man feststellen, wie sich das Nettovermögen des Unternehmens verändert hat.

Diese Erhöhung des Nettovermögens können wir auch anders ausrechnen:

	Investitionen (= Kauf von Grundstücken, Gebäuden, Anlagen)
./.	Abschreibungen (= Wertminderung des Anlagevermögens durch Verschleiß, Alterung usw.)
	Erhöhung des Anlagevermögens (= Netto-Anlage-Investitionen)
+	Erhöhung der Lagerbestände (= Netto-Lager-Investitionen)
+	Erhöhung der Forderungen
+	Erhöhung des Zahlungsmittelbestandes
./.	Erhöhung der Verschuldung des Unternehmens
	Erhöhung des Netto-Vermögens (= Gewinn)

Wie kommt es überhaupt zu einer solchen Erhöhung des Netto-Vermögens? Stellen Sie sich vor, ein Handelsunternehmen verkaufe die von ihm eingekauften Waren mit einem "Überschuß" an seine Kunden. Das erhöht seinen "Kassenbestand" und damit sein Vermögen, es macht also einen Gewinn.

Aber: Wenn das Unternehmen einen Teil dieses Überschusses an seine Eigentümer ausschüttet, ist der verbleibende Rest der Vermögenserhöhung natürlich kleiner als vorher. Oder: Wenn die Eigentümer des Unternehmens einen Teil der Investitionen mit (neuen) Einlagen finanzieren, steigt das Vermögen des Unternehmens stärker als der "Überschuß". Die Erhöhung des Netto-Vermögens ist also mit dem ***Gewinn*** des Unternehmens nicht identisch. Den Gewinn als Maßstab für den Unternehmenserfolg berechnet man deshalb idR. nicht durch Bilanzvergleich, sondern in der Erfolgsrechnung (oder Gewinn- und Verlustrechnung). Dazu überlegt man sich systematisch, auf welche Art und Weise es zu einer Vermögenserhöhung kommen kann:

(i) Der Kauf von Anlagen, Rohstoffen usw. erhöht das Vermögen nicht: Zwar steigt das Anlage- oder Umlaufvermögen; da aber die erworbenen Gegenstände bezahlt werden müssen, sinkt im gleichen Umfang der Kassenbestand, oder es muß Kredit aufgenommen worden sein: Das Nettovermögen bleibe unverändert.

(ii) Die Rückzahlung von Schulden bzw. von Forderungen verändern das Nettovermögen nicht, weil jeweils eine entsprechende Änderung des Zahlungsmittelbestandes eintritt.

(iii) Eine Vermögenserhöhung durch Produktion ist nur dann möglich, wenn der Erlös aus der Produktion die Ausgaben für Löhne usw. übersteigt.

Die ***Erfolgsrechnung*** gemäß (iii) ist deshalb die systematische Gegenüberstellung des Wertes der Produktion (Ertrag) und der dafür erfolgten Aufwendungen (Kosten). Von Einzelheiten abgesehen, berechnet man also den Gewinn als

	Wert der Produktion	W
./.	Löhne	L
./.	Zinsen	Z
./.	Materialkosten	M
./.	Abschreibungen	D
	Gewinn	G

oder, als Gleichung geschrieben:

(2.1) $$W - L - Z - M - D = G$$

Da Löhne, Zinsen und Gewinne Einkommen sind, finden wir das in dieser Unternehmung geschaffene ***Einkommen*** (oder die ***Wertschöpfung***) als

(2.2) $$E = G + L + Z = W - (M + D)$$

(M + D) stellt dabei den Wert der Produkte dar, die in die Produktion eingesetzt worden sind, also den Wert der ***Vorleistungen***.: Der Wert der Produktion abzüglich der Wert der Vorleistungen ergibt den Wert der Nettoproduktion oder die Wertschöpfung oder das Einkommen.

Diese Zusammenhänge gelten natürlich auch für die gesamte Volkswirtschaft: Wir addieren die in den Unternehmen geschaffenen Einkommen oder die Wertschöpfung der Unternehmen und erhalten

	Wert der gesamten Produktion
./.	Wert der Vorleistungen
	gesamte Wertschöpfung

Diese gesamte Wertschöpfung ist das gesamte Einkommen einer Volkswirtschaft, deshalb spricht man auch von dem ***Volkseinkommen***. Als ***Nettoinland- oder -sozialprodukt*** ist es ein Maß für die Produktion einer Volkswirtschaft (abzüglich der verbrauchten Vorleistungen[2]).

Da wir uns in diesem Abschnitt nur mit einer geschlossenen Volkswirtschaft ohne staatliche Aktivität beschäftigen, brauchen wir das Nettosozialprodukt zu Marktpreisen und zu Faktorkosten noch nicht zu unterscheiden.

Im folgenden werden wir die Vorleistungen vergessen und von dem Sozialprodukt als ein Maß für die Produktion in einer Volkswirtschaft sprechen.

Eine kapitalistische Volkswirtschaft zeichnet sich durch Privateigentum (auch) an Produktionsfaktoren aus; deshalb fließt das Einkommen aus dem Einsatz der Faktoren den Privaten zu. Insofern stimmt also die Darstellung des Einkommenskreislaufs in Abb. 2.2.

4. Im 18. Jahrhundert hat sich ein bemerkenswerter Wandel in der Auffassung darüber vollzogen, was denn den "Reichtum" eines Landes ausmache. Hatte man bis dahin unter dem Einfluß des Merkantilismus den Reichtum hauptsächlich als einen Bestand, als Vermögen (insbesondere an Gold) angesehen, setzte sich allmählich die Überzeugung durch, daß das "Wohlergehen" der Bevölkerung sich aus der Versorgung mit *produzierten* Gütern ergibt: Die Wohlfahrt ist deshalb von den Produktionsmöglichkeiten eines Landes abhängig.[3]

In dieser Sicht liegt es nahe, die Einkommensentstehung oder die Produktion in der Form eines Kreislaufs zu untersuchen. Das hat *François Quesnay* (1694-1774) mit seinem "Tableau Economique" 1758 versucht: Als Arzt war er von dem damals neu entdeckten Blutkreislauf fasziniert und versuchte, ihn u.a. auf wirtschaftliche Zusammenhänge zu übertragen.[4]

Kurz nach ihm lebte in Paris *Jean Baptiste Say*, der in seinem "Traité d'Economie Politique" 1803 die These formuliert, daß das Einkommen in einer Volkswirtschaft notwendigerweise zum Kauf aller produzierten Güter ausreiche; in dieser Form folgt es unmittelbar aus Abb. 2.2. In der Formulierung "Jede Produktion schafft sich ihre eigene Nachfrage"

---

[2] Das Nettosozialprodukt zu Marktpreisen ist um die Abschreibungen kleiner als das Bruttosozialprodukt zu Marktpreisen. Da die Abschreibungen den Wertverzehr darstellen, den die Produktionsanlagen während einer Periode in der Produktion erleiden, sind sie nichts anderes als der Wert der Vorleistungen, die die Volkswirtschaft in früherer Zeit in Form der Produktion der Investitionsgüter erbracht hat. Deshalb bezieht sich die oben erwähnte Aussage eigentlich auf das Nettosozialprodukt.

[3] Vgl. dazu etwa *Smith* (1776)

[4] *Quesnay* (1758)

ist es als *Say'sches Gesetz* in die Literatur eingegangen.[5] Die Konsequenzen dieser These sind weitreichend: Sie schließt Arbeitslosigkeit, die auf "zu geringe Nachfrage" zurückgeht, ebenso aus wie Versorgungskrisen, in denen die Bevölkerung Güter kaufen möchte, aber keine erhält, weil die Produktion "zu klein" ist.

5. Allerdings gibt es bei dem *Say'schen Gesetz* (mindestens) eine Komplikation: Die privaten Haushalte geben in der Realität ihr Einkommen keineswegs ausschließlich für ihren Konsum aus, sie bilden vielmehr auch Vermögen.[6] Der Teil des Einkommens, der nicht verbraucht wird, bezeichnen wir als ***Sparen*** Sind E das Einkommen und C die Konsumausgaben der Haushalte, dann muß gelten

$$E = C + S \tag{2.3}$$

Aus dieser Definition des Sparens folgt, daß man das Einkommen als Summe von Konsumausgaben und Vermögenserhöhung berechnen kann.[7] Wenn die Haushalte einen Teil ihres Einkommens nicht zum Kauf von Konsumgütern ausgeben, müssen die Konsumausgaben immer kleiner sein als das Sozialprodukt: Der Einkommenskreislauf ist nicht geschlossen. Wichtiger noch: Der Unternehmenssektor kann nicht seine ganze Produktion an den Haushaltssektor absetzen. Dazu brauchen wir vielmehr irgendeine andere "zusätzliche" Güternachfrage, die Nachfrage der Unternehmen nach ***Investitionsgütern***.

Wir wollen zeigen, daß durch die Finanzierung der Investitionen der Kreislauf geschlossen werden kann: Zunächst führt der Kauf von Investitionsgütern notwendigerweise zu einem Finanzierungsdefizit im Unternehmenssektor: Die Einnahmen der Unternehmen aus dem Verkauf der Produkte reichen nämlich gerade aus, um die Vorleistungen

---

[5] *Say* (1803)

[6] Eigentlich müssen wir auch bei der Vermögensbildung der privaten Haushalte Sach- und Geldvermögen unterscheiden, die Vermögenserhöhung kann beide betreffen. Eine Erhöhung ihres Sachvermögens wird regelmässig nicht berücksichtigt: Der Kauf dauerhafter Konsumgüter wird genau so zum Konsum gerechnet wie derjenige nicht-dauerhafter Konsumgüter, weil in der Nationalen Buchhaltung statistische Angaben über den Wert des Konsumvermögens nicht vorhanden sind. Der Kauf von Eigentumswohnungen oder Einfamilienhäusern zählt in der Nationalen Buchhaltung zu den Investitionen, die Haushalte werden insoweit als Unternehmen behandelt. - Uebrig bleibt also nur die Erhöhung des Geldvermögens.

[7] Das schliesst nicht aus, dass sich einzelne Haushalte durch die Aufnahme von Konsumentenkrediten verschulden: Bei der Addition der Ersparnisse (die also auch negativ sein dürfen) aller Haushalte erhalten wir das Haushaltssparen als den Ueberschuss des Einkommens über die Konsumausgaben des Haushaltssektors.

und die Einkommen der Haushalte zu bezahlen. Zur Finanzierung von Investitionen müssen deshalb entweder Kredite am Kapitalmarkt aufgenommen werden, oder die Unternehmer verzichten darauf, alle Gewinne aus dem Unternehmen abzuziehen, sie lassen vielmehr einen Teil als ***einbehaltenen Gewinne*** stehen; sie werden deshalb auch als Unternehmenssparen bezeichnet.

Auf der anderen Seite suchen die Haushalte eine Anlage für ihr Sparen: In unseren Volkswirtschaften werden sie ihre Ersparnisse bei Banken einzahlen, um sich gegen Verlust zu schützen und einen Zins zu erhalten. Banken können diesen Zins aber nur zahlen, wenn sie ihrerseits die eingezahlten Gelder wieder ausleihen. Als Schuldner kommen in einer geschlossenen Volkswirtschaft ohne Staat nur Unternehmen in Betracht, sie nehmen Kredite zur Finanzierung ihrer Investitionen auf. In einem geschlossenen Kreislauf muß deshalb stets gelten

(2.4) $$I = S$$

Das ist aber nichts anderes als die Bedingung dafür, daß auf dem Kapitalmarkt Angebot und Nachfrage nach Krediten einander gleich sind.

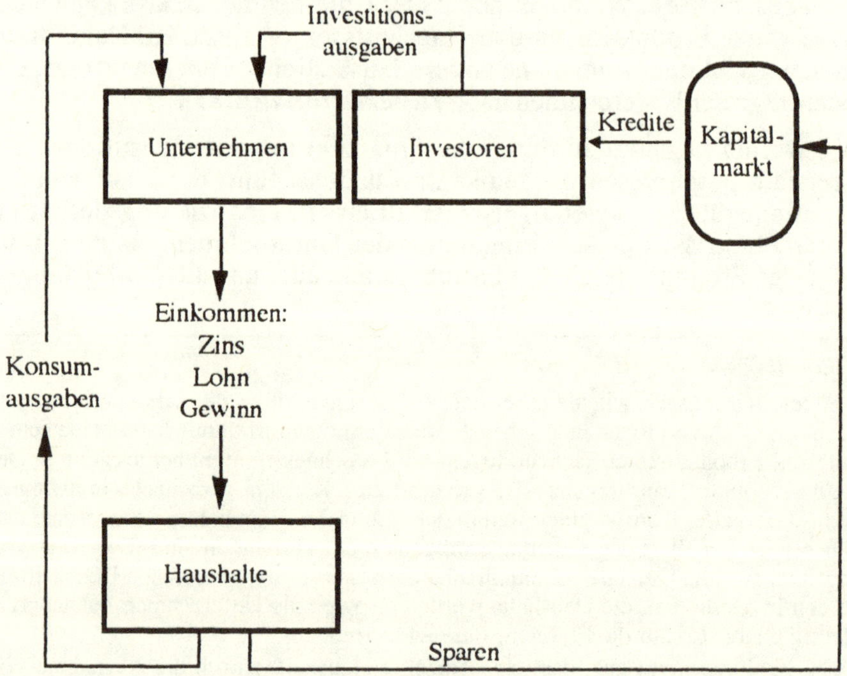

Abb. 2.4

Beachten Sie: (2.4) kann man deshalb einerseits als Bedingung dafür interpretieren, daß die Unternehmen ihre gesamte Produktion auch absetzen können, daß also insoweit unsere Einkommensberechnung im Einkommenskreislauf stimmt. Andererseits ist es aber auch eine Bedingung dafür, daß die Anlagewünsche der Sparer mit den Verschuldungsabsichten der Unternehmen übereinstimmen, wir sprechen insoweit vom Gleichgewicht auf dem Kapitalmarkt. - Wir werden auf beide Aspekte noch einzugehen haben.

2.2 Der Einkommenskreislauf einer offenen Volkswirtschaft mit staatlicher Aktivität

6. Wir wollen zunächst den Einkommenskreislauf um die finanzpolitischen Aktivitäten des Staates erweitern und vernachlässigen dabei die außenwirtschaftlichen Beziehungen: Wir betrachten also eine ***geschlossene Volkswirtschaft mit staatlicher Aktivität***. In Abb. 2.5 gehören die ***staatlichen Ausgaben für Güter und Dienste*** G zu den Erlösen des Unternehmenssektors:

Zur Finanzierung seiner Ausgaben erhebt der Staat ***Steuern***, also "Zwangsabgaben ohne spezielles Entgelt". Nach demjenigen, der nach dem jeweiligen Steuergesetz die Steuer an den Staat zu zahlen hat, also dem Steuerschuldner, unterscheiden wir ***Unternehmens***- und ***Haushaltsteuern*** (T_U und T_H); die entsprechenden Zahlungsströme vom Unternehmens- bzw. Haushaltsektor zum Staat sind in Abb. 2.5 eingezeichnet. Außerdem zahlt der Staat Subventionen (an die Unternehmen) und Transfers (=Einkommensübertragungen an die Haushalte); diese beiden Ströme sind nicht gesondert eingezeichnet; stellen Sie sich vor, sie seien mit den jeweiligen Steuerströmen saldiert.

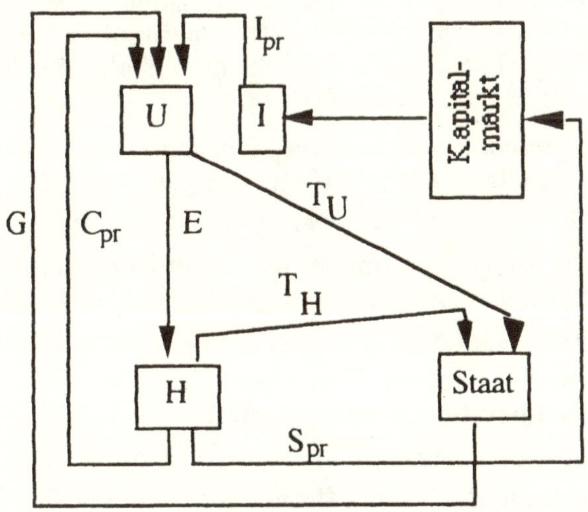

Abb. 2.5

Soweit die Steuereinnahmen nicht zur Finanzierung der Staatsausgaben ausreichen, muß der Staat sich verschulden - sei es bei der ihm unterstehenden Zentralbank (=Nationalbank) oder durch die Emission von Schuldverschreibungen auf dem (offenen) Kapitalmarkt; dieser Zahlungsstrom vom Kapitalmarkt zum Staat ist der Übersichtlichkeit halber in Abb. 2.5 nicht eingezeichnet.

7. Unter Berücksichtigung dieser staatlichen Transaktionen ist das Sozialprodukt

(2.5) $$E_m = C_{pr} + I_{pr} + G$$

Da bei dieser Berechnung die produzierten Güter mit ihren Marktpreisen bewertet werden, spricht man auch von dem ***Sozialprodukt zu Marktpreisen.*** Je nachdem, ob dazu die Brutto- oder die Nettoinvestitionen verwendet werden (d.h. ob die Abschreibungen abgezogen sind oder nicht), ist E_m das ***Brutto-*** oder das ***Nettosozialprodukt.*** Es fließt aber nicht direkt den Haushalten als Einkommen zu, vielmehr muß der Unternehmenssektor daraus seine Steuerzahlungen finanzieren. Also beträgt ***Volkseinkommen***

(2.6) $$E_f = E_m - T_U$$

Hierbei werden von dem Nettosozialprodukt zu Marktpreisen die Unternehmensteuern (=indirekte Steuern) abgezogen; da das das Einkommen der Faktoren ist, spricht man auch von dem ***(Netto-) Sozialprodukt zu Faktorkosten.***

Das ***private verfügbare Einkommen***, über das die Privaten nach Abzug aller Steuern verfügen können, ist

(2.7) $$E_{verf} = E_f - T_H = E_m - (T_U + T_H)$$

Dabei sind - zur Erinnerung - die Subventionen mit den Unternehmenssteuern, die Transferzahlungen des Staates mit den Haushaltsteuern saldiert.

Dieses verfügbare Einkommen kann von den Haushalten entweder konsumiert oder gespart werden:

(2.8) $$E_{verf} = C_{pr} + S_{pr}$$

8. Um die Bedingung für einen geschlossenen Kreislauf (was I=S aus (2.4) entspricht) abzuleiten, wollen wir die Ausgaben des Staates für Güter und Dienstleistungen in staatliche Konsum- und staatliche Investitionsausgaben aufteilen:

(2.9) $$G = C_{st} + I_{st}$$

Damit läßt sich das staatliche Sparen definieren: Da das "Einkommen des Staates" gleich den gesamten Steuereinnahmen, also gleich $T_U + T_H$ ist, beträgt das staatliche Sparen

(2.10) $$S_{st} = T_U + T_H - C_{st}$$

9. Damit kommen wir zu dem Kreislauf zurück: Aus (2.5) findet man

$$E_m - C_{pr} = I_{pr} + G$$

Setzen wir auf der linken Seite (2.7) und (2.8) ein, um das private Sparen einzuführen, und auf der rechten (2.9) und (2.10), so erhalten wir

$$S_{pr} + T = I_{pr} + C_{st} + I_{st}$$

oder

(2.11) $$I_{pr} + I_{st} = S_{pr} + S_{st}$$

oder

(2.11') $$(I_{pr} - S_{pr}) + (I_{st} - S_{st}) = 0$$

Das ist aber auch die Bedingung für das Gleichgewicht auf dem Kapitalmarkt: Wir haben oben gesehen, daß der Unternehmenssektor in Höhe der Investitionen ein Finanzierungsdefizit hat; ohne staatliche Aktivität muß ihm gerade ein Finanzierungsüberschuß im Haushaltsektor entsprechen. Die Differenz dieser beiden Größen können wir als das Finanzierungsdefizit (oder -überschuß) des privaten Sektors bezeichnen; in einer geschlossenen Volkswirtschaft mit staatlicher Aktivität muß ein Finanzierungsdefizit des privaten Sektors einem Finanzierungsüberschuß des staatlichen Sektors entsprechen; dasselbe gilt für einen Finanzierungsüberschuß des privaten Sektors und einem Finanzierungsdefizit des Staates.

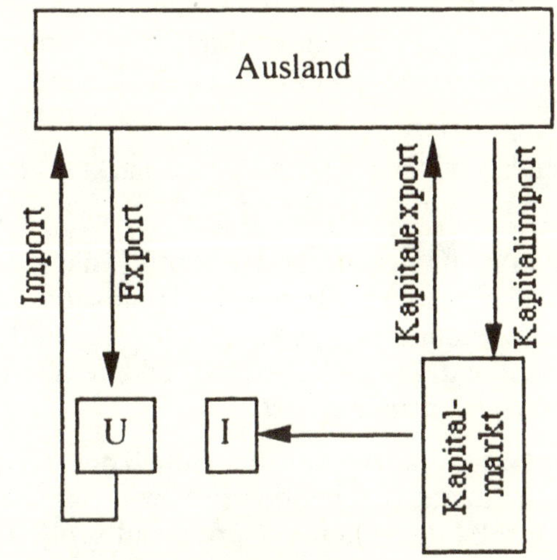

Abb. 2.6

Daraus folgt nach verbreiteter Ansicht, daß die Kreditfinanzierung des Staates "schlecht" sei: Sie ist nämlich, wie Sie aus diesen Ableitungen sehen, nur möglich, wenn der private Sektor einen Finanzierungsüberschuß aufweist, d.h. die privaten Investitionen müssen kleiner als das private Sparen sein. Das ist "schlecht", wenn sie durch die Staatsverschuldung zurückgedrängt wird; allerdings ist das positiv zu bewerten, wenn die privaten Ersparnisse auf dem Kapitalmarkt ohne die staatliche Neuverschuldung keine Anlage finden würden. Wir werden darauf in Kapitel 11 zurückkommen.

10. Zum Abschluß sollen noch kurz die außenwirtschaftlichen Verflechtungen in dieses Schema einbezogen werden: In einer offenen Volkswirtschaft wird regelmässig ein bestimmter Teil der inländischen Produktion im Ausland abgesetzt; diesem ***Export*** steht der ***Import*** gegenüber, d.h. die Inländer kaufen ausländische Güter. Da im

allgemeinen diese ausländischen Güter nicht von den privaten Haushalten direkt importiert werden, sondern von inländischen Unternehmen, die die importierten Güter be- oder verarbeiten, rechnet man die Importe zu den ***Vorleistungen***, die bei der inländischen Produktion anfallen. Deshalb beträgt das inländische Einkommen bzw. die inländische Wertschöpfung, wie man aus Abb. 2.6 sieht,

(2.12) $$E_m = C_{pr} + I_{pr} + G + Ex - Im$$

In Abb. 2.6 ist nur der "obere Teil" von Abb. 2.5 dargestellt: Der Übersichtlichkeit halber ist der Haushaltssektor und der Staat nicht eingezeichnet.

11. Verbindungen mit dem Ausland bestehen aber auch auf dem Kapitalmarkt: Ausländer legen einen Teil ihres Geldvermögens im Inland an, das sind unsere Kapitalimporte (K_{im}), während andererseits Inländer Vermögensanlagen im Ausland erwerben (= Kapitalexport = K_{ex}). - Auf dem inländischen Kapitalmarkt suchen deshalb eine Anlage

- die inländischen Haushalte mit S_{pr},
- die Ausländer im Ausmaß von K_{im}.

Kredite werden nachgefragt von

- den inländischen Unternehmen in Höhe von I_{pr},
- dem Staat in Höhe von $G-T_U-T_H = I_{st}-S_{st}$,
- den Ausländern in Höhe von K_{ex}.

Gleichgewicht auf dem Kapitalmarkt setzt deshalb voraus

(2.12) $$(I_{pr} - S_{pr}) + (I_{st} - S_{st}) + (K_{ex} - K_{im}) = 0$$

Die erste Klammer ist der Netto-Finanzierungsbedarf des inländischen privaten Sektors, die zweite Klammer der des Staates. Ihm muß der "Netto-Finanzierungsbedarf" des Auslandes entsprechen: Die Differenz zwischen dem Kapitalexport- und dem -import bezeichnet man als den ***Netto-Kapitalexport.***

Wird ein Finanzierungsüberschuß des privaten Sektors im Inland nicht durch ein entsprechendes Finanzierungsdefizit des Staates aufgesogen, dann setzt das einen entsprechend großen Netto-Kapitalexport voraus. Oder (denken Sie einmal an ein Entwicklungsland): Ein Finanzierungsdefizit des privaten Sektors und zugleich ein Finanzierungsdefizit des Staates sind nur möglich, wenn entsprechend viel Kapital (netto) importiert werden kann.

12. Noch ein anderer Aspekt: Alle Transaktionen mit dem Ausland werden aber über den Devisenmarkt abgewickelt. Systematisch werden sie in der ***Zahlungsbilanz*** zusammengefaßt. Die Zahlungsbilanz besteht aus

- der Handelsbilanz (Ex - Im), die um die Dienstleistungen und die

Zins- und Arbeitseinkommen aus dem Ausland zur Ertragsbilanz erweitert wird;

- aus der Kapitalverkehrsbilanz ($K_{ex} - K_{im}$), die allerdings in der Schweiz erst seit den 90er Jahren veröffentlicht wird.

Die Zahlungsbilanz muß - wie jede Bilanz - ausgeglichen sein, also muß gelten

(2.14) $$(Ex - Im) - (K_{ex} - K_{im}) = 0$$

Sie können sich davon überzeugen, daß Sie aus der Bedingung für einen geschlossenen Einkommenskreislaufes (2.12) und derjenigen für den Ausgleich auf dem Kapitalmarkt (2.13) die Bedingung (2.14) für den Ausgleich der Zahlungsbilanz ableiten können: Es genügt, wenn Sie zwei dieser Bedingungen angeben.

Sie mögen von dieser Darstellung deshalb verwundert sein, weil in der Praxis doch immer wieder von einer "unausgeglichenen Zahlungsbilanz" gesprochen wird. Das hat folgende Bewandtnis: Viele Länder, insbesondere die Entwicklungsländer, versuchen, den Devisenkurs (etwa den \$-Kurs) künstlich niedrig zu halten. Bei freiem internationalen Zahlungsverkehr ist das nur möglich, wenn ihre Währungsbehörden Devisen verkaufen: Sie intervenieren am Devisenmarkt. Das hat zwei Konsequenzen:

(i) Am Devisenmarkt bzw. in (2.14) ist jetzt zwischen den privaten und den Transaktionen der Währungsbehörden zu unterscheiden: Am besten faßt man die Kapitalverkehrsbilanz (K_{ex}-K_{im}) auf als eine Zusammenstellung der privaten Kapitalströme. Dann kann (2.14) einen Saldo aufweisen, der gerade die Interventionen der Währungsbehörden am Devisenmarkt darstellt.

(ii) Die Währungsbehörden können den Devisenkurs nur dann tief halten, wenn sie genügend Devisen haben, um entsprechende Verkäufe vornehmen zu können. Das ist aber gerade bei Entwicklungsländer nicht der Fall: Die nationalen Währungsbehörden können in Zahlungsschwierigkeiten oder, wie man sagt, in Zahlungsbilanz-Schwierigkeiten gelangen.

Hiermit werden wir uns hier nicht weiter beschäftigen.

2.3 Die Nationale Buchhaltung

14. Da gesamtwirtschaftliche Zusammenhänge idR. nur mit Hilfe statistischer Zahlen beschrieben werden können und den Größen des Einkommenskreislaufs erhebliche wirtschaftspolitische Bedeutung zukommt, hat die *Organisation for European Economic Cooperation* (OEEC) 1950 ein Standardsystem der Volkswirtschaftlichen Gesamtrechnung entwickelt. Seit 1970 wird von dem *Statistischen Amt der Europäischen Gemeinschaften* eine (1970) einheitliche Gesamtrechnung publiziert.

Die Schweiz hat dieses Standardsystem nur teilweise und in vereinfachter Form übernommen. Das System der ***Nationalen Buchhaltung*** ist 1970 umgestellt worden, seine Grundlagen sind beschrieben vom Eidgenössisches Statistisches Amt (1967), (1971) und (1976).

Die neuesten Zahlen der Nationalen Buchhaltung finden Sie in der Zeitschrift "Die Volkswirtschaft". Bitte, sehen Sie sie sich doch einmal an. Zu Ihrer Kontrolle können Sie auch versuchen, einen vollständigen Kreislauf zu zeichnen und die gefundenen Zahlen einzutragen. Versuchen Sie doch dabei, den Netto-Kapitalexport der Schweiz berechnen.

3. Die Wirtschaftsordnung

1. In diesem Kapitel beschäftigen wir uns mit der Ordnungspolitik, also mit dem Setzen eines Rahmens, in dem sich alles wirtschaftliche Handeln abzuspielen hat. Sie steht im Mittelpunkt der Bestrebungen in Osteuropa, eine Form des (wirtschaftlichen) Zusammenlebens zu finden. Aber letzten Endes geht es natürlich um die Wirtschaftsordnung der Schweiz. - Bei der Beurteilung einer Wirtschaftsordnung muß man sich Klarheit über zweierlei verschaffen:

- über die Alternativen, die zu einer marktwirtschaftlichen Organisation überhaupt existieren,
- Vorzüge oder Nachteile in der Funktionsweise der ganzen Volkswirtschaft und/oder einzelner ihrer Teile.

Genau in dieser Reihenfolge werden wir vorgehen.

3.1 Idealtypische Wirtschaftsordnungen[1]

2. Der gewaltige Fortschritt bei der Befriedigung (materieller) Bedürfnisse insbesondere während der letzten 200 Jahren ist aufs engste mit der fortschreitenden interpersonellen Arbeitsteilung verknüpft: Die Tätigkeit eines Einzelnen wird immer effizienter, dafür aber auch immer spezialisierter; die Produktionsumwege durch den verstärkten Einsatz besonders konstruierter "produzierter Produktionsmittel" werden immer länger. Von Ausnahmen abgesehen ist es heute deshalb nicht mehr möglich, die zur Bedürfnisbefriedigung benötigten Güter selbst zu erzeugen, man ist vielmehr auf den (Aus-) Tausch mit anderen angewiesen. Das führt unmittelbar zu zwei Fragen:

(i) Wie funktioniert eigentlich unsere Wirtschaft: Wer entscheidet bei uns darüber, welche Güter auf welche Weise und in welchem Ausmaß produziert werden, und wie wird gewährleistet, daß diese Güter letzten Endes auch den Verbraucher erreichen?

(ii) Welche Sicherungen müssen in das Wirtschaftssystem eingebaut werden, damit ein Einzelner sich in die Abhängigkeit der Spezialisierung begibt?

3. Die erste Frage ist diejenige nach der ***Wirtschaftsordnung*** oder nach der Kompetenz- oder Machtverteilung in der Volkswirtschaft: Es

---

[1] Die folgenden Überlegungen lehnen sich stark an an *Th. Pütz* (1974) und *M. E. Streit* (1982).

kann sein, daß alle Entscheidungen völlig dezentralisiert sind und deshalb die Macht aller Bürger (annähernd) gleich ist. Es kann aber auch sein, daß einige Individuen, Gruppen von Individuen ("Verbände") oder der Staat Machtbefugnisse anhäufen können. Dann wird das Problem der Machtkontrolle akut. Deshalb wird z.B. die Machtausübung von Regierung und Verwaltung beschränkt durch den in der Verfassung verankerten Entscheidungsprozeß (Volk, Parlament, Regierung) und den Entscheidungsspielraum, der durch rechtsgültige Gesetze gegeben ist. (Dabei rekurriert "rechtsgültig" auf die Einhaltung bestimmter Verfahrensregeln und die Beachtung höherer - i.a. verfassungsrechtlicher - Normen.) - Analoge Probleme gibt es bei der Machtkonzentration bei Individuen, Gruppen und Verbänden, auf die hier nicht eingegangen werden kann.

4. Die zweite Frage läuft darauf hinaus, ob innerhalb einer Gesellschaft ein hinreichend wirkungsvolles System von Kooperationsregeln existiert, wobei sich drei Arten solcher Regeln unterscheiden lassen:

Sitten[2] entstehen durch stillschweigende, meistens unreflektierte Übernahme von Verhaltensmuster - häufig aus Bequemlichkeit. Bei ***Konventionen***[3] kommt hinzu, daß Abweichungen von ihnen informelle Sanktionen (in Form der Mißbilligung durch die soziale Gruppe) zur Folge haben. Das ***Recht*** schließlich versucht, Abweichungen von Normen durch das Androhen von Zwang zu verhindern bzw. Normen auch gegen den Willen des Betroffenen mit (hoheitlichem) Zwang durchzusetzen.

Betrachten wir hierzu ein Beispiel: Ein "ehrbarer" Geschäftsmann wird sich bemühen, eine Leistung nach einem allgemein akzeptierten Qualitätsmaßstab selbst dann zu erbringen, wenn das in einem Kauf- oder Werkvertrag nicht explizit festgelegt ist. Er wird Wert darauf legen, daß er in seiner sozialen Umwelt für "gutes" Arbeiten bekannt ist. Bei Reklamationen geht er dann auch über jene Nachbesserungen hinaus, die er nach Vertrag und/oder Gesetz eigentlich zu leisten hätte. In diesem Zusammenhang ist typisch, daß nur als allerletzte Möglichkeit auf gesetzliche Regelungen zurückgegriffen wird: Diese lassen sich zwar mit hoheitlichem Zwang durchsetzen, "zerstören aber das Vertrauensverhältnis" zwischen den Beteiligten.

---

[2] Die ***Sitte*** ist "der Fall eines typisch gleichmässigen Verhaltens..., welches lediglich durch seine 'Gewohnheit' und unreflektierte 'Nachahmung' in den übernommen Geleisen gehalten wird..." (*Weber* 1922), S. 21. Vgl. auch *Schrader* (1976).

[3] Der "Grosse Brockhaus" versteht unter "***Konvention***" eine "Verhaltensregel innerhalb einer sozialen Gruppe, die meist nicht kodifiziert ist und auf stillschweigender Übereinkunft und /oder Tradition und Gewohnheit beruht und von der Mehrheit der Gruppenmitglieder akzeptiert wird. Abweichungen werden i.a. weniger stark mit negativen Sanktionen (meist Missbilligung) belegt als bei sozialen Normen..." (18. Auflage, Band 6, Wiesbaden 1979, S. 431).

5. Die folgenden Abschnitte sollen einen Überblick über mögliche Arten von Kompetenzverteilung und Verhaltensregelungen geben. ***Idealtypische Wirtschaftsordnungen*** dienen dabei der leichteren *gedanklichen Durchdringung* der in der Realität vorzufindenden Ordnung, einer ***realtypischen Wirtschaftsordnung***. Diese Unterscheidung ist notwendig, weil eine in der Realität anzutreffende Wirtschaftsordnung oder -verfassung regelmäßig so komplex ist, daß wir sie gar nicht erst beschreiben können. Vielmehr müssen wir uns immer auf gewisse Aspekte beschränken, die wir als "typisch" für bestimmte Prototypen (in unserem Fall Idealtypen von Wirtschaftsordnungen) halten. - Die unten beschriebenen Idealtypen enthalten also insbesondere kein Werturteil in dem Sinn, sie seien in irgendeiner Weise "besser" als die ***Realtypen*** der Realität.

6. Die ***Zentralverwaltungswirtschaft*** ist gekennzeichnet durch die Zentralisierung der (wirtschaftlichen) Entscheidungskompetenz; den einzigen Entscheidungsträger in der Volkswirtschaft wollen wir ***Zentrales Planungsbüro*** nennen. Es hat alle Entscheidungen über Produktion und Verbrauch und - in einem erweiterten Rahmen - auch über die Realkapitalbildung einer Volkswirtschaft zu treffen. Das wird in einem "Volkswirtschaftsplan" festgelegt, der von der Regierung und/ oder dem Parlament beschlossen wird und damit Gesetzesstatus erhält. - Für unsere Zwecke können wir einen Produktions- und Konsumplan unterscheiden: Der Produktionsplan enthält detaillierte Anweisungen für die einzelnen Betriebsstätten, was sie in welcher Art und Weise zu produzieren und wohin sie die Erzeugung abzuliefern haben. Der Konsumplan bestimmt, wieviel der einzelne Bürger von den verschiedenen Konsumgütern beziehen darf; er wird ergänzt durch ihre Einweisung in die einzelnen Betriebe, wo sie bestimmte Arbeitsleistungen zu erbringen haben. Die Zentralverwaltungswirtschaft ist insoweit charakterisiert durch die ***Subordination der Individuen unter verwaltungswirtschaftliche Anweisungen***: Alles Handeln der Individuen wird festgelegt durch die Soll-Vorgaben des Volkswirtschaftsplans, ihre Erfüllung wird durch hoheitlichen Zwang gewährleistet. Obwohl in praktisch allen existierenden Zentralverwaltungswirtschaften immer Geld benutzt wird, ist es doch überflüssig, es hat eigentlich keine Funktion zu erfüllen.

Auf folgende Punkte muß besonders hingewiesen werden:

(i) Individuen können wegen der Nichterfüllung von Planvorgaben nur dann zu Rechenschaft gezogen werden, wenn der Plan überhaupt (technisch) durchführbar ist, d.h. wenn der einzelnen Betriebstätte die für die Erfüllung der Planauflage erforderlichen Arbeitskräfte, Produktionsanlagen, Roh- und Hilfsstoffe usw. zur

Verfügung gestanden haben. Anders ausgedrückt: Die Produktion von Fertigerzeugnissen setzt eine bestimmte (Mindest-) Produktion auf den vorgelagerten Produktionsstufen voraus.

Z.B. ist eine Produktion von 1000 Traktoren nur realisierbar, wenn die Reifenindustrie 4000 Reifen, die Getriebe-Industrie 1000 Getriebe usw. produziert und an die Traktorindustrie liefert.

Ein Volkswirtschaftsplan heißt ***konsistent***, wenn die Produktion aller vorgelagerten Stufen auf die der letzten Stufe abgestimmt und deshalb technisch durchführbar ist und wenn die Endproduktion genau an die Konsumenten verteilt werden kann. Diese Abstimmung der Konsum- auf die Produktionsmöglichkeiten erfolgt in der Zentralverwaltungswirtschaft im Planungsstadium, also im voraus, ***ex-ante***, im Volkswirtschafts***plan***.

Zur technischen Bewältigung dieses Koordinationsproblems sind in den Ostblockländern ***Materialbilanzen*** verwendet worden, in denen für alle (wichtigen) Rohstoffe und Halbfabrikate den Anforderungen durch nachgelagerte Stufen die Produktionsmöglichkeiten gegenübergestellt werden. Der Nachteil dieses Verfahrens besteht darin, daß die Konsequenzen irgendeiner Produktionsänderung im Gesamtsystem nicht mehr überblickt werden können. - Wesentlich besser eignet sich hierzu die ***Input-Output-Analyse***, die 1942 von *W. Leontief* entwickelt worden ist. In ihr wird versucht, die Relation zwischen Faktoreinsatz (= *input*) und Produktion (= *output*) für jede Branche als Koeffizient zu schätzen. Sind diese Koeffizienten bekannt, können die input-Erfordernisse einer bestimmten Endproduktion ausgerechnet oder die Kombinationen von Endprodukten bestimmt werden, die mit einer gegebenen Ausstattung von Primärfaktoren technisch realisierbar sind. - Von der Konzeption her könnte die Input-Output-Analyse eine vollständige Mengenplanung in einer Volkswirtschaft ermöglichen. Um den Rechenaufwand in dem für Großcomputer realisierbaren Rahmen zu halten, muß man sich jedoch auf eine ***Branchenplanung*** ("Mesoplanung") beschränken. Damit kann aber die Produktion einer Branche nur noch als Wertgröße ausgedrückt werden: Man benötigt für die Planung Verrechnungspreise.

(ii) In der reinen Form der Zentralverwaltungswirtschaft kann weder freier Gütertausch zwischen Individuen noch die freie Einkommensverwendung akzeptiert werden, das widerspräche der vollständigen Zentralisierung *aller* wirtschaftlichen Entscheidungen. Aus demselben Grund kann es in einer Zentralverwaltungswirtschaft auch keine freie Berufs- und Arbeitsplatzwahl geben.

(iii) Wegen der Subordination der Privaten unter das Zentrale Planungsbüro können die Wirtschaftsbeziehungen nur im öffentlichen und nicht im Privatrecht geregelt werden: Die Folgen einer quantitativ, qualitativ oder zeitlich ungenügenden Lieferung von Betrieb A an Betrieb B sind bereits eingetreten und lassen sich daher nicht mehr vermeiden, der gesamte Volkswirtschaftsplan wird undurchführbar: Eine solche Falscherfüllung des Plans muß prinzipiell im Strafrecht geregelt sein.

In der Zentralverwaltungswirtschaft bleibt den Individuen nur der politische Prozeß, um ihre Vorstellungen etwa von der Güterversorgung durchzusetzen: In regelmäßigen Abständen wird etwa das Parlament gewählt, das das Planungsbüro direkt oder indirekt über die Regierung wählt. - Da das freie Spiel individueller Wertvorstellungen im politischen Raum im allgemeinen nicht vereinbar ist mit der vollständigen Entmündigung der Bürger in wirtschaftlichen Bereichen, finden wir in der Realität regelmäßig einen Widerspruch zwischen Zentralverwaltungswirtschaft und Demokratie.

7. Die (freie) ***Marktwirtschaft*** ist durch die vollständige Dezentralisierung aller Entscheidungen gekennzeichnet: Nach der Art ihrer Entscheidungen unterscheiden wir die privaten Wirtschaftseinheiten funktional in Haushalte (Entscheidung über Einkommenserwerb und -verwendung) und Unternehmungen (Produktionsentscheidung).

(i) Die Durchsetzbarkeit dezentralisierter Entscheidungen setzt voraus, daß die Privaten "verfügungsberechtigt" sind: Es muß nicht nur ***Privateigentum*** an Konsumgütern, sondern auch an Produktionsfaktoren geben.

Es gibt zwar noch andere Möglichkeiten, das Verfügungsrecht über Sachen oder Leistungen zu erhalten, etwa durch Miet-, Pacht, Arbeits-, Werkverträge usw. In irgendeiner Weise ist ein solches Verfügungsrecht aber immer schwächer als das (Voll-)Eigentum; der Einfachheit halber werden wir darauf nicht mehr eingehen.

Außerdem muß es irgendeine Möglichkeit geben, sich die Verfügungsgewalt über Sachen und Leistungen zu verschaffen. Das ist in einer Marktwirtschaft nur im Einvernehmen mit dem (alten) Eigentümer möglich: In gegenseitigem Einvernehmen wird z.B. ein ***Kaufvertrag*** über eine Sache geschlossen, in dem die Eigentumsübertragung und die Gegenleistung festgelegt ist: Das Funktionieren einer Marktwirtschaft setzt Vertragsfreiheit der Wirtschaftssubjekte voraus.

(ii) Entscheidungen sind stets zukunftsbezogen. Deshalb ist es für den Entscheidungsträger auch nicht möglich festzustellen, ob etwa seine Produktions- und Absatzentscheidung mit den Kaufplänen seiner (potentiellen) Kunden übereinstimmt; ein Haushalt kann grundsätzlich nicht ohne weiteres davon ausgehen, daß er seine Kaufpläne deshalb realisieren kann und ein Verkäufer die entsprechenden Verkaufspläne hat; die Pläne eines Haushalts, durch Angebot an den Faktormärkten Einkommen zu erzielen, mögen sich nicht mit den Nachfrageentscheidungen der Unternehmen decken usw. Diese Divergenzen äussern sich als unbeabsichtigter Lagerauf- oder -abbau bei den Unternehmen, als Liefer- und Wartefristen, als unerwartete Preisbewegungen.

Eine Störung der Ölversorgung (etwa durch einen Krieg im Nahen Osten) kann dazu führen, daß Hauseigentümer ihre geplanten Heizölkäufe nicht realisieren können und deshalb einen entsprechenden Abbau ihrer Tankbestände (= unbeabsichtigte Lager*des*investitionen) hinnehmen und/oder ihre Käufe nur zu (wesentlich) höheren Preisen realisieren können.

Man sagt deshalb, die Koordination der Einzelpläne erfolge in einer Marktwirtschaft ***ex-post*** über den Markt.

(iii) Die Folgen wirtschaftlichen Handelns werden von den Privaten getragen, einschließlich der positiven oder negativen Überraschungen der Planrealisierung: Die Bürger sind für ihr Handeln selbst verantwortlich. Das setzt zweierlei voraus: Einmal müssen die Handelnden sich die erwirtschafteten Erträge ***aneignen*** können, d.h. die Vermögensvorteile, die durch das Handeln entstehen, müssen in die Verfügungsmacht der Betroffenen eingehen (was einen wirkungsvollen Leistungsanreiz darstellt). Das setzt i.a. Privateigentum an den primären Produktionsfaktoren und den produzierten Produktionsmitteln voraus. - Andererseits sollen die (negativen) Folgen des Handelns auch auf die Beteiligten begrenzt werden: Fehlentscheidungen schlagen so z.B. in ***Vermögensverlusten*** nieder, Außenstehende bleiben davon jedoch unberührt.

(iv) In einer so konzipierten Wirtschaftsordnung setzt der Staat nur den Ordnungsrahmen: Der Entscheidungsspielraum eines Individuums wird ausschließlich durch jenen eines anderen begrenzt; das ordnet der Staat durch das Privateigentum und die Freiheitsrechte. Grundsätzlich besteht völlige ***Vertragsfreiheit***, der Staat hilft nur bei der Vertragserfüllung: Auf Ersuchen einer Vertragspartei wird der Staat die Vertragserfüllung erzwingen, was er in gewissen Fällen von der Einhaltung bestimmter Formvorschriften abhängig macht und/oder wobei er fehlende (explizite) Vereinbarungen durch standardisierte ersetzt: Der ganze Güteraustausch ist im Privatrecht geregelt. - Wir werden hierauf unten ausführlicher eingehen.

8. Einen Überblick über die wichtigsten Unterschiede der beiden (extremen) idealtypischen Wirtschaftsordnungen vermittelt die Übersicht auf der folgenden Seite[4].

Es mag an dieser Stelle genügen, darauf hinzuweisen, daß die real exi-

---

[4] Vgl. dazu etwa *Bartling* und *Luzius* (1986), S. 34 ff.

stierenden Wirtschaftsordnungen sich diesen beiden Idealtypen in unterschiedlicher Weise nähern. Grundsätzlich darf davon ausgegangen werden, daß wegen des (noch zu untersuchenden) Marktversagens Abweichungen von der freien Marktwirtschaft gerechtfertigt werden, daß andererseits auch in stärker zentralverwaltungs-orientierten Wirtschaftsordnungen gewisse Dezentralisierungen unerläßlich sind. Auf solche "Mischformen" wie etwa der gelenkten Marktwirtschaft oder dem Marktsozialismus können wir hier nicht eingehen, die Darstellung auf S. 29 gibt Ihnen immerhin einen Überblick über ihre Vielfalt. Dabei ist die Bemerkung wichtig, daß es sich um Idealtypen handelt, die sich mehr oder weniger in der Realität wiederfinden.[5]

Hauptunterscheidungselemente	Idealtypische Wirtschaftssysteme	
	Zentralverwaltungswirtschaft	Marktwirtschaft
Koordination der Wirtschaftseinheiten	Einplanwirtschaft und staatliche Steuerung ("zentralgelenkte Planwirtschaft")	Mehrplanwirtschaft und Wettbewerbssteuerung ("freie Verkehrswirtschaft")
Subordination der Wirtschaftseinheiten unter den Staat	umfassende Gebot = Plansoll-Vorgaben	einzelne Verbote = staatlicher Ordnungsrahmen
Eigentumsordnung	Staatseigentum ("Sozialismus")	Privateigentum ("Kapitalismus")
Interdependenz mit der politischen Ordnung	Diktatur	Demokratie

Quelle: *Bartling* und *Luzius* (1986), S. 35.

3.2 Die Vorteile der Marktwirtschaft

9. Grundsätzlich haben wir uns in der Schweiz für eine Marktwirtschaft entschieden. Wieso kommen wir zur Auffassung, die marktwirtschaftliche Ordnung sei in irgendeiner Weise erstrebenswert? Abgesehen davon, daß der materielle Wohlstand in den Marktwirtschaften dieser Erde wesentlich höher ist als derjenige in Zentralverwaltungswirtschaften, gibt es dazu eine Reihe grundsätzlicher Überlegungen:

(i) Fehlentscheidungen - der einen oder anderen Art - lassen sich nie vermeiden, da Entscheidungen denknotwendig zukunftsorientiert

[5] Diese Ansicht ist in der Literatur umstritten, vgl. dazu etwa *Bartling* und *Luzius* (1986) S. 34 ff.

sind und sicheres Wissen über die Zukunft nicht verfügbar ist. Dezentralisierung und Privateigentum begrenzen aber den Wirkungsbereich solcher Fehlentscheidungen: Da die einzelnen Bürger nur über Verträge miteinander in Austauschbeziehungen treten, betreffen solche Fehlentscheidungen maximal zwei Parteien, und ihre Folgen schlagen sich in ihren ***Vermögensänderungen*** nieder.

Wird z.B. die Kaffee-Ernte des nächsten Jahres falsch eingeschätzt, so kann ein Kaffeeröster seinen Rohkaffee zu teuer einkaufen. Das führt dann dazu, daß er eine Vermögenseinbuße erleidet in dem Sinn, daß sein Gewinn kleiner sein wird oder er sogar einen Verlust erleidet. Entsprechend wird der Verkäufer des Rohkaffees einen größeren Gewinn oder einen kleineren Verlust erzielen. Von diesen beiden abgesehen ist aber niemand mehr tangiert.

(ii) Alle Entscheidungen der Individuen sind einkommens- oder vermögensrelevant. Da Individuen auf diese Weise die Chance bekommen, ihre Situation durch eigene Anstrengung zu verbessern, handeln sie aus Eigeninteresse. Es spricht vieles dafür, daß die ***materielle Interessiertheit***, wie *E.G. Liberman* 1948 auf einem Kongreß in Moskau formuliert hat, das wirtschaftliche Handeln von Menschen ganz entscheidend bestimmt.[6]

Diese materielle Interessiertheit beeinflußt die Leistungsbereitschaft von Arbeitern ebenso wie die Handlungen von Unternehmen. So sind z.B. die Gewinnchancen wirkungsvolle Anreize, die Produktion besser an die Bedürfnisse der Konsumenten anzupassen - etwa durch die bessere Anwendung vorhandener Technologien oder durch die Entwicklung neuer Produktionsverfahren oder neuer Produkte. Anpassungs- und Entwicklungsgewinne haben volkswirtschaftlich die wichtige Funktion, die Güterversorgung der Bevölkerung zu verbessern. Und wir haben allen Grund zur Annahme, daß eine Zentralverwaltungswirtschaft dem nichts Gleichwertiges entgegenzusetzen hat.

In gewissem Sinn kann man sogar alle Probleme, die westliche und östliche Staaten mit ihrer Wirtschaftsordnung haben, auf das Problem optimaler Leistungsanreize reduzieren.

(iii) Die ***Informationsprobleme*** sind in einer Zentralverwaltungswirtschaft fast unlösbar: In einer Marktwirtschaft hat jedes Unternehmen in Kenntnis seiner eigenen Produktionsmöglichkeiten und unter Abschätzung seiner Absatzchancen selbst zu ent-

[6] Vgl. *Sharpe* (1966).

Idealtyp "Marktwirtschaft"

1.	Anarchie	totale "Laisser-faire"-Wirtschaft
2.	Spezieller staatlicher Ordnungsrahmen für die Wirtschaft - vor allem zur Sicherung des Wettbewerbs	"Liberalismus"
3.	Staatliche Steuerung von Nichtwettbewerbs-bereichen - besonders zur Bereitstellung "öffentlicher Güter"	"Liberalismus"
4.	Redistributionspolitik	"Soziale Marktwirtschaft"
5.	Globalsteuerung auf Marktebene	"Gelenkte Marktwirtschaft"
6.	Steuerung bis auf Banchenebene	"Planification"
7.	Mikrosteuerung auf Unternehmensebene - z.B. durch Investitionskontrolle	"Gemäßigter Sozialismus"
	Konvergenz oder Unvereinbarkeit?	
7.	Betriebliche Investitionsfreiheiten	"Marktsozialismus"
6.	Staatliche Produktionssollvorgaben nur bis auf Branchenebene	"Prager Frühling"
5.	Staatliche Planvorgaben mit betrieblichen Produktionsfreiheiten	"Prager Frühling"
4.	Dezentralisierung bei der staatlichen Produktionsplanerstellung	"Neues ökonomisches System"
3.	Freiheit haushaltlicher Einkommenserzielung	Arbeitsplatzwahlfreiheit
2.	Freiheit haushaltlicher Einkommensverwendung	Konsumfreiheit
1.	Vollständige Mikrosteuerung	totale "Kommandowirtschaft"

Idealtyp "Zentralverwaltungswirtschaft

Quelle: *Bartling* und *Luzius* (1981), S. 42

scheiden, in der Zentralverwaltungswirtschaft muß ein Zentrales Planungsbüro über alle Produktions- und Absatzmöglichkeiten in der ganzen Volkswirtschaft informiert sein. Daraus folgt zweierlei:

- Die Informationserfordernisse der Entscheidungsträger sind bei marktwirtschaftlicher Lösung erheblich kleiner als bei der zentralverwaltungswirtschaftlichen.

- Der Informationsstand der Entscheidungsträger ist bei der marktwirtschaftlichen Lösung deshalb höher, weil auf dem Weg vom Betrieb zum Entscheidungsträger nicht nur weniger Informationen verloren gehen, sondern sie auch nicht systematisch verzerrt werden.

  Das einzelne Unternehmen ist über seine betrieblichen Produktionsmöglichkeiten sicherlich besser informiert als die Zentrale. Andererseits braucht das Unternehmen Informationen über den Markt - und zwar zukunftsbezogene: Die vielen einzelnen Entscheidungsträger werden sich regelmäßig bei ihren Prognosen irren. - Nun kann es vorkommen, daß diese Fehler einander nicht kompensieren, sondern sich gegenseitig verstärken, weil eine Mehrheit die Wirtschaftslage falsch einschätzt; das führt dann zu den konjunkturellen Störungen, die in einer Marktwirtschaft eine staatliche Konjunkturpolitik erfordern. - In einer Zentralverwaltungswirtschaft existiert jedoch die Chance sich kompensierender Fehlentscheidungen überhaupt nicht. - Und schließlich: Wenn das Nicht-Erfüllen des Produktionsplanes strafrechtlich geahndet wird, wird ein Betriebsleiter alles Interesse daran haben, die Kapazität des Betriebes möglichst zu unter- und die erforderlichen Zulieferungen von Roh- und Hilfstoffen usw. zu überschätzen, denn so kann er das Risiko minimieren, unverschuldet wegen Nicht-Erfüllung des Planes bestraft zu werden. Wie soll eine Zentrale dann überhaupt die Produktionsmöglichkeiten richtig einschätzen können?

(iv) Die Probleme der ***Informationsverarbeitung*** in einer Zentralverwaltungswirtschaft sind riesig. *Bartling* und *Luzius* berichten, daß Produktion und Verwendung von bis zu einer Million Güter im Zentralplan geregelt werden muß, so daß sich die DDR auf die Erarbeitung von rd. 5000 (!) zentraler Pläne beschränkt. - Die Marktwirtschaft dezentralisiert die Entscheidungen auf eine sehr einfache Art und Weise und sorgt dafür, daß aus den vorhandenen Informationen Entscheidungen abgeleitet werden können. Man kann daher vermuten, daß die marktwirtschaftliche Dezentralisierung eine sehr effiziente Methode der Informationsverarbeitung ist.

Damit keine Mißverständnisse aufkommen: Daß die Marktwirtschaft keine ideale Wirtschaftsordnung ist, werden wir bei der Behandlung des Marktversagens ausführlich besprechen. Immerhin lassen sich diese Mängel zum größten Teil durch eine angemessene Wirtschaftspolitik innerhalb des marktwirtschaftlichen Systems beheben. Streng genommen liegt der entscheidende Vorteil marktwirtschaftlicher Organisation darin, daß man einerseits die Steuerungsfunktion des Marktes (bzw. des Marktpreises) ausnutzt, dabei entstehendes "Marktversagen" aber durch geeignete wirtschaftspolitische Maßnahmen ausgleicht.

3.3 Die Wirtschaftsordnung der Schweiz

10. Nach *Pütz* (1974) kann man die Wirtschaftsordnung eines Landes (=Realtyp) beschreiben durch

- die Produktionsverfassung
- die Marktverfassung
- die Geldverfassung
- die Finanzverfassung

Die folgenden Ausführungen sollen einen ersten Überblick über die Wirtschaftsordnung der Schweiz geben.

3.31 Die Produktionsverfassung

11. Art. 22ter BV enthält die ***Eigentumsgarantie***; das Eigentum darf nur durch Gesetz und aus öffentlichem Interesse beschränkt werden. Grundsätzlich erstreckt sich das Privateigentum auch auf Produktionsmittel. Es verleiht dem Eigentümer das Recht, "...im Rahmen der Rechtsordnung...nach seinem Belieben..." über eine Sache zu verfügen (Art. 641 ZGB). Zusammen mit der Handels- und Gewerbefreiheit aus Art. 31 BV erlaubt sie es einem Unternehmer, auf privatwirtschaftlicher Basis Güter zu produzieren und dazu Produktionsfaktoren (Arbeit, Boden und produzierte Produktionsmittel) einzusetzen.

Einschränkungen der Handels- und Gewerbefreiheit können erfolgen

- im Gastwirtschaftsgewerbe, insbesondere bei übermäßiger Konkurrenz (Art. 31ter BV),
- im Bankwesen (Art. 31 quater BV und - für die Nationalbank - Art. 39 BV),
- für die Produktion und den Handel mit gebrannten Wassern (Art. 32bis, 32ter, 32quater BV),
- für Privaterversicherungen (Art. 34 Abs. 2 BV),
- für Spielbanken (Art. 35 BV),
- für Produktion und Handel mit Schießpulver, Waffen, Munition und dgl. (Art. 41 BV).

Unternehmen, die eine einzelne Person als Eigentümer haben (=Einzelunternehmen), sind heute fast zur Ausnahme geworden - insbesondere in den Branchen, in denen über ein nennenswertes Anlagevermögen (= Wert von Produktionsanlagen) verfügen müssen. Die Unternehmensformen, die für das gemeinsame Betreiben eines Unternehmens zur Verfügung stehen, sind in Art. 552 ff. OR aufgezählt, also im Privatrecht geregelt. Die Unternehmensform wird durch einen Vertrag zwischen den Eigentümern des Unternehmens vereinbart, für den grundsätzlich die Vertragsfreiheit gilt (Art. 557 OR).

Zur Produktionsverfassung gehört schließlich auch die gesetzliche Regelung der Mitbestimmung (=Betriebsverfassung). Sie ist - im Gegensatz zu Deutschland - in der Schweiz gesetzlich nicht geregelt. Vgl. jedoch den Verfassungsentwurf von 1977:

Art. 29: Ordnung des Unternehmens

1 Die Gesetzgebung über Unternehmen regelt...
 a) die Rechte der Kapitalgeber;
 b) die Zuständigkeit der Leitungsorgane;
 c) die Mitbestimmung der im Unternehmen Tätigen an den Unternehmensentscheidungen;
 d) die Rechtsstellung der von Unternehmensentscheidungen direkt betroffenen Dritten.

2 Der Staat sorgt dafür, daß die im Unternehmen Tätigen nach Möglichkeit wirtschaftlich gesichert sind und sich am Arbeitsplatz persönlich entfalten können."

Schließlich gehört zur Produktionsverfassung auch der betriebliche **Arbeitsschutz**, auf den wir hier nicht eingehen: Die Grundlage hierfür findet sich in Art. 34 und 34ter BV; Art. 34 und 34quater BV reichen über den betrieblichen Arbeitsschutz hinaus, stehen mit ihm aber in einem engen sachlichen Zusammenhang.

3.32 Die Marktverfassung

12. Zentral für die Marktverfassung ist das Vertrags-, insbesondere das Kaufvertragsrecht (Art. 1 ff. und 184 ff OR). Um Güter in der Produktion einsetzen oder verbrauchen zu dürfen, muß man sich das Verfügungsrecht über sie verschaffen, denn sie verlieren in der Produktion oder beim Verbrauch z.T. ihre physische Existenz, z.T. werden sie abgenutzt. Dieses volle Verfügungsrecht vermittelt das Eigentum (an einer Sache, vgl. Art. 641 OR).

Da alle Sachen regelmäßig schon einen Eigentümer haben, muß man sich das Eigentum an ihnen verschaffen: Das geschieht durch Einigung mit dem augenblicklichen Eigentümer, sei es im Rahmen eines Kaufvertrages über die Übertragung des Eigentums oder im Rahmen eines Miet-, Pachtvertrages darüber, die Sache "vertragsgerecht gebrauchen" zu dürfen. - Der Einfachheit halber beschränken wir uns im folgenden auf den Kaufvertrag und den Erwerb des "Voll"-Eigentums.

Obwohl es den Beteiligten häufig gar nicht bewußt ist, wird bei jeder dieser Gelegenheiten ein Vertrag abgeschlossen. Bei dem Abschluß z.B. eines Kaufvertrages, der in unserem Rechtssystem im Zivilrecht geregelt ist, läßt der Gesetzgeber den Beteiligten weitgehende Freiheit bei seiner Ausgestaltung:

- Nach Art. 1 OR setzt der Vertragsabschluß die ausdrückliche oder stillschweigende "übereinstimmende gegenseitige Willensäußerung der Parteien" voraus, einen Vertrag abzuschliessen. Dazu genügt z.B. die Übergabe der gekauften Sache oder die Bezahlung, wie das in Ladengeschäften üblich ist.
- Die Vertragsparteien müssen sich einig über den Vertragsinhalt sein: Der Umfang der Leistung, insbesondere die zu liefernde Menge, Qualität, die Gegenleistung (i.a. der Preis) usw., kann von den Parteien beliebig festgelegt werden, sie dürfen dabei nur nicht gegen zwingende gesetzliche Vorschriften oder gegen "die öffentliche Ordnung, die guten Sitten oder das Recht der Persönlichkeit" verstoßen (Art. 19 OR).[7]

Ist der Kaufvertrag rechtskräftig abgeschlossen, liegen Rechte und Pflichten von Käufer und Verkäufer fest: Der Verkäufer hat den Kaufgegenstand zu übergeben, der Käufer hat ihn zu übernehmen und den Kaufpreis zu bezahlen (Art. 184 bzw. 188 ff. und 211 ff. OR für den Verkauf beweglicher Sachen).

Wird der Kaufvertrag nicht ordnungsgemäß von einer Vertragspartei erfüllt, können die entstandenen Ansprüche auf dem Rechtsweg durchgesetzt werden, also nach dem Anrufen eines Gerichts mit Hilfe hoheitlichem Zwang. Hiervon abgesehen greift der Staat überhaupt nicht ein: Der materielle Inhalt eines Kaufvertrages wird nicht durch den Staat fixiert, er steht im Belieben der privaten Vertragsparteien, die nur bestimmte Rahmenbedingungen einzuhalten haben, wollen sie ihre Ansprüche durchsetzen. Folgerichtig ist der Kaufvertrag deshalb im Privat- oder Zivilrecht und nicht im öffentlichen Recht geregelt.

13. Weshalb ***sollen*** Private selbständig über die Güterverteilung entscheiden? Weil wir keine bessere Lösung des Verteilungsproblems anzubieten, gegen die völlige Freiheit der Individuen bei der Bestimmung des materiellen Inhalts eines Kaufvertrags nichts einzuwenden haben, solange sie beim Tausch oder Kauf keinem Zwang unterliegen, sich der Konsequenzen ihres Handelns bewußt sind und keinen Unbeteiligten schädigen: Dann ist nämlich die so entstehende Güterverteilung nach dem *Pareto-Kriterium* [8] der alten *sozial* vorzuziehen.

Der Gesetzgeber hat versucht, diese Voraussetzungen dadurch zu ge-

---

[7] Vgl. hierzu auch Art. 20 OR, der die Nichtigkeit eines Kaufvertrages postuliert, wenn er "einen unmöglichen oder widerrechtlichen Inhalt hat oder gegen die guten Sitten verstösst."

[8] Vgl. unten Kap. 7.

währleisten, daß eine Vertragspartei unter gewissen Umständen von ihren Verpflichtungen frei kommt: Ist sie nämlich von der anderen Vertragspartei

- unter Ausnutzung einer Notlage, der Unerfahrenheit oder des Leichtsinns übervorteilt (Art. 21 OR) oder
- durch absichtliche Täuschung (Art. 28 OR) oder durch Furchterregung (Art. 29-30 OR) zum Vertragsabschluß verleitet worden,

dann wird der Vertrag für sie unverbindlich, wenn sie sich innerhalb einer bestimmten Frist darauf beruft.

Lesen Sie sich doch einmal diese Regelungen im einzelnen durch.

Schwieriger ist es, wenn sich eine Vertragspartei "geirrt" hat, ohne daß dieser Irrtum von der anderen verschuldet worden wäre. Hier stehen sich nämlich widersprüchliche Interessen gegenüber: Hat sich der Käufer z.B. über bestimmte Eigenschaften der gekauften Sache geirrt, dann ist weder individuell noch - nach dem *Pareto*-Kriterium - sozial der neue Zustand besser als der alte, wir haben keinen Grund, den einen oder den anderen vorzuziehen. Der Käufer hat in unserem Beispiel ein Interesse daran, aus dem Kaufvertrag frei zu kommen, der Verkäufer idR. ein Interesse daran, daß der verkaufte Kaufpreis gezahlt wird.

Machen Sie sich doch einmal klar, daß die einzelnen Regelungen des Kaufvertrages ***Konfliktregelungen*** sind: Nichts steht den Parteien im Wege, im gegenseitigen Einvernehmen den Vertrag aufzuheben oder in irgendeiner Form zu modifizieren. Deshalb brauchen wir nur diejenigen Fälle weiter zu behandeln, in denen die Vertragsparteien unterschiedliche Interessen haben, also z.B. eine Vertragspartei zurücktreten möchte, die andere aber auf Vertragserfüllung besteht. Wie ist dieser Interessenkonflikt zu lösen?

Hierzu einige Überlegungen:

a) In den meisten Fällen wird es nicht möglich sein, die Behauptung einer Partei, sie habe sich geirrt, zuverlässig zu überprüfen. Deshalb wäre bei einer Übernahme einer Regelung analog zu Art. 29 - 30 OR die Verbindlichkeit eines Vertrages praktisch jederzeit zu zerstören: Aus Gründen der ***Rechtssicherheit*** muß die Anfechtbarkeit eines Vertrages wegen Irrtum eingeschränkt werden.

b) Wird der Vertrag in unserem Beispiel rückgängig gemacht, dann stellt sich der Verkäufer ***schlechter*** als bei der Gültigkeit des Vertrages, möglicherweise sogar schlechter, als wenn er den Vertrag gar nicht abgeschlossen hätte (wenn er z.B. sonst eine andere Verkaufschance hätte wahrnehmen können). - Eine Lösung des Interessenkonfliktes wird dadurch möglich, daß man die irrende Partei zur Zahlung eines Schadensersatzes verpflichtet: Der Verkäufer steht nicht schlechter, der Käufer aber besser als vorher, und das ist eindeutig *Pareto*-superior.

Nach diesen Ausführungen ist es nicht schwierig, die gesetzliche Regelung zu interpretieren: Der Irrtum muß ein "wesentlicher" sein, und man wird mit der Berufung auf den Irrtum der anderen Vertragspartei gegenüber schadensersatzpflichtig - nämlich dann, wenn man den Irrtum "fahrlässig" verschuldet hat.

Lesen Sie hierzu Art. 23-27 OR und in Kap. 9 unten die Ausführungen zu der Problematik unvollkommener Information.

14. An vielen anderen Stellen sorgt die Rechtsordnung dafür, daß Vertragsparteien vor Abschluß eines Vertrages die Konsequenzen ihres Handelns verantwortungsbewußt einschätzen:

- Unmündige oder entmündigte Personen können keine Verpflichtungen eingehen (Art. 1 ff ZGB).
- Der Abschluß bestimmter Verträge mit "weitreichenden" Folgen wird durch Formvorschriften erschwert. Das gilt z.B. für die Errichtung eines Testamentes (Art. 498ff ZGB), für eine Schenkung, sofern sie nicht sofort vollzogen wird (Art. 243 OR), aber auch für den Verkauf von Grundstücken (Art. 216 OR).

15. Problematischer sind jene Fälle, in denen der Staat den Konsum gewisser Güter einschränkt oder verhindert oder ihn andererseits fördert: Art. 32bis BV gibt dem Bund das Recht, "gebrannte Wasser" über spezielle Steuern zu verteuern; der Verkauf von Absinth (ein Wermutlikör) ist völlig verboten (Art. 32ter BV). Andererseits darf der Bund nach Art 34bis BV eine obligatorische Kranken- und Unfallversicherung, nach Art. 34quater BV eine obligatorische Alters-, Hinterlassenen- und Invalidenvorsorge (AHV, IV und die Institutionen der beruflichen Vorsorge) einrichten. In all diesen Fällen lautet *ein* Argument zur Rechtfertigung dieser Eingriffe in die (private) Konsumfreiheit, die Urteilsfähigkeit der Individuen sei entweder durch den Alkoholkonsum oder durch die ungenügende Voraussicht (fehlerhafte Minderschätzung zukünftiger Bedürfnisse vor allem bei weniger gebildeten Bevölkerungsschichten) zu stark beeinträchtigt. Wenn diese Behauptung richtig ist, muß wirklich in die freie Konsumwahl eingegriffen und die Freiheit der Einkommensverwendung in irgendeiner Weise eingeschränkt werden. Fraglich ist nur, wer das zu beurteilen hat und wie weit der Eingriff bzw. bis wohin die individuelle Freiheit genau gehen soll.

Da diese Problematik hier nicht ausdiskutiert werden kann, muß eine Analogie genügen: Eine der tragenden Ideen der letzten 300 Jahre ist die der Gleichheit aller Menschen. Dabei ist völlig unbestritten, daß kein Mensch einem anderen völlig gleicht. Aber: Jede Ungleichheit, die durch irgendein Gesetz festgeschrieben wird, führt mit

Sicherheit zu Ungerechtigkeiten. - Ähnliches gilt auch für die individuelle Konsumfreiheit: Man wird von der grundsätzlichen Freiheit der Individuen bei ihrer Einkommensverwendung auszugehen haben und sich darauf beschränken müssen, nur in besonders gelagerten, gravierenden Fällen einzugreifen. Dabei hat man darauf zu achten, daß man nicht einfach die eigenen Wertvorstellungen anderen auferlegt.

16. Unser Staat versucht auch, positiv in die Märkte einzugreifen und für einen ***funktionierenden Wettbewerb*** zu sorgen: Z.B. ist Art. 31bis Abs. 3 lit. d BV die Grundlage für das Gesetz "gegen volkswirtschaftlich oder sozial schädliche Auswirkungen von Kartellen und ähnlichen Organisationen". - Hierzu gehören jedoch nicht "Verträge, Beschlüsse und Vorkehren, soweit sie ausschließlich das Arbeitsverhältnis betreffen." (Art. 1 KartG). Die ***Gewerkschaftsbildung*** (= Koalitionsfreiheit), die ***Tarifautonomie*** und die ***Allgemeinverbindlichkeitserklärung*** von Gesamtarbeitsverträgen kann vom Bund nach Art. 34ter BV geregelt werden, lesen Sie dazu insbesondere Abs. 2 einmal durch.

Zu erwähnen ist in diesem Zusammenhang schließlich noch das "Gesetz gegen den unlauteren Wettbewerb", in dem bestimmte wettbewerbs-verfälschende Praktiken untersagt werden.

3.33 Die Geldverfassung

17. Die Geldverfassung der Schweiz ist - wie in anderen westlichen Staaten - dadurch gekennzeichnet, daß wir gleichzeitig ein System privater Banken und eine besondere Bank des Staates, die *Nationalbank*, und damit auch zwei verschiedene Arten von Geld haben.[9] Nach Art. 31quater BV hat der Bund das Recht, die Tätigkeit privater Banken zu reglementieren, und gemäß Art. 39 BV darf der Bund die Nationalbank als Notenbank betreiben. - Im folgenden werden wir uns nur mit dem für jede Geldverfassung zentralen Problem beschäftigen, nämlich der Abhängigkeit der Notenbank von der Zentralregierung (in der Schweiz also die der Nationalbank vom Bundesrat). Ihre politische Bedeutung beruht - kurz gesagt - auf folgendem:

Wie jedes andere Wirtschaftssubjekt muß der Bund seine Ausgaben finanzieren; hierzu stehen ihm seine Steuereinnahmen, die Erträge aus der Emission von Wertpapieren und die Kredite der Notenbank zur Verfügung. Da die Notenbank durch Kredite jederzeit Geld schöpfen kann, ist die Finanzierung über eine abhängige Notenbank sehr angenehm für die Regierung, sie kann sich so in einem gewissen Umfang der politischen Kontrolle durch das Parlament entziehen. Diese Finan-

---

[9] Entsprechend werden wir in Kapitel 6 zwischen Zentral- und Giralgeld unterscheiden.

zierung hat aber die Gefahr, daß die Staatsnachfrage übermäßig ausgedehnt und die Geldmenge erhöht wird, was beides zur Inflation führen kann.

Vor allem die Erfahrungen zwischen den beiden Weltkriegen haben gezeigt, daß jede nennenswerte Aufrüstung über Geldschöpfung finanziert wird. In Deutschland bestand deshalb eine der ersten Maßnahmen der Nationalsozialisten nach 1933 darin, über einige Umwege den Zugang zur Geldschöpfung für die Finanzierung der Aufrüstung zu erhalten.[10] Die wirtschaftliche Entwicklung während und nach den beiden Weltkriegen hat gezeigt, daß das letzten Endes zur Inflation führt. - Die Westalliierten haben deshalb bei der Gründung der Bundesrepublik auf eine von der Bundesregierung unabhängige Notenbank (Bank Deutscher Länder, später die Deutsche Bundesbank) gedrungen.

18. Welchen Status hat die Nationalbank in der Schweiz? Nach Art. 39 BV steht das Recht zur Ausgabe von Banknoten dem Bund zu, das er der Nationalbank übertragen kann. Diese

> "mit dem Notenmonopol ausgestattete Bank hat die Hauptaufgabe, den Geldumlauf des Landes zu regeln, den Zahlungsverkehr zu erleichtern und im Rahmen der Bundesgesetzgebung eine dem Gesamtinteresse des Landes dienende Kredit- und Währungspolitik zu führen". (BV Art. 39 Abs. 3, vgl. auch Art.1 Abs.1 Nationalbankgesetz (=NBG) vom 23.12.1953, Stand 15.12.1978.)

Die Nationalbank "wird unter Mitwirkung und Aufsicht des Bundes nach den Vorschriften dieses Gesetzes verwaltet". (Art. 1 Abs. 2 NBG, vgl. auch Art. 63 NBG). Die oberste geschäftsleitende und ausführende Behörde ist das ***Direktorium***, das aus drei Mitgliedern besteht, die "vom Bundesrat auf Vorschlag des Bankrates für die Amtsdauer von sechs Jahren ernannt" werden (Art. 53 NBG). Wegen dieser Regelung und der Beschreibung der zu verfolgenden Ziele in Art. 2 NBG ist die Nationalbank nicht unabhängig vom Bundesrat.

Die Staatsverschuldung ist nicht explizit in der Verfassung geregelt. Die unmittelbare und ungedeckte Kreditgewährung durch die Nationalbank wird aber dadurch ausgeschlossen, daß sie nur "bis zur Höhe der Bundesguthaben Zahlungen an Dritte" ausführt (Art. 15 NBG). Jedoch ist sie gem. NBG Art. 14 befugt zum "An- und Verkauf von Schatzanweisungen und Schuldverschreibungen des Bundes" sowie zur "Gewährung von verzinslichen Darlehen in laufender Rechnung mit höchstens zehntägiger Kündigungsfrist gegen Verpfändung von Schuldverschreibungen auf die Schweiz, von eidgenössischen Schuldbuchforderungen

---

[10] Und zwar durch die sogenannten Mefo-Wechsel. Einzelheiten siehe z.B. *Stucken* (1953) S. 147 ff.; *Stolper* (1966) S. 171 ff.

(Lombardvorschüsse)".

19. Mit dem Übergang zu flexiblen Wechselkursen ist ihre Festsetzung durch den Bund entfallen. Durch die Revision des Nationalbankgesetzes ist die Nationalbank zum An- und Verkauf internationaler Zahlungsmittel ermächtigt worden (Art. 14 Ziff. 14 NBG). Vgl. aber: Art. 16i NBG:

"[1]Wird die ausgeglichene konjunkturelle Entwicklung des Landes durch einen übermässigen Zufluß an Geldern aus dem Ausland gestört oder bedroht, so kann der **Bundesrat**

1. die Verzinsung der auf Schweizerfranken lautenden Guthaben von Personen mit Wohnsitz oder Sitz im Ausland bei inländischen Banken einschränken oder verbieten und anordnen, daß auf solche Guthaben dem Bunde abzuliefernde Kommissionen zu erheben sind, auf Postcheckkonti von Personen mit Wohnsitz oder Sitz im Ausland können die Maßnahmen sinngemäß angewendet werden;
2. Devisentermingeschäfte begrenzen mit Personen, die ihren Wohnsitz oder Sitz im Ausland haben;
3. den Erwerb inländischer Wertpapiere durch Personen mit Wohnsitz oder Sitz im Ausland einschränken oder untersagen;
4. die Aufnahme von Geldern im Ausland durch Personen mit Wohnsitz oder Sitz im Inland bewilligungspflichtig erklären;
5. den Ausgleich von Fremdwährungspositionen bei inländischen Banken vorschreiben;
6. die Einfuhr ausländischer Banknoten einschränken;
7. die Nationalbank zum Abschluß von Devisentermingeschäften mit einer Verfallzeit bis zu 24 Monaten ermächtigen.

[2]Der Vollzug der Maßnahmen obliegt der Nationalbank..."

3.34 Die Finanzverfassung

20. In einer Volkswirtschaft muß über Ausmaß und Art der öffentlichen Leistungen entschieden werden, weil das - mindestens bei Vollbeschäftigung - zu Lasten der Produktion von Gütern und Dienstleistungen für den privaten Bedarf geht. Diese Steuerungsfunktion übernimmt der **Budgetprozeß** als politischer Entscheidungsprozeß. Man kann ihn durch den *Budgetkreislauf* beschreiben:

- das Aufstellen,
- die Feststellung,
- die Durchführung,
- die Kontrolle

des Budgets. In der Schweiz spricht man bei der Aufstellung, Feststellung und Durchführung des Budgets vom *Voranschlag*, bei der Kon-

trolle von der *Staatsrechnung*.
Den ersten Schritt in der Entwicklung zum Haushaltsrecht in der parlamentarischen Demokratie stellte das Steuerbewilligungsrecht der Volksvertretung in England, die "petition of rights", 1628 dar: Direkte Steuern durften nur mit ausdrücklicher Zustimmung der Volksvertretung erhoben werden. Die "bill of rights" (1688) dehnte die Zustimmung des Parlaments auf alle Einnahmen aus. Vervollständigt wurde die Parlamentskompetenz durch die sog. *Appropriationsklausel* (zuerst in England, später mit der großen Revolution in Frankreich), nach der die Einnahmen nur für den vom Parlament bestimmten Zweck verwendet werden dürfen. Dieser Grundsatz wird heute in der parlamentarischen Demokratie allgemein akzeptiert.

21. In einem Bundesstaat sind die Aufgaben (deshalb die Ausgabenkompetenz) und die Einnahmen auf die verschiedenen Staatsebenen, nämlich Bund, Kantone und Gemeinden verteilt. Die Verteilung von Einnahmenquellen und Ausgaben bezeichnet man als den ***Finanzausgleich i.w.S.*** - Für diesen Finanzausgleich kennen wir zwei extreme "reine" Systeme:

> Im ***Trennsystem*** hat jede Gebietskörperschaft ihre eigenen Ausgabenkompetenzen und die dafür notwendigen Einnahmequellen, insbesondere darf sie auf eigene Rechnung Steuern erheben.
>
> Im ***Verbundsystem*** erhebt der Zentralstaat alle Steuern und verteilt diese Einnahmen über Finanzzuweisungen an die einzelnen Gebietskörperschaften.

Grundsätzlich haben wir in der Schweiz das Trennsystem: Einerseits liegen die Ausgabenkompetenzen eindeutig fest: Wegen der Kompetenzvermutung zu Gunsten der Kantone darf der Bund nur solche Staatsausgaben für solche Aufgaben tätigen, für die er in der Bundesverfassung ausdrücklich ermächtigt ist. Andererseits sind auch die vom Bund zu erhebenden Steuern abschließend in der Verfassung aufgezählt, vgl. Art. 41bis und 41ter BV.

Allerdings verpflichtet Art. 42ter BV den Bund, "den Finanzausgleich zwischen den Kantonen" zu fördern insbesondere durch die "Gewährung von Bundesbeiträgen", wobei auf die "Finanzkraft der Kantone" Rücksicht zu nehmen ist.

22. Im folgenden beschränken wir uns auf die Finanzwirtschaft des Bundes. Die gesetzlichen Grundlagen für die Planung, den Vollzug und die Kontrolle sind:

> Bundesverfassung Artikel 85 Ziffern 1, 2 und 10, Artikel 102 Ziffer 14;

Bundesgesetz über den Eidgenössischen Finanzhaushalt vom 6. Oktober 1989 (FHG);
Finanzhaushaltsverordnung vom 11. Oktober 1990 (FHO);
Bundesgesetz über die Eidgenössische Finanzkontrolle vom 28. Juni 1967, Stand 1. April 1984 (EFK).

Unter einem Budget versteht man ein *formelles Gesetz*, d.h. bei seinem Erlaß sind die "normalen" Verfahren der Gesetzgebung zu beachten. Allerdings bestehen Besonderheit bezüglich der Bindung durch die enthaltenen Vorschriften: In der Schweiz entwirft das Eidg. Finanz- und Zolldepartement "zuhanden des Bundesrates den Voranschlag, dessen Nachträge, die Staatsrechnung und den Finanzplan" (Art. 34 Abs. 2 FHG), es hat dabei die Kreditbegehren und die Einnahmenschätzungen zu überprüfen. Dieser Entwurf wird vom Bundesrat behandelt, er bringt ihn nach Art. 102 Zif. 14 BV in die Bundesversammlung ein, die darüber gem. Art. 85 Zif. 10 BV zu entscheiden hat.

Die *Durchführung* des Voranschlags ist Sache der Bundesverwaltung. Als *formelles Gesetz* bringt der Voranschlag

- eine Ausgaben*ermächtigung* der Verwaltung, d.h. Ausgaben dürfen nur für die im Voranschlag festgelegten Zwecke und in dem dem bewilligten Ausmaß getätigt werden,
- eine Aufgaben*verpflichtung*, d.h. die Verwaltung darf (und soll zur der sparsamen Mittelbewirtschaftung) die bewilligten Beträge nur zum Teil ausgeben, sie darf allerdings Aufgaben, zu deren Erfüllung die Mittel bewilligt worden sind, nicht überhaupt nicht wahrnehmen.

Dabei leitet das Eidg. Finanz- und Zolldepartement die Eidgenössische Finanzverwaltung, die "für den Kassen-, Zahlungs- und Buchhaltungsdienst" sorgt und "die Aktiven und Passiven des Bundes und der Spezialfonds" verwaltet (Art. 35 Abs. 1 FHG).

Die *Kontrolle* der Staatsaktivität erfolgt nach Ablauf des entsprechenden Jahres von der Eidg. Finanzkontrolle als Abteilung des Eidg. Finanz- und Zolldepartements (Art. 1 des Bundesgesetzes über die Eidgenössische Finanzkontrolle). Dazu erstellt das Eidg. Finanz- und Zolldepartement die *Staatsrechnung*, die analog zum Voranschlag gegliedert ist (Einzelheiten s. FHG). Die Kontrolle erfolgt auf zwei Stufen:

(1) Innerhalb der einzelnen Verwaltungsabteilungen bzw. Departementen wird auf die Einhaltung des Voranschlags geachtet.

(2) Das Ausgabengebahren der Verwaltung wird durch besondere Rechnungsprüfungskommissionen überprüft.

(3) Die Staatsrechnung ist von der Bundesversammlung abzunehmen

(BV Art. 85 Zif. 10).

23. Der Voranschlag gliedert sich nach Art. 4 FHG

"• die Verwaltungsrechnung, gegliedert in Finanz- und Erfolgsrechnung,
• die Bestandesrechnung mit der Bilanz,
• die Rechungen der unselbständigen Betriebe und Anstalten."

Art. 5 FHG:

"[1] Die Finanzrechnung weist die Ausgaben und Einnahmen sowie den Ausgaben- oder Einnahmenüberschuß des Rechnungsjahres aus."

Dabei sind Ausgaben Zahlungen an Dritte, die das Vermögen vermindern oder Vermögenswerte schaffen, die unmittelbar Verwaltungszwecken dienen, Einnahmen sind Zahlungen Dritter, die das Vermögen vermehren oder als Entgelt für die Veräußerung von Verwaltungsvermögen geleistet werden.

Art. 6 FHG:

"[1] Die Erfolgsrechnung ermittelt den Ertrags- oder Aufwandüberschuß des Rechnungsjahres. Ausgehend vom Saldo der Finanzrechnung erfaßt sie den gesamten buchmäßigen Aufwand und Ertrag."

Art. 7 FHG:

"[1] Die Bestandesrechnung erfaßt sämtliche Vermögenswerte und Verpflichtungen sowie das Eigenkapital oder den Bilanzfehlbetrag."

24. Besonderes Interesse gilt dem Voranschlag deshalb, weil er zahlenmässig ausdrückt, welche Aufgaben der Bund (oder allgemeiner: der Staat) in welchem Ausmaß erfüllen will und wie sie finanziert werden sollen: Er ist das politische Handlungsprogramm einer Regierung, in Franken ausgedrückt. Bei seiner Festlegung ist der Rahmen zu beachten, der dem Bund durch die Verfassung vorgegeben ist: Soweit die Bundesverfassung nichts Besonderes bestimmt, liegen Ausgabenkompetenz und Steuerhoheit grundsätzlich bei den Kantonen. Die Bundesverfassung weist in den Art. 20-41 dem Bund eine Reihe von ***Aufgaben*** zu:

Lesen Sie sich diese Artikel einmal durch. Welche Aufgaben führen wirklich zu Ausgaben?

25. Zur Finanzierung seiner Ausgaben stehen dem Bund gemäß Art. 42 BV zur Verfügung

- Steuern, Zölle, Gebühren,
- der Gewinn der öffentlichen Unternehmen,

- der Ertrag des Bundesvermögens.

Die ***Steuern***, die nach Art. 41bis und 41ter BV vom Bund erhoben werden dürfen, sind

- Stempelabgaben, eine Verrechnungssteuer auf den Ertrag beweglichen Kapitalvermögens, auf Lotteriegewinne und Versicherungsleistungen, eine Tabaksteuer,
- eine Warenumsatzsteuer[11], spezielle Verbrauchsteuern auf Erdöl, Erdgas, Bier, und eine direkte Bundes-Einkommensteuer; die Befugnis zur Erhebung dieser Steuern ist befristet.

Der Fehlbetrag, der in der Haushaltsrechnung des Bundes entsteht, muß (aus ökonomischen Gründen) über Kredite finanziert werden. Hierzu existieren grundsätzlich zwei Möglichkeiten: Der Bund emittiert Wertpapiere (Staatsanleihen, Bundesobligationen), oder er nimmt einen Kredit bei der Nationalbank auf. Außerdem verwendet er die Gelder, die den Postcheckämtern durch den Postcheckverkehr zufließen, zur vorübergehenden Finanzierung. - Verfassungsmäßige Grenzen für die Staatsverschuldung existieren nicht - im Gegensatz zur Bundesrepublik Deutschland, wo die Kreditaufnahme in GG Art. 115 geregelt ist.

26. Unter dem ***Finanzausgleich iwS.*** versteht man die Verteilung von Aufgaben und Steuern auf die einzelnen Gebietskörperschaften. Aus Art. 3 BV folgt, daß der Bund nur zur Wahrnehmung solcher Aufgaben berechtigt ist, die ihm durch die Verfassung zugewiesen sind, und nur die ihm zugewiesenen Steuern erheben darf.

Unter dem ***Finanzausgleich ieS.*** versteht man einen Einnahmenausgleich zwischen den Gebietskörperschaften. Man unterscheidet den

- horizontalen Finanzausgleich zwischen Kantonen oder zwischen Gemeinden,
- vertikalen Finanzausgleich zwischen Bund, Kantonen und Gemeinden.

Der vertikale Finanzausgleich wird in Art. 42ter BV angesprochen: Der Bund hat den Finanzausgleich zwischen den Kantonen zu fördern und bei seinen Beiträgen an die Kantone insbesondere auf ihre Finanzkraft Rücksicht zu nehmen.

---

[11] Sie wird am 1.1.1995 durch eine Mehrwertsteuer ersetzt.

II. Teil: Die Funktionsweise einer Marktwirtschaft

4. Die Gütermärkte

4.0 Vorbemerkungen

1. In diesem Kapitel werden wir uns mit den Gütermärkten befassen, weil wir einerseits an den Mengen, die uns - oder der ganzen Bevölkerung - in einer gewissen Zeitraum (z.B. in einem Jahr) zum Konsum zur Verfügung stehen, und andererseits an ihren Preisen interessiert sind, denn von ihnen hängt schließlich ab, wieviel wir mit unserem (Geld-) Einkommen kaufen können.

Sobald diese Mengen und Preise realisiert worden sind, gehören sie der Vergangenheit an. Aber nur mit Zahlen der Vergangenheit - u.a. aus der (Wirtschafts-)Statistik - kann man die Entwicklung einer Volkswirtschaft beschreiben. Damit wollen wir uns nicht befassen, sondern vielmehr etwas über die *zukünftige* Entwicklung ableiten. Grundsätzlich ist und bleibt sie zwar unbekannt, weil uns Menschen das Wissen um die Zukunft verwehrt ist. Aber können wir nicht wenigstens ungefähre Aussagen über die zukünftige Entwicklung machen? Mit welchen Methoden kann man wenigstens Orientierungspunkte dafür finden?

Wozu brauchen wir überhaupt Vorstellungen über die zukünftige Entwicklung? Stellen Sie sich vor, Sie würden sich jetzt zu irgend etwas entschließen. Der ***Entschluß*** dazu muß – notwendigerweise – zeitlich vor dem ***Handeln*** selbst liegen, die ***Konsequenzen*** dieses Handelns treten erst später ein. Da man aber Handlungen nur wegen ihrer Konsequenzen vornimmt, muß man im Zeitpunkt der Entscheidung Vorstellungen über die Konsequenzen der Handlungen haben: Eine Aufgabe (unter vielen anderen) der Wirtschaftswissenschaften besteht darin, Methoden anzubieten, mit denen solche Aussagen über die Zukunft abgeleitet werden können.

2. Um das an einem Beispiel deutlich zu machen: Angenommen, Sie überlegen sich, ob Sie Ihren Heizöltank jetzt auffüllen sollen.

Diese Fragestellung an sich impliziert schon, daß Sie noch eine andere Möglichkeit haben: Sie können nämlich noch abwarten oder den Tank jetzt nicht ganz füllen usw. Stimmt das nicht, dann haben Sie keine Wahl und auch keine Entscheidungs*freiheit*, und alle Informationen über den Heizölpreis usw. sind irrelevant für Sie.

Was müssen Sie für Ihre Entscheidung wissen? Doch nicht nur den Heizölpreis für sofortige Lieferung, sondern auch den Preis in einem Monat, eigentlich die zukünftige ***Entwicklung*** des Heizölpreises. Während Sie den heute geltenden Preis durch einen einfachen Anruf bei einem Heizöl-Händler feststellen können (der Ihnen dabei ein Vertragsangebot macht!), müssen Sie die zukünftige Preisentwicklung selbst schätzen. Diese Situation ist in Abb. 4.1 dargestellt, in der eine für die Vergangenheit angenommene Preisentwicklung aufgezeichnet ist: Danach sei der Preis nach einem deutlichen Anstieg in der letzten Zeit wieder kräftig gefallen. Was folgt daraus für den Heizöl-Kauf? Nur die - zweifellos richtige - Aussage, daß das Heizöl heute billiger ist als vor kurzem. Aber das ist für unsere - zukunftsgerichtete - Entscheidung unerheblich, vielmehr müssen wir versuchen, die beobachtete Entwicklung in irgendeiner Weise in die Zukunft zu verlängern.

Diese Untersuchung der zeitlichen Entwicklung nennt man ***Zeitreihen-Analyse***: Es ist der Ansatz, der von den sogenannten **chartists** vor allen an den Warenbörsen verwendet wird. Gesucht werden dabei gewisse Regelmässigkeiten in der Entwicklung der Vergangenheit, von denen man annehmen darf, daß sie auch in Zukunft weiterbestehen werden: Z.B. ist die Nachfrage nach Heizöl typischerweise nach Abschluß der Heizperiode relativ hoch, weil dann die Tanks wieder aufgefüllt werden müssen. Oder denken Sie an die Verkaufsspitzen des Einzelhandels zu Weihnachten, das regelmäßige Ansteigen der Eierpreise zu Ostern, das Nachlassen der Bautätigkeit in den Sommerferien usw. - Wenn es solche **saisonalen** Einflüsse gibt, tut man gut daran, die beobachtete Entwicklung "um diese Einflüsse zu bereinigen". Wie das gemacht wird, können wir hier nicht behandeln.

3. Jede Prognose läuft letztlich darauf hinaus, die in der Vergangenheit beobachtete Entwicklung in die Zukunft zu verlängern. Nur: ***Wie*** sollen wir das machen? Sollen wir weitere Preissenkungen erwarten, d.h. prognostizieren wir C? Nur deshalb, weil die Preise in der letzten Zeit gefallen sind? Oder sollen wir davon ausgehen, daß die Preise wieder steigen werden, *weil* sie bisher gefallen sind? Man könnte auch etwa daran denken, den Punkt A zu prognostizieren und die Preissenkungen als eine vorübergehende Episode betrachten, also anzunehmen, der Preis würde wieder zu seiner langfristigen Entwicklung (das ist der ***Trend***) zurückkehren.Oder sollen wir vorsichtigerweise annehmen, daß der Preis wieder steigen wird, aber nur mit der in der Vergangenheit beobachteten durchschnittlichen Zuwachsrate? Wenn die Preise in der Vergangenheit im Durchschnitt um 4 % pro Jahr gestiegen sind, werden wir mit einer Teuerung von 4 % in der Zukunft rechnen, das ergäbe den Punkt B. - Sie können noch beliebig viele andere Punkte außer diesen drei betrachten.

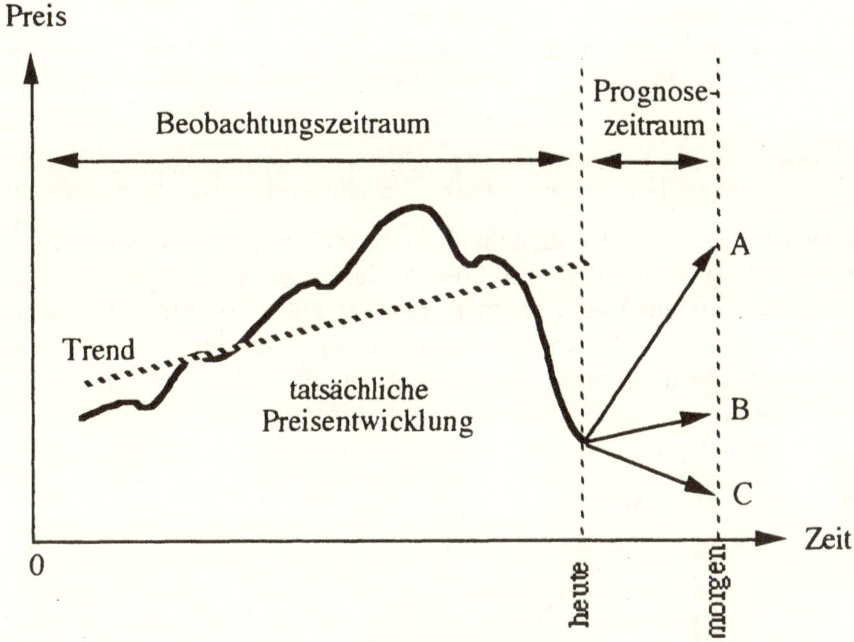

Abb. 4.1

Hoffentlich würden Sie sich nur mit einem unguten Gefühl für irgendeine dieser Prognosen entscheiden und genau das tun, was immer in solchen Situationen empfohlen wird: zusätzliche Informationen sammeln; schließlich können wir doch nicht über die Preisentwicklung ohne irgendwelche weiteren Angaben spekulieren.

In der Realität sind solche Informationen regelmäßig verfügbar: Man kennt z.B. die Schwierigkeiten der OPEC, sich auf eine bestimmte Förderpolitik zu einigen, man kennt die Zahlungsbilanzschwierigkeiten einiger Förderländer, man weiß, daß die Erdölvorräte einmal zu Ende gehen werden und daß eine Ölschwemme nicht allzu lange andauern kann usw.

Eine unserer wichtigsten Aufgaben in diesem Kapitel besteht darin aufzuzeigen, wie solche zusätzlichen Informationen widerspruchsfrei verarbeitet werden können.

4. Betrachten wir deshalb den Ansatz der ***fundamentalists***. Sie gehen davon aus, daß sich die Preise auf dem Markt durch das Zusammenspiel von Angebot und Nachfrage einspielen: Wenn von einem Gut mehr nachgefragt als angeboten wird, können einige Nachfrager ihre Kaufwünsche nicht realisieren. Sie werden versuchen, dieses Gut

trotzdem zu bekommen, indem sie einen Verkäufer durch das Bieten eines höheren Preises dazu bringen, sie bevorzugt zu behandeln: Bei einem Nachfrageüberschuß sorgen die Nachfrager für Preiserhöhungen.

Beachten Sie, daß es bei freier Preisbildung in einer reinen Marktwirtschaft keine Korruption gibt, weil das Einräumen solcher Vorteile offen über den Preis geschieht.

Das Analoge tritt ein, wenn mehr angeboten als nachgefragt wird: Einige Anbieter müssen einen Teil ihrer Produktion, die sie eigentlich verkaufen wollten, auf Lager nehmen. Um das zu vermeiden, werden sie Nachfrager anzulocken versuchen, und das können sie z.B. dadurch, daß sie ihren Verkaufspreis senken: Ein Angebotsüberschuß führt idR. zu Preissenkungen.

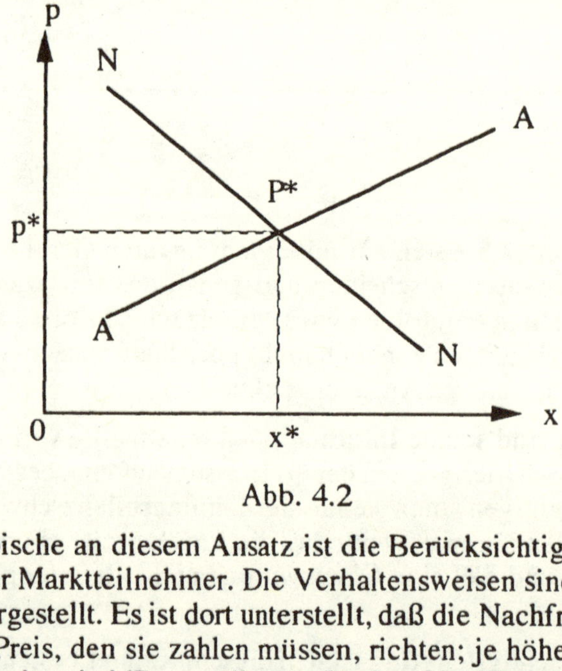

Abb. 4.2

5. Das Typische an diesem Ansatz ist die Berücksichtigung des ***Verhaltens*** der Marktteilnehmer. Die Verhaltensweisen sind in Abb. 4.2 grafisch dargestellt. Es ist dort unterstellt, daß die Nachfrager sich u.a. nach dem Preis, den sie zahlen müssen, richten; je höher er ist, desto weniger werden sie idR. von diesem Gut kaufen. Dieses Verhalten beschreiben wir mit der Nachfragekurve oder -funktion NN, die von links oben nach rechts unten verläuft. Entsprechend gehen wir davon aus, daß die Unternehmer bei einem höheren Preis tendenziell mehr anbieten werden als bei einem niedrigen: Die ***Angebotskurve*** AA verläuft von links unten nach rechts oben. - In der Realität werden beide Kurven sicherlich keine Geraden sein. So sind diese Zeichnungen aber auch nicht aufzufassen: Die beiden Kurven sollen nur eine Verhaltens-

weise, nämlich die Abhängigkeit von Menge und Preis, andeuten, nicht aber den genauen funktionalen Zusammenhang darstellen.

6. In Abb. 4.2 gibt es nur einen einzigen Preis p*, bei dem die Verbraucher das nachfragen, was die Unternehmen anbieten. Dann wird am Markt die Menge x* umgesetzt, und das ist genau die Menge, die - zu dem Preis p* - die Unternehmer verkaufen und die Haushalte kaufen *wollen* . Man sagt, der Punkt P* stelle das ***Marktgleichgewicht*** dar. Daraus folgt für unsere Fragestellung zweierlei:

(i) Immer dann, wenn der Marktpreis höher als p* ist, werden die Unternehmen mehr anbieten, als die Nachfrager kaufen wollen: Es entsteht ein ***Angebotsüberschuß***, und wir haben oben überlegt, daß es dann zu Preissenkungen kommt. - Immer dann, wenn der Marktpreis niedriger als p* ist, entsteht ein ***Nachfrageüberschuß***, und wir haben mit Preiserhöhungen zu rechnen. Deshalb wird durch das oben beschriebene Verhalten der Marktteilnehmer das Marktgleichgewicht realisiert: Wir können außerdem überlegen, daß der Markt - auch nach kleinen Störungen - immer wieder in dieses Gleichgewicht zurückkehrt, es ist ***stabil***.

(ii) Zu dauerhaften Preisänderungen kann es auf einem Markt nur kommen, wenn sich die Angebots- oder die Nachfragekurve oder beide verschieben. Warum das eintreten kann, werden wir später untersuchen. Hier genügt es, sich vorzustellen, die Nachfragekurve würde sich etwa nach rechts oben verschieben; dann muß der Gleichgewichtspreis steigen, weil der Schnittpunkt beider Kurven nach rechts oben wandert.

Genau diese Methode werden wir anwenden, wenn wir im Abschnitt 4.3 versuchen, Preisänderungen auf einem Markt zu prognostizieren: Wir schliessen z.B. vom Witterungsverlauf auf die Heizölnachfrage und von dort auf den Heizölpreis.

Nach einem langen und kalten Winter wird deshalb die Heizölnachfrage – bei gleichem Preis – größer sein als nach einem kurzen und milden, d.h. die Nachfragekurve muß weiter rechts liegen. Bei gleichem Angebot muß dann der Gleichgewichtspreis (bzw. der Schnittpunkt von Angebots- und Nachfragekurve) im ersten Fall höher als im zweiten sein. - Das wird von den "fundamentalists" an den Börsen ausgenutzt, die Informationen über witterungsbedingte Nachfrage- und Ernteänderungen usw. sammeln und in Preisbewegungen an Warenbörsen umsetzen.

Damit ist das Vorgehen in diesem Kapitel bereits charakterisiert: Im Abschnitt 4.1 werden wir das Verhalten der Nachfrager etwas genauer beschreiben, im Abschnitt 4.2 dasjenige der Anbieter. In Abschnitt 4.3

geht es dann um die Analyse des Marktgleichgewichts.

4.1 Die Güternachfrage

7. In diesem Abschnitt beschäftigen wir uns nur mit der Nachfrageseite des Marktes; wir wollen versuchen, die ***Nachfragekurve*** nach Abb. 4.2 abzuleiten. Die Angebotsseite und die Preisbildung als solche werden wir in diesem Abschnitt vernachlässigen.

Was die Haushalte zu alternativen Preisen kaufen *wollen*, können wir nur erklären, wenn wir ihr Kaufverhalten genauer kennen. Dabei gehen wir von der Vorstellung aus, daß die Konsumenten gewisse Faktoren bei ihren Kaufentscheidungen berücksichtigen, etwa die Preise und das Einkommen; maW. wir vermuten, daß die Kaufentscheidungen von diesen Faktoren abhängen. Eine solche Abhängigkeit bezeichnet man allgemein als *Funktion*, also suchen wir die ***Nachfragefunktion***, mit der das Verhalten der Konsumenten beschrieben werden kann.

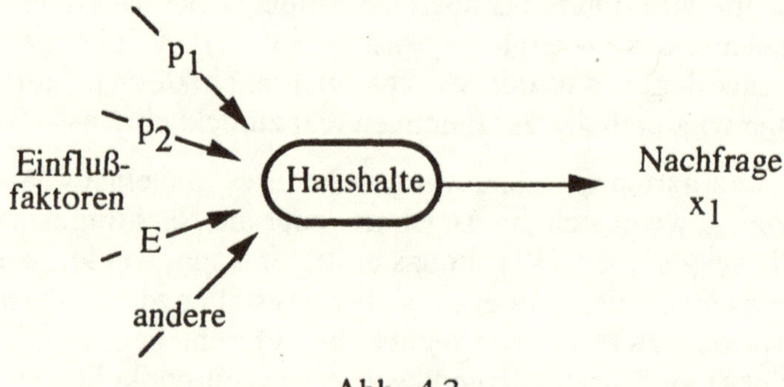

Abb. 4.3

8. Von welchen Faktoren werden diese Kaufentscheidungen wohl abhängen? Welche Grössen *erklären* wohl das Kaufverhalten? Sicherlich wird einmal der Preis des Gutes eine Rolle spielen, das kennen wir alle aus eigener Erfahrung. Dann werden wir das Einkommen berücksichtigen müssen, denn die Zahl, die wir als Preis angeben, sagt für sich genommen ja noch nichts aus, sie muß noch "normiert" werden. Außerdem wird der Preis der konkurrierenden Produkte wohl eine Rolle spielen, weil man auf sie ausweichen kann oder möchte (oder nicht). Und schließlich wird die Nachfrage auch noch von der Mode, sozialen Wertungen, gewissen Geschmacksänderungen, Einstellungen, Vermutungen über Ge- und Verbrauchseigenschaften usw. abhängen.

Ganz allgemein wird man also die Nachfrage nach einem bestimmten Gut (z.B. nach dem Gut 1) als eine Funktion des Preises dieses Gutes

(=p_1), der Preise der anderen Güter (=p_2,p_3...), des Einkommens (=E) und *anderer* Faktoren (abgekürzt mit a) auffassen und damit schreiben

(4.1) $$x_1 = x_1(p_1,p_2,\ldots,E,a)$$

Wenn Sie zusätzliche Größen wie etwa das Vermögen, die Jahreszeit usw. berücksichtigen wollen, dann schreiben Sie diese Nachfragefunktion eben ausführlicher; für die folgende Argumentation ist das aber nicht notwendig.

9. Unser Problem besteht also "nur" noch darin, diese Funktion zu schätzen. Dazu müssen wir aus den Beobachtungen der Vergangenheit herausfinden, welcher Zusammenhang zwischen den angenommenen *Einflußfaktoren* und der Nachfragemenge bestanden hat, und annehmen, daß dieses Verhalten auch in der Zukunft gilt. Ein solches Vorgehen läßt sich nur rechtfertigen, wenn sich das Käuferverhalten im Zeitablauf relativ wenig und langsam ändert, wenn es also - verglichen mit den beobachteten Mengen selbst - relativ *stabil* ist und wenn man die relevanten Einflußgrössen wie Preise, Einkommen genügend zuverlässig prognostizieren kann. Für eine echte Prognose müssen wir

a) die zukünftigen Preise und das zukünftige Einkommen schätzen und damit die zukünftige Nachfragemenge aus der Nachfragefunktion berechnen, oder

b) die Preis- und Einkommens***änderungen*** und mit ihnen den Einfluß auf die Nachfragemenge schätzen.

Wir werden hier zunächst die zweite Methode benutzen, weil man mit ihr relativ gut die Kenntnisse ausnutzen kann, die das Verkaufspersonal eines Unternehmens vom Verhalten der Kundschaft hat. Wir werden versuchen, diese Kenntnisse in ***Nachfrageelastizitäten*** zu übersetzen.

4.11 Die Nachfrage auf einem Markt

4.111 Die direkte Preiselastizität der Nachfrage

10. Angenommen, wir erwarten aus irgendeinem Grund eine Preiserhöhung bei Gut 1 bei unveränderten anderen Preise und unverändertem Einkommen. Die (eigene) Preiserhöhung bezeichnen wir mit dp_1. Die Auswirkungen einer solchen isolierten Preiserhöhung auf die Nachfragemenge mißt man mit der direkten Preiselastizität der Nachfrage:

(4.2) $$h_{11} := \frac{dx_1}{x_1} : \frac{dp_1}{p_1}$$

dx_1/x_1 ist die ***relative*** Mengenänderung, dp_1/p_1 die ***relative*** Preisänderung: $|\eta_{11}|$ gibt an, um wieviel Prozent die Nachfragemenge nach

Gut 1 sinken wird, wenn der Preis dieses Gutes gerade um 1% steigt.

Merken Sie sich: Alle Elastizitäten sind auf dieselbe Art und Weise aufgebaut: Jede Elastizität ist der Quotient aus zwei *relativen* Änderungen, also eine unbenannte Zahl, wobei die ***Ursache*** im Nenner, die ***Wirkung*** im Zähler steht.

Schätzungen der direkten Preiselastizität der Nachfrage sind in der Realität relativ häufig verfügbar, denn insbesondere Verkäufer (oder die Leiter von Verkaufsabteilungen) sind an Fragen der folgenden Art gewöhnt: "Um wieviel Prozent wird unser Absatz vermutlich zurückgehen, wenn wir unsere Preise um 5% erhöhen?"

11. Ist uns die direkte Preiselastizität der Nachfrage bekannt, können wir daraus die Änderung der nachgefragten Menge ausrechnen - entweder dem absoluten Betrag nach als

$$dx_1 = \frac{\eta_{11} \cdot x_1}{p_1} \cdot dp_1$$

oder als Prozentzahl

$$\frac{dx_1}{x_1} = \eta_{11} \cdot \frac{dp_1}{p_1}$$

Beträgt die direkte Preiselastizität z.B. (-1.5) und steigt der Preis um 2%, dann rechnet man mit einer Abnahme der Nachfrage (und des Absatzes) um 3%.

12. Weshalb ist wohl die Nachfragemenge umso kleiner, je höher der Preis ist? Aus zwei Gründen:

a) Mit der Preiserhöhung wird Gut 1 (relativ) teurer gegenüber dem Angebot der Konkurrenz. Mindestens einige Konsumenten werden deshalb versuchen, auf diese konkurrierenden Güter auszuweichen: Die direkte Preiselastizität der Nachfrage ist deshalb idR. negativ. Ihrem absoluten Wert nach wird sie umso größer sein, je ähnlicher die konkurrierenden Produkte sind, je leichter sie deshalb gegeneinander ausgetauscht - ***substituiert*** - werden können. Das nennt man den ***Substitutionseffekt***.

   Das ist übrigens der Grund, weshalb Produzenten ihre Güter mit *Marken* versehen: Läßt sich bei den Verbrauchern der Eindruck erwecken, die Güter seien sehr verschieden - sehr ***heterogen*** - , dann sind sie nicht nur bereit, dafür einen höheren Preis zu zahlen, sie zögern bei Preiserhöhungen auch, auf eine andere Marke überzugehen: Auf einem Markt für heterogene Güter können (größere) Preisdifferenzen bestehen.

b) Wird der Verkaufspreis eines Gutes erhöht, steigen dadurch notwendigerweise die Ausgaben der Verbraucher, wenn sie dieselbe Menge wie vorher kaufen wollen. Solange ihr Einkommen konstant ist, müssen sie entweder ihre Vermögensbildung oder die Käufe anderer Güter oder beides reduzieren. Das empfindet man als eine Beeinträchtigung seines Lebensstandards; um sie möglichst klein zu halten, wird man versuchen, den Verbrauch der einzelnen Güter unterschiedlich zu reduzieren entsprechend der Bedeutung, die ihnen beigemessen werden. Da diese Wirkung dadurch zustande kommt, daß das Einkommen vorgegeben ist, spricht man auch von dem ***Einkommenseffekt***.

Im allgemeinen wird man aus beiden Gründen von dem verteuerten Gut weniger verbrauchen: Die Nachfragekurve hat den angegebenen typischen Verlauf, und die direkte Preiselastizität der Nachfrage ist negativ.

13. Wenn Sie die beiden letzten Abschnitte genau lesen, werden Sie bemerken, daß die Argumentation nicht ganz schlüssig ist: Eine Preissenkung führt z.B. nur dann zu einem Konkurrenzvorteil, wenn die Konkurrenten nicht ebenfalls ihre Preise (vielleicht sogar im gleichen Ausmaß) senken. Und: Eine Preiserhöhung zwingt zu einer Einschränkung der Vermögensbildung und/oder der Güternachfrage nur dann, wenn nicht auch das Einkommen entsprechend steigt. Anders ausgedrückt: Die Argumentation stellt auf eine *isolierte Preisänderung* ab, alle anderen Bestimmungsgründe - wie etwa die Preise der Konkurrenz, das Einkommen usw. - werden als unverändert angenommen, für sie gilt die ***ceteris-paribus***-Bedingung (abgekürzt: cet.par., d.h. "alles andere bleibt gleich"). Diese spezielle Annahme, die eigentlich hinter jeder wissenschaftlichen Untersuchung steht, schränkt natürlich die Aussagefähigkeit der Ergebnisse ein. Wir werden diesen Mangel dadurch zu heilen versuchen, daß wir in den folgenden Abschnitten diese "anderen" Einflußgrößen - jede für sich - variieren.

4.112 Die Kreuzpreiselastizität der Nachfrage

14. Um den Einfluß der Preise der konkurrierenden Güter auf den Absatz des betrachteten Gutes in aller Reinheit darstellen zu können, variieren wir - beispielsweise - den Preis nur eines einzigen "anderen" Gutes. Handelt es sich bei dem konkurrierenden Gut um eines, das die Haushalte durch das nicht-verteuerte Gut ersetzen oder ***substituieren*** können, dann erwarten wir eine Nachfrageerhöhung als Folge dieser Substitutionsbemühungen.[1]

Wenn z.B. der Erdölpreis um 10% steigt, dann wird das auch die Nachfrage nach Strom berühren, vermutlich wird sie (eher) steigen.

Die Empfindlichkeit der Nachfrage gegenüber fremden Preisänderungen messen wir mit der ***Kreuzpreiselastizität der Nachfrage***:

---

[1] Deshalb nennt man die Kreuzpreislastizität manchmal auch "Substitutionselastizität".

$$(4.3) \qquad \eta_{12} = \frac{dx_1}{x_1} : \frac{dp_2}{p_2}$$

Beachten Sie: Wieder steht im Nenner die Ursache, d.h. die relative Verteuerung des Öls dp_2/p_2, und im Zähler die Wirkung, d.h. die relative Erhöhung der nachgefragten Strommenge dx_1/x_1.

Eine Vorstellung von der Größe dieser Kreuzpreiselastizität bekommen wir, wenn wir das Verkaufspersonal danach fragen, welchen Einfluß nach ihrer Meinung eine 10%ige Verteuerung der Konkurrenzprodukte auf den Absatz unseres Unternehmens haben wird.

15. Wenn es sich um ***substitutive*** oder substituierbare Güter handelt, werden wir eine positive Kreuzpreiselastizität erwarten. Es gibt aber auch Güter, die nur zusammen verbraucht werden können, z.B. Ölöfen und Heizöl, Autos und Benzin, Pfeife und Tabak usw. Solche Güter nennt man ***komplementäre Güter***, sie werden nur zusammen verbraucht, weil sie einander ergänzen. Wird eines dieser Güter teurer, wird auch die Nachfrage nach dem komplementären Gut sinken: Die Kreuzpreiselastizität zwischen ihnen ist negativ.

In der Realität werden solche Güter meistens zu ***Güterbündel*** zusammengefaßt, die man oft auch nur gemeinsam kaufen kann; denken Sie etwa daran, daß ein Auto aus einer Vielzahl von Einzelteilen besteht, die man allerdings auch einzeln kaufen kann.

16. Kennen wir die Kreuzpreiselastizität, können wir mit ihr die zu erwartende Mengenänderung ausrechnen: Es gilt

$$(4.4) \qquad \frac{dx_1}{x_1} = \eta_{12} \cdot \frac{dp_2}{p_2}$$

Eine Kreuzpreiselastizität von 0.5 und eine erwartete Ölpreiserhöhung von 10% implizieren also eine Erhöhung der nachgefragten Strommenge um 5%.

4.113 Die Einkommenselastizität der Nachfrage

17. In nahezu allen Fällen darf davon ausgegangen werden, daß Konsumenten - Einzelpersonen wie Haushaltungen - mit ihrem Einkommen sparsam umgehen müssen: Würde man alles zu kaufen versuchen, was man gerne hätte, dann überstiegen die Ausgaben das Einkommen bei weitem. Man sagt deshalb auch, die Haushalte seien nicht ***gesättigt***.

Das ist eine Aussage über die Realität, die Sie mit Ihrer Erfahrung vergleichen können.

Deshalb werden Einkommenserhöhungen gerne zum Anlaß genommen, die Güterkäufe und damit auch die Ausgaben zu erhöhen: Steigt das Einkommen, dann steigen in der Regel auch die Nachfrage und damit die Absatzmöglichkeiten der Konsumgüterproduzenten. Diese einkommensbedingte Nachfrageänderung messen wir mit Hilfe der ***Ein-***

kommenselastizität der Nachfrage η_E. Sie ist der Quotient aus relativer Mengen- und relativer Einkommensänderung:

$$(4.5) \qquad \eta_{1E} = \frac{dx_1}{x_1} : \frac{dE}{E}$$

Eine Einkommenselastizität von 1.2 besagt also, daß bei einer Einkommenserhöhung von 5% die Nachfrage nach dem Gut 1 um 6% steigt.

18. Aus den oben besprochenen Gründen wird man erwarten, daß die Einkommenselastizität der Nachfrage positiv sein wird. Das stimmt für alle ***superioren*** Güter - nicht aber für die ***inferioren***: Von ihnen wird mit steigendem Einkommen weniger verbraucht.

Ein Beispiel für inferiore Güter sind möglicherweise Margarine (gegenüber Butter), billige (fette) Wurst- und Fleischsorten (gegenüber den mageren, besseren Sorten).

19. Man ist - von Ausnahmen abgesehen - nicht in der Lage, die Einkommenselastizität für ein einzelnes Gut zu schätzen, weil die statistischen Unterlagen hierfür fehlen, wir bekommen sie regelmässig nur für Güter**gruppen**.

Ein Grund dafür (unter anderen) ist, daß wir nicht präzise sagen können, was "ein Gut" ist: Wir können uns wahrscheinlich ziemlich schnell darauf einigen, was heute unter einem Personenwagen verstanden wird. Unter diesem Begriff werden aber so verschiedenartige Typen – vom 2 CV bis zum Rolls-Royce – zusammengefaßt, daß wir nicht erwarten dürfen, eine einheitliche Nachfragefunktion oder eine einheitliche Einkommenselastizität zu finden. Also wird man versuchen, kleinere und **homogenere** Gruppen zu bilden, etwa "Mittelklasse-Wagen". Ist Ihnen klar, nach welchen Kriterien entschieden wird, ob ein bestimmtes Modell in diese Klasse gehört?

Wir können hier nur allgemeine Überlegungen darüber anstellen, wie solche Gruppen gebildet werden sollten: Die Einteilung in Klein-, Mittelklasse- und Luxuswagen erfolgt unter der Vorstellung, daß ein Käufer die Modelle innerhalb einer Klasse als sehr enge Substitute betrachtet, weil sie ähnliche Eigenschaften haben, daß er die Modelle der anderen Klasse im Grenzfall überhaupt nicht in seine Überlegungen einbezieht, weil sie zu andersartig sind. Stimmt das, dann muß die Kreuzpreiselastizität der Nachfrage[2] zwischen diesen Klassen Null oder wenigstens verschwindend klein, innerhalb einer Klasse aber nicht nur positiv, sondern sogar sehr groß sein.

Aber kann man sich wenigstens darüber einigen, was man unter einem

---

[2] Der Vorschlag, die Güter in Gruppen und damit auch die Märkte ("Elementarmärkte") mit Hilfe der Kreuzpreiselastizität einzuteilen, geht auf *Triffin* (1940) und *Stackelberg* (1948)zurück.

"Opel Rekord" zu verstehen hat? Wenn Sie sich genau informieren, werden Sie feststellen, daß es eine Reihe von Versionen davon gibt, die sicherlich nicht gleich sind. Und wenn Sie dann noch berücksichtigen, daß der Standort des Wagens für Sie als Käufer (etwa wegen der Transportkosten der Überführung) wichtig ist, daß bei Gebrauchtwagen Alter und Kilometerzahl, u.U. auch die Behandlung des Wagens durch den Erstbesitzer eine Rolle spielen, dann werden Sie einsehen, daß die Bestimmung "eines homogenen Gutes" gar nicht so einfach ist, wie es zunächst aussieht. Da in offiziellen Statistiken aber unmöglich nach jedem einzelnen Modell, Baujahr usw. differenziert werden kann, müssen Gruppen gebildet werden, und das beeinträchtigt sicherlich die Aussagekraft der daraus abgeleiteten Elastizitäten.

Untersuchungen über das Nachfrageverhalten privater Haushalte benutzen deshalb meistens die in der Statistik ausgewiesene Aufteilung in "Nahrungsmittel, Kleidung, Wohnung, Sonstiges". Die Einkommenselastizität schätzt man dann meistens nicht direkt, sondern benutzt die Veränderung des Anteils der Ausgaben für die jeweilige Gütergruppe an den Gesamtausgaben. Die erste Untersuchung dieser Art ist von *E. Engel* (1857) durchgeführt worden. Er stellte fest, daß mit wachsendem Einkommen der Anteil der Ausgaben für Nahrungsmittel gesunken ist: Die Einkommenselastizität ist also kleiner als Eins: Nahrungsmittel sind zwar absolut superiore, aber relativ inferiore Güter. - Einige Jahre später untersuchte *H. Schwabe* (1868) denselben Zusammenhang für die Wohnungsausgaben. Neuere Untersuchungen von *Gerfin* (1988) bestätigen diese Ergebnisse[3]: In Tab. 4.1 sind "Nahrungsmittel" (und "Wohnung") ein relativ inferiores Gut, "Elektrizität", "Körper- und Gesundheitspflege", "Bildung und Unterhaltung" und "Sonstiges" sind relativ superiore Güter.

[3] *Krelle* (1961) S. 183 erwähnt in seinem Lehrbuch die folgenden Einkommenselastizitäten:

Nahrungsmittel	0,6
Kleidung	1,2
Wohnung	0,8
Sonstiges	1,6

Vgl. auch *Theil* (1975) S. 208 f. und 304.

Tabelle 4.1:

Nachfrageelastizitäten für die Bundesrepublik Deutschland 1955-69

Gütergruppen/-untergruppen	Einkommens-	Preis-
	Elastizität	
Nahrungs- u.Genußmittel	+ 0,6	– 0,7
- Nahrungsmittel	+ 0,8	– 1,3
- Fleisch und Fleischwaren	+ 0,8	– 1,3
- Milch und Käse	+ 0,7	– 0,0
- Brot, Backwaren usw.	+ 0,5	– 1,8
Elektrizität, Gas, Brennstoffe	+ 1,4	– 1,6
Sonstige, insbes. dauerhafte, Güter der Haushaltsführung	+ 1,1	– 0,3
Körper- und Gesundheitspflege	+ 1,1	+ 0,3
Bildung und Unterhaltung	+ 1,4	– 2,9

Quelle: *Gerfin* (1988) S. 357

Hieraus können einige *wichtige Schlußfolgerungen für die staatliche Wirtschaftspolitik* gezogen werden: Alle Untersuchungen bestätigen, daß die Einkommenselastizität der Nachfrage nach Nahrungsmittel kleiner als Eins ist. Also wächst die mengenmäßige Nachfrage der Konsumenten - und damit auch ihre Ausgaben für Nahrungsmittel - langsamer als ihr Einkommen, und deshalb müssen die Einnahmen der Landwirtschaft hinter der allgemeinen Einkommensentwicklung zurückbleiben. Sollen die landwirtschaftlichen Einkommen aber im Laufe der Zeit etwa wie die anderen wachsen, müssen entweder die Preise der landwirtschaftlichen Produkte dauernd steigen, die Produktionskosten dauernd gesenkt werden (was unmöglich ist), oder die Landwirte müssen direkte Staatszuschüsse erhalten.

4.114 Das Schätzen von Nachfragefunktionen

20. Die Nachfrageelastizitäten bieten einen durchaus brauchbaren ersten Ansatz für eine Nachfrageprognose. Immerhin gibt es bei ihrer Berechnung grundsätzliche Probleme, die wir an einem ganz einfachen Beispiel zeigen können: Nehmen Sie an, in zwei aufeinanderfolgenden Jahren (in der folgenden Tabelle die Jahre 1980 und 1981) hätten wir

die angegebene mengenmässige Nachfrage (etwa nach Elektrizität) beobachtet. Mit den dort angegebenen Preisen und Einkommen kann man die Elastizitäten als +1, +0.4 und +2 errechnen:

Jahr	x_1	p_1	p_2	E
1980	1000 ME	10.00 Fr.	20.00 Fr.	200 Mrd. Fr.
1981	1100 ME	11.00 Fr.	25.00 Fr.	210 Mrd. Fr.
Zuwachs	100 ME	1.--	5.--	10 Mrd. Fr.
prozentual	10 %	10 %	25 %	5 %
Elastizität		+ 1	+ 0.4	+ 2

ME steht für "Mengeneinheiten".

Um die Eignung dieser Elastizitäten für die Prognose auszuprobieren, machen wir einen ganz einfachen Test: Wir versetzen uns zurück in das Jahr 1980 und unterstellen, wir hätten die Preise und das Einkommen von 1981 zu schätzen; dafür nehmen wir die tatsächlichen Werte, damit dieser Teil der "Prognose" sicherlich richtig ist. Da sich alle drei erklärenden Variablen geändert haben, berechnen wir die zu erwartende Erhöhung der nachfragten Menge als Summe der Einzeländerungen:

$$\frac{\Delta x_1}{x_1} = 1 \cdot 0.1 + 0.4 \cdot 0.25 + 2 \cdot 0.05 = 0.3$$

Wir schätzen also eine Nachfrageerhöhung von 30% - genau dreimal so groß wie die tatsächlich eingetretene. Das ist eine massive Fehlprognose. Welchen Fehler haben wir gemacht? Wir haben die beobachtete Nachfrageerhöhung aus drei Einflußfaktoren erklärt, nämlich der eigenen Preiserhöhung, der Preiserhöhung der konkurrierenden Produkte (hier nur das Gut 2) und der Einkommenserhöhung. Bei der Berechnung der jeweiligen Elastizitäten haben wir aber jeweils die **ganze** Nachfrageänderung **ausschließlich** einer Preis- oder der Einkommenserhöhung zugerechnet, bei der "Prognose" aber addiert. Das muß zu Doppelzählungen führen: Da wir drei Erklärungsgrößen benutzt haben, bekommen wir exakt das dreifache der beobachteten Mengenänderung heraus.

21. Erforderlich ist also eine *Aufteilung* des Einflusses der drei erklärenden Größen auf die zu erklärende, also eine ***simultane*** Bestimmung der ***Nachfragefunktion***

$$x_1 = x_1(p_1, p_2, E)$$

Da uns in der Ökonomie das Experimentieren - also die isolierte Variation der einzelnen Einflußfaktoren - verwehrt ist, können wir nur die tatsächliche Entwicklung genügend lange beobachten und hoffen, daß sich die erklärenden Faktoren genügend unterschiedlich entwickeln, damit wir ihren Einfluß auf die zu erklärende Variable feststellen können. Wie man zu einer solchen Aufteilung kommt, wird im Rahmen der ***Ökonometrie*** abgeleitet, wir können hier nicht darauf eingehen.

Damit Sie sehen, daß (mindestens) eine solche Funktion existiert, setzen Sie die angegebenen Werte von p_1,p_2 und E doch einmal in

$$x_1 = - 400 - 100 \cdot p_1 + 20 \cdot p_2 + 10 \cdot E$$

ein, Sie erhalten dann die in der Tabelle angegebenen Mengen-Werte. - Beachten Sie übrigens, daß bei dieser Nachfragefunktion die Konsumenten wie erwartet auf Preis- und Einkommensänderungen reagieren, obwohl die oben falsch berechneten Elastizitäten eine atypische Nachfragereaktion suggeriert haben.

4.12 Die Nachfrage eines Haushalts

4.121 Die Nachfrageentscheidung eines Haushalts

22. Da das ökonometrische Schätzen von Nachfragefunktionen für den ganzen Markt hier nicht behandelt werden kann, versuchen wir, allgemeinere Aussagen durch die genaue Analyse der Nachfrage eines einzelnen Haushalts abzuleiten. Dabei setzen wir voraus, daß der Haushalt seine Nachfrageentscheidung bewußt trifft, und wir fragen danach, wie er dabei vorgeht.

Vor einiger Zeit haben Sie sich entschieden zu studieren. Soweit Sie die Entscheidung dazu bewußt getroffen haben, haben Sie sich sicherlich überlegt, welche Möglichkeiten Ihnen überhaupt offen stehen; dazu haben Sie wahrscheinlich Informationen über Ihre Alternativen gesammelt. Im zweiten Schritt haben Sie dann zwischen den Alternativen auswählen, "sich entscheiden" müssen: Sie haben die Vor- und Nachteile der einzelnen Alternativen gegeneinander abgewogen (d.i. "bewertet") und sich dann für die Ihrer Meinung nach beste Alternative entschieden. Genau so werden wir auch hier vorgehen. Grundlegend für unseren Erklärungsversuch wird die Unterscheidung zwischen der objektiv feststellbaren Alternativenmenge und der subjektiven Bewertung sein. Darauf gehen wir genau in dieser Reihenfolge ein.

Damit können Sie etwas Ordnung in Ihren eigenen Entscheidungsprozeß bringen; für die theoretischen Schlußfolgerungen in diesem Kurs brauchen wir das nur am Rande. - Sie haben sicherlich auch schon manchmal etwas gekauft, ohne sich das so gründlich zu überlegen, wie wir es hier voraussetzen werden. Wenn Sie solche Verbrauchsgewohnheiten nicht wenigstens gelegentlich überprüfen, dann trägt der folgende Erklärungsversuch entsprechend wenig zum Verständnis Ihres Käuferverhaltens und damit zur *Nachfrageprognose* bei.

23. Angenommen, ein Haushalt A erhalte ein bestimmtes Einkommen E^A. Wie soll er dieses Einkommen für den Kauf von Gütern ausgeben?

Beschränken wir uns der Einfachheit halber auf zwei Güter, nämlich Gut 1 und Gut 2, dann können wir seine Ausgaben für den Kauf von Konsumgütern schreiben als

$$p_1 \cdot x_1^A + p_2 \cdot x_2^A$$

Derjenige Teil des Einkommens, der nicht zum Kauf von Konsumgütern verwendet wird, heißt **Ersparnis**. Um an dieser Stelle nicht über Sparmotive und Anlageprobleme der Ersparnisse am Kapitalmarkt oder in anderen Formen der Vermögensbildung nachdenken zu müssen, wollen wir unterstellen, der Haushalt würde überhaupt nicht sparen, sondern gäbe gerade sein ganzes Einkommen aus:

$$E^A = p_1 x_1^A + p_2 x_2^A \tag{4.6}$$

Diese Gleichung bezeichnet man als die ***Bilanz-*** oder ***Budgetrestriktion*** des Haushalts A: Sie beschränkt bei gegebenen Preisen und Einkommen die Kaufmöglichkeiten dieses Haushalts: In Abb. 4.4 kann er nur solche Güterkombinationen wählen, die auf der Strecke ST liegen, denn nur sie kann er aus seinem Einkommen bezahlen.

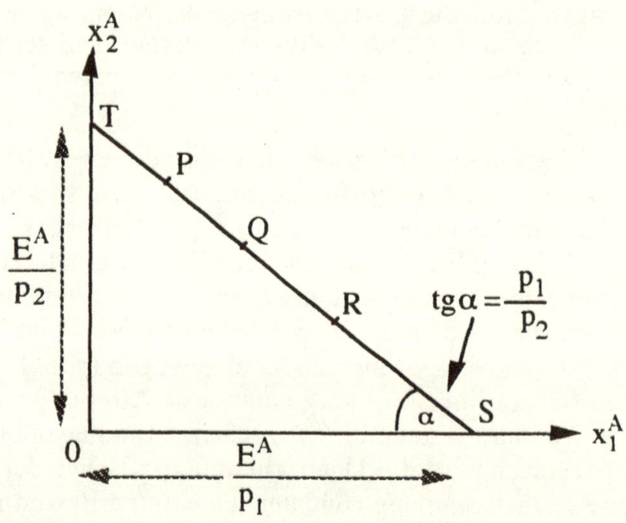

Abb. 4.4

Obwohl es unendlich viele Punkte auf ST gibt, werden wir uns im folgenden auf die 5 eingezeichneten, nämlich auf P, Q, R, S und T beschränken.

24. Betrachten wir jetzt die Bewertung der Alternativen. Da diese Bewertung völlig subjektiv ist, können wir sie hier nicht - objektiv! - ableiten, wir müssen vielmehr den Entscheidungsträger (in unserem Fall also den Haushalt) beobachten und aus seinem Handeln auf diese Be-

wertung schließen. Angenommen, der Haushalt i hätte einmal zwischen den Alternativen A und B auszuwählen gehabt und sich für A entschieden. Wir sagen dann, daß er A gegenüber B ***präferiert*** hat, und schreiben das

$$A \underset{i}{>} B$$

Zwischen manchen Alternativen mag der Haushalt unschlüssig sein, weil sie ihm gleich viel bedeuten. Wir sagen, er sei zwischen B und C ***indifferent***, und schreiben

$$B \underset{i}{=} C$$

Mit der Zeit erhalten wir durch solche Beobachtungen eine ganze "Kette" von Kombinationen (x_1, x_2):

$$A \underset{i}{>} B \underset{i}{=} C \underset{i}{>} D \underset{i}{=} E$$

Das nennt man die ***Präferenzordnung*** des Haushalts i.

25. Unser Problem besteht darin, diese Präferenzordnung mit Hilfe allgemeiner Überlegungen zu beschreiben, indem wir sie zeichnerisch darstellen. - Im allgemeinen wird ein Haushalt eine bessere Güterversorgung einer schlechteren vorziehen: In Abb. 4.5 erhält der Haushalt in A von allen Gütern mehr als in B; solange er nicht ***gesättigt*** ist, wird er den Punkt A vorziehen.

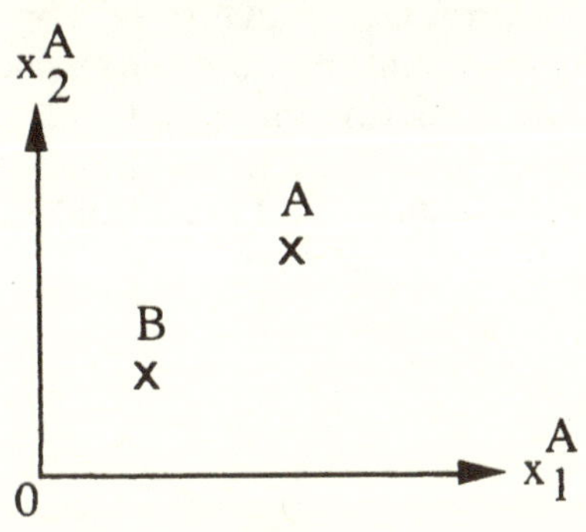

Abb. 4.5

Als nächstes fragen wir nach dem Bereich, in dem Güterkombinationen liegen können, die dem Haushalt gleich viel wert sind wie B, zwischen denen er ***indifferent*** ist. Das kann - in Abb. 4.6 - nur links oberhalb oder rechts unterhalb von B sein, denn wegen der Annahme der Nichtsättigung werden alle Punkte rechts oberhalb von B vorgezogen, alle links unterhalb sind schlechter als B.

Kann man die Gütermengen sehr fein variieren, werden wir sehr viele Punkte finden, zwischen denen und B der Haushalt indifferent ist. Sie bilden eine ***Indifferenzkurve***, die durch B geht und die in Abb. 4.6 angegebene Gestalt hat.

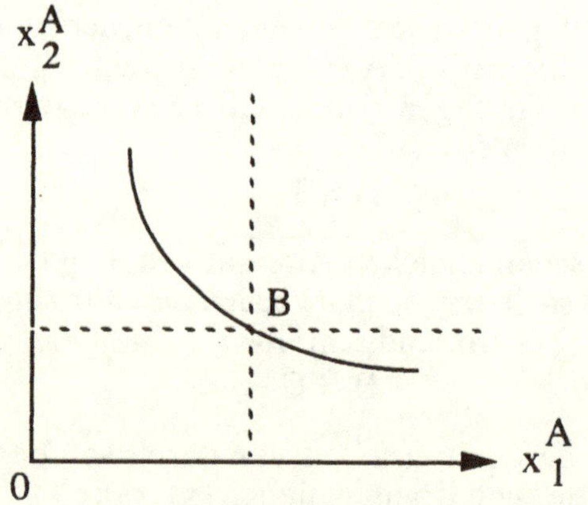

Abb. 4.6

> Unter einer ***Indifferenzkurve*** durch einen Punkt B versteht man den geometrischen Ort aller Punkte, zwischen denen und B das Individuum gerade indifferent ist.

26. Da - in Abb. 4.7 - der Haushalt zwischen B und C indifferent ist, sagt man auch, *er **substituiere** Gut 2 durch Gut 1*, wenn er von C nach B geht. Das Mengenverhältnis m_2/m_1 nennt man die ***Grenzrate der Substitution***; für genügend kleine Änderungen m_1 ist das die Steigung der Indifferenzkurve, in Abb. 4.7 also tg β. In Abb. 4.7 ist angenommen, daß diese Steigung nicht konstant bleibt, vielmehr ist m_1/m_2 umso kleiner, je weniger der Haushalt A von Gut 1 besitzt. Diese Eigenschaft glaubt man in der Realität beobachtet zu haben: Individuen verzichten umso leichter auf ein Gut, je mehr sie davon haben; sie verlangen eine umso höhere Kompensation dafür, je weniger sie davon besitzen. Das bezeichnet man als

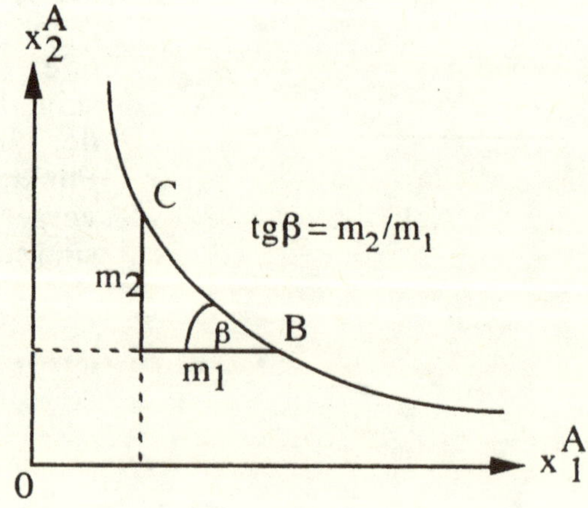

Abb. 4.7

das ***Gesetz der abnehmenden Grenzrate der Substitution.***

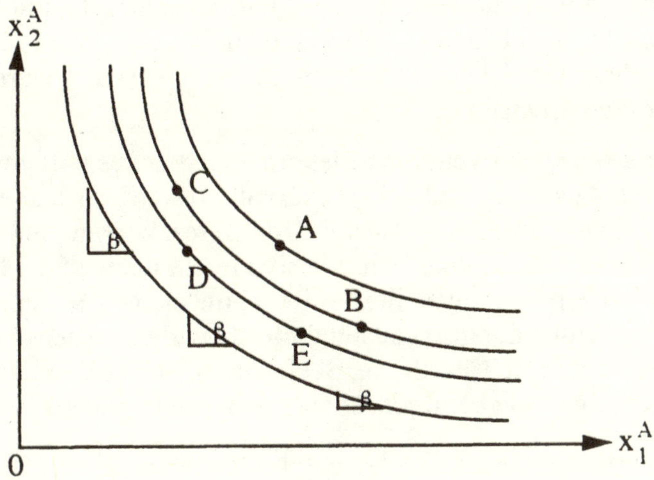

Abb. 4.8

27. Nun gibt es nicht nur eine einzige Indifferenzkurve, sondern ein ganzes Indifferenzkurvensystem, was in Abb. 4.8 durch vier Kurven dargestellt ist. Das Indifferenzkurvensystem hat - nach Konstruktion - zwei besondere Eigenschaften:

(i) Jeder Punkt auf einer höheren Indifferenzkurve wird wegen der Annahme der Nichtsättigung einem solchen auf einer niedrigeren vorgezogen.

(ii) Indifferenzkurven dürfen einander nicht schneiden.

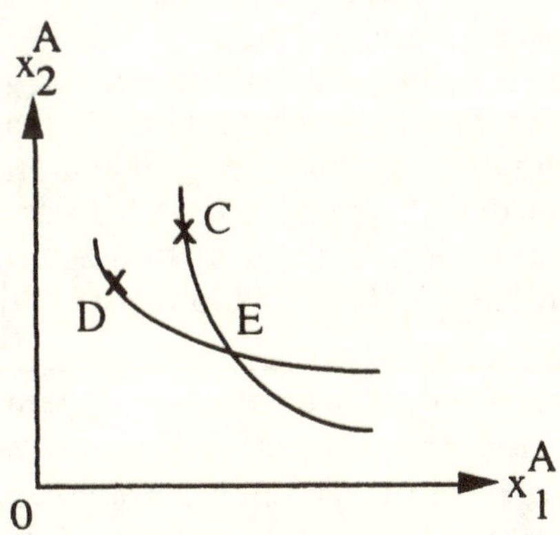

Abb. 4.9

Würden sie es nämlich, z.B. die Indifferenzkurven durch C und D in Abb. 4.9, dann wäre der Haushalt zwischen C und E einerseits, zwischen D und E andererseits indifferent, würde C aber D vorziehen: Das ist ein Widerspruch, seine Auswahl wäre in sich nicht *konsistent.*)

28. Das Indifferenzkurvensystem ist ein analytisches Hilfsmittel, mit dem wir den Auswahlprozeß eines Individuums zwischen alternativen Güterbündeln darzustellen versuchen. Indifferenzkurven sind also ein theoretisches Konstrukt und - wie Sie sich leicht überzeugen können - in der Realität den Individuen in aller Regel unbekannt. Sie sind für unsere Argumentation nur insoweit nützlich, als wir wenigstens einige Informationen über ihre Gestalt aus Beobachtungen der Realität entnehmen können. Zwei solcher Beobachtungen haben wir bisher benutzt:

- Individuen möchten in der Realität idR. mehr Güter haben, d.h. sie sind ***noch nicht gesättigt.*** Anders ausgedrückt: Güter sind in der Realität ***knapp.***
- das ***Gesetz der abnehmenden Grenzrate der Substitution***, das uns den konvexen Verlauf der Indifferenzkurven gibt.

Für unsere Zwecke wird das weitgehend genügen; wegen der sehr umfangreichen und viel weiter gehenden Diskussion der Indifferenzkurven sei auf die Literatur verwiesen.[4]

29. Kommen wir auf unser Ausgangsproblem zurück: Um die Nachfrage eines Haushalts abzuleiten, müssen wir einerseits die Darstellung der Alternativenmenge durch die Bilanzgerade (in Abb. 4.4), andererseits jene der Bewertungsfunktion in Form des Indifferenzkurvensystems (in Abb. 4.8) miteinander kombinieren. Das ist in Abb. 4.10 geschehen. Wegen der angenommenen Gestalt der Indifferenzkurven finden wir genau einen Tangentialpunkt der Bilanzgerade mit dem Indifferenzkurvensystem. Dieser Punkt Q wird allen anderen *realisierbaren* vorgezogen, denn er liegt auf der höchsten erreichbaren Indifferenzkurve; Q zieht er den Punkten R, P und S vor, weil sie auf einer tieferen Indifferenzkurve liegen. Da die Bilanzgerade die Indifferenzkurve in Q tangiert, müssen in Q die Steigung der Bilanzgerade (das ist

---

[4] Vgl. auch die Abschnitte über Präferenzordnung, Nutzenfunktion, Theorie der Wahlhandlungen, Haushaltstheorie im Handwörterbuch der Wirtschaftswissenschaften, oder seinem Vorgänger, dem Handwörterbuch der Sozialwissenschaften, oder irgendeinem Lehrbuch der Mikroökonomie, etwa *Schneider* (1986).

das Preisverhältnis p_1/p_2) und der Indifferenzkurve (das ist die Grenzrate der Substitution) einander gleich sein. Noch zwei abschließende Bemerkungen:

(i) Die Bewertungsfunktion, die wir durch das Indifferenzkurvensystem dargestellt haben, heißt die ***Nutzenfunktion***.

(ii) Fragt der Haushalt in der in Abb. 4.10 dargestellten Situation die durch Q repräsentierten Gütermengen nach, sagt man, er befinde sich im *Haushaltsgleichgewicht*.

4.122 Die Reaktion des Haushalts auf Datenänderungen

30. Wir haben oben behauptet, mit Hilfe des Indifferenzkurvensystems könne man Prognosen abgeben - oder mindestens Informationen, über die man in der Realität verfügt, in systematischer Weise bei einer Prognose berücksichtigen. Das soll in diesem Abschnitt gezeigt werden: Beispielhaft sollen die Auswirkungen von Preis- und Einkommensänderungen auf die Güternachfrage abgeleitet werden. Dadurch werden Sie auch das oben bereits dargestellte Instrumentarium zu wiederholen und letzten Endes auch besser zu verstehen.

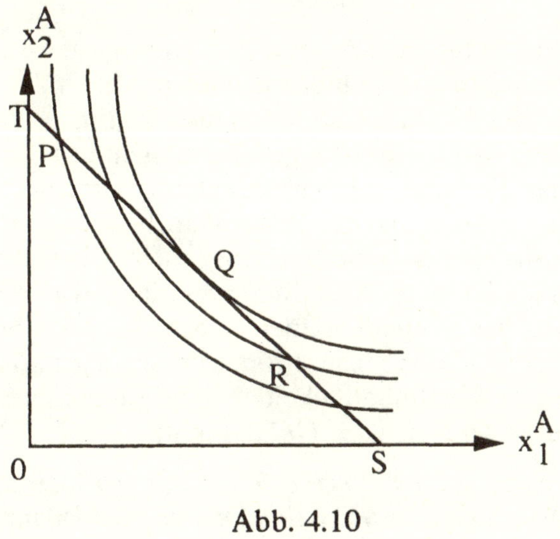

Abb. 4.10

31. ***Eine Erhöhung des Nominaleinkommens*** verschiebt die Bilanzgerade parallel nach rechts oben, eine Einkommensreduktion nach links unten. Das sehen Sie am einfachsten, wenn Sie aus der Bilanzrestriktion

$$p_1 x_1^A + p_2 x_2^A = E^A$$

die Achsenabschnitte der Bilanzgerade ausrechnen. Aus der Änderung der Tangentialpunkte finden wir die Erhöhung der Nachfragemengen dx_1, dx_2 und können daraus unmittelbar die beiden Einkommenselastizitäten η_{1E}, η_{2E} ausrechnen (vgl. oben Tz.17).

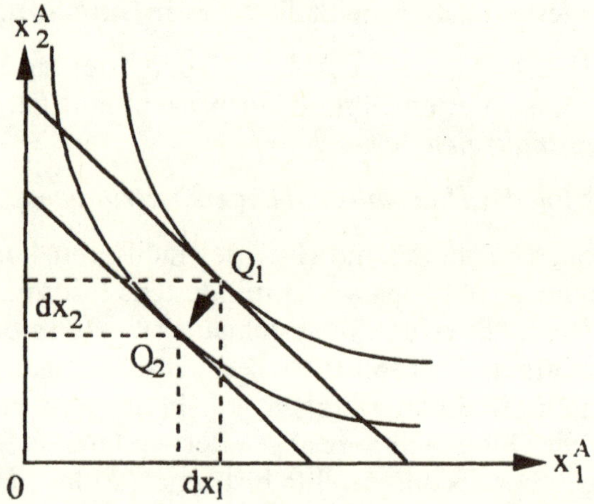

Abb. 4.11

Beachten Sie, daß es für diese Analyse gleichgültig ist, weshalb die Bilanzgerade verschoben wird, ob das Bruttoeinkommen bei konstanten Steuern steigt oder bei konstantem Bruttoeinkommen die Steuerlast sinkt. Schließlich wirkt eine 10%ige Erhöhung aller Preise genau so wie eine 10%ige Reduktion des Nominaleinkommens. Steigen alle Preise und das Einkommen um 10%, dann bleibt die Bilanzgerade liegen, der Haushalt ändert seine Nachfrage nicht. Die Bilanzgerade ist also eigentlich die korrekte Darstellung von dem, was man als "die Kaufkraft" oder "das Realeinkommen" eines Haushalts bezeichnet. - Da wir die Bilanzgerade als bekannt voraussetzen, unterstellen wir, daß der Haushalt seine Kaufmöglichkeiten richtig einschätzt; man sagt auch, der Haushalt sei ***frei von Geldillusion***.

32. Die ***Änderung eines Preises*** bei Konstanz aller anderen und des Nominaleinkommens bewirkt eine Drehung der Bilanzgerade; das ist in Abb. 4.12 für die Erhöhung von p_1 eingezeichnet: Der Abschnitt auf der x_1-Achse verringert sich von E/p_1^0 auf E/p_1', der Tangentialpunkt wandert von P nach Q. Also sinkt dadurch die Nachfrage nach Gut 1, während die nach Gut 2 steigt, und die direkte Preiselastizität der Nachfrage nach Gut 1 (also η_{11}) ist negativ, die Kreuzpreiselastizität für Gut 2 (also η_{21}) positiv.

33. Nun kennen wir die Indifferenzkurven des zu untersuchenden Haushalts ja nicht. Welchen Wert hat dann eine solche Konstruktion? Sie werden gleich sehen, daß uns diese Zeichnung erlaubt, gewisse Beobachtungen und Vermutungen *konsistent* für unsere Prognose auszuwerten.

Noch ein anderer Hinweis, der Ihnen den Stellenwert dieses Ansatzes deutlich machen soll: Wenn Sie selbst die Auswirkungen einer Preiserhöhung zeichnerisch ableiten wollen, werden Sie fast immer eine negative direkte Preiselastizität der Nachfrage voraussetzen. Es ist aber nicht sicher, wie der Kreuzeffekt herauskommen wird: Die von Gut 2 nachgefragte Menge kann - je nach Zeichnung - zu- oder abnehmen. Ist das ein zufälliges Ergebnis, oder gibt es dafür sachliche Gründe?

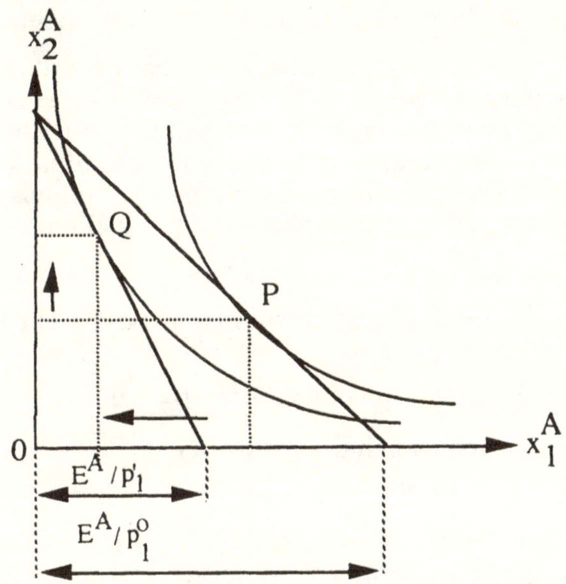

Abb. 4.12

Lassen Sie uns folgenden Fall analysieren: In den letzten 10-20 Jahren ist das Erdöl massiv teurer geworden. Gleichzeitig ist das (Nominal-) Einkommen gestiegen. Welchen Effekt hat beides zusammen auf die Nachfrage? - Beginnen wir mit den Auswirkungen einer (isolierten) Ölpreiserhöhung. Sei Erdöl das "Gut 1", dann können wir sie direkt aus Abb. 4.12 ablesen. Wir wollen jetzt aber genauer wissen, ob Q oberhalb oder unterhalb von P liegen wird. Durch diese isolierte Preiserhöhung geschieht zweierlei:

(i) Die Bilanzgerade verläuft jetzt ganz links unterhalb der alten, d.h. das Einkommen reicht nicht mehr aus, um die alten Gütermengen (in P) zu kaufen.

(ii) Die Bilanzgerade verläuft steiler, d.h. Öl ist *relativ* teurer geworden, weshalb der Haushalt nach Möglichkeit seine Nachfrage nach dem verteuerten Gut einschränken wird zu Gunsten derjenigen Güter, deren Preis nicht gestiegen ist, die also *relativ* billiger geworden sind.

Den ersten Effekt nennt man den ***Einkommenseffekt***, den zweiten den ***Substitutionseffekt***. Wir werden beide jetzt ableiten.

34. Sie wissen aus Ihrer Erfahrung, daß Preiserhöhungen regelmäßig die Forderung nach einem ***Teuerungsausgleich*** provozieren: Man möchte also versuchen, die inflationsbedingte Reduktion der Kaufkraft durch eine Einkommenserhöhung wieder rückgängig zu machen.

Bevor wir versuchen, die Auswirkungen eines Teuerungsausgleichs darzustellen, müssen wir bestimmen, in welcher Höhe er gewährt werden sollte. Durch ihn soll erreicht werden, daß die Haushalte - wenn sie es *wollen* - dieselben Gütermengen wie vorher kaufen können. Das können wir ausrechnen: Das neue Einkommen E^1 soll ausreichen, um bei den neuen Preisen die alten Mengen x_1^o, x_2^o zu kaufen:

$$E^1 = p_1' x_1^o + p_2' x_2^o$$

Den Teuerungsausgleich dE finden wir, indem wir das alte Einkommen subtrahieren:

$$dE = E^1 - E^o = (p_1' - p_1^o) \cdot x_1^o + (p_2' - p_2^o) \cdot x_2^o$$

Dividieren wir jetzt noch durch E^o, damit wir eine Prozentzahl erhalten:

$$\frac{dE}{E^o} = \pi_1 \cdot \frac{p_1^o \cdot x_1^o}{E^o} + \pi_2 \cdot \frac{p_2^o \cdot x_2^o}{E^o} \tag{4.7}$$

π_1 und π_2 sind dabei die Preissteigerungsraten von Gut 1 und Gut 2, also $(1+\pi_1) = p_1'/p_1^o$. (In unserem Beispiel ist $\pi_2=0$.) Diese Preissteigerungsraten werden jeweils mit dem Anteil der Ausgaben für das betreffende Gut multipliziert und dann addiert; man sagt auch, auf diese Weise würden die Preissteigerungsraten mit den Ausgaben *gewichtet*. dE/E^o ist genau die Preiserhöhung (oder Inflationsrate), die mit Hilfe des ***Konsumentenpreisindex*** berechnet wird.

Zur Berechnung des Konsumentenpreisindex werden die Preisänderungen durch Marktbeobachtungen festgestellt. Die Ausgabenanteile erhält man aus den Haushaltsrechnungen bestimmter ausgewählter Haushalte. - Auf die Details können wir hier nicht eingehen.

35. Durch den Teuerungsausgleich wird die neue Bilanzgerade wieder nach rechts oben verschoben, und zwar parallel - weil die Preiserhöhung dadurch ja nicht rückgängig gemacht, sondern nur das Einkom-

men erhöht werden kann. Da mit dem Teuerungsausgleich das alte Güterbündel P wieder gekauft werden kann, muß die neue Bilanzgerade durch P gehen. Das ist in Abb. 4.13 dargestellt.

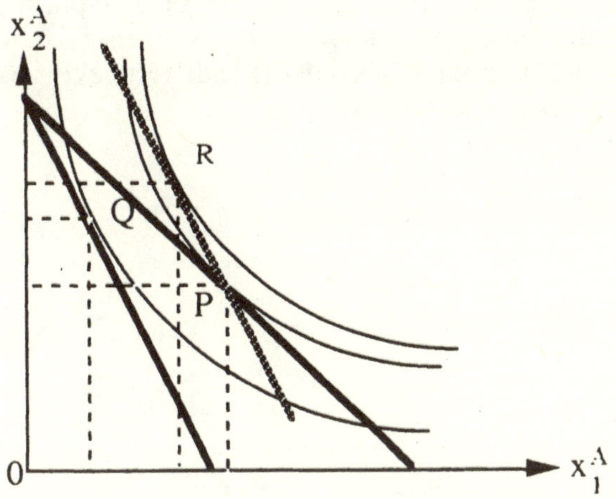

Abb. 4.13

Wenn der Haushalt es will, kann er also im alten Nachfragepunkt P bleiben, sein Einkommen reicht trotz Preiserhöhung dazu aus - so ist der Teuerungsausgleich ja berechnet. Aber *will* das der Haushalt? Schränkt er seinen Ölverbrauch nur wenig ein, kann er seinen Verbrauch an den anderen Gütern viel stärker erhöhen, als das vorher bei den alten Preisen möglich war: Also lohnt es sich für ihn, in einem gewissen Ausmaß auf den Verbrauch des verteuerten Gutes zu verzichten und andere Güter vermehrt zu verbrauchen. Das bedeutet aber nichts anderes, als daß der Haushalt das verteuerte Gut durch die anderen Güter ***substituiert***, also ist PR der reine ***Substitutionseffekt.***

36. Mit Hilfe dieses Substitutionseffektes kann man die Auswirkung einer Preiserhöhung nach *Slutsky* (1965) in zwei verschiedene Effekte zerlegen: Da ist zunächst der Substitutionseffekt, der die Reaktion des Haushalts auf eine durch den Teuerungsausgleich kompensierte Preiserhöhung angibt. Wird der Teuerungsausgleich aber nicht gezahlt, dann kann man sich das vorstellen als eine Einkommensreduktion, die durch den *Fortfall des Teuerungsausgleichs* verursacht wird. Das bewirkt dann eine Wanderung von R nach Q. Da sie allein auf eine Verminderung des (Real-) Einkommens zurückgeht, nennt man sie den reinen ***Einkommenseffekt.***

37. Wir sind jetzt in der Lage, über die Auswirkungen einer Ölpreiserhöhung nachzudenken: Das Ausmaß, in dem ein Haushalt seine Nachfrage nach Heizöl als Folge einer Preiserhöhung einschränken wird,

hängt sicherlich von seinen Substitutionsmöglichkeiten ab: Er muß entweder die Raumtemperatur absenken oder auf eine andere Heizungsmethode übergehen.[5] Da das letztere kurzfristig kaum möglich sein wird, bleibt für eine kurzfristige Betrachtung nur die erste Einsparungsmöglichkeit: Der reine Substitutionseffekt wird in der kurzen Frist sehr klein sein. Das bedeutet nichts anderes, als daß die Indifferenzkurve etwa die in Abb. 4.14 angegebene Gestalt hat.

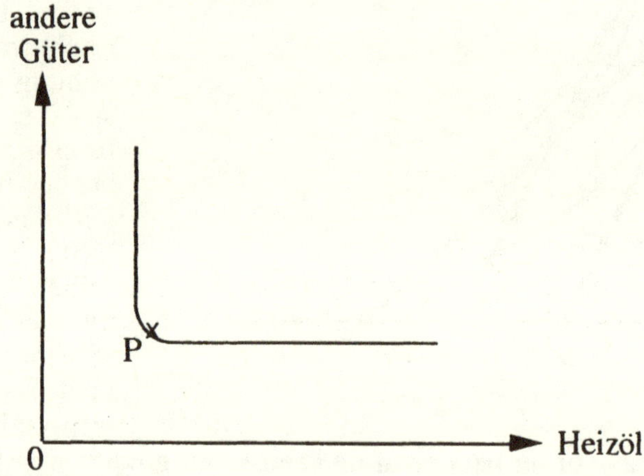

Abb. 4.14

Wegen des Teuerungsausgleichs wird der Haushalt auf eine Ölpreiserhöhung zwar wie erwartet reagieren, dieser Substitutionseffekt ist aber sicherlich sehr klein, wenn man nur eine kurze Reaktionszeit zuläßt; bei längerfristiger Betrachtung - etwa über 5-10 Jahre - ist er erheblich größer.

Substitutionseffekt (SE) $x_1 \downarrow$ $x_2 \uparrow$

Andererseits werden alle Haushalte von der Ölpreiserhöhung getroffen,

[5] An sich möchte der Haushalt seine Wohnung heizen, und das Öl ist nur ein Mittel, die Wärme zu produzieren: Man hat sich also vorzustellen, dass die Entscheidung des Haushalts eine Kombination ist aus der Verbrauchsentscheidung und der Produktionsentscheidung von Wärme. Von diesen Komplikationen sehen wir hier aber ab; stellen Sie sich deshalb am einfachsten vor, der Haushalt könnte Heizöl unmittelbar verbrauchen.

ihre Kaufkraft sinkt. Wir haben deshalb damit zu rechnen, daß sie ihren Verbrauch an Heizöl ebenso wie den anderer Güter einschränken müssen:

Einkommenseffekt (EE)	$x_1 \downarrow$	$x_2 \downarrow$

Allerdings wissen wir aus unseren obigen Überlegungen, daß ein Haushalt von einer Preiserhöhung umso stärker getroffen wird, je höher der Anteil seiner Ausgaben für das verteuerte Gut an seinem Einkommen ist:

- Wahrscheinlich werden deshalb die Haushalte in klimatisch ungünstigen Regionen besonders stark getroffen.
- Da der Anteil der Heizungsausgaben mit steigendem Einkommen wohl abnehmen wird, ist wahrscheinlich die Belastung der unteren Einkommensschichten besonders groß.

Wir können jetzt den **Gesamteffekt** (GE) einer Preiserhöhung ***ohne*** Teuerungsausgleich als die Summe dieser beiden Teileffekte berechnen: Er ist für das verteuerte Gut 1 eindeutig, nicht jedoch für das Gut 2, da dort Einkommens- und Substitutionseffekt einander entgegengerichtet sind.

In unserem Beispiel können wir etwas über die Stärke der einzelnen Effekte aussagen: Wenn wir uns für die kurzfristige Reaktion auf eine Verteuerung des Heizöls interessieren, dann müssen wir von einem verschwindend kleinen Substitutionseffekt ausgehen. Während bei den höheren Einkommen der Einkommenseffekt wegen des geringen Anteils der Heizungsausgaben am Einkommen relativ klein sein wird, müssen wir mit einer deutlichen Belastung der unteren Einkommensschichten rechnen: Da Heizung sicherlich zu den lebensnotwendigen Verbrauchsgütern gehört, sind sie kaum in der Lage, in der kurzen Frist Heizöl nennenswert einzusparen; also wird x_1 als Gesamteffekt nur wenig sinken. Dann müssen aber ihre Ausgaben für

SE:	$x_1 \downarrow$	$x_2 \uparrow$
EE:	$x_1 \downarrow$	$x_2 \downarrow$
GE:	$x_1 \downarrow$	x_2 ?

Abb.4.15

Heizung *steigen*, also müssen sie ihr Sparen oder ihre anderen Verbrauchsausgaben einschränken. Dürfen wir davon ausgehen, daß die unteren Einkommensschichten sehr wenig sparen, dann bleibt nur das letztere: Die mengenmässige Nachfrage nach den anderen Gütern muß als Folge der Heizölverteuerung zurückgehen.

Und was geschieht durch die Zahlung eines Teuerungsausgleichs? Wenn er genau berechnet wird, sorgt er dafür, daß von der Reaktion des Haushalts nur noch der Substitutionseffekt übrig bleibt, der Einkommenseffekt entfällt. Zwar ist damit die Nachfragereduktion kleiner, als man es sonst erwarten würde; das geht aber nur darauf zurück, daß niemand *wegen seines Einkommens* gezwungen wird, auf den Verbrauch des verteuerten Gutes zu verzichten: In einem gewissen Umfang vermeidet man die verteilungspolitischen Konsequenzen einer solchen Preiserhöhung. Übrig bleibt der reine Substitutionseffekt, also der Anreiz, auf das verteuerte Gut nach Möglichkeit zu verzichten. Dieser Effekt ist langfristig deshalb beachtlich, weil - gerade im Falle des Heizöls - nennenswerte Einsparungen mit Umstellungen der Heizungsanlage verbunden sind, was so schnell nicht möglich und auch zu teuer ist.

38. Für manche Anwendungen interessiert man sich nur für den Zusammenhang zwischen der nachgefragten Menge x_1 und dem Preis p_1.

Stellen Sie sich etwa vor, Sie sollten versuchen, mit Hilfe des Strompreises (genauer: mit der Tarifgestaltung) den Stromverbrauch und seine zeitliche Verteilung während des Tages zu beeinflussen.

In einer vollständigen Analyse müßte man dafür die Nachfrage der Haushalte aus allen Preisen und ihrem Einkommen erklären, wie das in Abb. 4.10 geschehen ist. Dazu würde man die Nachfragemenge, alle Preise und das Einkommen der letzten Jahre beobachten und daraus auf das Nachfrageverhalten schließen. Das ist für ein Unternehmen idR. zu kompliziert, es wird bei seiner Absatzschätzung wohl davon ausgehen, daß das Einkommen und die Preise der anderen Güter unverändert bleiben.

Genau das würden Sie wahrscheinlich auch machen, wenn Sie den Strompreis festlegen sollen.

Dadurch vereinfacht sich die allgemeine Nachfragefunktion zu

(4.8) $x_1 = x_1(p_1)$

Diese Verhaltensfunktion ist in Abb. 4.16 dargestellt.

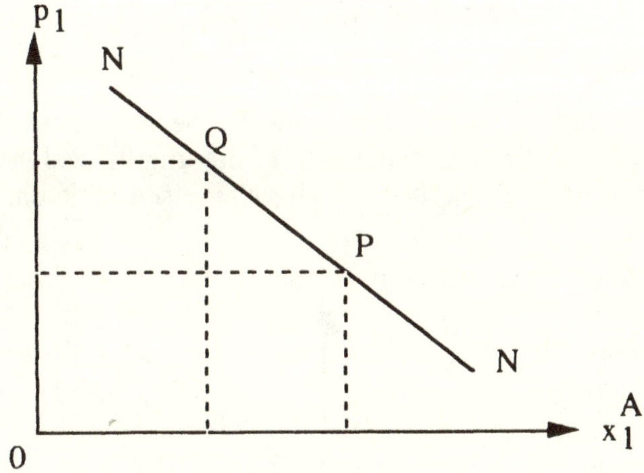

Abb. 4.16

Das ist die übliche Darstellung der ***Nachfragekurve*** oder ***-funktion***. Bitte, beachten Sie:

- Die übliche Nachfragekurve setzt die Konstanz aller anderen Preise und des Einkommens voraus. Ändern sie sich, dann muß man für die neuen Werte eine neue Nachfragekurve zeichnen; in Abb. 4.16 läßt sich das durch eine *Verschiebung* der Nachfragekurve darstellen.

- Bei gegebener Nachfragekurve kann man die direkte Preiselastizität der Nachfrage für jede realisierte Preis-Mengen-Kombination ausrechnen.

- Nachfragekurven verlaufen in der Realität sicherlich nicht linear. Daß wir sie trotzdem so zeichnen, dient nur unserer Bequemlichkeit. Interpretieren Sie also eine Nachfragekurve, wie wir sie in diesem Buch verwenden, regelmäßig nur so, daß mit ihr die umgekehrte Proportionalität von p_1 und x_1 unterstellt wird.

4.2 Das Güterangebot

4.20 Einführung

39. Zur Erklärung des Marktgleichgewichtes benötigen wir neben der Nachfragefunktion die Angebotsfunktion, die angibt, welche Mengen die Anbieter an einem Markt bei alternativen Preisen anbieten.

Abb. 4.17 stellt das übliche Anbieterverhalten dar: Bei einem höheren Preis wird idR. mehr, auf alle Fälle aber nicht weniger als bei einem niedrigeren angeboten.

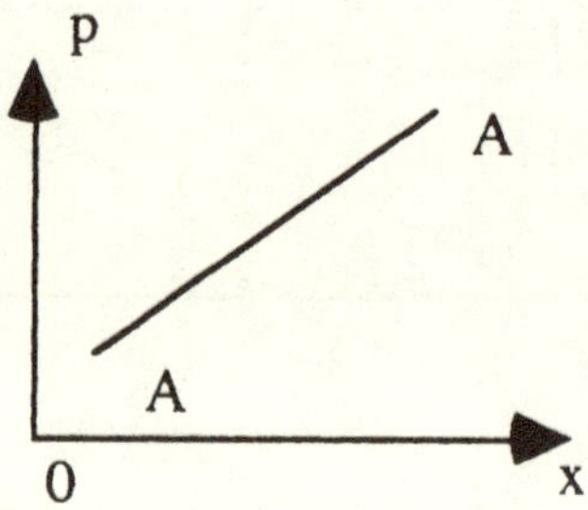

Abb.4.17

Wieso kommt man zu einer solchen Behauptung? Dahinter steht die Überlegung, daß private Unternehmen von ihren Eigentümern wegen des Einkommenserwerbs betrieben werden. Da sich die Ausdehnung der Produktion und damit des Angebotes für ein Unternehmen umso eher lohnt, je höher der Verkaufspreis ist, hat die Angebotskurve die angegebene Gestalt.

Zu ihrer Ableitung gibt es - wie bei der Nachfragekurve - prinzipiell zwei Möglichkeiten: Man kann ***auf einem Markt*** Preise und Angebotsmengen (der Vergangenheit) beobachten und daraus auf das Verhalten der Anbieter schließen, oder man argumentiert ***für einen einzelnen Anbieter***. Wir werden das letztere Vorgehen wählen.

40. Aus welchem Grund bietet ein Unternehmen auf einem bestimmten Markt an? Diese Frage stellen wir zuerst, weil wir das Anbieterverhalten eines einzelnen Unternehmens *erklären* wollen. Dazu müssen wir wissen, welches ***Ziel*** das Unternehmen verfolgt. Wir werden uns hier mit einer möglichst einfachen Erklärung begnügen und deshalb davon ausgehen, daß (privatwirtschaftliche) Unternehmen von ihren Eigentümern zum Zweck des Einkommenserwerbs betrieben werden. Das Einkommen, das sie dadurch erzielen, heißt der ***Gewinn***. Wenn wir unterstellen, daß Unternehmer ein höheres Einkommen einem kleineren vorziehen, dann impliziert das die ***Maximierung des Gewinnes***. In

unseren weiteren Überlegungen werden wir vor allem aus zwei Gründen von der Gewinnmaximierung ausgehen:

(i) Die Annahme der Gewinnmaximierung ist in der theoretischen Literatur vor allem deshalb so verbreitet, weil sie die Argumentation sehr vereinfacht.

(ii) Sie ist nicht so unrealistisch, wie sie zunächst aussieht, wenn wir berücksichtigen, daß Unternehmen *längerfristig* planen und die Gewinnmaximierung deshalb langfristig zu interpretieren ist: Kein Unternehmen kann es sich erlauben, kurzfristigen Gewinnchancen nachzujagen und dadurch seine Überlebenschancen zu vernachlässigen: Wir müssen von einer ***langfristigen*** Gewinnmaximierung ausgehen.

(iii) Wir werden in Abschnitt 4.3 und in Kapitel 6 sehen, daß die Selbststeuerung einer Marktwirtschaft gerade wegen des Gewinnstrebens der Unternehmen funktioniert: Es ist ein wirkungsvoller Leistungsanreiz. Tatsächliche und/oder vermeintliche Mißstände in kapitalistischen Marktwirtschaften gehen idR. nicht auf das Gewinnstreben der Unternehmen zurück, sondern auf einen mangelhaften Ordnungsrahmen. Hierauf gehen wir in Kapitel 7 ff ein.

41. Der ***Gewinn*** eines Unternehmens ist definiert als der in einer Periode erzielte Vermögenszuwachs. Gehen wir von einem Produktionsunternehmen aus, dann läßt sich dieser Vermögenszuwachs errechnen als die Differenz zwischen dem Ertrag und den Kosten:

(4.9) $G = E - K$

Der ***Ertrag*** ist dabei der Wert der (mengenmäßigen) Produktion. Solange wir eine Veränderung der Lagerbestände ausschließen, ist er identisch mit dem ***Erlös***, d.h. dem Wert des Absatzes; wir berechnen ihn als Produkt von Menge und Preis:

(4.10) $E = p \cdot y$

Unter den ***Kosten*** versteht man den wertmäßigen Faktoreinsatz in die Produktion oder die durch die Produktion verursachte Vermögensminderung. Angenommen, irgendein Unternehmen setze nur zwei Produktionsfaktoren, etwa Arbeit und Maschinen, in den Mengen v_A und v_M ein; die Preise, die es dafür zahlen muß, seien w (=Lohnsatz) und q (="Maschinenpreis"). Dann betragen seine Kosten

(4.11) $K = w \cdot v_A + q \cdot v_M$

Die Gewinnermittlung wird hier möglichst kurz behandelt. Insbesondere umgehen wir alle Probleme der Kostenbestimmung in jenen Fällen, in denen der Faktoreinsatz (durch die Periodenabgrenzung o.ä.) nicht identisch ist mit dem Faktoreinkauf, und das entsprechende auf der Erlösseite.

44. Wir werden vorläufig annehmen, daß das Unternehmen den Verkaufspreis seiner Produkte und die Einkaufspreise seiner Faktoren nicht beeinflussen kann, daß es sie vielmehr als gegeben hinnehmen muß.[6] Zur Gewinnmaximierung kann es daher nur seine Produktionsmenge y und seine Kosten über den Faktoreinsatz (v_A, v_M) variieren, wobei allerdings die technische Beziehung zwischen Faktoreinsatz und Produktionsmenge - die ***Produktionsfunktion*** - berücksichtigt werden muß. - Wir werden in zwei Schritten vorgehen:

- Zunächst überlegen wir uns, welche Menge ein Unternehmen bei gegebenen Preisen anbieten *soll*, wenn es seinen Gewinn maximieren will: Eine Mengenerhöhung lohnt sich z.B. immer dann, wenn dadurch die Erlöse noch stärker als die Kosten steigen.
- Welche Menge auch produziert werden soll, es lohnt sich immer, sie mit möglichst niedrigen Kosten zu produzieren: Man sucht die ***kostenminimalen*** Faktoreinsatzmengen. Nur mit ihnen kann man bestimmen, welche zusätzlichen Kosten bei einer Produktionsvariation anfallen.

4.21 Kostenfunktion und Kostenprognose

43. Wir wollen uns hier mit der Frage beschäftigen, ob ein Unternehmen einen bestimmten Auftrag zu einem bestimmten Preis annehmen soll. Das hängt - wenn es sich nur nach dem erzielbaren Gewinn richtet - wegen des vorgegebenen Preises nur von den mit dem Auftrag verbundenen Kosten ab. Dann bleiben also nur noch die Kosten. Wie schätzt man sie? In der Betriebsbuchhaltung werden die Kosten (K) in einer bestimmten Periode (etwa einem Kalenderjahr) festgehalten. Dabei werden sie üblicherweise in die verschiedenen ***Kostenarten*** gegliedert: Man unterteilt die Kosten etwa in Lohn-, Material-, Zinskosten, Abschreibungen usw. - Wenn Sie sich diese Einteilung ansehen, stellen Sie fest, daß man zur Untergliederung die Art des eingesetzten Faktors hierbei benutzt.Wir werden hierauf in Abschnitt 4.22 zurückkommen.

---

[6] Das ist dann der Fall, wenn es auf einem Markt mit vollständiger Konkurrenz verkauft. Vgl. dazu unten Kap. 7 und 8.

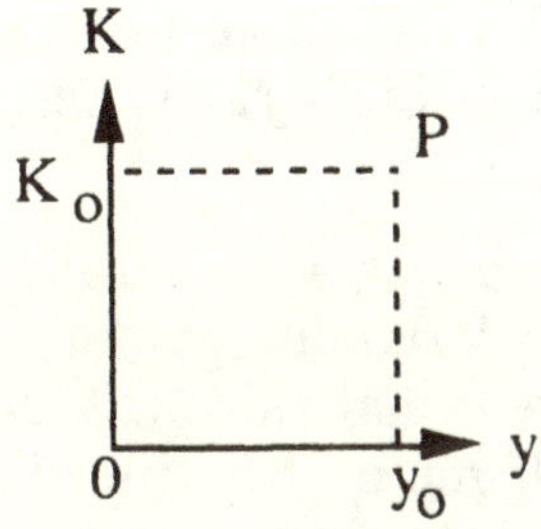

Abb. 4.18

Zusammen mit der produzierten Menge y, die ja sicherlich auch feststellbar ist, läßt sich also die Kostensituation des letzten Jahres zeichnerisch durch den Punkt P in Abb. 4.18 darstellen.

44. Und was folgt daraus für die Rentabilität des Auftrags? Noch gar nichts, wir brauchen ja die Kosten für diesen Auftrag und nicht die für die letzte Jahresproduktion. Die einfachste Annahme, die man für eine solche Schätzung machen kann, ist die, die Kosten pro Stück seien bei dem Auftrag genau so groß wie die Stückkosten im letzten Jahr. Also berechnet man neben den ***Gesamtkosten*** K auch die ***Stück-*** oder ***Durchschnittskosten*** k:

(4.12) $k_o = K_o/y_o$

Diese Durchschnittskosten entsprechen in Abb. 4.19 genau der Steigung des Strahles 0Q.

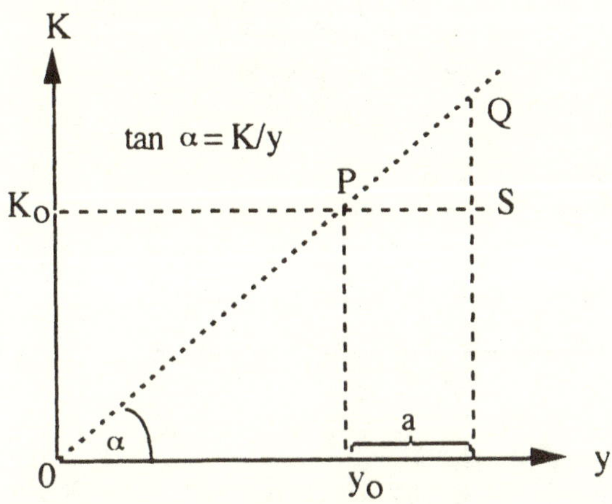

Abb. 4.19

Beachten Sie: Die (beobachteten) Kosten des letzten Jahres sind nicht mehr zu ändern. Die Berechnung von Stückkosten führt man idR. nur dann durch, wenn man der Überzeugung ist, sie würden irgendeinen Anhaltspunkt für die durch den Auftrag verursachten Kosten liefern. Und die einfachste Annahme ist, die Stückkosten seien bei dem Auftrag gleich groß wie diejenigen des letzten Jahres.

Wenn diese Annahme richtig ist, lassen sich die Kosten des Auftrages ausrechnen: Bei konstanten Stückkosten steigen unsere Kosten bei der Ausdehnung der Produktion um a Mengeneinheiten um den Betrag $QS = k_o \cdot a$ (in Abb. 4.19): Die Annahme dieses Auftrags lohnt sich nur, wenn wir dabei mindestens diesen Betrag erlösen.

45. Kann man eine solche Kostenschätzung verbessern? In der Realität weiß man regelmäßig, daß nicht alle Kostenarten in gleicher Weise auf

eine Erhöhung der Produktion reagieren. Die einfachste Unterscheidung, die man in dieser Hinsicht treffen kann, ist die in ***fixe*** und ***variable Kosten***:

Fixe Kosten (K_f) sind definitionsgemäß unabhängig von der Produktionsmenge; das sind z.B. grosse Teile der Verwaltungs- und Vertriebskosten, die Kosten die Produktionsbereitschaft, also z.B. Miete für Büroräume, Unterhaltskosten für Verkaufsräume, Miete für Fabrikationshallen, Gehälter für das "Stammpersonal" usw.

Variable Kosten (K_v) variieren definitionsgemäß mit der Ausbringung. Hierzu gehören typischerweise der Material- und Energieverbrauch in der Produktion, die Lohnkosten, soweit sie mengenabhängig sind (etwa bei der Akkordentlohnung), mengenmäßige Vertriebskosten (wie etwa die Transportkosten) usw.

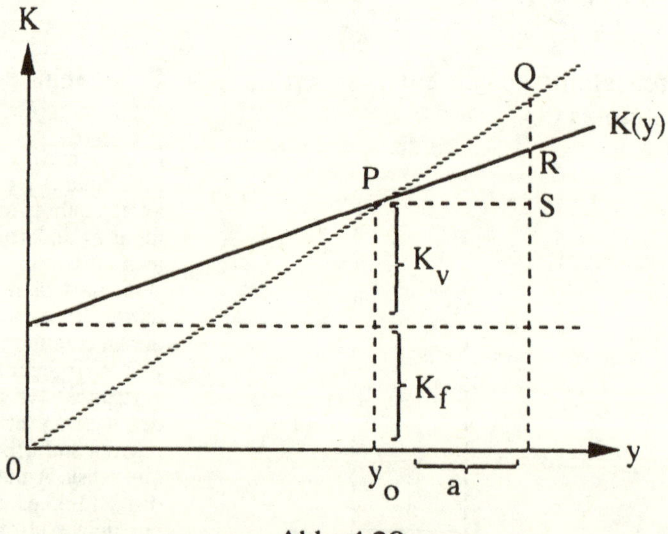

Abb. 4.20

Die Kostenprognose können wir deshalb dadurch verbessern, daß wir alle Kostenarten einzeln ansehen und prüfen, ob sie unabhängig von y anfallen oder nicht bzw. zu welchem Teil sie fix oder variabel sind. In Abb. 4.20 ist eine solche Zerlegung, allerdings nur für die Gesamtkosten, durchgeführt: Dort lassen sich die bei der Menge y_o angefallenen Kosten in die fixen Kosten K_f und die variablen Kosten K_v aufteilen.

Jetzt müssen wir nur noch herausfinden, *wie* sich die variablen Kosten mit der Produktionsmenge y verändern. Die einfachste Annahme hierüber ist die, daß sie proportional dazu anfallen. Genauer: Die Durchschnittskosten lassen sich zerlegen in

$$(4.13)\qquad k_o = \frac{K_o}{y_o} = \frac{K_f + K_{vo}}{y_o} = k_f + k_{vo}$$

Die Annahme der strengen Proportionalität von variablen Kosten und Produktionsmenge bedeutet konstante variablen Stückkosten k_{vo}. Die Kosten für den Auftrag a schätzen wir deshalb als $k_{vo} \cdot a$, das entspricht der Strecke RS in Abb. 4.20.

Beachten Sie bitte, daß diese Kosten um QR niedriger sind als unsere Schätzung in Tz.44. Worauf geht diese Differenz zurück? Wir haben nur die Information berücksichtigt, daß einige Kostenarten *nicht* mit y variieren; diese Kostenarten gehören also nicht zu den Zusatzkosten, die durch diesen Auftrag verursacht werden. Insoweit ist die letztere Schätzung also besser als die erste, jedoch bleiben zwei Fragen:

- Dürfen wir davon ausgehen, daß wir im nächsten Jahr - *ohne* diesen Auftrag - wieder die Menge y_o produzieren und daß dadurch die Fixkosten bereits gedeckt sind? Anders ausgedrückt: Dürfen wir bei dieser Überlegung die Fixkosten wirklich vernachlässigen?
- Ist es zulässig, die Kostenkurve als linear anzunehmen?

Wir werden uns in diesem Abschnitt nur mit der zweiten Frage auseinandersetzen.

Ich nehme an, daß Sie die Frage, ob die Kostenkurve in der Realität linear sei, verneinen würden: Was sollte der Grund dafür sein, daß eine reale Kostensituation uns den Gefallen tut und uns zu einer einfachen Zeichnung verhilft? Tatsächlich wird aber bei einigen Kalkulationsverfahren eine solche Linearität angenommen. Das ist allerdings nur solange sinnvoll, als man nichts Besseres weiß.

46. Zur Beschreibung der Kostenfunktion wollen wir einen weiteren Begriff einführen: Unter den ***Grenzkosten*** versteht man die Steigung der Kostenkurve, also die Kostenzunahme, die durch die Ausdehnung der Produktion um eine (sehr kleine) Mengeneinheit verursacht wird:

$$(4.14)\qquad K' = \frac{dK}{dy} = \frac{\partial K}{\partial y} = \frac{dK_v}{dy}$$

Der lineare Kostenverlauf in Abb. 4.20 impliziert also konstante Grenzkosten. - Der Zusammenhang zwischen K', k, k_v und k_f ist für diesen Fall in Abb. 4.21 angegeben.

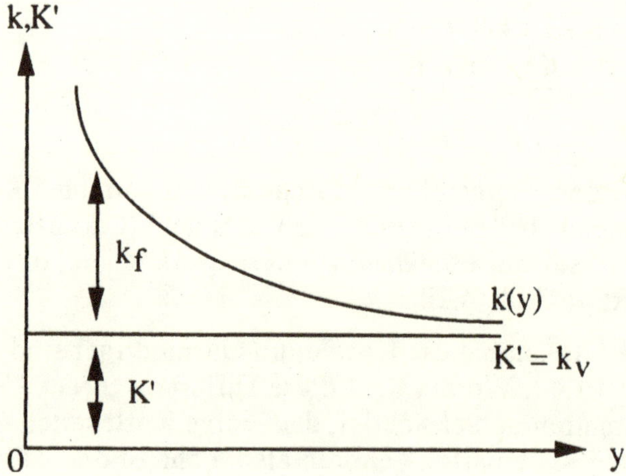

Abb. 4.21

47. Ist ein solcher Kurvenverlauf realistisch? Diese Frage läßt sich so allgemein nicht beantworten, dazu muß man vielmehr jeden einzelnen konkreten Fall untersuchen. Aber können wir wenigstens angeben, worauf man bei einer solchen Untersuchung achten müßte? Die Information, die meistens verfügbar ist und die wir noch nicht ausgenutzt haben, betrifft den technischen Zusammenhang zwischen dem Faktoreinsatz und der Produktion, also die Abhängigkeit des Faktoreinsatzes von der Produktionsmenge y. Man sagt auch, daß wir das ***Mengengerüst der Kosten*** und seine Abhängigkeit von der Produktionsmenge herausbekommen müssen. In dem folgenden Abschnitt werden wir das versuchen.

4.22 Kostenminimierung und Kostenkontrolle;

Die Feststellung der in einer bestimmten Periode angefallenen Kosten ist eine der Hauptaufgaben des betrieblichen Rechnungswesens. Diese Kosten sind bereits entstanden, ihre Höhe kann nicht mehr geändert werden. Alle *Entscheidungen* sind aber zukunftsbezogen. Deshalb interessiert man sich für diese historischen Kosten lediglich als Grundlage für die zukünftigen Aktivitäten des Unternehmens.

In diesem Abschnitt werden wir uns zunächst mit einem Aspekt dieses Problemkreises befassen: Lassen sich durch Modifikationen in der Produktionstechnik Kosteneinsparungen realisieren? Wir werden dann daraus Schlüsse auf die Kostenfunktion zu ziehen versuchen.

4.221 Die Produktionsfaktoren

48. Die Produktionsmöglichkeiten eines Unternehmens werden bestimmt durch seine Kapazitätsausstattung und durch die in den installierten Maschinen verkörperten technisch-naturwissenschaftlichen Zusammenhänge. (Das beschreiben wir unten durch die ***Produktionsfunktion.***) Der Einfachheit halber beschränken wir uns im folgenden auf Einproduktunternehmen und schliessen dadurch u.a. alle Probleme der Kuppelproduktion aus.

Die Produktion von Gütern geschieht im allgemeinen dadurch, daß mit menschlicher Arbeit und unter Einsatz von Maschinen, Werkzeugen usw. Rohstoffe und/oder Halbfabrikate be- oder verarbeitet werden. Für unsere Argumentation wird es unerheblich sein, ob dabei die physische Erscheinungsform der Güter sehr wesentlich, kaum wahrnehmbar oder gar nicht verändert wird; wichtig ist nur, daß durch den Produktionsprozeß ein ***neues Gut*** entsteht.

Sehen wir uns einen solchen Produktionsprozeß etwas genauer an: Die Produktion wird ermöglicht durch den Einsatz von ***Produktionsfaktoren***. Nach *Gutenberg* (1971) S. 2, teilen wir sie ein in

- Arbeits- und Betriebsmittel,
- Werkstoffe,
- menschliche Arbeitsleistung,
- Geschäfts- und Betriebsleitung.

Für die gesamtwirtschaftliche Argumentation unterscheidet man häufig die Produktionsfaktoren zweckmäßiger nach ihrer Herkunft:

- natürliche oder ***primäre*** Produktionsfaktoren:
    - Arbeit (einschließlich Geschäftsleitung),
    - Boden (=natürliche, nicht produzierte Produktionsmittel),
- produzierte Produktionsmittel (= Kapital).

Da eine solche Einteilung nur das Verstehen gewisser Zusammenhänge erleichtern soll, wird man je nach Fragestellung die eine oder die andere Einteilung vorziehen.

Im Produktionsprozeß werden technisch-naturwissenschaftliche Zusammenhänge ausgenutzt. Eigentlich solte man deshalb auch einen besonderen Produktionsfaktor "technisches Wissen" unterscheiden. Wir werden das nicht tun, sondern das technische Wissen durch die Form der Produktionsfunktion darstellen.

4.222 Die Kostenkontrolle

49. Die Kostenkontrolle hat in einem Unternehmen die wichtige Aufgabe, unnötige Kosten aufzuspüren und auf diese Weise dafür zu sorgen, daß mit minimalen Kosten produziert wird.

Wie soll man "unnötige Kosten" definieren? Das müssen doch solche sein, die durch eine andere Produktionstechnik vermeidbar sind. Um das zu beurteilen, bleibt uns nichts anderes übrig, als den Einsatz der Produktionsfaktoren, also das Mengengerüst der Kosten, genauer zu untersuchen. Da wir das regelmäßig nicht für den ganzen Betrieb können, machen wir das für eine einzelne ***Kostenstelle***, für die wir das zu beurteilen in der Lage sind. Angenommen, wir hätten in der abgelaufenen Periode mit dem durch den Punkt P in Abb. 4.22 dargestellten Faktoreinsatz produziert.

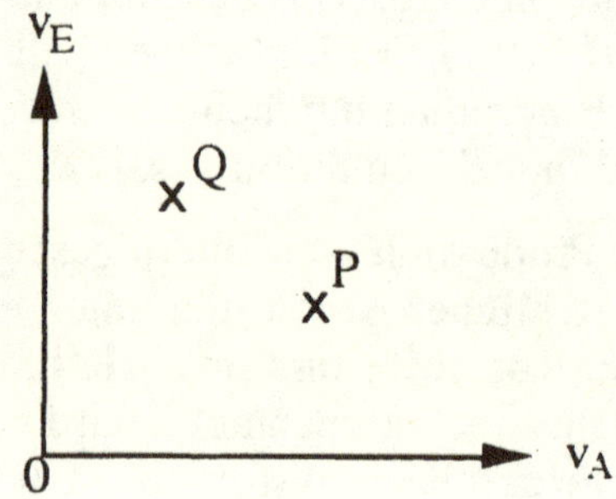

Abb. 4.22

Dort bedeutet v_A die eingesetzte Menge Arbeit, v_E die eingesetzte Menge Energie, also eines anderes Produktionsfaktors.

Lassen sich dabei noch Kosteneinsparungen erzielen? Nur dann, wenn überhaupt noch eine andere Faktorkombination, etwa Q in Abb. 4.22, technisch realisierbar ist. Ob das der Fall ist, läßt sich wieder nicht allgemein entscheiden. Wenn aber kein solches Q existiert, dann gibt es auch kein Entscheidungsproblem, und die Frage, ob ein anderes technisches Verfahren kostengünstiger ist oder nicht, ist gegenstandslos. Um weiter argumentieren zu können, unterstellen wir von jetzt an, daß ein solches Q existiert. Dann wird im allgemeinen damit zu rechnen sein, daß eine sehr große Anzahl alternativer Faktorkombinationen technisch möglich ist. Das ist in Abb. 4.23 dargestellt. Für welchen dieser Punkte sollen wir uns entscheiden? Betrachten Sie z.B. P und R: In R wird - für dieselbe Menge y_o! - von jedem Faktor mehr eingesetzt als in P. Wollen wir unnötige Kosten vermeiden, werden wir sicherlich nicht in R produzieren: Durch den Ubergang von R nach P können wir von *allen* Faktoren einsparen und auf diese Weise ganz sicherlich unsere Kosten senken. Also beschränken wir uns auf alle Fälle auf den linken unteren Rand der Alternativenmenge. Genau das ist die Aussage des Prinzips der Wirtschaftlichkeit.

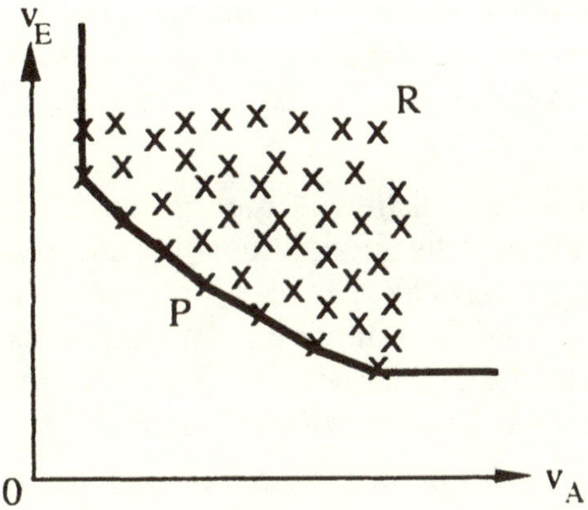

Abb. 4.23

In Abb. 4.24 ist der linke untere Rand als Kurve dargestellt, d.h. es wird davon angenommen, daß es eine sehr grosse Zahl alternativer Produktionsmöglichkeiten gibt. Dies e Kurve heißt die ***Isoquante*** sie ist der geometrische Ort aller minimalen Faktorkombinationen, mit denen man bei gegebenen technischen Möglichkeiten die Menge y_0 produzieren kann.

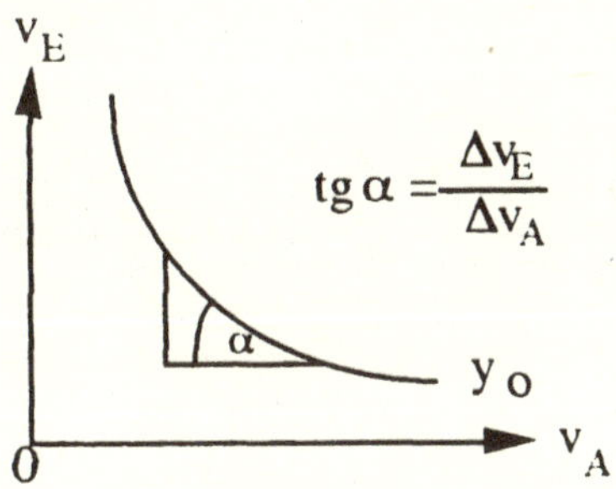

Abb. 4.24

50. Verläuft die Isoquante wie in Abb. 4.24 angegeben, dann kann man offensichtlich in einem bestimmten Ausmaß einen Produktionsfaktor durch einen anderen ***substituieren***. Eine solche Produktionsfunktion heißt eine ***substitutionale Produktionsfunktion***, wir werden uns im weiteren nur mit ihr beschäftigen.

Ist eine solche Faktorsubstitution nicht möglich, spricht man von einer ***limitationalen Produktionsfunktion***.

Die Steigung der Isoquante heißt die ***Grenzrate der (technischen) Substitution***; sie gibt an, in welchem Ausmaß der Einsatz eines Faktors erhöht werden muß, wenn der des anderen (sehr wenig) vermindert, die Produktionsmenge aber konstant gehalten wird.

Man kann sie also z.B. mit dem Winkel α in Abb. 4.24 messen. tan α gibt dann an, wieviel Einheiten v_E man zusätzlich einsetzen muß, wenn man eine Einheit v_A einsparen möchte. - Wie messen Sie wohl am besten den Einsatz von Arbeit? Und den von "Kapital"?

In Abb. 4.24 ist angenommen, daß diese Grenzrate der (technischen)

Substitution immer stärker abnimmt, je weiter man auf der Isoquante nach rechts (bzw. nach oben) kommt: In der dargestellten Produktionsfunktion lassen sich die Produktionsfaktoren also nur ***beschränkt substituieren***.

51. Für jede *realisierbare* Produktionsmenge gibt es (nach Konstruktion) eine Isoquante. Deshalb wird die Produktionsfunktion als die Beschreibung der technischen Möglichkeiten des Unternehmens nicht durch eine einzige Isoquante, sondern durch ein ***Isoquantensystem*** beschrieben. Dabei muß eine Isoquante, die rechts oberhalb einer anderen liegt, einer größeren Produktionsmenge entsprechen.

Das folgt aus dem Prinzip der Wirtschaftlichkeit. Weshalb? - Und weshalb dürfen Isoquanten einander nicht schneiden?

52. Isoquanten beschreiben technische Zusammenhänge, sie fallen deshalb nicht in die Zuständigkeit der Ökonomen. Sie stellen die technischen Rahmenbedingungen dar, die bei dem Versuch, mit minimalen Kosten zu produzieren, berücksichtigt werden müssen. Wie man aus den technischen Möglichkeiten die kostengünstigste herausfindet, wollen wir zeichnerisch darstellen. Dazu geben wir irgendeinen festen Kostenbetrag K_o vor und fragen, welche Faktormengen dafür gekauft werden können:

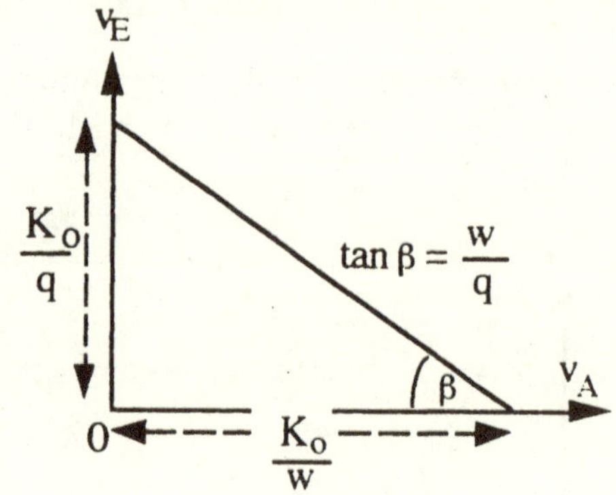

Abb. 4.25

$$(4.15) \qquad w \cdot v_A + q \cdot v_E = K_o$$

Das ist eine Gerade mit den Achsenabschnitten K_o/w und K_o/q und der Steigung w/q. Diese Gerade heißt die ***Isokostengerade*** und ist der geometrische Ort aller Faktorkombinationen, die mit dem Betrag K_o gekauft werden können. Sie entspricht völlig der Bilanzgerade eines Haushalts mit einer Ausnahme: Die Kosten K_o sind nicht fest vorgegeben, sondern können vom Unternehmen bestimmt werden.

53. Mit welcher Faktorkombination soll das Unternehmen nun produzieren? Angenommen, es produziere in Abb. 4.26 die Menge y_1. Dann mag es sein, daß es einen Produktionsfaktor überhaupt nicht, sondern nur den anderen variieren kann; in Abb. 4.26 ist im Punkt P nur der Faktor A, nicht aber der Faktor E variabel. Also müßte das Unternehmen im Punkt P produzieren. Dabei kann es aber bei unveränderter Produktionsmenge y_1 die Kosten dadurch senken, daß es mehr Energie und weniger Arbeit einsetzt: Die Kosten erreichen ihr Minimum in R, wo die Isoquante y_1 gerade eine Isokostenkurve tangiert.

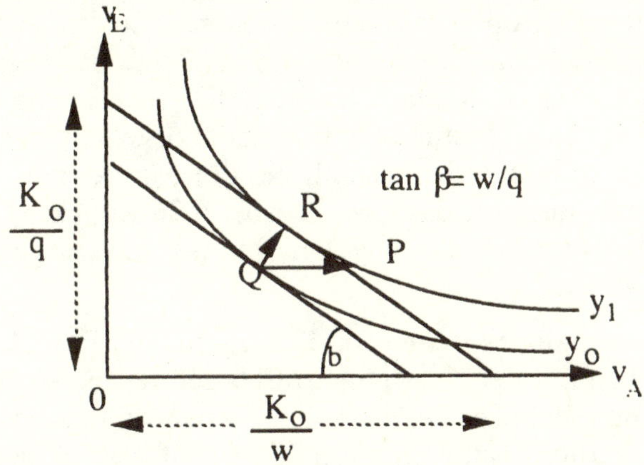

Abb. 4.26

Da dort die Grenzrate der Substitution gerade die Steigung der Isoquante ist, sind die Kosten minimiert. Im Kostenminimum muß die Grenzrate der (technischen) Substitution zwischen zwei beliebigen Faktoren gleich der Steigung der Isokostenkurve, d.h. dem Verhältnis ihrer Preise, sein. Diese Faktorkombination bezeichnet man auch als die ***optimale Faktorkombination*** oder ***Minimalkostenkombination***.

In Gesprächen werden Sie sicherlich feststellen können, daß in der Realität weder das Konzept der Isoquante noch das der Isokostenlinie bekannt ist. Das beeinträchtigt die Aussagekraft unseres Ansatzes aber nicht, wenn wir nur daran denken, daß wir uns mit ihm *die Argumentation erleichtern*. Nur das Grundproblem muß der Realität entnommen sein: Unternehmen haben - und das sagen sie selbst - ein grosses Interesse daran, alle ***Rationalisierungsmöglichkeiten***, jede Möglichkeit zur Kostensenkung auszunutzen. Nach den Regeln der Logik impliziert das

- die Existenz alternativer Faktorkombinationen, mit denen produziert werden kann, also (im idealen Fall) die Existenz einer Isoquante;
- die Existenz eines Kostenminimums für eine vorgegebene Produktionsmenge, in unserer Darstellung die Existenz eines Tangentialpunktes Q.

4.223 Die Auswirkungen von Faktorpreisänderungen

54. Genau wie beim Haushalt dürfen wir auch bei dieser Darstellung nicht davon ausgehen, daß wir sie in dieser Form in der Praxis vorfinden. Sie erleichtert uns aber, die Auswirkungen bestimmter "Störungen" systematischer zu analysieren. Das soll in diesem Abschnitt geschehen, wobei wir uns im wesentlichen auf die Untersuchung von Faktorpreisänderungen beschränken werden.

Im Gegensatz zur Haushaltstheorie gibt es hier eine ganze Schar von Isokostenlinien, weil die Gesamtkosten keine feste Größe sind: Unternehmen sind sehr wohl bereit, einen höheren Kostenbetrag einzusetzen, wenn sie dafür auch eine größere Produktionsmenge herstellen können. Also ist es auch relativ einfach, die Auswirkung einer Erhöhung von K um einen bestimmten Betrag darzustellen: Wir geraten dabei nur auf eine höhere Isokostenlinie, die parallel zur alten weiter rechts oben verläuft, wie das etwa in Abb. 4.26 eingezeichnet ist. Mit diesem Kostenbetrag kann eine größere Produktionsmenge erstellt werden, sagen wir y_1.

Den Zusammenhang zwischen den Kosten und der Produktionsmenge haben wir oben mit der Kostenfunktion beschrieben. Wir können hier eigentlich eine andere Darstellungsweise finden, da in Abb. 4.26 ebenfalls K mit y variiert. Tatsächlich erhält man auf diese Weise zusätzlich noch das Mengengerüst der Kosten; wir wollen hierauf in Abschnitt 4.224 eingehen.

Wir erinnern uns an die Aussage, die wir in der Haushaltstheorie schon abgeleitet haben: Eine Erhöhung aller Faktorpreise um denselben Prozentsatz π verschiebt die Isokostenlinie parallel nach links unten; will das Unternehmen die alte Menge produzieren, muß es den Kostenbetrag ebenfalls um π% erhöhen. Das bedeutet aber nichts anderes, als daß die Kostenkurve aus Abschnitt 4.21 nach oben verschoben wird.

Merken Sie sich bitte: Die üblichen Kostenkurve setzen Konstanz der Faktorpreise voraus; ändern sich die Faktorpreise, dann verschiebt sich die Kostenkurve im entsprechenden Ausmaß.

55. In der Realität kommt dieser Fall so gut wie nie vor. Dort steigen vielmehr die einzelnen Faktorpreise im *unterschiedlichen* Ausmaß. Was können wir dazu sagen? Um an einem möglichst einfachen Beispiel argumentieren zu können, nehmen wir im folgenden an, allein der Lohnsatz würde steigen, alle anderen Faktorpreise (in der Zeichnung

gibt es nur einen, den Energiepreis q) blieben konstant.

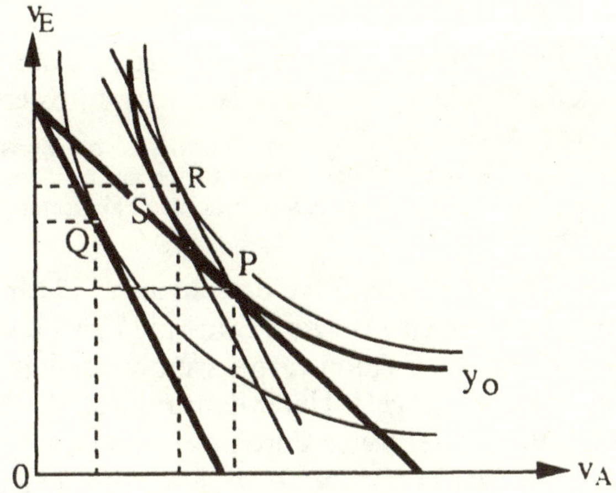

Abb. 4.27

(Bis auf die Bezeichnungen ist diese Abbildung übrigens identisch mit Abb. 4.13.)

Dadurch ändert sich die Steigung der Isokostenlinien: In Abb. 4.27 dreht sich die Isokostenlinie durch P im Uhrzeigersinn um ihren Schnittpunkt mit der v_E-Achse nach links unten, was man sich so klar macht: Da q unverändert bleibt, bleibt der Abschnitt auf der v_E-Achse unverändert, es könnte ja dieselbe Menge Energie wie vorher gekauft werden. Dagegen verringert sich die Menge Arbeit, die maximal mit dem vorgegebenem Kostenbetrag K_0 gekauft werden kann.

Wird der Kostenbetrag konstant gehalten, kann das Unternehmen weniger Faktoren kaufen und einsetzen und deshalb auch entsprechend weniger produzieren, es kommt auf niedrigere Isoquante. Die maximale Produktion erreicht es unter diesen Umständen in Q. Will das Unternehmen diese Produktionseinschränkung vermeiden, muß es die Kostensumme erhöhen. Um wieviel muß sie *mindestens* erhöht werden? Wir wollen zunächst annehmen, das Unternehmen wolle *dieselben* Faktormengen einsetzen können wie vorher. Die dazu erforderliche Kostenerhöhung können wir ausrechnen: Steigen etwa die Faktorpreise um dq und dw, dann beträgt sie

$$dK = v_E^o \cdot dq + v_A^o \cdot dw$$

oder, als Prozentsatz ausgedrückt:

$$(4.16)\qquad \frac{dK}{K_o} = \frac{q \cdot v_E^o}{K_o} \cdot \frac{dq}{q} + \frac{w \cdot v_A^o}{K_o} \cdot \frac{dw}{w}$$

Die prozentualen Preissteigerungen bei den einzelne Faktoren werden also mit dem Anteil gewichtet, den sie an den Gesamtkosten haben.

Angenommen, in unserem Beispiel stiegen die Lohnsätze bei konstantem q um 10%, und die Lohnkosten würden 60% der Gesamtkosten ausmachen. Dann müssen die Gesamtkosten um 6 % erhöht werden, damit dieselben Faktormengen wie vorher eingesetzt werden können.

Genau wie bei der Haushaltsnachfrage besteht aber kein Interesse daran, die alten Faktormengen einzusetzen: Ohne die Kosten weiter zu erhöhen, kann nämlich die Produktion vergrössert werden, indem man in den neuen Tangentialpunkt R geht: Unter dem Einfluß der Verteuerung des einen Faktors wird er teilweise durch den anderen ersetzt. - Wie groß dieser "***reine Substitutionseffekt***" sein wird, hängt vom Verlauf der Isoquante und damit u.a. auch davon ab, wieviel Zeit dem Unternehmen für die Reaktion zur Verfügung steht: Man wird annehmen dürfen, daß solche Rationalisierungen nur möglich sind, wenn ein wesentlicher Teil der Maschinen ausgewechselt wird, und das erfordert Zeit. Wie in der Haushaltstheorie wird dieser Substitutionseffekt ***langfristig*** erheblich größer als ***kurzfristig*** sein.

56. In vielen Fällen ist man daran interessiert, die neuen Kosten für die alte Menge y_0 festzustellen. Dann braucht also die Kostensumme nicht so stark erhöht zu werden, es genügt vielmehr, in den Punkt S zu kommen: Dort tangiert eine Isokostenlinie mit der neuen Steigung die alte Isoquante. Also führt eine Lohnsatzerhöhung zu einer Kostenerhöhung (bei fester Produktionsmenge y_0) in Höhe des Produktes aus der prozentualen Preiserhöhung des Faktors und dem Anteil dieser Faktorkosten an den Gesamtkosten, verringert um die Rationalisierung, durch die der verteuerte Faktor durch den anderen ersetzt wird. Das entspricht in Abb. 4.27 der Wanderung auf der Isoquante von P nach S. Ob solche Rationalisierungsmöglichkeiten in einem konkreten Fall vorhanden sind und welche Kosteneinsparungen damit möglich werden, kann nicht allgemein gesagt werden. Wir müssen uns deshalb mit einer allgemeinen Einschätzung begnügen.

Überlegen Sie sich doch einmal, wie Sie die Auswirkungen einer 10%igen Lohnsatzerhöhung auf die Produktionskosten eines Unternehmens feststellen würden.

4.224 Die Konsequenzen für die Kostenfunktion

57. Wir haben oben vermutet, die Schätzung einer Kostenfunktion

K(y) liesse sich durch die Berücksichtigung des Mengengerüstes der Kosten verbessern. Die durch die Isoquanten dargestellte Produktionsfunktion gibt uns genau diesen Zusammenhang zwischen der Produktionsmenge und dem Faktoreinsatz an. Was folgt daraus für die Kostenfunktion?

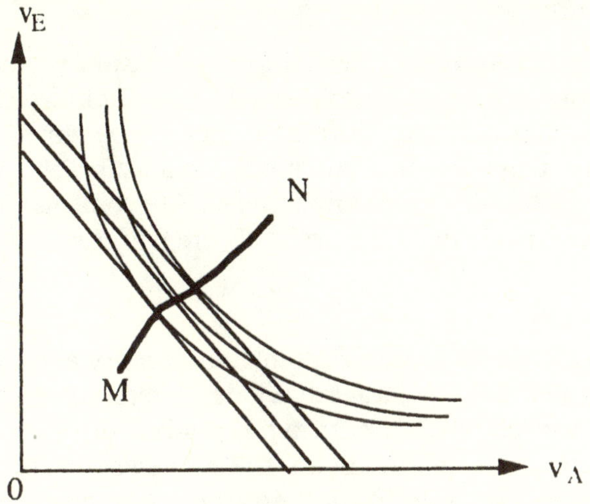

Abb. 4.28

In Abb. 4.28 sind die Isoquanten für 3 Produktionsmengen eingezeichnet. Da jede Menge mit einer Vielzahl von Faktorkombinationen produzierbar ist, kann man daraus nicht ohne weiteres einen eindeutigen Zusammenhang zwischen den Kosten und der Produktionsmenge ableiten. Vielmehr müssen wir wissen, welche der möglichen Faktorkombinationen jeweils ausgewählt wird. Wir berücksichtigen hier nur eine einzige extreme Möglichkeit:

Angenommen, der Unternehmer habe genügend Zeit, um seine Produktionstechnik jeweils an die herrschenden Faktorpreise anzupassen; um jede Menge mit minimalen Kosten zu produzieren, wählt er immer die Minimalkostenkombinationen, also die Tangentialpunkte zwischen der jeweiligen Isoquante und einer Isokostenlinie. Die dadurch entstehenden Tangentialpunkte sind in Abb. 4.28 durch die Kurve MN miteinander verbunden.

Zur Ableitung der Kostenkurve braucht man dann nur den "Abstand" zwischen den jeweiligen Isoquanten: Wird die Produktionsmenge erhöht, muß man auf die nächst-höhere Isoquante. In Abb. 4.28 kann man den für diese Produktionsausdehnung erforderlichen Mehreinsatz an Faktoren bestimmen, und damit lassen sich die Grenzkosten berechnen, die die Steigung der Gesamtkostenkurve ergeben. Möglicherweise befindet sich der Betrieb in einem Bereich, in dem mit konstanten

Grenzkosten, also einer linearen Gesamtkosten-Kurve, gerechnet werden darf. Treten jedoch bei der Produktionsausweitung Kapazitätsengpässe auf, wird man mit steigenden Grenzkosten rechnen müssen. Ob und in welchem Umfang das der Fall ist, muß in jedem konkreten Fall festgestellt werden. Allgemein läßt sich darüber nichts aussagen.

4.23 Die Angebotsfunktion

58. Ausgangspunkt für die Ableitung der Angebotsfunktion ist das Verhalten eines einzelnen Anbieters: Ob und wieviel er an einem Markt anbieten *will*, hängt von dem von ihm verfolgten Ziel ab. Da wir hier von der Gewinnmaximierung ausgehen, leiten wir zunächst graphisch den Zusammenhang zwischen der Produktions- bzw. Angebotsmenge und dem Gewinn ab: Da der Gewinn definiert ist als die Differenz zwischen Erlös und Kosten,

$$G = E - K$$

zeichnen wir in Abb. 4.29 zunächst die Erlösfunktion $E = p \cdot y$ ein; bei gegebenem Absatzpreis p ist das ein Strahl durch den Ursprung. Ausserdem tragen wir die Kostenfunktion ein; aus Gründen, die gleich deutlich werden, nehmen wir sie gekrümmt an: Die Kosten sollen progressiv ansteigen, je näher wir an die Kapazitätsgrenze kommen.Der senkrechte Abstand zwischen den beiden Kurven ist der Gewinn; er ist im unteren Teil von Abb. 4.29 gesondert dargestellt.

Da die Kostenkurve die Erlösgerade zweimal schneidet, gibt es eine untere und eine obere Gewinnschwelle, dazwischen erzielt das Unternehmen positive Gewinne, sonst Verluste.

59. Im *Gewinnmaximum* darf sich weder eine Vergrößerung noch eine Verkleinerung der Produktionsmenge lohnen. Das ist dann der Fall, wenn die Erlös*änderung* - (in unserem Fall ist das genau gleich dem Preis) durch die Kosten*änderung* (=Grenzkosten) kompensiert wird: Im Gewinnmaximum sind ***Preis und Grenzkosten*** gleich.

Diese Bedingung findet man leichter, wenn man die Erlös- und die Kostenfunktion in die Gewinngleichung einsetzt:

$$G = p \cdot y - K(y)$$

und nach y differenziert:

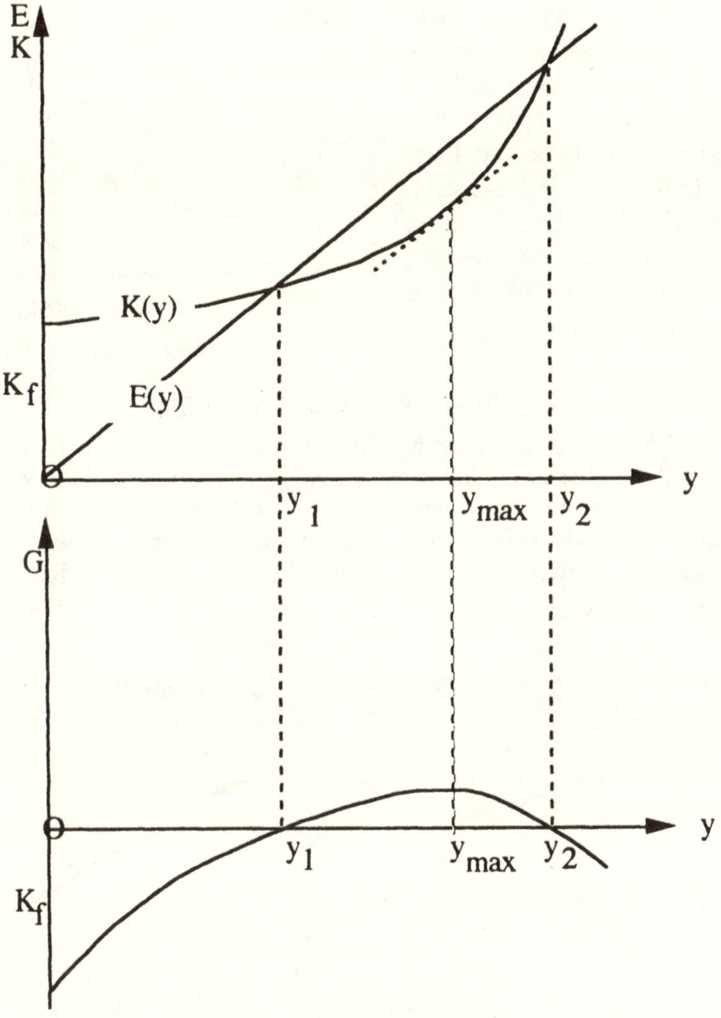

Abb. 4.29

$$\frac{\partial G}{\partial y} = p - K' = 0$$

Ergebnis:

Im Gewinnmaximum sind Preis und Grenzkosten einander gleich.

Die gewinnmaximale Ausbringungsmenge läßt sich also in Abb. 4.30 als Schnittpunkt der Grenzkostenkurve mit der Preisgerade bestimmen. Deshalb läßt sich die Grenzkostenkurve als Angebotsfunktion des Unternehmens auffassen, die für alternative Preise p die gewinnmaximale Menge y angibt.[7]

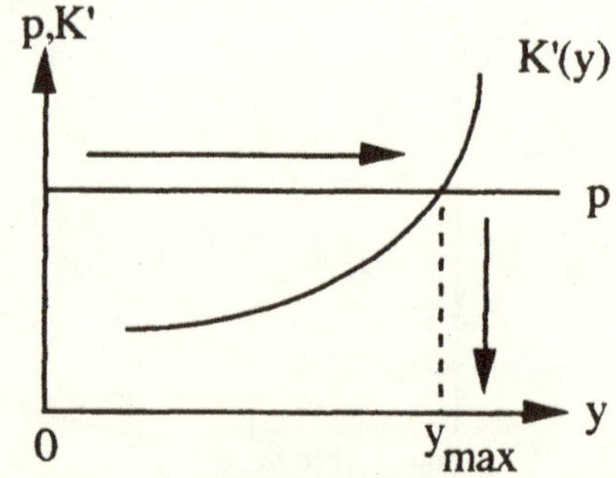

Abb. 4.30

4.3 Das Marktgleichgewicht

Der Preis bildet sich auf dem Markt durch das Zusammenspiel von Angebot und Nachfrage. Um diesen Preisbildungsprozeß darstellen zu können, werden wir zunächst die Angebotskurve und dann die Nachfragekurve am Markt ableiten. Danach bestimmen wir den Gleichgewichtspreis und überlegen, welche Marktkräfte auf seine Realisierung hinwirken.

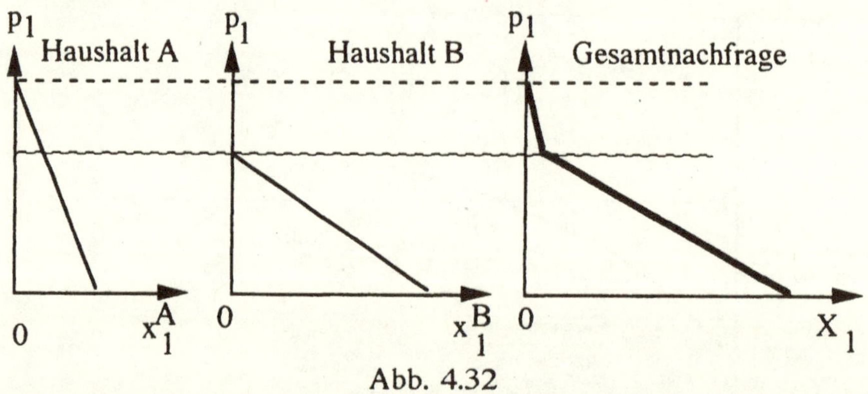

Abb. 4.32

60. Nachdem wir in Abschnitt 4.12 die individuelle Nachfragekurve abgeleitet haben, interessieren wir uns hier für die Nachfrage des ganzen Haushaltssektors. Um sie abzuleiten, addieren wir die individuellen Nachfragemengen über alle Haushalte. Machen wir das für alternative

[7] Aus der Gewinn*maximierung* folgt, dass nur entlang des ansteigenden Astes der Grenzkostenkurve oberhalb der totalen Durchschnittskosten (=langfristig) bzw. der variablen Durchschnittskosten (=kurzfristig) angeboten wird. Vgl. dazu etwa *Schneider* (1986) S.222 ff.

Preise, dann entsteht die ***Gesamtnachfragekurve*** für Gut 1. Das ist in Abb. 4.32 gezeichnet unter der vereinfachenden Annahme, daß es nur zwei Haushalte, nämlich A und B, gibt. Aus der Konstruktion folgt, daß die Gesamt-Nachfragekurve immer dann Knicke aufweisen muß, wenn die individuellen Nachfragekurven unterschiedliche Achsenabschnitte aufweisen. Da die individuellen Kurven ohnehin nur die Reaktionsrichtung angeben, läßt man im allgemeinen bei der Gesamtnachfragekurve die Knicke fort und zeichnet sie als Gerade.

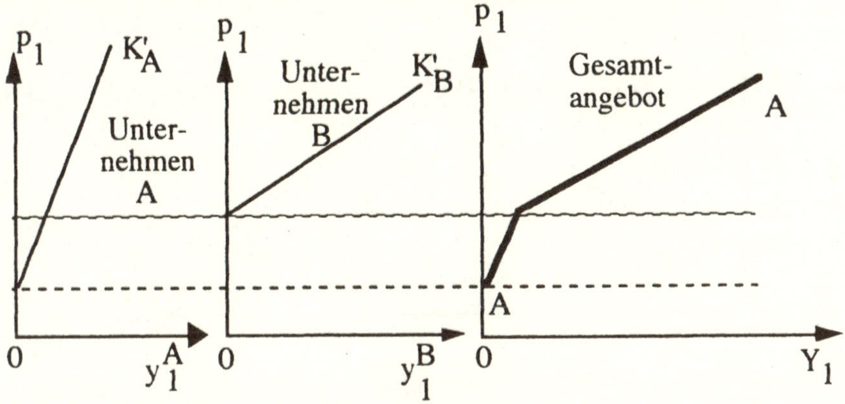

Abb. 4.33

In Abschnitt 4.23 haben wir die Angebotsfunktion eines einzelnen Unternehmens unter der Annahme, daß es seinen Gewinn maximiert, als aufsteigender Ast seiner Grenzkostenkurve abgeleitet. Wird das Gut von mehreren Unternehmen produziert, so addieren wir die einzelnen Angebotskurven waagrecht und erhalten die ***Gesamtangebotskurve*** völlig analog zur Konstruktion der Gesamtnachfragekurve in Tz. 60. In Abb. 4.33 ist das für zwei Unternehmen A und B dargestellt, wobei zum leichteren Zeichnen von linearen Grenzkostenkurven ausgegangen worden ist. Aus denselben Überlegungen wie oben werden im folgenden die Knicke in der Gesamtangebotskurve fortgelassen.

61. Der Gleichgewichtspreis für ein Gut (hier: für das Gut 1) ist definiert als derjenige Preis, zu dem angebotene und nachgefragte Mengen einander gleich sind. Man sagt auch, der Markt sei im ***Gleichgewicht***, wenn bei dem geltenden Marktpreis die angebotene Menge und der nachgefragten entspricht.

Beachten Sie: Gleichgewicht ist durch ***drei*** Größen, nämlich Preis, Angebots- und Nachfragemenge, definiert.

Bei normalen Angebots- und Nachfragekurven gibt es genau einen Gleichgewichtspreis, nämlich den Schnittpunkt der beiden Kurven; in Abb. 4.34 ist er mit p_1^* bezeichnet.

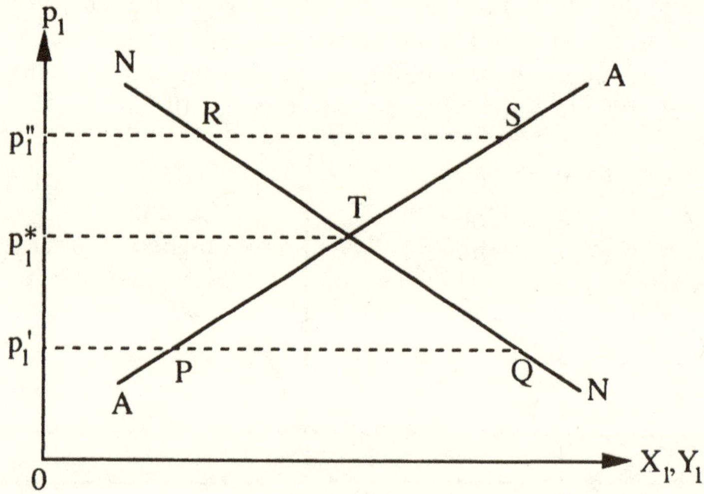

Abb. 4.34

Der Gleichgewichtspreis hat eine ganz besondere Eigenschaft: Die Angebotskurve gibt ja an, wieviel die Unternehmer von diesem Gut bei alternativen Preisen anbieten *wollen*, die Nachfragekurve, was die Haushalte bei alternativen Preisen kaufen *wollen*. MaW.: Die beiden Kurven zeigen, welche Transaktionen von den Marktteilnehmern ***geplant*** werden.

Unter einem "Gleichgewicht" versteht man im allgemeinen die Ruhelage eines Systems, also einen Zustand, bei dem es keine system-endogenen Kräfte gibt, die auf seine Aenderung hinwirken. In unserem Zusammenhang bedeutet das, daß die Marktteilnehmer ***ihre Wirtschaftspläne nicht ändern wollen***. Eine notwendige, wenn auch keine hinreichende Bedingung dafür ist, daß sie bei der Realisierung ihrer Pläne weder positiv noch negativ überrascht werden: Dazu müssen die Anbieter genau so viel verkaufen wollen, wie die Nachfrager kaufen wollen.

62. Betrachten wir einen beliebigen Preis, z. B. p_1', der unter dem Gleichgewichtspreis liegt: Bei ihm wird mehr nachgefragt, als angeboten wird; es entsteht ein ***Nachfrageüberschuß*** (oder eine Überschußnachfrage) in Höhe von PQ. Welche Konsequenzen hat das? Die

Nachfrager können im Ausmaß PQ ihre Kaufpläne nicht realisieren. Einige werden überhaupt nichts kaufen können, andere weniger als geplant, wieder andere (fast) alles; das hängt davon ab, nach welcher Methode die potentiellen Käufer abgefertigt werden. (Bekommen die ersten, soviel sie wollen, und die letzten dann nichts mehr? Oder bekommt jeder nur eine bestimmte Höchstmenge?) Gerade wenn die einzelnen Nachfrager ungleichmäßig behandelt worden sind, wird jeder, der sich benachteiligt glaubt, versuchen, beim nächsten Mal erfolgreicher zu sein. Dazu wird er

- den Verkäufer veranlassen, ihn bevorzugt zu bedienen, indem er mehr als den Marktpreis p1 bietet,
- die erfolgreichen Käufer veranlassen, ihm etwas zu verkaufen, indem er ihnen ebenfalls einen höheren Preis anbietet.

Bei einem Nachfrageüberschuß werden die Nachfrager den Preis nach oben konkurrieren in ihrem Bestreben, bei bestehender Knappheit ihre Wirtschaftspläne wenigstens teilweise zu realisieren.

63. Betrachten wir als nächstes irgendeinen Preis p_1'', der über dem Gleichgewichtspreis p_1^* liegt. Bei ihm entsteht ein ***Angebotsüberschuß*** in Höhe von RS, der den Preis nach unten drückt: Für die Anbieter äußert sich der Angebotsüberschuß entweder dadurch, daß sie einen Teil ihrer Produktion (nämlich RS) nicht verkaufen können und deshalb auf Lager nehmen müssen oder - sofern sie ihre Produktion rechtzeitig drosseln können - RS weniger als geplant produzieren. Beides veranlaßt sie (im Idealfall), die Preise zu senken:

a) Bei dem Preis p_1'' ist nur die Menge S absetzbar, also ist die Produktion im Ausmaß RS unverkäuflich. Für diese Produktion sind aber die Kosten schon entstanden: Jeder einzelne Unternehmer ist deshalb froh, sie wenigstens zu einem niedrigeren Preis verkaufen zu können.

b) Angenommen, die Unternehmen hätten ihre Produktion sofort auf die Menge R reduziert: Da bei ihr der Preis erheblich höher ist als die (individuellen) Grenzkosten, lohnt es sich für jeden einzelnen Anbieter, seine Produktion auszudehnen und durch eine (geringe) Preisreduktion dafür zu sorgen, daß sie auch absetzbar ist.

Preissenkungs-Tendenzen gibt es also in jedem Fall. Unsicher ist allerdings, ob das Gleichgewicht unmittelbar oder erst über zyklische Schwankungen erreicht wird; hiermit werden wir uns aber nicht befassen.

Solche zyklische Schwankungen sind z.B. als "Schweinezyklus" bekannt: Ist der Schweinefleischpreis hoch, lohnt sich die Aufzucht von Schweinen. Das führt nach einer gewissen Zeit zu einem massiven Mehrangebot an Schweinefleisch, das den Preis sinken läßt. Daraufhin wird die Aufzucht an Schweinen gedrosselt, wodurch das Angebot nach einer gewissen Zeit knapp und der Preis hoch sein wird: Der Zyklus beginnt von vorne. Deshalb versucht man, mit wirtschaftspolitischen Maßnahmen die Preisbewegung zu glätten. Vgl. unten Abschn. 9.221.

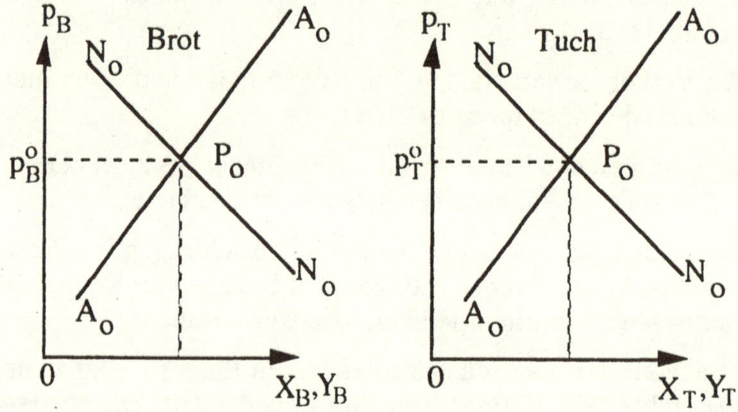

Abb. 4.35

64. Um eine Vorstellung davon zu bekommen, wie eine Marktwirtschaft funktioniert, sieht man sich zweckmäßigerweise die von einer Störung ausgelösten Anpassungsprozesse etwas genauer an. Wir wollen das anhand eines möglichst einfachen Beispiels machen: Angenommen, es gäbe nur zwei Güter, Brot und Tuch. Das (Ausgangs-) Gleichgewicht auf beiden Märkten ist in Abb. 4.35 dargestellt.

Aus irgendeinem Grund sollen sich die Präferenzen der Haushalte (oder ihre ***Konsumwünsche***) so ändern, daß sie bei gegebenem Einkommen und unveränderten Preisen mehr Tuch und weniger Brot nachfragen. Das ist in Abb. 4.36 durch die "Verschiebung" einer Indifferenzkurve angedeutet. Sie führt dazu, daß sich in Abb. 4.37 die Nachfragekurve nach Brot nach links, die nach Tuch nach rechts verschiebt.

Dadurch kommen zunächst einmal beide Märkte ins Ungleichgewicht: Auf dem Tuchmarkt herrscht ein Nachfrage-, auf dem Brotmarkt ein Angebotsüberschuß; deshalb wird der Tuchpreis steigen, der Brotpreis fallen. Das löst neue Anpassungsprozesse aus:

(i) Die Preiserhöhung auf dem Tuchmarkt macht eine Produktionsausdehnung ($P_0 \rightarrow P_2$) rentabel, gleichzeitig sinkt dadurch die Nachfrage ($P_1 \rightarrow P_2$). Wie stark der Tuchpreis bis zum neuen Gleichgewicht steigt, in welchem Ausmaß der ursprüngliche Nachfrageüberschuß durch Produktionsausdehnung und durch Nachfragerückgang ausgeglichen wird, hängt von den Steigungen der Angebots- und Nachfragekurve ab: Je flacher die Angebotskurve ist (d.h. je leichter sich die Produktion ausdehnen läßt) und je stärker die Nachfrager auf Preiserhöhungen reagieren (d.h. je weniger wichtig das Gut in den Augen der Konsumenten ist), desto kleiner bleibt die Preiserhöhung.

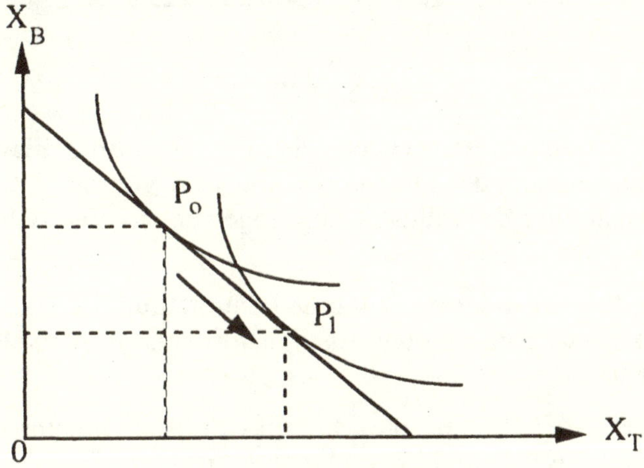

Abb. 4.36

(ii) Die Preissenkung auf dem Brotmarkt sorgt dafür, daß die Brotproduktion eingeschränkt ($P_0 \rightarrow P_2$) und die Brotnachfrage ausgedehnt wird ($P_1 \rightarrow P_2$). Für das Ausmaß der beiden Effekte gelten dieselben Überlegungen wie unter (i).

65. Bei unserer Analyse haben wir bisher die ***Interdependenzen*** zwischen den (beiden) Märkten vernachlässigt. Wir können sie hier nur kurz erwähnen: Die beiden Märkte hängen erstens über die ***Nachfrageseite*** miteinander zusammen: Jede Veränderung des Tuchpreises führt zu einer Verschiebung der Nachfragekurve nach Brot, deren Ausmaß von der Kreuzpreiselastizität η_{BT} abhängt. Entsprechendes gilt für die Abhängigkeit der Tuchnachfrage vom Brotpreis.

Durch diese Komplikation kann der neue Gleichgewichtszustand mit dem hier benutzten zeichnerischen Instrumentarium nicht mehr abgeleitet werden; die allgemeinere, leistungsfähigere Darstellung wollen wir hier jedoch nicht einführen.

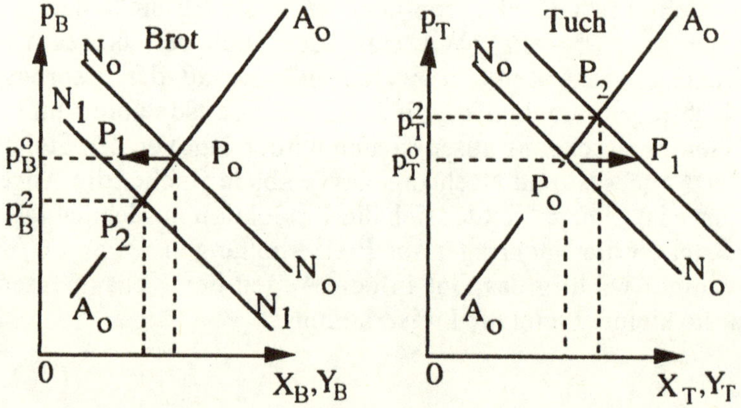

Abb. 4.37

Die beiden Märkte hängen zweitens über die ***Angebotsseite*** zusammen: Die Ausdehnung der Tuchproduktion setzt voraus, daß Produktionsfaktoren aus der Brotindustrie abgezogen und in die Tuchindustrie umgeleitet werden können:

- Damit diese Wanderung zustande kommt, muß die Tuchindustrie höhere Faktorpreise bieten, als die Brotindustrie zu zahlen in der Lage ist.
- Die Preise der Produktionsfaktoren werden sich unterschiedlich entwickeln, wenn die Faktorrelationen in beiden Industrien (sehr) verschieden voneinander sind.

Soweit sich Faktorpreise ändern, verschieben sich die Grenz- und damit die Angebotskurven. Hierauf werden wir unten kurz eingehen.

Normalerweise dürfen wir damit rechnen, daß diese sekundären Wirkungen die primären nicht überkompensieren, so daß wir aus Abb. 4.37 eine Vorstellung von dem neuen Gleichgewicht bekommen: Verschiebt sich die Nachfragestruktur der Haushalte zugunsten von Tuch und zulasten von Brot, dann wird dadurch

- die Tuchproduktion ausgeweitet und die Brotproduktion eingeschränkt,
- der Tuchpreis (relativ) steigen, der Brotpreis (relativ) sinken.

Das Ausmaß der Produktions- und Preisänderungen hängt dabei u.a. davon ab, wie steil die Grenzkostenkurven in beiden Industrien verlaufen und wie stark die Nachfrage auf Preisänderungen reagiert.

5. Die Faktormärkte

1. Zur Übersicht haben wir in der Einleitung nur die Geldströme auf den Güter- und Faktormärkte eingezeichnet, die den Güter- und Faktorströmen in einer Marktwirtschaft entgegengerichtet sind (vgl. auch Abb. 2.1).

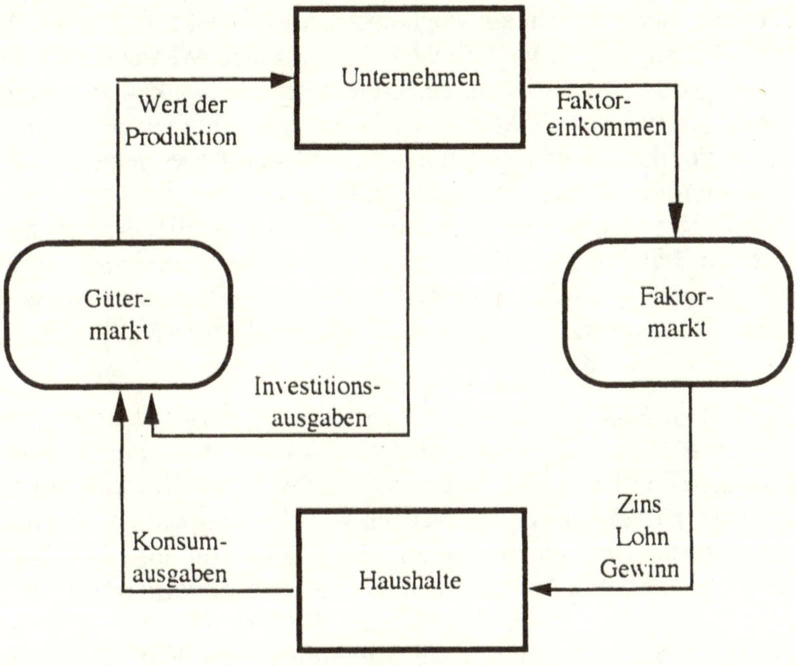

Abb. 5.1

Eigentlich lassen sich Güter- und Faktormärkte nicht einzeln analysieren, darauf gehen wir in Kapitel 7 und 11 noch ein. Hier beschränken wir uns auf auf die isolierte Untersuchung von Faktormärkten - in einer Partialanalyse. Streng formal kann man nämlich überhaupt nicht zwischen dem Markt für ein Gut und jenem für einen Faktor unterscheiden: In jedem Fall bildet sich der Gleichgewichtspreis durch das Zusammenspiel von Angebot und Nachfrage, höchstens die Bestimmungsgründe hierfür sind auf Güter- und Faktormärkten verschieden. Und trotzdem gibt es einige wichtige Unterschiede:

(i) Betrachten Sie zunächst einmal den Arbeitsmarkt. Auf ihm bildet sich einerseits der Lohnsatz, er hat die wichtige Funktion, für den "sinnvollen"[1] Einsatz des knappen Faktors Arbeit in einer Volkswirtschaft zu sorgen. Aber der Lohnsatz bestimmt auch die Höhe der Lohneinkommen bzw. den Anteil der Arbeit am Gesamteinkommen und damit die ***Einkommensverteilung***. - Obwohl solche Verteilungsgesichtspunkte die aktuelle Diskussion beherrschen, werden wir an dieser Stelle auf die Einkommensverteilungs-Theorie nicht eingehen können.

(ii) Damit zusammen hängt wohl ein zweiter Aspekt: Auf den Faktormärkten spielt die Verteilung der Marktmacht wahrscheinlich eine viel größere Rolle als auf den Gütermärkten. Denken Sie vielleicht nur einmal an die kollektive Lohnverhandlungen auf dem Arbeitsmarkt, die den Zusammenschluß von Arbeitgebern und Arbeitnehmern (in Gewerkschaften) voraussetzen.[2] - Der Staat hat deshalb versucht, mit einer ganzen Reihe gesetzlicher Vorschriften Einfluß auf das Geschehen auf den Faktormärkten zu nehmen. Wahrscheinlich sind die Faktormärkte, vor allem der Arbeits- und der Bodenmarkt, die am stärksten regulierten Märkte in einer Volkswirtschaft.

Im folgenden Abschn. 5.1 werden wir uns zunächst mit dem Arbeitsmarkt beschäftigen. Die Frage, ob Arbeitslosigkeit in einer Marktwirtschaft entstehen kann und - wenn ja - aus welchen Gründen und wie sie deshalb zu bekämpfen ist, werden wir allerdings nur streifen können, wir werden darauf in Kapitel 11 zurückkommen. - Der Bodenmarkt in Abschnitt 5.2 weist insoweit eine Besonderheit auf, als auf ihm ein nicht produziertes, aber "unvermehrbares" Gut gehandelt wird. In gewisser Weise bereitet er die Behandlung des Kapitalmarktes in Kapitel 6 vor.

5.1 Der Arbeitsmarkt

2. Genau wie auf jedem anderen Markt erklären wir die Lohnbildung auf dem Arbeitsmarkt durch Angebot und Nachfrage. Deshalb werden wir zunächst die Angebots- und die Nachfragefunktion ableiten. Zu Beginn ein Wort zur Terminologie: Die Unternehmen fragen für ihre Produktion Arbeitsleistungen nach, ihr Verhalten beschreiben wir mit der ***Arbeitsnachfrage***. Die Haushalte bieten solche Arbeitsleistungen

---

[1] Vgl. Kap. 7.

[2] Vgl. Kap. 11.

an, was durch das ***Arbeitsangebot*** ausgedrückt wird.

Verwechseln Sie das bitte nicht mit dem Angebot an Arbeits***plätzen*** durch die Unternehmen und der Nachfrage nach solchen Arbeitsplätzen durch die Haushalte. Es ist für uns einfacher, wenn wir in diesem Kapitel die Haushalte als *Anbieter* und die Unternehmen als *Nachfrager* behandeln.

Wir müssen uns hier allerdings auf den einfachsten Fall beschränken; manche aktuellen Probleme des Arbeitsmarktes werden überhaupt nicht erwähnt oder nur sehr verkürzt behandelt.

3. Beim Arbeitsangebot gehen wir wieder von der Entscheidungssituation eines einzelnen (repräsentativen) Haushalts aus: Auf Grund seiner Fähigkeiten und Ausbildung kann er regelmäßig nur eine bestimmte Art von Arbeitsleistungen anbieten und das so erzielte (Geld-)Einkommen zur Finanzierung seiner Konsumausgaben oder zur Vermögensbildung verwenden. Damit die Analogie zu Abschnitt 4.12 deutlicher wird, formulieren wir das etwas anders: Der Haushalt möchte einen Teil der ihm zur Verfügung stehenden Zeit für sich selbst nutzen und also nicht die ganzen 24 Stunden täglich arbeiten. Deshalb muß er zwischen ***Freizeit*** und (Real-) ***Einkommen*** wählen. Da jeder Arbeitstag gerade 24 Stunden hat, muß immer gelten

(5.1) $$A + F = 24$$ A = Arbeitszeit
F = Freizeit

Bei dem Lohnsatz w ist das Lohneinkommen $w \cdot A$; es muß ausreichen, um die Gütermenge c (=Realkonsum) zum Preis p zu finanzieren:

$$p \cdot c = w \cdot A$$

oder

(5.2) $$c = \frac{w}{p} \cdot (24 - F)$$

Das ist die in Abb. 5.2 eingezeichnete Bilanzgerade. Man kann sie sich am einfachsten über ihre Schnittpunkte mit den beiden Achsen ableiten: Die maximale Freizeit pro Tag beträgt 24 Stunden, das maximale Einkommen $24 \cdot w$, der entsprechende Realkonsum also $24 \cdot w/p$. Natürlich wird der Haushalt nie diese beiden Eckpunkte realisieren ***wollen,*** sondern irgendeine Kombination zwischen Freizeit und Realkonsum anstreben, wobei er die "Vorteilhaftigkeit" von (mehr) Freizeit mit den Vorteilen des (Zusatz-)Realkonsums vergleicht. Diese Bewertungsfunktion ist in Abb. 5.2 durch das Indifferenzkurvensystem dargestellt. Die Wahl des Haushalts läßt sich deshalb als Tangentialpunkt zwischen der Bilanzgerade und einer Indifferenzkurve darstellen.

Die ***Arbeitsangebotskurve*** gibt an, welche Arbeitsleistungen der Haushalt bei alternativen Lohnsätzen anbietet. Wir erhalten sie, indem der Lohnsatz w variiert wird: Eine Lohnerhöhung dreht die Bilanzgerade im Uhrzeigersinn um ihren Schnittpunkt mit der Zeit-Achse.

Zeichnen Sie das doch in Abb. 5.2 farbig ein.

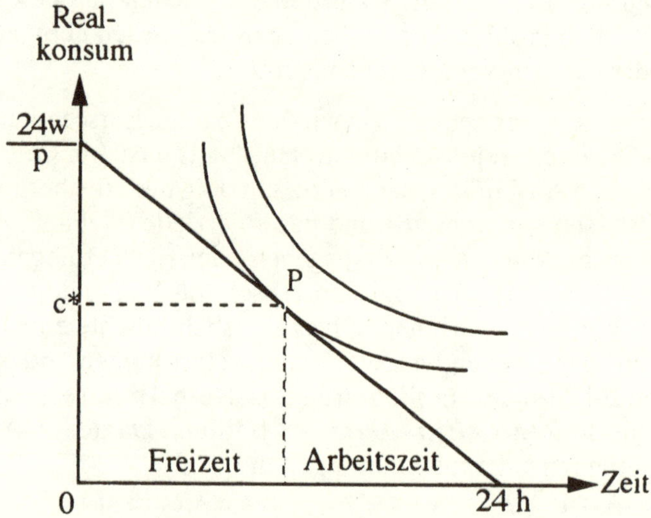

Abb. 5.2

Beim Einzeichnen werden Sie merken, daß die Reaktion des Arbeitsangebots aus der Zeichnung heraus nicht eindeutig ist, es kann sowohl zu- als auch abnehmen. Durch die Zerlegung in den Substitutions- und einen Einkommenseffekt stellen Sie den Grund dafür fest:

Substitutionseffekt	mehr Arbeit, weniger Freizeit,
Einkommenseffekt	mehr Freizeit, weniger Arbeit
Gesamteffekt	unklar

Bei einer Lohnsatzerhöhung wird, so kann man auch sagen, eine Stunde Freizeit ***teurer*** . Wegen des ***Substitutionseffektes*** ist der Haushalt deshalb auf alle Fälle bereit, mehr zu arbeiten. Damit bekommt der Haushalt aber ein höheres Einkommen, und deshalb kann der Haushalt auch mehr Freizeit nachfragen - insbesondere dann, wenn er durch diese Einkommenserhöhung in die Lage versetzt wird, sogenannte Freizeitgüter zu kaufen wie Sportgeräte, Wohnwagen usw. Wegen dieses ***Einkommenseffektes*** wird er seine Nachfrage nach Freizeit ausdehnen wollen. Welcher dieser Effekte dominieren wird, ist unsicher. Der

Einkommenseffekt wird wohl umso eher dominieren, der Haushalt sein Arbeitsangebot umso eher reduzieren, je höher sein Einkommen bereits ist: Bei hohen Lohnsätzen haben wir mit einem atypischen Verlauf der Angebotskurve (wie in Abb. 5.3) zu rechnen. Andererseits müssen die Arbeiter (mit einem sehr niedrigen Einkommen) bei einer Lohn*senkung länger* arbeiten, um (mindestens) ihren Lebensunterhalt zu verdienen, so daß im unteren Bereich wieder ein atypischer Verlauf der Angebotskurve zu erwarten ist.

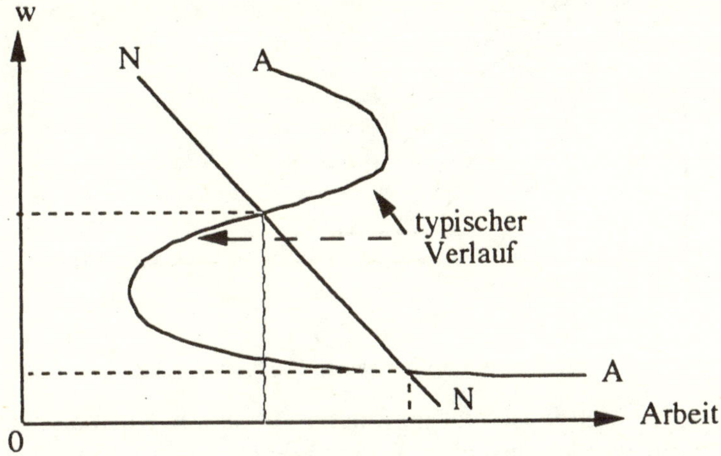

Abb. 5.3

4. Bei der Nachfrage der Unternehmer nach Arbeitskräften[3] müssen wir zwei Aspekte unterscheiden:

(i) Eine isolierte Lohnsatzerhöhung dreht in Abb. 5.4 die Isokostenlinie im Uhrzeigersinn nach links unten (vgl. Abb. 4.27). Cet.par. lohnt es sich für das Unternehmen, jetzt auf ein weniger arbeitsintensives Produktionsverfahren auszuweichen: Bei derselben Produktionsmenge wird die Arbeitsnachfrage deshalb mit steigendem Lohnsatz abnehmen. Aus diesem Grund zeichnet man die Arbeitsnachfragekurve von links oben nach rechts unten, wie das in Abb. 5.3 und 5.5 angegeben ist.

[3] Das ist oben in Abschn. 4.223 behandelt.

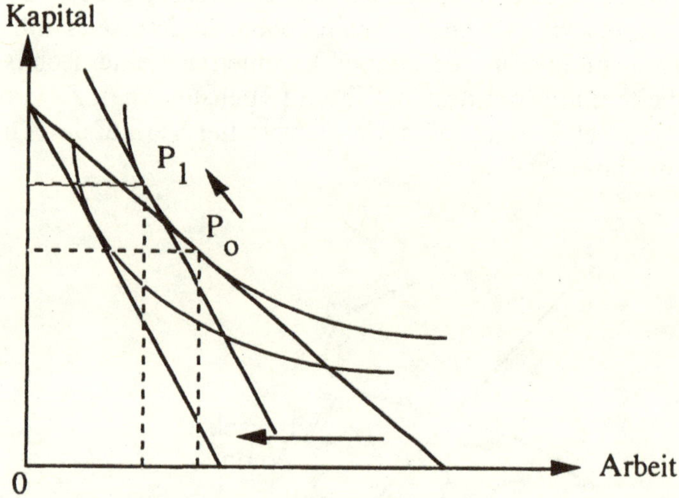

Abb. 5.4
("Kapital" steht für irgendeinen Produktionsfaktor.)

(ii) Dieselbe Menge ist jetzt nur noch mit höheren Kosten produzierbar, wir werden deshalb mit Preiserhöhungen zu rechnen haben, die den Reallohn wieder reduzieren: Die Bilanzgerade in Abb. 5.2 wird sich wieder entgegen dem Uhrzeigersinn nach links unten drehen.

5. Durch die Addition der individuellen Arbeitsangebotskurven einerseits, der individuellen Arbeitsnachfragekurven andererseits entstehen die Angebots- und Nachfragekurven auf dem Arbeitsmarkt; diese Addition geschieht völlig analog zu Abschnitt 4.3 und wird deshalb hier nicht wiederholt. Das Gleichgewicht auf dem Arbeitsmarkt stellt sich deshalb etwa in Abb. 5.5 mit dem Gleichgewichts-Lohnsatz w* ein.

6. Definitionsgemäß sind im Marktgleichgewicht bei dem herrschenden Lohnsatz w* die angebotene und die nachgefragte Menge Arbeit gleich; die Existenz einer Arbeitslosigkeit ist deshalb ausgeschlossen. - Da aber in der Realität immer wieder Arbeitslosigkeit auftritt und diese als gravierendes Problem empfunden wird, müssen wir sie doch erklären können. In diesem Zusammenhang ist das nur möglich als ***strukturelle Arbeitslosigkeit***, die auf einigen Teilen des Arbeitsmarktes bei einem Überschußangebot, auf anderen bei einer Überschußnachfrage

existiert, weil etwa Arbeitsangebot und Arbeitsnachfrage nicht genügend mobil sind, um - mindestens innerhalb der kurzen Frist - einen Ausgleich herbeizuführen. Dafür führt man im wesentlichen zwei Gründe an:

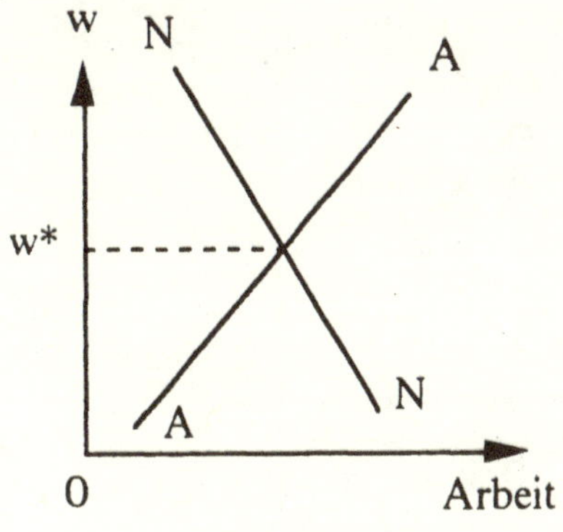

Abb. 5.5

(i) Welche Arten von Arbeit von den Unternehmen nachgefragt wird, hängt von dem von ihnen verwendeten technischen Verfahren ab: Sie legen die Qualifikationen fest, die die einzustellenden Arbeiter aufweisen müssen. - Die Ausbildung von Arbeitskräften erfordert aber Zeit - selbst dann, wenn die Arbeiter sich nach Berufsaufnahme noch einmal umschulen lassen. Deshalb kann (wie das in der ersten Hälfte dieses Jahrhunderts in der Schweiz der Fall war) die (Überschuß-) Nachfrage nach Chemiearbeitern im Basler Raum nicht durch das (Überschuß-) Angebot an Textilarbeitern in der Ostschweiz ausgeglichen werden.

(ii) Die Wanderung von Arbeitskräften im Raum ist auch immer mit einer Wohnsitz-Veränderung verbunden. Das bedeutet nicht nur die Aufgabe des vertrauten Freundes- und Bekanntenkreises, sondern auch eines vertrauten Kulturkreises. Wenn dazu dann noch Sprachschwierigkeiten und/oder institutionelle Unterschiede (etwa bezüglich der Organisation in Gewerkschaften oder unterschiedliche Regeln der Sozialversicherung) kommen, dann kann ein solcher interregionaler oder -nationaler Ausgleich dauerhaft verhindert werden. Man spricht deshalb von einer beschränkten Mobilität der Arbeitskräfte im Raum.

7. Es ist nicht verwunderlich, wenn man wegen der Bedeutung des Arbeitsmarktes immer wieder versucht, Angebots- und Nachfragefunktionen empirisch festzustellen. Das ist allerdings mit Schwierigkeiten verbunden: Das ***Angebotsfunktion*** an Arbeit läßt sich für eine Volkswirtschaft nur schwer feststellen, regelmässig kennt man nur die ***Bevölkerung im erwerbsfähigen Alter*** (auch wirtschaftlich relevante Bevölkerung, Erwerbsbevölkerung, Arbeitspotential oder *labour force* genannt). Das ist natürlich in jedem Zeitpunkt eine feste Zahl, die

vor allem völlig unabhängig von der Höhe des Lohnsatzes ist; man muß sie deshalb in einem Marktschema als Senkrechte einzeichnen.

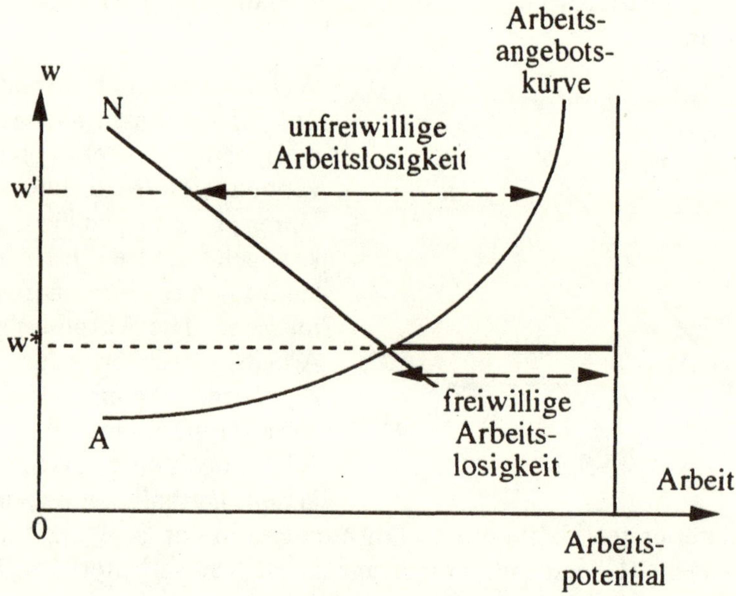

Abb. 5.6

Zwar liegt die Länge eines Arbeitstages in einer Gesellschaft weitgehend fest, was man bei der Anstellung zu akzeptieren hat oder nicht. Trotzdem wissen wir aus Erfahrung, daß eine gewisse Variierbarkeit vor allem bei den Überstunden besteht. Der größere Teil der Flexibilität des Arbeitsangebotes kommt aber aus der Bereitschaft der Arbeiter, (mehr) Verantwortung und/oder (zusätzliche) Ausbildung nur bei entsprechender Bezahlung zu übernehmen. Außerdem gibt es einen nicht kleinen Teil der Erwerbsfähigen, die bei steigendem (Real-)Lohn am Erwerbsleben teilhaben wollen: Denken Sie in diesem Zusammenhang etwa an die Erwerbstätigkeit der Ehefrauen, der "Aussteiger" usw.

In unserem Wirtschaftssystem suchen und finden sie keine Anstellung: Wir sprechen von ***freiwilliger Arbeitslosigkeit***. - Dieser Begriff ist wahrscheinlich unglücklich gewählt, hat sich aber so eingebürgert. Er geht eigentlich darauf zurück, daß wir statistisch nicht das Arbeitsangebot, sondern nur das Arbeitspotential messen können; diese freiwillige Arbeitslosigkeit ist in Abb. 5.6 in der Angebotskurve deshalb der waagrechte Abstand von der Angebotskurve zur senkrechten Kurve des Arbeitspotentials.

8. ***Unfreiwillige*** oder ***echte Arbeitslosigkeit*** ist also dadurch definiert, daß Erwerbsfähige eine Anstellung suchen, zu den geltenden Arbeitsbedingungen aber keine finden. Das impliziert einen ***Angebotsüberschuß*** auf dem Arbeitsmarkt, und der kann - wenn nicht ganz ungewöhnliche Angebots- und Nachfragekurven unterstellt werden - auf dem ganzen Arbeitsmarkt nur existieren, wenn die Löhne nicht genügend flexibel sind. Man behauptet, das sei in der Realität der Fall, und führt dafür die folgenden Gründe an:

(i) Staatliche fixierte Mindestlöhne und/oder Arbeitslosenunterstützung einer (obligatorischen) Arbeitslosenversicherung sorgten dafür, daß ein Rückgang der Arbeitsnachfrage wenigstens teilweise nicht zu entsprechende Einkommenssenkungen führt. Um negative Anreizwirkungen zu vermeiden, wird deshalb die Arbeitslosenunterstützung nicht in der vollen Höhe des letzten Gehaltes und nur für eine beschränkte Dauer ausgerichtet.

(ii) In vielen Tarifverträgen des Auslandes und in kollektiven Lohnverhandlungen in der Schweiz werden die Tariflöhne ausgehandelt. Damit Arbeitgeber sie auch an Nicht-Gewerkschaftsmitglieder zahlen müssen, muß das entweder in der Lohnvereinbarung selbst festgelegt worden sein, oder die kollektive Lohnvereinbarung muß für allgemein-verbindlich erklärt worden sein. Vgl. hierzu Art. 34ter der BV, nach dem der Bund befugt ist, Vorschriften "über die Allgemeinverbindlichkeitserklärung von Gesamtarbeitsverträgen" zu erlassen.

(iii) Mindestens in gewissen Perioden haben sich Arbeitgeber und -nehmer an unterschiedlichen Lohnsätzen ausgerichtet: Während sich die Arbeitnehmer die Preisentwicklung nur unvollkommen berücksichtigen und insoweit der Geldillusion unterliegen, spielen für die Arbeitgeber nur die unterschiedliche Erhöhung von Nominal-Lohnsätzen und Absatzpreisen[4] eine Rolle.

Wir können in diesem Rahmen hierauf nicht weiter eingehen.

9. Es ist fraglich, ob Gewerkschaften die Lohnbildung in der Realität beeinflussen können oder nicht: In Abb. 5.3 ist ein Fall eingezeichnet, in dem das möglich ist, weil sie bei diesem Verlauf der Arbeitsange-

[4] Also die Veränderung des Reallohnes w/p.

botskurven durch die Festlegung eines Mindestlohnes in kollektiven Lohnverhandlungen erreichen können, daß der untere (im übrigen instabile) Gleichgewichtslohn vermieden wird. Eine monopolistische Erhöhung des Lohnsatzes über den Gleichgewichtswert w* in Abb. 5.5 oder 5.6 hinaus scheitert aber immer dann, wenn die Gewerkschaften nicht zugleich das Arbeitsangebot kontrollieren können: Wie bei dem "normalen" Monopolisten auf einem Absatzmarkt müßten sie verhindern, daß zu einem höheren Lohnsatz mehr angeboten wird und auf diese Weise ein Angebotsüberschuß entsteht, der den Lohnsatz tatsächlich wieder nach unten drückt. In der Realität finden Sie deshalb in Gesamtarbeitsverträgen eine Reihe von Vereinbarungen, die genau das bewirken sollen.

Ein Mittel dazu sind etwa spezielle Eignungsprüfungen, die als Voraussetzung für die Anstellung anerkannt werden. So wird behauptet, die Plattenleger hätten in Deutschland lange Zeit ihre Einkommen nur hiermit so hoch halten können.

10. Immerhin: Bevor Sie für weitere Eingriffe des Staates in den Arbeitsmarkt plädieren, beachten Sie, daß der Lohnsatz eben auch dafür zu sorgen hat, daß nur diejenigen Unternehmen Arbeitskräfte nachfragen können, die aus ihrer Wertschöpfung die Löhne bezahlen können: Die freie Lohnbildung auf dem Arbeitsmarkt sorgt (in erster Linie) für den effizienten Einsatz der Arbeitskräfte in einer Volkswirtschaft. Wenn dieser Steuerungsmechanismus außer Kraft gesetzt wird, um bestimmte Vorstellung über eine "gerechte" Einkommensverteilung zu realisieren, wodurch wird denn dann der Einsatz der Arbeitskräfte gelenkt? Aus aller Erfahrung wissen wir, daß die staatliche Lenkung hierbei versagt.

5.2 Der Bodenmarkt

11. Im allgemeinen unterscheidet man nur zwei primäre Produktionsfaktoren, Arbeit und Boden:[5] Boden ist der Inbegriff aller natürlichen Produktivkräfte, über die wir verfügen können und die uns im Zeitablauf unverändert zur Verfügung stehen. (Eigentlich müßten wir zwischen erschöpfbaren und nicht erschöpfbaren Ressourcen unterscheiden, in dieser Einführung lassen wir das aber fort.) Die Besonderheit des Bodenmarktes besteht darin, daß er ein ***Bestandsmarkt*** ist; das

[5] "Kapital" ist dagegen kein primärer, sondern ein produzierter (oder abgeleiteter) Produktionsfaktor, weil er erst gebildet werden muss - durch Sparen (=Konsumverzicht) oder durch Realinvestitionen. Wir kommen hierauf unten zurück.

bedeutet, daß der Bestand an Boden (von vernachlässigbaren Ausnahmen abgesehen) fest vorgegeben ist. Der Bodenmarkt wird insoweit ausschließlich durch die Nachfrage nach Boden erklärt.

Aber auch dabei treten Schwierigkeiten auf: Weshalb wird Boden denn überhaupt nachgefragt? Im Produktionsprozeß wird "Boden" in der verschiedensten Form eingesetzt: Als landwirtschaftlich genutzter Boden dient er unmittelbar der Produktion von landwirtschaftlichen Gütern. In der Industrie dient er als Standort für die Produktionsanlagen. Und die privaten Haushalte fragen "Boden" - abgesehen von der Vermögensanlage - eigentlich in der Form von Wohnungen nach, sei es in der Form von Mietwohnungen oder als Einfamilienhäusern. - Von den Problemen, die durch die Anlage des Vermögens in Boden entstehen, sehen wir hier einmal ab. In allen anderen Fällen steht zwischen der (eigentlichen) Nachfrage der privaten Haushalte und dem Boden die Produktion von Konsumgütern, so daß sich die Nachfrage nach Boden letztlich nur aus der Nachfrage nach diesen Konsumgütern ableiten läßt. Um Komplikationen bei der Ableitung dieser "abgeleiteten" Nachfrage zu vermeiden, werden wir uns hier mit einem ganz einfachen Fall begnügen und ausschließlich den Markt für Bauland und dabei speziell denjenigen für Grundstücke zum Bau von Einfamilienhäusern analysieren.

12. Weshalb werden Grundstücke zum Bau von Einfamilienhäusern nachgefragt? Diese Nachfrage ist nicht identisch mit derjenigen nach Wohnungen, denn sie kann man ja nicht nur mit Eigenheimen, sondern auch mit Mietwohnungen oder Eigentumswohnungen befriedigen. Wir werden deshalb im folgenden voraussetzen, daß sich der Nachfrager das alles bereits genau überlegt hat, ob er ein Baugrundstück kaufen möchte, weil ihm die Miete eines vergleichbaren Objektes "zu hoch" ist. D.h. wir gehen davon aus, daß die Nachfrager die Kosten der Alternativen miteinander vergleichen und dann entscheiden.

Bei gegebenen Preisen der Alternativen impliziert das, daß die Nachfrage nach Einfamilienhaus-Grundstücken cet.par. umso größer ist, je niedriger der Bodenpreis ist. Das ist in Abb. 5.7 mit der Kurve N_FN_F dargestellt. Da der Nachfrager noch kein Grundstück hat, sondern eines kaufen möchte, sprechen wir in diesem Zusammenhang von der ***Fremdnachfrage***.

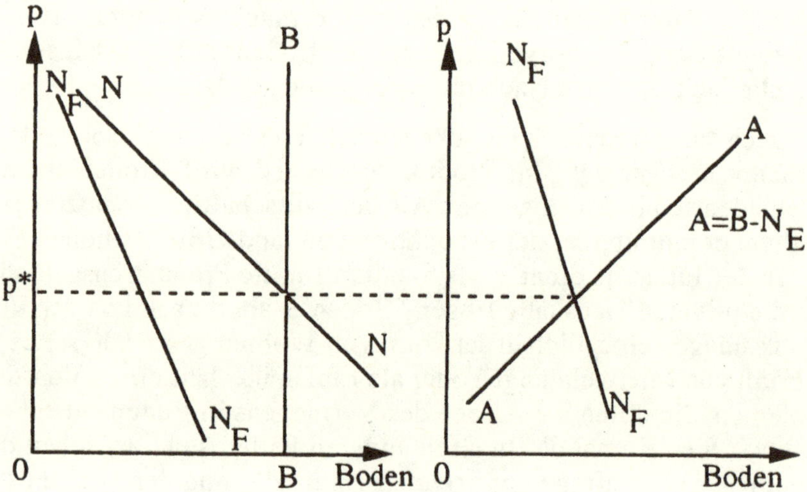

Abb. 5.7

13. Zur Ableitung des Gleichgewichts auf dem Bodenmarkt haben wir zwei Möglichkeiten: In der linken Zeichnung von Abb. 5.7 ist davon ausgegangen, daß nur ein bestimmter Bestand an bebaubaren Grundstücken vorhanden ist; das ist durch die senkrechte Kurve BB angedeutet.

Da dieser Bestand unabhängig von dem Bodenpreis ist, muß diese Kurve senkrecht verlaufen.

Aber nicht alle Grundstücke werden auf dem Markt auch wirklich angeboten, ein Teil wird von ihren Eigentümern behalten - um selbst zu bauen oder um ihr Vermögen in ihnen anzulegen. Diesen Teil bezeichnet man als die ***Eigennachfrage*** N_E. Wir haben Grund zur Annahme, daß die Kurve der Eigennachfrage denselben typischen Verlauf haben wird wie die der Fremdnachfrage. Die Gesamtnachfragekurve N finden wir dann durch waagrechte Addition der beiden, den Gleichgewichtspreis p* durch den Schnittpunkt mit der Bestandskurve BB.

14. Im rechten Teil von Abb. 5.7 ist eine andere Darstellung gewählt: Dort wird das Angebot der (alten) Grundeigentümer explizit abgeleitet, indem vom (exogen gegebenen) Bodenbestand die Eigennachfrage subtrahiert wird. Das entspricht auch unseren Vorstellungen: In der Schweiz hat jedes Stück Boden seinen Eigentümer. Damit es auf dem Bodenmarkt überhaupt zu einem Angebot kommt, müssen wir ableiten, wann diese Eigentümer ihr Grundstück verkaufen möchten. Das finden wir, indem wir von dem Bestand die Eigennachfrage subtrahieren. Und

da die Eigennachfrage cet. par. umso kleiner ist, je höher der Bodenpreis ist, hat diese Angebotskurve den normalen Verlauf. - Sie können sich überlegen, daß - wenn die Kurven richtig abgeleitet worden sind - der Gleichgewichtspreis in beiden Fällen derselbe sein muß.

15. Auf diese Weise bleibt die Analyse des Bodenmarktes sehr rudimentär. Insbesondere müßte man auf die Bedeutung des Bodens als Vermögensanlage eingehen. Dafür wollen wir uns kurz den Ansatz überlegen: Dazu betrachten wir den Boden ausschließlich als "Bauerwartungsland", d.h. wir gehen davon aus, daß er nur der "spekulativen" Vermögensanlage dient und keine anderen Erträge abwirft. Wann lohnt es sich, ein bestimmten Stück Land zu kaufen? Stellen wir uns vor, wir müßten dafür einen Preis P_e zahlen, den wir nur teilweise selbst aufbringen können, einem Teil h müssen wir durch eine Hypothek H finanzieren. Also muß unser Eigenkapital (P_e-H) betragen. Wenn wir das Grundstück nicht kaufen, können wir es am Kapitalmarkt zu einem Zinssatz r anlegen und nach "einem Jahr"[6] über $(P_c-H)\cdot(1+r)$ verfügen. Was bringt uns das Grundstück? Angenommen, wir können es zu einem Preis von P_v verkaufen. Aus diesem Erlös müssen wir die Hypothek mit dem Zinssatz z verzinsen und tilgen, so daß uns noch $P_v - H(1+z)$ bleibt. Der Kauf des Grundstücks lohnt sich, falls gilt

$$(5.3) \qquad P_v - H(1+z) > (P_e-H)\cdot(1+r)$$

Setzen wir jetzt noch $H = h\cdot P_e$ ein, und bezeichnen wir die relative Preiserhöhung des Grundstückes π mit $P_v/P_e =: 1+\pi$, dann können wir (5.3) umformen zu

$$(5.4) \qquad \pi > r + h\cdot(z-r) = r\cdot(1-h) + h\cdot z$$

Gehen wir zunächst von einer gegebenen Preiserhöhung π bei den Grundstücken aus. Das haben wir zu vergleichen mit der "Mitte" von (5.4): Normalerweise wird der Zins, den man für einen (Hypothekar-) Kredit zahlen muß, höher sein als derjenige, den man (bei gleichem Risiko) bei einer Anlage seines Geldes am Kapitalmarkt erzielt. Also wäre die Klammer in der Mitte von (5.4) positiv, der "Kalkulationszinsfuß" in der Mitte von (5.4) ist höher als der erzielbare Marktzins r. Wird die Beleihungsgrenze h nun (z.B. durch den Bundesrat) herabgesetzt, sinkt dieser Kalkulationszinsfuß: Die Rentabilität der Anlage in Grund-

[6] Zur Vermeidung der Zinseszinsrechnung stellen wir immer auf "ein Jahr" ab.

stücken steigt.

Nun trifft die Bedingung $z>r$ in der Realität nicht unbedingt zu. Insbesondere aus politischen Gründen wird der Hypothekarzins deutlich niedrig gehalten, so daß durchaus $z<r$ vorkommen kann. Dann ist die Klammer in der Mitte von (5.4) aber negativ, und die Herabsetzung der Beleihungsgrenze h erhöht den Kalkulationszinsfuß: In diesem Fall wird der Kauf von Grundstücken zur Vermögensanlage sowohl von der Rentabilität als auch von der Finanzierungsseite her uninteressant.

Normalerweise haben wir aber davon auszugehen, daß durch eine Senkung der Beleihungsgrenze mindestens ein Teil der potentiellen Nachfrager ausfällt, weil das Grundstück nicht mehr zu finanzieren ist: Wir sprechen deshalb von unvollkommenen Kapitalmärkten.

Dann bleibt uns aber noch die linke Seite von (5.4). Da es um einen zukünftigen Verkauf des Grundstücks geht, kann π nur die geschätzte Preissteigerung sein. - Stellen Sie sich bitte vor, aus welchen Gründen auch immer würde zu einem bestimmten Zeitpunkt eine deutlich höhere Preissteigerung als in den Vorjahren erwartet. Die Folge davon wird sein, daß die Anlage des Vermögens in Grundstücken sich für eine grössere Zahl von Nachfragern lohnt als vorher, und das wird, wie Sie aus Abb. 5.7 sehen, zu Preissteigerungen auf dem Markt für Baugrundstücke führen: Die Erwartung zukünftiger Preissteigerungen führt zu Preiserhöhungen in der Gegenwart, und insofern kann man von sich selbst rechtfertigenden Erwartungen sprechen. Als Folge haben wir auf dem Bodenmarkt mit einem ***overshooting*** der Preise zu rechnen. - Ziel der notrechtlichen Eingriffe des Bundesrates auf dem Bodenmarkt ist es, gerade diese Preissteigerungs-Erwartungen zu brechen und auf diese Weise die Nachfrage nach Grundstükken zu reduzieren.

6. Das makroökonomische Gleichgewicht

1. Haben wir uns bisher mit den Entscheidungen eines einzelnen Haushalts (in der Haushalttheorie) oder denjenigen eines einzelnen Unternehmens (bei der Ableitung des Güterangebots) beschäftigt, so interessieren wir uns jetzt für die Gesamtheit, für alle Entscheidungen zusammen. Das bezeichnet man als ***Totalanalyse***, die Gesamtschau über alle Handlungen der Wirtschaftssubjekte.

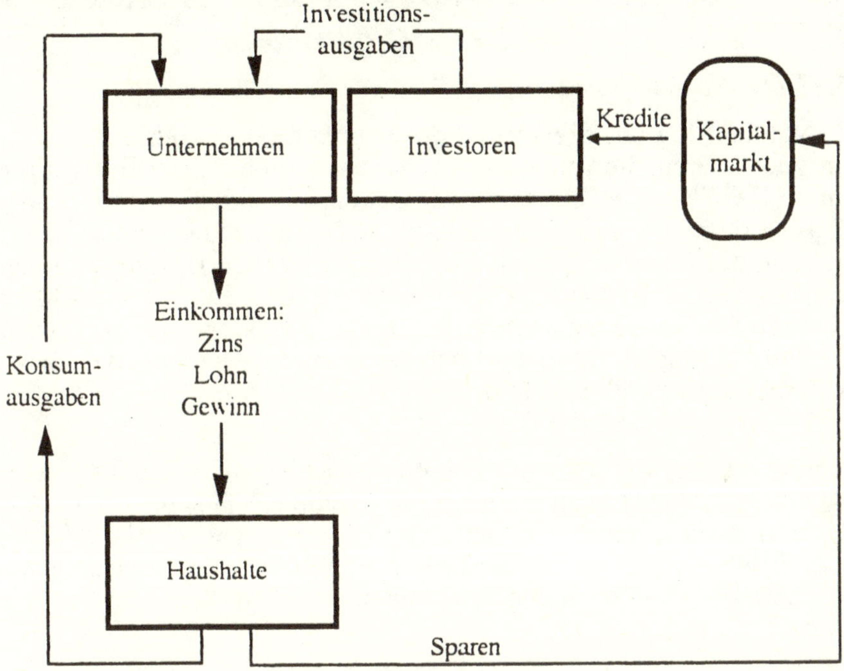

Abb. 6.1

Das kann man natürlich auch machen, indem man die mikroökonomische Analyse der vorstehenden Kapitel entsprechend ausdehnt; man kommt dann zu dem totalanalytischen mikroökonomischen Gleichgewicht, das auf *Walras* zurückgeht. Es hat allerdings den Nachteil, daß es sehr unübersichtlich ist, weil so viele Handlungen so vieler Wirtschaftssubjekte interdependent erklärt werden müssen. Allerdings gibt es da einen Ausweg: Man kann versuchen, gleichartige Handlungen zusammenzufassen, und kommt dann zu einem Ansatz, der dem Einkommenskreislauf aus Kapitel 2 entspricht. Man sagt dann, daß man eine makroökonomische Analyse des Wirtschaftsablaufs anstellt. Lesen Sie sich doch noch einmal Kapitel 2 durch, und sehen Sie sich Abb.

6.1 an, die genau Abb. 2.4 entspricht. Sie können sich davon überzeugen, daß der Einkommenskreislauf mindestens in dieser Weise nicht für Prognosen geeignet ist, insbesondere ist es nicht möglich festzustellen, wie eine irgendwie verursachte Investitionserhöhung *wirkt*. In diesem Kapitel werden wir zunächst nur den linken Teil dieses Kreislaufs betrachten, in gewisser Weise also annehmen, daß der Einkommenskreislauf nicht über den Zins, der sich auf dem Geld- oder Kapitalmarkt bildet, geschlossen wird. In dem zweiten und dritten Abschnitt werden wir uns dann mit dem Geldmarkt genauer befassen. Den Abschluß bildet der Exkurs über die Kreditmarkttheorie des Zinses in Abschnitt 6.5.

6.1 Der Multiplikator

6.11 Die Konsumfunktion

2. Nehmen Sie an, Sie sollten die Erhöhung des Volkseinkommens prognostizieren, die von einer - exogenen - Erhöhung der Investitionen um 100 GE[1] verursacht wird. Versuchen wir, uns die Auswirkungen dieser Erhöhung an Hand von Abb. 6.1 klar zu machen: Wegen der Erhöhung der Investitionsausgaben wird die Wertschöpfung und damit das Einkommen in dieser Volkswirtschaft zunehmen. Das beeinflußt sicherlich die Konsumausgaben des Haushaltssektors; nehmen wir an, sie würden steigen. Dann wird sich das Einkommen (zum zweiten Mal) ändern, denn es muß ja gelten

(6.1) $\Delta Y = \Delta C + \Delta I$

Können wir etwas über der Erhöhung der Konsumausgaben sagen? Dazu fragen wir, wovon die Konsumausgaben abhängen, also nach der ***Konsumfunktion***: Sie erklärt die Konsumausgaben (als *abhängige* Variable) aus einer ganzen Reihe von Einflußfaktoren (= *unabhängige* Variablen), so daß wir schreiben können

(6.2) $C = C(Y,\ldots)$

Im Augenblick können wir uns noch damit begnügen, daß in der Klammer auf der rechten Seite von (6.2) beliebige Größen stehen kön–nen; wir müssen aber wissen, daß sich deren Einfluß auf den privaten Konsum nur im Zeitablauf feststellen läßt und daß wir umso mehr Beobachtungen (also Jahreszahlen des Konsums, des Bruttoinlandproduktes usw.) brauchen, je mehr Unabhängige zur Erklärung des privaten Konsums herangezogen werden.

3. Betrachten wir aber zunächst die ganz einfache Konsumfunktion

---

[1] "GE" steht für "Geldeinheiten".

(6.2') $C = C(Y)$

Mit Hilfe dieser Funktion können wir die Konsumquote bestimmen als

$$c = \frac{C}{Y} \tag{6.3}$$

und die marginale Konsumneigung

$$c_Y = \frac{\partial C}{\partial Y} \tag{6.3'}$$

Die marginale Konsumneigung ist also nichts anderes als der Anteil, der von einem Franken zusätzlichen Einkommens für Konsum ausgegeben wird. Normalerweise ist sie kleiner als Eins: Steigt das für die Haushalte verfügbare Einkommen, so werden sie ihre Konsumausgaben zwar erhöhen, jedoch um weniger als die Einkommenserhöhung selbst.

4. Manchmal ist es einfacher, die Abhängigkeit komplementärer Grössen zu untersuchen, in unserem Fall also danach, wovon das ***Sparen*** abhängig ist. Darunter verstehen wir denjenigen Teil des (laufenden) Einkommens, der von den Haushalten nicht für Konsum verwendet wird. - Sparen ist deshalb zunächst identisch mit der Erhöhung des Geld- oder Finanzvermögens der Haushalte. In diesem Zusammenhang interessieren zwei Fragen:

- In welchem Ausmaß plant ein Haushalt, sein Vermögen zu erhöhen? Wovon hängt die geplante Vermögensbildung ab?
- Wie wird das neu gebildete Vermögen angelegt, d.h. in welchem Ausmaß wird neues Sach-, in welchem Ausmaß neues Finanzvermögen gebildet, und wie wird das neue Finanzvermögen aufgeteilt in die verschiedenen Arten von verzinslichen Anlagen (einschließlich der Wertschriften) und Kasse?

5. Wenn wir wissen wollen, in welchem Ausmaß ein Haushalt sparen möchte, müssen wir nach seinen ***Sparmotiven*** fragen: Weshalb und in welchem Umfang will er sein Vermögen erhöhen? Grundsätzlich lassen sich zwei Motive unterscheiden: Die Haushalte können versuchen, sich durch den Aufbau von Finanzvermögen ***Einkommen*** (= Zinseinnahmen) zu verschaffen oder ***Kaufkraft*** in die Zukunft zu ***übertragen***, um eine größere Anschaffung finanzieren zu können (also etwa ein Haus oder ein Auto kaufen zu können) oder um für ihr Alter vorzusorgen. Stellen Sie sich einmal vor, Sie hätten sich zum Ziel gesetzt, in 10 Jahren eine Eigentumswohnung zu kaufen. Wie wollen Sie diesen Kauf finanzieren? Einen Teil des Kaufpreises können Sie wohl durch die Aufnahme einer Hypothek finanzieren, aber dazu müssen Sie in bestimmtem Umfang eigene Mittel zur Verfügung haben. Also müßten Sie diese Mittel, z.B. Fr. 100'000.--, in den nächsten 10 Jahren

ansparen. Wenn das Ihr Ziel ist: Wie reagieren Sie dann auf eine Zinserhöhung? Da das ersparte Geld während dieser 10 Jahre sicherlich verzinslich angelegt ist, brauchen Sie in jedem Jahr weniger als 100/10 = 10% der Endsumme zu sparen; bei einem Zinssatz von 4 % genügen z.B. jährlich Fr. 8'329.10 hierfür. Steigt der Zinssatz z.B. auf 5 %, dann müssen es jährlich nur noch Fr. 7'950.50: Sie können es sich deshalb nach einer Zinssatzerhöhung erlauben, jedes Jahr ***weniger*** als bisher zu sparen.

Auf der anderen Seite ***lohnt*** sich aber bei einem höheren Zinssatz das Sparen mehr als vorher. Wenn Sie also Wert auf die Zinseinnahmen legen, dann werden Sie geneigt sein, bei einer Zinssatzerhöhung ***mehr*** zu sparen.

6. Was oben geschildert wurde, ist nichts anderes als die Ihnen inzwischen bekannte *Slutsky*-Zerlegung der Auswirkung einer Zinssatzerhöhung in den Einkommens- und Substitutionseffekt. Angenommen, Sie wollen für Ihr Alter vorsorgen, weil Sie wissen, daß Sie im Alter nicht mehr erwerbsfähig sein können und deshalb kein Arbeitseinkommen mehr beziehen werden. Da Konsumausgaben aber immer noch anfallen, müssen Sie in Ihrer Erwerbsperiode Ersparnisse bilden. In welchem Ausmaß werden Sie für Ihr Alters vorsorgen? Wir beginnen mit der Ableitung Ihrer "objektiven" Möglichkeiten, also der Bilanzgerade. Nehmen Sie der Einfachheit halber an, Ihr Leben bestünde nur aus zwei Perioden, der Erwerbsperiode ("heute") und dem Alter ("morgen"). Ihr Erwerbseinkommen heute sei E_h, im Alter betrage es definitionsgemäß Null. Wenn Sie heute über keinerlei Vermögen verfügen, beträgt Ihr Sparguthaben am Ende der Periode "heute" bzw. am Anfang der Periode "morgen"

$$S_h = E_h - C_h$$

Werden diese Ersparnisse mit dem Zinssatz i verzinst, so können Sie morgen über $S_h \cdot (1+i)$ verfügen. Sofern Sie Ihr gesamtes Vermögen ausgeben und nichts vererben wollen, beträgt Ihr Konsum morgen

$$C_m = S_h \cdot (1+i)$$

Setzen Sie beide Gleichungen ineinander ein, erhalten Sie die Bilanzgleichung

$$C_m = (E_h - C_h) \cdot (1+i) \tag{6.4}$$

Das ist eine Gerade, die in Abb. 6.2 von links oben nach rechts unten verläuft und die Steigung (1+i) hat. Für welche dieser möglichen Kombinationen von heutigem und morgigem Konsum wird sich der Haushalt entscheiden? Die Bewertung dieser Möglichkeiten stellen wir durch das Indifferenzkurvensystem (in Abb. 6.2) dar. Der Haushalt entscheidet sich für den Tangentialpunkt zwischen den Bilanzgerade und einer

Indifferenzkurve. Seine Koordinaten geben die Konsumausgaben C_h^* und C_m^* an, und aus der Differenz E_h-C_h^* finden wir das Sparen in der Erwerbsperiode. Erhöht sich der Zins, dreht sich die Bilanzgerade im Uhrzeigersinn um ihren Schnittpunkt mit der C_h-Achse, und wir können den Substitutions- und den Einkommenseffekt in der üblichen Weise ableiten. Allgemein können wir nicht sagen, welcher dieser beiden Effekte dominieren wird.

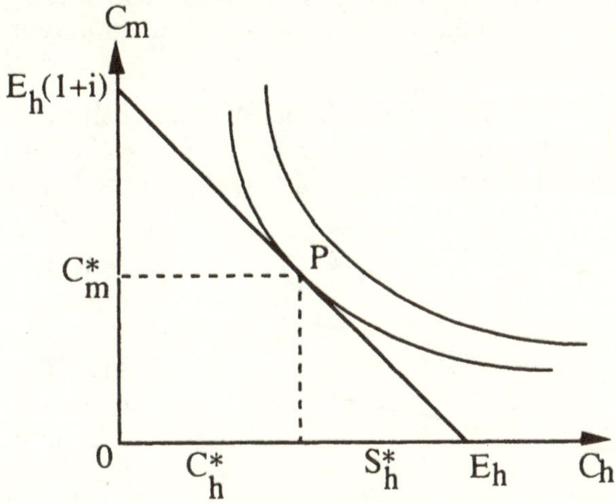

Abb. 6.2

In den folgenden Überlegungen werden wir davon ausgehen, daß die Ersparnisse mit steigendem Zins mindestens nicht abnehmen werden.

Das ist nichts anderes als die mikroökonomische Begründung einer makroökonomischen Verhaltensfunktion.

6.12 Der Multiplikator

7. Aus didaktischen Gründen werden wir im folgenden stets die Konsumfunktion

$$(6.1') \qquad C = C(Y)$$

verwenden (vgl. auch *König* 1978). Wir nehmen im folgenden an, daß die marginale Konsumneigung stets kleiner als 1 ist.[2] Dann ist die Erhöhung der Konsumausgaben

$$(6.5) \qquad dC = \frac{\partial C}{\partial Y} dY = c_Y \, dY = (1 - s_Y) \, dY$$

[2] Vgl. auch *Keynes* (1936), p. 89 ff.

und wir finden die Einkommenserhöhung gemäß (6.1)

$$\text{(6.6)} \qquad dY = dC + dI = c_Y\, dY + dI = \frac{1}{1-c_Y} dI = \frac{1}{s_Y} dI$$

Der reziproke Wert der marginalen Sparneigung bezeichnet man als den Multiplikator, die exogene Erhöhung der Investitionen als eine Erhöhung der *autonomen* Investitionen. Man findet also die Einkommenserhöhung, die von einer Erhöhung der autonomen Investitionen verursacht wird, indem man diese Investitionserhöhung mit dem Multiplikator multipliziert.

Da die marginale Sparneigung regelmäßig zwar positiv, aber (deutlich) kleiner als 1 ist, ist der Multiplikator (deutlich) größer als 1: Das Einkommen steigt um mehr als die Erhöhung der autonomen Investitionen.

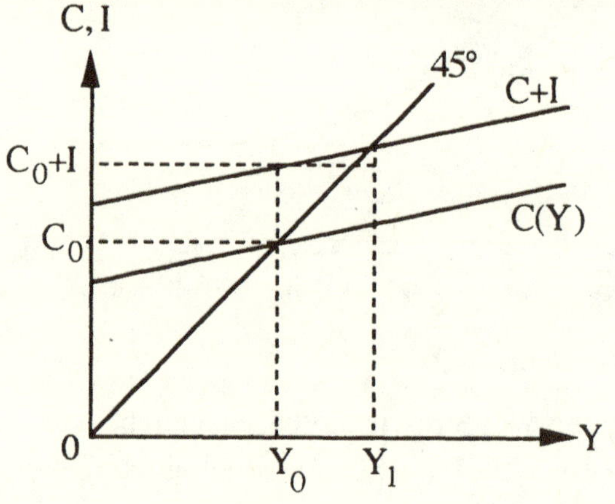

Abb. 6.3

Das ist in Abb. 6.3 dargestellt, wo zur Vereinfachung der Zeichnung eine lineare Konsumfunktion C(Y) angenommen worden ist.[3] Bei dem Einkommen Y_0 betragen die Konsumausgaben C_0. Addiert man die autonomen Investitionen I hinzu, erhält man das Gleichgewichtseinkommen Y_1.

Typisch an dieser Zeichnung ist die 45°-Linie, weshalb man auch von dem 45°-Modell spricht.

Die lineare Konsumfunktion hat etwa die Form

$$\text{(6.7)} \qquad C = c_Y\, Y + C_a$$

C_a heißt der *autonome Konsum*, er wird immer realisiert, auch bei einem Einkommen von Null.

Das Einkommen Y_0 induziert also gerade einen Konsum in Höhe von C_0. Bei ihm ist die Konsumquote gerade 1. Dieses Einkommen heißt

[3] Ausserdem wird $I_0 = 0$ angenommen, damit gerade dI = I ist. Dann ist auch

$$dY = Y_1 - Y_0 = \frac{1}{s_Y} dI = \frac{1}{s_Y} I$$

das *Basiseinkommen.*

Besteht die gesamte Nachfrage nicht nur aus der Konsumnachfrage, sondern auch aus der Investitionsausgabe, dann ist die gesamte Nachfrage größer als das Einkommen Y_0. Das neue Gleichgewichtseinkommen finden wir im Schnittpunkt der [C(Y)+I]-Gerade mit der 45°-Linie, in ihm muß gerade gelten

(6.8) $$Y_1 = c_Y Y_1 + C_a + I$$

oder

(6.8') $$Y_1 = \frac{1}{s_Y}(C_a + I)$$

6.13 Die IS-Kurve

8. Nun können die Investitionen natürlich nicht als exogen gegeben betrachtet werden, sondern müssen endogen erklärt werden - aus einer *Investitionsfunktion.*

Wir haben in Kapitel 2 abgeleitet, daß im Unternehmenssektor immer ein Finanzierungsdefizit entsteht, wenn die Unternehmen einerseits investieren, andererseits alles Einkommen an die Haushalte auszahlen. Dieses Defizit muß entweder dadurch gedeckt werden, daß die Eigentümer des Unternehmens auf die Ausschüttung des erzielten Gewinnes ganz oder teilweise verzichten oder sogar neue Mittel einzahlen oder Kredit aufnehmen. Lohnt sich eine Investition dann überhaupt? An dieser Stelle können nur die Grundzüge einer solchen Investitionsrechnung an Hand eines einfachen Zahlenbeispiels[4] aufgezeigt werden.

9. Jede Investitions*entscheidung* setzt eine Wahlmöglichkeit voraus: Der Einfachheit halber stellen wir uns vor, ein Unternehmen stehe vor der Wahl, Fr. 100'000.-- am Kapitalmarkt zu einem Zinssatz von 5% anzulegen oder dafür eine Maschine zu kaufen, die in den nächsten 10 Jahren jährliche Kosteneinsparungen von Fr. 14'000.-- ermöglicht. Was soll es tun? - Das können wir nur beurteilen, wenn wir das ***Unternehmensziel*** kennen. Wenn die Eigentümer des Unternehmens am Ende der 10 Jahre ein möglichst großes Vermögen zur Verfügung haben möchten., strebt das Unternehmen nach ***Vermögensmaximierung.*** Das erreichbare Vermögen können wir ausrechnen: Wenn das Unternehmen das Geld auf dem Kapitalmarkt anlegt, wird es 10 Jahren schließlich (bei 5%) mit Zins und Zinseszins Fr. 162'889.50 haben. Kauft es die Maschine, dann wird es in den nächsten 10 Jahren Fr.

[4] Die benutzten Zahlen können Sie irgendeiner üblichen Zinseszins-Tabelle entnehmen.

14'000.-- einsparen; die Maschine selbst - so wollen wir annehmen - muß nach 10 Jahren verschrottet werden, der Erlös für sie sei vernachlässigbar klein. Wenn es jährlich die Fr. 14'000.-- zu 5 % auf einem Sparheft anlegt, dann hat es nach den 10 Jahren ein Guthaben (mit Zins und Zinseszins) in Höhe von Fr. 176'090.50.--. Da ein möglichst großes Endvermögen erzielt werden soll, sollte die Maschine gekauft werden, denn auf diese Weise kann es Fr. 176'090.50 - 162'889.50 = Fr. 13'201.-- mehr verdienen.

Im allgemeinen berechnet man die Vorteilhaftigkeit einer Anlage nicht zum Endzeitpunkt, sondern zu dem Zeitpunkt, in dem die Entscheidung fällt, d.h. man ***diskontiert ab***. Der Barwert der Anlage in Wertschriften auf dem Kapitalmarkt ist Fr. 100'000.--, der Barwert der Kostenersparnisse beim Kauf der Maschine Fr. 108'104.30 und die Differenz Fr. 8'104.30. Das bezeichnet man als den ***Kapitalwert*** der Investition der Maschine; es ist der Barwert aller Einsparungen (oder Gewinne), die mit dieser Maschine erzielbar sind, vermindert um den Anschaffungspreis der Maschine.

Die ***Annuitätenmethode*** führt zu einem ähnlichen Ergebnis: Den Anschaffungspreis der Maschine in Höhe von Fr. 100'000.-- verteilt man gleichmäßig auf die einzelnen Nutzungsjahre, bei einem Zinssatz von 5 % ergibt das Fr. 12'950.50: Der Einsatz dieser Maschine kostet also das Unternehmen durchschnittlich Fr. 12'950.50 pro Jahr. (Das sind die jährlichen ***Kapitalkosten***.) Dem stehen die Einsparungen von Fr. 14'000.- gegenüber, d.h. netto lohnt sich dieser Einsatz im Jahr um Fr. 1'049.50.

10. An dieser Stelle wollen wir nicht weiter auf die einzelnen Methoden der Investitionsrechnung und ihre Voraussetzungen eingehen. Wenn Sie sich z.B. den Kapitalwert in einer Gleichung aufschreiben:

$$C = \sum_{j=1}^{10} G_j(1+i)^{-j} - A \tag{6.9}$$

dann sehen Sie, daß der Kapitalwert einer Investition umso kleiner ist, je höher der Zinssatz ist, mit dem die Erträge abdiskontiert werden. Daraus dürfen wir schliessen, daß die Rentabilität von Investitionen negativ mit Zinssatz korreliert ist und deshalb weniger Investitionsprojekte in einem bestimmten Unternehmen durchgeführt werden. - Da das für jedes Unternehmen gilt, gilt es auch für den ganzen Unternehmensektor: Das Investitions*volumen* ist negativ mit dem Zinssatz korreliert. Also können wir die Investitionsfunktion schreiben als

(6.10) $I = I(i)$ mit $I_i < 0$[5]

11. Das ganze Gleichungssystem lautet nun

(6.11)
$$Y = C + I$$
$$C = C(Y)$$
$$I = I(i)$$

Wenn Sie die Funktionen aus den beiden letzten Zeilen in die erste Zeile einsetzen, dann erhalten Sie

(6.11') $Y = C(Y) + I(i)$

Sie sehen aus (6.11'), daß in dieser Funktion nur noch 2 Variable vorkommen, nämlich Y und i. Es liegt deshalb nahe, (6.11') zu zeichnen.

In Abb. 6.4 ist diese Kurve mit "IS" bezeichnet, weil sie alle diejenigen Werte von Y und i miteinander verbindet, bei denen der Kreislauf geschlossen ist, also I=S gilt.

Die Steigung dieser Kurve erhält man, indem man (6.11') als implizite Funktion schreibt

$$Y - C(Y) - I(i) = 0$$

und daraus nach dem Theorem über implizite Funktionen die Steigung ableitet

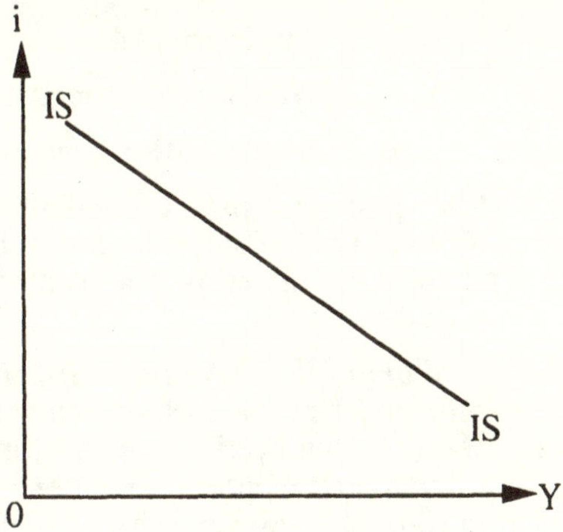

Abb. 6.4

$$\frac{di}{dY} = -\frac{\partial f/\partial Y}{\partial f/\partial i} = -\frac{1-c_Y}{-I_i} = \frac{s_Y}{I_i} < 0$$

Auf die Bedeutung dieser Kurve werden wir weiter unten in Abschnitt 6.4 eingehen.

6.2 Das Geld

Es liegt nahe, die verschiedenen mikroökonomisch abgeleiteten Grössen sowohl im Einkommenskreislauf als auch bei der Ableitung des makroökonomischen Gleichgewichts mit Hilfe des Geldes zusammenzufassen. Was ist unter "Geld" zu verstehen? - In allen Volkswirtschaf-

---

[5] Der einfachen Schreibweise halber gilt $I_i \equiv \partial I/\partial i$.

ten, die wir kennen, werden Güter und Dienstleistungen nicht unmittelbar gegeneinander getauscht, sondern mit Geld gekauft. Dabei taucht die Frage auf, ob die Verwendung von Geld nicht notwendigerweise Unheil über die Menschheit bringt. Beidem werden wir in den folgenden Abschnitten nachgehen.

6.21 Die Geldfunktionen

12. Im geschichtlichen Verlauf hat so vieles als Geld gedient, daß es schwer fällt, eine echte Definition für ***Geld*** zu finden. Regelmäßig definiert man Geld als das, was die Geldfunktionen erfüllt. - Welche Funktionen erfüllt es denn? Grundsätzlich lassen sich drei ***Geldfunktionen*** unterscheiden: Geld dient als

- Zahlungsmittel
- Wertaufbewahrungsmittel
- allgemeine Recheneinheit.

Die ***Zahlungsmittelfunktion*** bedeutet, daß Geldschulden, ob sie nun auf Vertrag (z.B. Kauf) oder auf hoheitlichem Zwang (z.B. Steuern) beruhen, endgültig erlöschen, wenn sie "in Landesmünze" bezahlt werden (OR Art. 84).

Unter der ***Wertaufbewahrungsfunktion*** versteht man das folgende: Einkommen entsteht ausschließlich durch die Wertschöpfung in Industrie, Handel, Handwerk, Dienstleistungsgewerbe, wobei sich Einkommen und Wertschöpfung einander in jeder Periode entsprechen, wie wir in Kapitel 2 gesehen haben. Das Einkommen wird i.a. in Geld ausgezahlt, und dieses Geld läßt sich aufbewahren. Auf diese Weise kann Kaufkraft von einer Periode in die andere übertragen werden.[6] - Die große Bedeutung, die man dieser Funktion beigemessen hat, hat zur Gründung von ***Sparkassen*** (zunächst auf kommunaler Ebene) geführt, die in vielen Ländern erst spät und dann auch nur unvollkommen in das Bankensystem integriert worden sind.

Geld dient schließlich als ***allgemeine Recheneinheit***: Das Ergebnis einzel- und gesamtwirtschaftlicher Tätigkeit messen wir am Umsatz, Gewinn, Volkseinkommen, Sozialprodukt usw.; all das sind Grössen, die in Franken ausgedrückt werden - woran wir uns bereits so gewöhnt haben, daß wir ihn gar nicht mehr wahrnehmen.

13. ***Geldarten***: Ursprünglich hatte eine bestimmte Ware Geldfunktion übernommen; man spricht von sogen. Warengeld. Im Laufe der Ent-

---

[6] Wegen der Komplikationen, die dabei entstehen können, vgl. unten Abschn. 6.5.

wicklung sind viele Materialien als Geld verwendet worden, z.B. Muscheln, Steine, Vieh, Metalle und dgl.

"Im geschichtlichen Ablauf diente eine Vielfalt von Waren in verschiedenen Zeiträumen als Tauschmittel. Vieh, Tabak, Leder und Felle, Pelze, Olivenöl, Bier oder Schnaps, Sklaven, Frauen, Kupfer, Gold, Silber, Ringe, Diamanten, Muscheln, Perlenschnüre und Muschelschalen, große Felsen und Grenzsteine und Zigarettenstummel.

Jedes dieser obengenannten Güter hat einige Vor- und Nachteile. Vieh ist nicht als Kleingeld verwendbar; wenn man dieses 'Geld' jedoch hortet, so vermehrt es sich und straft damit die Doktrin des Aristoteles Lügen, der behauptet hat, daß 'Geld unproduktiv' sei. Bier verbessert sich nicht, wenn man es aufhebt, während Wein möglicherweise besser wird. Olivenöl stellt eine gute flüssige Währung dar, die vollkommen teilbar ist. Eisen rostet und verkörpert einen so geringen Wert, daß man einen Karren statt eines Geldbeutels braucht. Der Wert eines Diamanten ist nicht proportional seinem Gewicht, sondern verändert sich mit dem Quadrat seines Gewichts; wenn man ihn in kleine Stücke zerteilt, so verliert er an Wert.

Die jährliche Erzeugung (im Bergbau) oder der Verbrauch (als Zahnfüllung, als Schmuck und als elektrische Relais) von Edelmetallen ist, prozentual gesehen, gering im Vergleich zu den angesammelten Vorräten; deshalb verändern sich ihre Gesamtmenge und ihr Wert nur in geringem Maße. Silber glänzt, aber es verliert seinen Glanz in der Luft. Gold behält seinen anziehenden Glanz, ist jedoch sehr weich, wenn man es nicht mit einem anderen Metall mischt. Das hohe spezifische Gewicht von Gold erleichtert es, Fälschungen und Beimischungen zu entdecken; aber meistens war der Knappheitswert von Gold so hoch, daß man für die täglichen Einkäufe äußerst winzige Münzen benötigte.

Die meisten Geldarten hatten, abgesehen von ihrem Geldwert, auch einen Wert an sich oder wurden auch für andere Dinge verwendet. So wurden Muschelperlen auch als Schmuckstücke verwendet, und das Papiergeld stellte ursprünglich eine Quittung eines Lagerhauses oder einer Prägeanstalt dar, die auf eine bestimmte Menge Metall lautete. Aber die eigentliche Verwendung einer Geldart ist heute völlig nebensächlich." (aus *Samuelson* 1975, S. 356/7)

Nahezu überall ist man zur Gold- und später zur Papierwährung übergegangen. Warum? Was zeichnet z.B. Gold aus? Es ist

- wertbeständig in dem Sinn, daß es durch Lagerung nicht verdirbt,
- leicht zu teilen, ohne daß dabei ein Wertverlust entsteht,
- leicht zu transportieren, weil man –wegen seines hohen Preises– nur sehr wenig davon benötigt,
- wegen seines hohen spezifischen Gewichtes schwer zu fälschen.

Das Papiergeld ist bequemer als Goldgeld. Bei uns hat es sich im Laufe der Geschichte entwickelt aus Bescheinigungen von Goldschmieden und Bankiers über die Hinterlegung einer bestimmten Menge Gold; sie erklärten darin sich bereit, dem Überbringer der Bescheinigung das

Gold auszuhändigen. Das hat den Zahlungsverkehr enorm erleichtert und das Mitführen von "Gold" sicherer gemacht.[7]

14. Unter der ***Goldwährung*** (oder dem Goldstandard) versteht man die Festsetzung des Goldpreises (x Fr. je kg Feingold) oder des Goldgehalts einer Währungseinheit (y Gramm Feingold entsprechen 1.-- Fr.; das ist genau der reziproke Wert von x) durch die Währungsbehörden. Die Relation zwischen Währungseinheit und Gold bezeichnet man als die ***Goldparität***. Die Goldwährung hat in verschiedenen Arten existiert: Bei der ***Goldumlaufwährung*** laufen vollwertige Goldmünzen um - ausschließlich oder in Kombination mit Scheidemünzen und Banknoten. Scheidemünzen und Banknoten können jedoch jederzeit und in beliebigem Umfang in Gold oder Goldmünzen umgetauscht werden. - Bei der ***Papierwährung*** befinden sich keine Goldmünzen im Umlauf, die Banknoten werden von den Währungsbehörden jedoch in Gold umgetauscht. - Bei der ***Goldkernwährung*** halten die Währungsbehörden Gold nur zu einem bestimmten Prozentsatz der umlaufenden Geldmenge, der kleiner als 100 % ist. Also können sie gar nicht alle Banknoten in Gold einlösen; das wird in der Regel aber auch gar nicht verlangt. Immerhin kann man den Umtausch von Geld in Gold erschweren, indem man die Einlösepflicht auf Ausländer beschränkt oder nur Goldbarren abgibt.

15. Nach BV Art. 39 steht das Recht zur Ausgabe von Banknoten und Münzen dem Bund zu, der hiermit die Schweizerische Nationalbank

---

7 "In Europa ... entstand das Papiergeld sozusagen unbeabsichtigt und wie nebenbei. Wenn sich zum Beispiel etwa 200 betuchte Kaufleute aus Genua auf eine Messe nach Frankreich begaben, nahmen sie ausser ihren Mustern nur wenig Geld, dafür aber ihre Hauptbücher mit. In diese trugen sie während der Messe ihre Käufe und Verkäufe ein. Am Ende der Messe wurden vier, fünf Tage lang die wechselseitigen Aufträge miteinander verrechnet und nur der relative geringe Ueberschuss in Gold ausbezahlt. So wechselten in einem frühen Giroverkehr Millionenwerte ihre Besitzer auf dem Papier. Umsatz- und Ertragsteuern und selbst Zölle spielten für den internationalen Grosshandel keine bedeutende Rolle, wohl aber die Banken und ihre präzise Buchführung. Aus ihren handschriftlichen Quittungen über Geld- oder Wareneinlagen entwickelten sich der Scheck und der Wechsel. Die Wechsel konnten unter gewissen Bedingungen an manchen Plätzen weitergegeben werden, sie gingen dann wie bares Geld von Hand zu Hand, daraus entstanden die Banknoten. Die Banknote war in ihrem Ursprung nicht etwa nur ein 'Fetzen Papier'. Nur die solidesten und grössten, staatlich überwachten Banken in Amsterdam und die 1694 gegründete Bank of England gaben solche Noten aus. Sie waren praktisch, leicht transportierbar, wurden zwar nicht verzinst, aber das ausgebende Institut war verpflichtet, die genannte Summe jederzeit auf Verlangen in reines Gold oder Silber umzutauschen." (*Funck* 1983, S. 298)

betraut hat. Banknoten (und Münzen) sind ***gesetzliche*** Zahlungsmittel, nur ihre Hingabe bringt Geldforderungen letztlich zum Erlöschen. Wegen ihrer Erscheinungsform bezeichnet man sie auch als ***Stückgeld***.

Die Schweiz hat im übrigen ein zweistufiges Bankensystem: Der eigentliche Zahlungsverkehr der Privaten wird nicht über die Schweizerische Nationalbank, sondern über die ***Geschäftsbanken*** abgewickelt. Allerdings erleichtert die Nationalbank als ***Zentralbank*** den bargeldlosen Zahlungsverkehr: Angenommen, der X schulde dem Y Fr. 1'000.--, die er dem Y auf dessen Konto bei der B-Bank überweisen möchte. Dadurch wird folgende Buchungskette ausgelöst:

- Der X beauftragt seine Bank (die A-Bank) mit der Überweisung.
- Das Guthaben des X bei der A-Bank wird vermindert.
- Die A-Bank verfügt über ihr Guthaben bei der Zentralbank zu Gunsten der B-Bank.
- Die B-Bank schreibt den Betrag dem Y auf dessen Konto gut.

A-Bank		B-Bank	
ZB-Guth -1000	SD X -1000	ZB-Guth +1000	SDY +1000

Zentralbank	
	SD A-Bank - 1000
	SD B-Bank + 1000

SD : Sichtdepositen der Bankkunden X und Y
ZB-Guth: Zentralbankguthaben der Banken A und B

16. Guthaben auf Kontokorrentkonten bei den Geschäftsbanken können zu bargeldlosen Zahlungen verwendet werden und erfüllen insoweit Geldfunktionen. Man bezeichnet sie deshalb auch als ***Giral***- oder ***Buchgeld*** und rechnet sie zur Geldmenge.

Die ***Geldmenge*** in einer Volkswirtschaft ist also die Summe von

- von der Zentralbank ausgegebene Banknoten und Münzen (= Notenumlauf),
- Sichtdepositen der Privaten ("Nichtbanken") beim Bankensystem.

Für unsere Zwecke genügt diese Definition der Geldmenge, sie wird aber noch erheblich verfeinert, wenn man mit ihr die Geldmenge in der Schweiz messen will. Immerhin sollen die beiden folgenden Übersichten (Tabellen 6.1 und 6.2) Ihnen ein gewisses Bild von den schweizerischen Verhältnissen vermitteln.

Tabelle 6.1:

Bilanz der Nationalbank
am 31.12.1993
in Mrd. Fr.

Aktiva		Passiva	
Goldbestand	11.9	Notenumlauf	29.3
Devisenanlagen	47.0	täglich fällige Verbindlichkeiten.	5.3
Reserveposition beim IWF	1.2	Mindestreserven von Banken	0
Internationale Zahlungsmittel	0.3	Verbindlichkeiten auf Zeit	2.9
Währungskredite	0.2	Sonstige Passiva	28.1
Geldmarktbuchforderungen des Bundes	0.8	Grundkapital und Reservefonds	0.1
Lombardvorschüsse	0.0		
Wertschriften	3.0		
Korrespondenten im Inland	0.6		
Sonstige Aktiven	0.7		
	65.8		65.8

Quelle: Schweizerische Nationalbank, Monatsbericht August 1994, S. 30f.

6.22 Die Geldschöpfung

17. Vor allem in neuerer Zeit benutzen wir zunehmend den bargeldlosen Zahlungsverkehr, um unsere Schulden (Rechnungen) zu begleichen. Immerhin waren die Sichteinlagen am 31.12.1993 mit rd. 60 Mrd. Fr. mehr als doppelt so hoch wie der Bargeldumlauf, der zum gleichen Zeitpunkt rd. 27 Mrd. Fr. betragen hat.[8]

Auf welche Weise kann die Geldmenge als Summe von Bargeldumlauf und Sichtdepositen erhöht werden? Das Bankensystem hat hierzu zwei Möglichkeiten:

- durch den Ankauf von etwas, was nicht Geld ist, also vor allem Wertpapiere, Gold oder ausländisches Geld (= Devisen);
- durch Kreditgewährung.

Da es keine Goldeinlösepflicht gibt, ist beides für die ***Nationalbank*** jederzeit und unbegrenzt möglich: Sie kann z.B. jederzeit ein Grund-

[8] Vgl. Schweizerische Nationalbank, Monatsbericht August 1994, S. 36.

stück kaufen und mit "neu gedruckten" Banknoten bezahlen.

18. Anders ist das für eine ***Geschäftsbank*** oder für das Bankensystem (ohne Zentralbank). Zahlungsschwierigkeiten können nur bei folgender Bilanzstruktur mit Sicherheit vermieden werden:

Bank

Kasse 1000	SD 1000

Alle Sichtdepositen müssen voll durch Zentralbankgeld gedeckt sein, so daß jede Bank jederzeit in der Lage ist, allen Verfügungen über die Sichtdepositen in vollem Umfang nachzukommen.

Tabelle 6.2:

Bilanz von 54 Banken
am 31.12.1993
in Mrd. Fr.

Aktiva		Passiva	
Kasse, Giro-, Postcheckguthaben	8.0	Bankkreditoren auf Sicht	20.3
Bankendebitoren	140.0	Bankkreditoren auf Zeit	160.7
Wechsel und Geldmarktpapiere	30.8	Kreditoren auf Sicht	68.1
Kontokorrent-Debitoren	76.1	Kreditoren auf Zeit	223.5
feste Vorschüsse und Darlehen	250.1	Spareinlagen	145.0
Kontokorrent-Kredite und Darlehen an öffentlich-rechtliche Körperschaften	29.3	Depositen und Einlagehefte	45.1
Hypothekaranlagen	255.5	Kassenobligationen und Kassenscheine	79.2
Wertschriften	89.5	Obligationen-Anleihen	52.1
dauernde Beteiligungen	9.3	Pfandbriefdarlehen	23.4
Bankgebäude	11.6	Akzepte und Eigenwechsel	5.1
Andere Liegenschaften	4.7	Hypotheken auf eigene Liegenschaften	0.0
Sonstige Aktiven	36.8	Sonstige Passiven	64.8
Saldovortrag (Verlust)	0.0	Kapital und Reserven	52.5
		Saldovortrag	1.8
	941.7		941.7

Quelle: Schweizerische Nationalbank, Monatsbericht August 1994, S. 38 ff.

Nun lehrt die Erfahrung, daß nicht alle Bankkunden gleichzeitig ihre Guthaben vollständig abheben: Ein beachtlicher Teil der Zahlungen erfolgt bargeldlos, und auch abgehobenes Geld wird regelmäßig vom

Zahlungsempfänger bei einer Bank eingezahlt. Deshalb muß das Bankensystem nur einen Bruchteil der Sichtdepositen durch einen Bestand gesetzlicher Zahlungsmittel decken. Nennen wir diesen Bruchteil den ***Reservesatz*** r, und nehmen wir an, er sei 20% (damit es runde Zahlen gibt). Für Sichtdepositen in Höhe von 1000 braucht das Bankensystem dann 200 Kasse zu halten, es verfügt in dem obigen Beispiel über ***Überschußkasse*** oder ***freie Liquidität*** im Ausmaß von 800. Anders ausgedrückt: Mit einem Kassenbestand von 1000 kann es insgesamt Sichtdepositen im Umfang von 5000 decken und deshalb noch 4000 Kredite gewähren, die Kredit- oder Geldschöpfung beträgt 4000. Kreditschöpfung

Bank

Kasse 1000	SD 5000
Kredite 4000	

Auf der Aktivseite der Bilanz stehen also der Kassenbestand und die Forderungen aus Kreditgewährung, auf der Passivseite die - angewachsenen - Sichtdepositen. Anders ausgedrückt: Das Kreditschöpfungspotential des Bankensystems errechnet man aus

$$\frac{\text{freie Liquidität}}{r} = \frac{\text{Kasse} - (r \cdot SD)}{r}$$

Hierzu sind einige Bemerkungen notwendig:

(i) Geschäftsbanken halten aus Sicherheitsgründen möglichst wenig Bargeld, nicht unmittelbar benötigte Gelder werden umgehend bei der Nationalbank eingezahlt und - bei Bedarf - dort wieder abgehoben. Da über diese Nationalbankguthaben jederzeit verfügt werden kann, zählen wir sie zu dem Kassenbestand.

(ii) Für die Geldschöpfung kann das Geschäftsbankensystem als eine einzige Bank betrachtet werden, wegen Einzelheiten (also etwa den Liquiditätsausgleich zwischen den einzelnen Banken) vgl. unten Abschn. 6.311.

(iii) Der Reservesatz r hängt z.T. davon ab, in welchem Umfang über die Sichtdepositen durch Barabhebung verfügt wird, also von den ***Zahlungssitten***. Darüber hinaus können die Banken durch Gesetz oder durch Verordnung der Währungsbehörden verpflichtet werden, (zusätzliche) Reserven in Form von Zentralbankguthaben zu halten; hierunter fallen die ***Mindestreserven***. Das Nationalbank-Gesetz ermächtigt die Nationalbank, solche Mindestreserven zu verlangen. Durch die Variation des ***Mindestreservesatzes*** kann sie das Kreditschöpfungspotential des Bankensystems beeinflussen. Vgl. NBG Art. 16 a-f.

6.3 Das Gleichgewicht auf dem Geldmarkt

6.31 Der Geldmarkt

Im Anschluß an *J.M. Keynes* verstehen wir unter dem Geldmarkt den Markt, auf dem Liquidität angeboten und nachgefragt wird. In der Praxis versteht man unter ihm den Interbanken-Geldmarkt, den wir zunächst ansehen wollen. Danach analysieren wir kurz den Geldmarkt, wie er in der Theorie zur Bestimmung des Zinssatzes verwendet wird.

6.311 Der Interbanken-Geldmarkt

19. Da das Bankensystem aus vielen Geschäftsbanken besteht, kann es in Liquiditätsprobleme bei der Kreditschöpfung kommen: Nehmen wir dazu an, aus irgendwelchen Gründen würden der Geschäftsbank 1 liquide Mittel in Höhe von 1000 GE zufliessen. Bei einer Reservehaltung von 25% verfügt sie über einen Kreditschöpfungsspielraum von 750 GE, den sie durch Kreditgewährung ausnutzen kann. Um den ganzen Kreditschöpfungsprozeß darstellen zu können, wollen wir weiter annehmen, daß der Kreditnehmer über den Kredit durch Überweisung auf ein Konto bei der Geschäftsbank 2 verfügt. - Diese Situation läßt sich so darstellen:

Aktiva	GB 1		Passiva
Kasse	+ 1'000	SD	+ 1'000
	- 750		
Kredit	750		

Aktiva	GB 2		Passiva
Kasse	+ 750	SD	+ 750
	- 562		
Kredit	562		

Die Reserven, die Geschäftsbank 2 bei demselben Reservesatz von 25% halten muß, betragen 0.25·750= 187.50 GE, sie hat also eine Überschußreserve in Höhe von 562.50 GE[9], von der wir annehmen, daß sie sie - wie die GB 1 - zur Kreditgewährung benützt. - Wenn über diesen Kredit nun mit einer Überweisung auf die Geschäftsbank 3 verfügt wird, wiederholt sich das ganze, bis schließlich die Sichtdepositen des Bankensystems auf insgesamt 4'000 GE angestiegen sind. Das impliziert, daß das Bankensystem insgesamt Kredite in Höhe von 3'000 GE gewährt, was dem Kreditschöpfungsmultiplikator entspricht.

---

[9] In der Bilanz zur Vereinfachung gerundet.

20. Dabei gibt es aber eine Schwierigkeit: Woher soll eine einzelne Bank im voraus wissen, wieviel der gewährten Kredite durch Überweisung an eine andere Bank abfließen? Nehmen wir einmal an, die GB 1 ginge von der falschen Voraussetzung aus, der ganze gewährte Kredite bliebe bei ihr; dann kann sie einen Kredit in Höhe von 3'000 GE gewähren. Wie Sie aus der folgenden Bilanz ersehen, kommt sie in Liquiditätsschwierigkeiten, wenn sie dann eine Überweisung von 750 GE an die GB 2 ausführen muß:

Aktiva		GB 1	Passiva
Kasse	+ 1'000	SD	+ 1'000
Kredit	+ 3'000	SD	+ 3'000

Also muß sie versuchen, von einer anderen Bank Zentralbankguthaben in Höhe von 750 GE auszuleihen. Das geht, denn Geschäftsbank 2 hat ja, wenn sie nichts weiter macht, gerade eine Überschußliquidität in Höhe von 750 GE. - Allerdings kann GB 2 diese Überschußliquidität dann nicht zur Kreditvergabe benutzen, was für sie einen Zinsverlust bedeutet: Also wird sie diese Liquidität an die GB 1 nur ausleihen, wenn sie dafür eine entsprechende Verzinsung bekommt.

Auf dem Interbanken-Geldmarkt der Realität werden Zentralbankguthaben zwischen "erstklassigen" Adressen gehandelt. Darunter versteht man solche Unternehmen, bei denen ein Konkursrisiko praktisch nicht besteht, bei denen man deshalb als sicher voraussetzen darf, daß die aufgenommenen Zentralbankmittel auch fristgerecht wieder zurückgezahlt werden. - Dieser Interbanken-Geldmarkt erlaubt es der Theorie, das Bankensystem als Ganzes auffassen zu dürfen, obwohl es mehrere voneinander unabhängige Banken gibt.

6.312 Der Geldmarkt nach J. M. Keynes

21. Mit dem Zins, der für einen aufgenommenen Kredit zu zahlen ist, hat man sich in der Vergangenheit immer wieder beschäftigt. Als man sich darüber klar wurde, daß das Zinsverbot im christlichen Mittelalter umgangen werden konnte, hat man nach Gründen gesucht, den Zins zu rechtfertigen. U.a. hat man deshalb die These aufgestellt, ein positiver Zins müsse wegen des Konsumverzichts der Haushalte gezahlt werden. *J.M. Keynes* (1936) hat demgegenüber behauptet, der Zins sei nichts anderes als der Preis für die zeitweise Überlassung von Liquidität. In Anlehnung an *Keynes* verstehen wir unter dem Geldmarkt ein Markt, auf dem Liquidität gehandelt wird.

Das Angebot an Liquidität (oder Kasse) ist einfach die Geldmenge. Sie ist von den Währungsbehörden (einschließlich des Bankensystems) in jedem Zeitpunkt bestimmt; in Abb. 6.5 wird es deshalb als eine Senkrechte dargestellt.

Die Nachfrage[10] nach Kasse muß in jedem Zeitpunkt gerade so groß sein, daß die Privaten die Geldmenge, die sie ohnehin haben, auch halten wollen. Weshalb will man überhaupt Kasse halten? *Keynes* unterscheidet drei Motive:

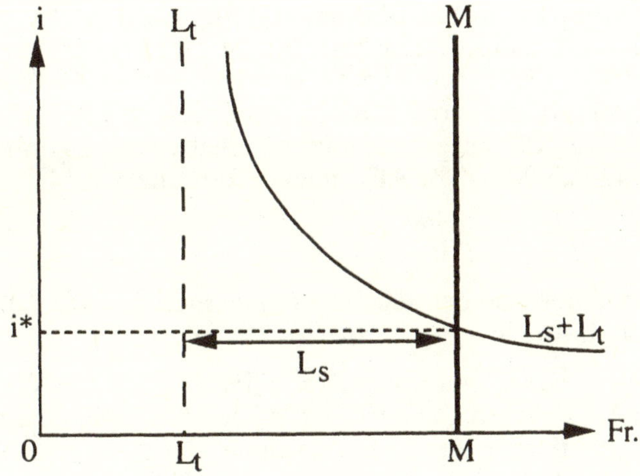

Abb. 6.5

- das ***Transaktionsmotiv***: Haushalte und Unternehmen halten Kasse, um die geplanten realen Transaktionen (= Käufe usw.) durchführen zu können;
- das ***Vorsichtsmotiv***: Da die Konsequenzen alles Handelns unsicher sind, können immer wieder unvorhergesehene Situationen eintreten, die man mindestens sehr viel einfacher meistern kann, wenn man genügend Geld für die anfallenden Zahlungen zur Verfügung hat.
- das ***Spekulationsmotiv***: Kursschwankungen etwa von Wertschriften kann man nur ausnutzen, wenn man zwischenzeitlich sein Vermögen eben nicht in Wertschriften, sondern in Geld anlegt. Hierauf gehen wir etwas genauer ein.

22. Geld hat u.a. die Funktion, als Vermögensanlage zu dienen. Um das etwas genauer untersuchen zu können, wollen wir überlegen, wie wir ein vorhandenes Vermögen in (unverzinslicher) Kasse und in verzinslichen Wertschriften anlegen sollen. Angenommen, ich kaufe festverzinsliche Wertschriften, die (laut Aufdruck) mit einem ***Nominalzins*** von 5 % verzinst werden. Ein solches Papier, das etwa auf einen

---

[10] Machen Sie sich klar, dass Sie immer Ihren Kassenbestand durch Ausgaben für Güter reduzieren können, wenn Sie glauben, Ihr Kassenbestand sei zu gross. Wenn Sie also zu irgendeinem Zeitpunkt einen bestimmten Kassenbestand halten, dann nur, weil Sie das so wollen.

Betrag von Fr. 10'000 lautet, bringt im Jahr Fr. 500 Zinsen. Das ist aber nicht die Verzinsung, die ich ***effektiv*** erziele, sofern ich das Papier zu einem Kurs kaufe, der nicht gerade 100% ist: Bei einem (Einkaufs-)Kurs von k_e=125 muß ich etwa für dieses Wertpapier Fr. 12'500 ausgeben, und ich erhalte eine ***Effektivverzinsung*** von 500:12'500 = 4 %. Allgemeiner formuliert:

$$(6.12) \qquad i_e = \frac{i_n}{k_e}$$

Je höher also bei gegebenem Nominalzins der Kurs der Wertschriften ist, desto niedriger ist die Effektivverzinsung.

Diese Berechnung vernachlässigt, daß ich das Wertpapier nicht ewig behalten werde; entweder wird es nach einer bestimmten Laufzeit getilgt, oder ich werde es verkaufen. Sei der Verkaufskurs k_v. Dann bekomme ich einen ***Kursgewinn*** (k_v-k_e), und die Effektivverzinsung beträgt

$$(6.13) \qquad i_e = \frac{i_n + (k_v - k_e)}{k_e}$$

Nehmen Sie also z.B. an, das Wertpapier werde nach einem Jahr von dem Schuldner zum Kurs 100 getilgt. Im Beispiel oben ergäbe das eine Effektivverzinsung von (5 - 25)/125 = -16 %, wirklich ein schlechtes Geschäft!

Die Gefahr der vorzeitigen Rückzahlung ist übrigens der Grund dafür, daß der Kurs "hochverzinslicher" Wertpapiere nicht nennenswert über 100 hinausgehen kann - wie das Beispiel zeigt.

23. Die Effektivverzinsung von Wertpapieren hängt also wesentlich von der ***erwarteten Kursentwicklung*** ab: Wenn man für die nächste Zeit Kurssenkungen erwartet, wird man heute sicherlich keine festverzinslichen Wertschriften kaufen. Vielmehr lohnt es sich, das Geld solange zu einem niedrigeren Zinssatz auf einem Bankkonto zu lassen und abzuwarten.

Verfolgen Sie doch einmal das Geschehen auf dem Devisenmarkt: Da Devisen als solche keinen Zins tragen, wird der Markt völlig von Auf- oder Abwertungserwartungen bestimmt.

Im Gegensatz zu den Klassikern und im Anschluß an *Keynes* geht man heute deshalb davon aus, daß das Halten von Kasse sich in manchen Situationen selbst dann lohnt, wenn die Geldhaltung selbst keinerlei Zins bringt.

24. Gehen wir der Einfachheit von gegebenen Kurserwartungen aus. Je grösser der Anteil der Vermögensbesitzer ist, die für die nächste Zeit eine Kurssenkung erwarten, desto grösser wird der Kassenbestand sein, den sie halten möchten. Das kann man umformen, indem man den Zusammenhang zwischen Effektivzins und Kurs ausnutzt: Je niedriger

der Zins heute ist (und je wahrscheinlicher deshalb eine Zinserhöhung oder eine Kurssenkung in der nahen Zukunft ist), desto größer ist die aus Spekulationsgründen gewünschte Kassenhaltung (L_s).

In Abb. 6.5 ist außerdem angenommen, daß die Nachfrage nach Transaktions- und Vorsichtskasse (L_t) exogen gegeben ist. Bei gegebener Geldmenge M spielt sich dann auf dem Geldmarkt der Zinssatz i* ein.

6.32 Die LM-Kurve

25. Nun können wir die Nachfrage nach Kasse aus dem Transaktionsmotiv nicht so ohne weiteres als exogen betrachten, schließlich müssen wir doch die von uns geplanten Transaktionen erklären. Wir tun das, indem wir auf ihre Abhängigkeit vom Sozialprodukt bzw. - auf einzelwirtschaftlicher Ebene - von unserem Einkommen hinweisen.

Damit ist aber die gesamte Geldnachfrage von zwei Größen abhängig, nämlich von dem erzielten Einkommen und vom Zins. Da sie im Geldmarkt-Gleichgewicht gerade gleich dem exogen gegebenen Geldangebot sein muß, können wir eine Funktion ableiten für die Werte des Zinses und des Einkommens bei exogen gegebener Geldmenge. Das ist die ***LM-Kurve***. Sie verläuft von links unten nach rechts oben, weil jedes höhere Einkommen gleichbedeutend mit zunehmenden Gütertransaktionen und deshalb mit der Nachfrage nach einer größeren Transaktionskasse ist. Solange die Geldmenge exogen gegeben ist, kann sie nur dann befriedigt werden, wenn die Spekulationskasse zurückgedrängt wird, und dazu bedarf es eines höheren Zinssatzes bzw. eines niedrigeren Wertpapier-Kurses - damit die Erwartung steigt, in Zukunft würde der Zinssatz sinken bzw. der Kurs steigen.

6.4 Das IS-LM-Modell

26. Da sowohl die IS-Kurve als auch die LM-Kurve zu ihrer Darstellung dieselben Achsen benötigt, liegt es nahe, beide in ein und dieselbe Zeichnung (vgl. Abb. 6.6) einzutragen. - Dieses Bild lesen Sie wie folgt: Es ist ganz unwahrscheinlich, daß wir zu Beginn irgendeiner Periode im "alten" Schnittpunkt der IS- und der LM-Kurve sind. Angenommen, wir seien in einem Punkt P links vom neuen Schnittpunkt. Wie sieht der Anpassungsprozeß aus? Auf der einen Seite werden bei gegebenem Zinssatz die Investitionspläne ausgeführt werden, so daß die gesamte Güternachfrage größer als die zu P gehörende sein wird: Wir bewegen uns waagrecht von P weg auf die IS-Kurve zu. Auf der anderen Seite werden die Wirtschaftssubjekte feststellen, daß sie über zu viel Kasse verfügen: Die einzige Möglichkeit, diesen Überschuß abzubauen, besteht in seiner Anlage in Wertpapieren. Deren Preis (= Kurs) wird steigen und damit der Marktzins sinken, so daß wir letztlich einen Punkt Q erreichen.

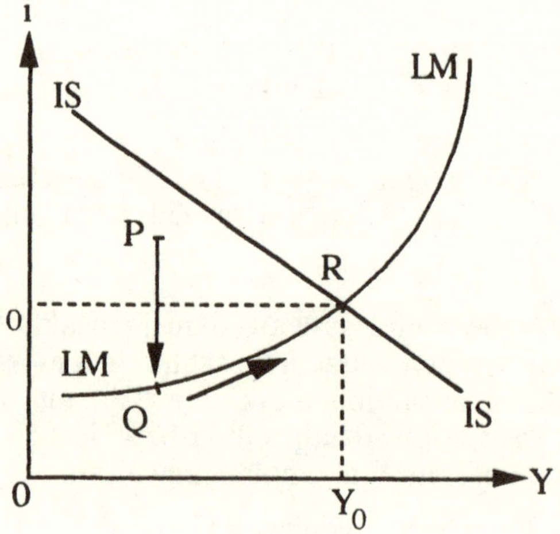

Abb. 6.6

Da die Anpassung der Produktion (= der Einkommensentstehung) an die gestiegene Nachfrage nach Gütern sicherlich mehr Zeit braucht als die Anpassung der Wertpapierkurse an die gestiegene Nachfrage nach Wertpapieren, da wahrscheinlich der Wertpapiermarkt *schneller* reagiert als der Gütermarkt, werden wir im folgenden davon ausgehen, daß wir uns stets auf der LM-Kurve befinden, daß also jede Anpassung von einem Punkt P über einen Punkt Q geht und dann entlang der LM-Kurve auf den Schnittpunkt der IS- und dann entlang LM-Kurve zu einem Punkt R führt. Diese Darstellung sollte Sie davon überzeugen, daß sie nicht nur Vorstellungen über die Verhaltensfunktionen auf den Märkten, sondern auch über die Anpassungsgeschwindigkeiten, über die Funktionsweise der einzelnen Märkte generell voraussetzen.

27. Es gibt einige Spezialfälle, die sich durch einen besonderen Verlauf der LM-Kurve auszeichnen: Stellen Sie sich vor, die LM-Kurve verlaufe völlig waagrecht. In einer solchen Situation wirkt keine Erhöhung der Geldmenge, denn sie verschiebt zwar die LM-Kurve nach rechts, führt aber zu keiner Zinssenkung (weil es eine waagrechte Kurve ist). Das mag die Situation nach der großen Weltwirtschaftskrise der 30er Jahre kennzeichnen, in der durch eine sehr geringe Güternachfrage Arbeitslosigkeit (von beträchtlichem Ausmaß) herrschte, in der aber die Geldpolitik keine Wirkung hervorrufen konnte - weil sie eben keine Zinssenkung bewirken konnte. Diese Situation nannte *Keynes* die ***Liquiditätsfalle*** oder *liquidity trap*. Wie kommt sie zustande? Sie ist dadurch gekennzeichnet, daß jede Erhöhung des Geldangebots zwar zu keiner Senkung des Zinssatzes, sondern nur zu einer entsprechenden Erhöhung der Geldnachfrage führt. Das kann nur die Geldnachfrage für spekulative Zwecke sein: Die Erwartungen gehen allgemein dahin, daß der Kurs der Wertpapiere in nächster Zeit sinken wird. Deshalb ist niemand bereit, jetzt Wertpapiere zu kaufen und auf Liquidität zu verzichten; man möchte eben gerüstet sein für den Zeitpunkt, zu dem die Wertpapiere günstiger als heute zu kaufen sind.

Nun wird ein Punkt im waagrechten Teil der LM-Kurve nur dann realisiert, wenn die IS-Kurve genügend steil verläuft: Stellen Sie sich einmal die Situation eines Unternehmers Anfang der 30er Jahre in der Weltwirtschaftskrise vor. Allgemein werden die Absatzchancen sehr pessimistisch eingeschätzt. In einer solchen Situation mag es zwar sein, daß genügend billige Investitionskredite zu erhalten sind, trotzdem mögen Sie keinen Grund sehen, Ihre (unterbeschäftige!) Kapazität durch Nettoinvestitionen auszuweiten. *Keynes* hat darauf hingewiesen, daß in solchen Situationen die erwarteten Absatzmöglichkeiten so schlecht sein können, daß sie auch durch einen niedrigen Zins nicht kompensiert werden können.

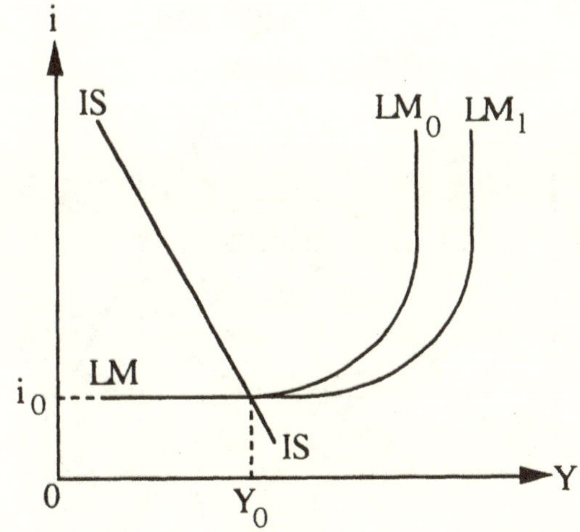

Abb. 6.7

28. Es gibt noch einen anderen ausgezeichneten Bereich auf der LM-Kurve, nämlich den *klassischen Bereich.* Dort verläuft die LM-Kurve völlig senkrecht: Jede Erhöhung des Volkseinkommens führt (natürlich) zu einer Erhöhung der Transaktionskasse, was bei gegebenem Geldangebot eine entsprechende Reduktion der Spekulationskasse voraussetzt. Es gibt nun aber Fälle, in denen sich die Spekulationskasse durch keinen noch so großen Zinsanstieg (bzw. durch keine noch so große Kursreduktion) verringern läßt - spätestens dann, wenn die Nachfrage nach Spekulationskasse bereits Null geworden ist: Die LM-Kurve verläuft senkrecht, d.h. der Zinssatz muß bis ins Unendliche steigen, um eine geringe Erhöhung des Einkommens zu ermöglichen. Das ist in Abb. 6.8 dargestellt.

29. Analysieren wir diesen Fall etwas genauer. Da die Nachfrage nach Spekulationskasse gerade Null ist, besteht die Geldnachfrage nur aus der Nachfrage nach Transaktionskasse, und im Gleichgewicht muß sie gleich dem Geldangebot, der Geldmenge M, sein:

(6.14) $$L_t = k\,Y = M$$

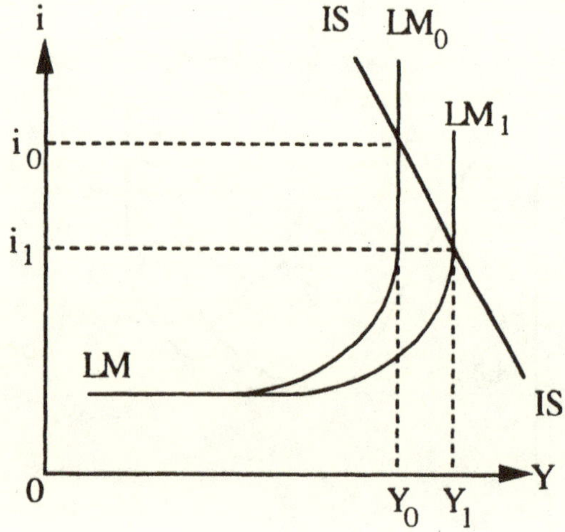

Abb. 6.8

In (6.14) ist - zur Vereinfachung - die Proportionalität der Nachfrage nach Transaktionskasse zum Einkommen angenommen. Der linke Teil von (6.14) ist nichts anderes als die *Cambridge*-Version der Geldnachfrage, die von einer gegebenen Kassenhaltungsneigung der Privaten ausgeht.

30. In Gleichung (6.14) bringen wir die Neigung der Privaten k, Kasse zu halten, auf die rechte Seite und zerlegen das nominelle Einkommen Y in das reale Einkommen y und das Preisniveau P:

(6.15) $$P \cdot y = \frac{1}{k} \cdot M$$

Ersetzen wir jetzt noch den reziproken Wert von k durch v, so erhalten wir schließlich

(6.15') $$P \cdot y = v \cdot M$$

Das ist die ***Quantitätsgleichung*** des Geldes; sie wird zur ***Quantitätstheorie***, wenn wir von einer vorgegebenen, im Zeitablauf konstanten Umlaufgeschwindigkeit v ausgehen.[11]

31. Wenn Sie sich klar machen, daß in der offiziellen Statistik kein Preisniveau ausgewiesen wird, sondern nur die (durchschnittliche) Teuerung, die man durch den Anstieg eines Preisindex mißt (etwa der Konsumentenpreisindex KPI), dann verstehen Sie das Bedürfnis, (6.15') in der Form von Änderungsraten zu schreiben. Und zwar gilt

(6.15") $$\hat{P} + \hat{y} = \hat{M}$$

[11] Da in (6.15') das Einkommen vorkommt, spricht man auch von der Quantitätstheorie in der Einkommensform bzw. von v als der Einkommensumlaufgeschwindigkeit des Geldes - zum Unterschied zu der ursprünglichen Formulierung, in der y das Handelsvorlumen war. Vgl. *I. Fisher* (1916).

Unterstellen Sie eine vollbeschäftigte Volkswirtschaft, in der das reale Bruttoinlandprodukt nicht erhöht werden kann. Dann ist $\hat{y} = 0$, und es gilt

(6.15''') $\hat{P} = \hat{M}$

Das ist wohl die bekannteste Aussage der Quantitätstheorie: Jede Erhöhung der inländischen Geldmenge führt zu einer entsprechenden Teuerung, also zu einem entsprechend großen Anstieg der Preise.

6.5 Exkurs: Die Kreditmarkttheorie des Zinses

6.51 Das Kreditmarktgleichgewicht

32. Unter dem Kredit- oder Kapitalmarkt versteht man den Markt, auf dem man Kredite nachfragt oder anbietet. Das geschieht zu einem nicht geringen Teil dadurch, daß zwar keine Kredite unmittelbar gewährt, sondern Wertpapiere nachgefragt werden: Wertpapiere haben gegenüber Direktkrediten den erheblichen Vorteil, daß man sie verkaufen und auf diese Weise wieder zu seinem Geld kommen kann. Man ist bei ihnen also nicht an die Laufzeit gebunden, für die der Kredit gewährt worden ist.

Die ***Kreditmarkttheorie des Zinses*** erklärt den Zins durch das Zusammenspiel von Kreditnachfrage und -angebot, wie das in Abb. 6.9 dargestellt ist. Dabei setzt sich das Kreditangebot zusammen aus

- dem privaten Sparen,
- der Kreditschöpfung des Bankensystems,

und die Kreditnachfrage aus

- der Kreditnachfrage der privaten Unternehmen,
- der Kreditnachfrage von Unternehmen und Haushalten, die damit ihren Kassenbestand erhöhen möchten.

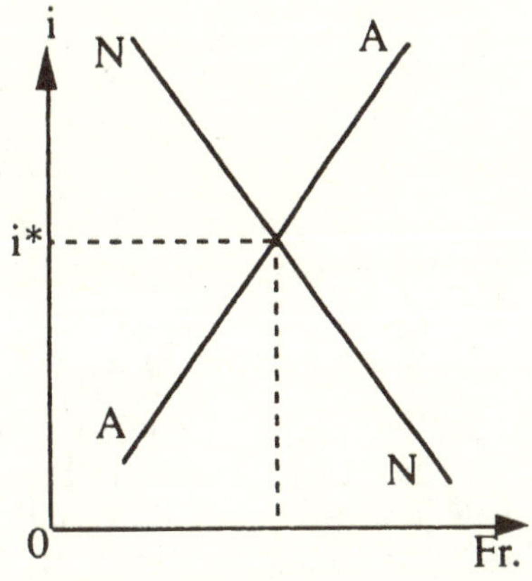

Abb. 6.9

Beachten Sie, daß in dieser Theorie sowohl die Kreditnachfrage als auch das Kreditangebot als Strömungsgröße aufgefaßt werden; angeboten werden z.B. diejenigen Kredite, die innerhalb des betreffenden Jahres neu gewährt werden. Damit steht diese Theorie in einem Gegensatz zur Liquiditätstheorie des Zinses, die wir in Abschn. 6.32 dargestellt haben und die auf die Bestände zu einem bestimmten Zeitpunkt (etwa am 31.12. des betreffenden Jahres) abgestellt. Allerdings läßt sich zeigen, daß beide Formulierungen einander äquivalent sind, wenn bestimmte Voraussetzungen erfüllt sind, auf die wir hier aber nicht eingehen können. Wir werden zunächst den einfachsten Fall analysieren, in dem sowohl von der Kreditschöpfung als auch von der Nachfrage nach Horten (= "idle cash") abstrahiert wird.

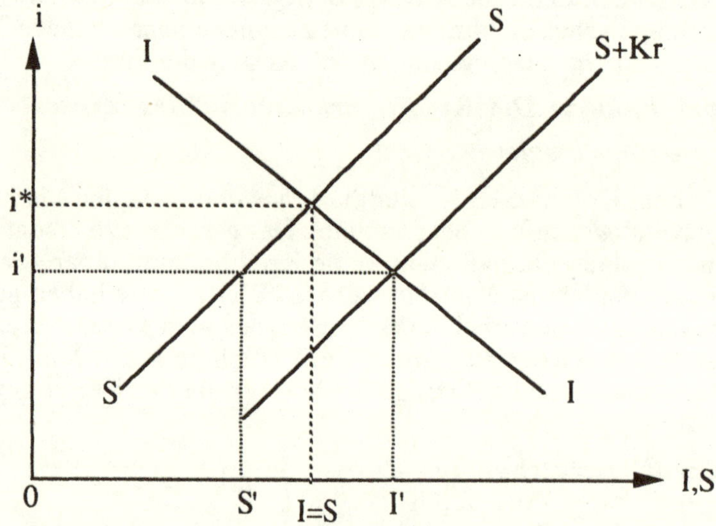

Abb. 6.10

In Abb. 6.10 ist das Kreditmarkt-Gleichgewicht eingetragen: Dem Angebot an Ersparnissen (die Kurve SS) steht die Nachfrage nach Krediten (die Kurve II) gegenüber. Gleichgewicht herrscht auf diesem Markt, wenn sich der Zinssatz i* eingestellt hat.

33. Stellen Sie sich vor, in dieser Situation käme es zu einer Kreditschöpfung des (privaten) Bankensystems. Bei unverändertem Zins würde jetzt auf dem Kreditmarkt ein Angebotsüberschuß herrschen und eine Zinssenkung verursachen: Dadurch wird das private Sparen sinken und die Nachfrage nach Investitionskrediten steigen, bis ein neues Gleichgewicht bei einem tieferen Zinssatz i' erreicht ist.

In diesem Gleichgewicht wird die Nachfrage nach Investitionskrediten I' befriedigt aus der zusätzlichen Kreditschöpfung und aus dem privaten Sparen: Der Einkommenskreislauf kann nicht mehr geschlossen sein, weil I'>S' gilt, wir werden vielmehr einen expansiven Prozeß bekommen, der schließlich doch wieder zu I=S im Kreislauf führt.

Das ist der Grundgedanke der Erklärung konjunktureller Schwankungen durch *Wicksell* (1928). Er nennt den Zinssatz i* den natürlichen, den Zinssatz i' den Marktzins. Immer dann, wenn der Marktzins unter dem natürlichen Zins liegt, sind die (geplanten) Investitionen größer als die (geplanten) Ersparnisse, und wir bekommen einen expansiven Prozeß. Immer dann, wenn der Marktzins über dem natürlichen Zins liegt, bekommen wir einen kontraktiven Prozeß.

Zu einer vollständigen Konjunkturtheorie fehlt *Wicksell* noch die Erklärung, wieso es zu einer zyklischen Schwankung des Marktzinses (oder des natürlichen Zinses) kommt.

6.52 Das Say'sche Gesetz

34. In dem oben beschriebenen Fall, in dem sich auf dem Kreditmarkt nur das Kreditangebot aus dem privaten Sparen und die Kreditnachfrage der privaten Unternehmen zur Finanzierung ihrer Investitionen einander gegenüberstehen, sorgt die Zinsbildung auf dem Kreditmarkt gleichzeitig dafür, daß Investitionen und Sparen gleich groß sind und daß damit der Einkommenskreislauf geschlossen ist. Das bedeutet aber auch, daß die Zinsbildung auf dem Kreditmarkt dafür sorgt, daß alle produzierten Güter auch ihre Abnehmer finden. Das bezeichnet man als das ***Say'sche Gesetz***.

In Tz. 33 ist schon dargelegt, daß das nicht notwendigerweise so sein muß: In dem Ausmaß, in dem das Bankensystem ***Kredite*** (und damit Geld) ***schöpft***, übersteigt das Kreditangebot das Sparen, so daß die Investitionen in diesem Ausmaß größer als das Sparen sein müssen. Andererseits mag nur ein Teil der Ersparnisse am Kapitalmarkt angelegt werden - etwa weil die Anleger glauben, in absehbarer Zeit bessere Bedingungen zu erhalten. Dann kommt es zum ***Horten***. In beiden Fällen kommt es zu kumulativen Prozessen im Kreislauf.

Wie kommt es zum Horten? Wenn ein Teil der Ersparnisse nicht zinsbringend angelegt, sondern als Kasse gehalten wird, kann das nur daran liegen, daß für die Zukunft eine Erhöhung des Marktzinses oder ein Sinken der Wertschriften-Kurse erwartet wird. Man versucht, sein Vermögen in Kasse zu halten, um die Wertschriften genau dann kaufen zu können, wenn die Kurse gesunken sind. Das hat zur Folge, daß in diesem Ausmaß die privaten Ersparnisse größer als die privaten Investitionen werden: Der Einkommenskreislauf kann so nicht mehr geschlossen werden. Damit läßt sich nicht mehr das ganze Produktion auf den Absatzmärkten absetzen, denn dazu fehlt das Einkommen: Wir haben einen kumulativen Prozeß der Einkommensreduktion zu erwarten, der - wie wir in Kap. 11 genauer sehen werden - idR. mit Arbeitslosigkeit verbunden ist.

Werden andererseits in der nächsten Zeit Kurserhöhungen erwartet, dann werden nicht nur die laufenden Ersparnisse angelegt werden, sondern auch diejenigen Gelder, die man vorher noch nicht endgültig festgelegt hat: Auf diese Weise werden die Investitionen größer als die (laufenden) Ersparnisse, und das zerstört die Gleichheit von Einkommen und Güternachfrage. Wir werden vielmehr mit einer Übernachfrage nach Gütern zu rechnen haben, was sich in Produktions-, Einkommens- und Preiserhöhung niederschlagen wird. Es ist das Verdienst von *J.M. Keynes*, nach der Weltwirtschaftskrise Anfang der 30er Jahre gezeigt zu haben, daß das *Say'sche Gesetz* nicht automatisch gilt, sondern daß es vielmehr Situationen in einer Volkswirtschaft geben kann, in denen anhaltende Ungleichgewichte wie Inflation und/oder Arbeitslosigkeit auftreten können.

III. Teil: Wirtschaftspolitik in einer Marktwirtschaft

7. Grundlagen der Wirtschaftspolitik

7.0 Einleitung

1.In einer Marktwirtschaft bestimmen die Entscheidungen der Privaten das wirtschaftliche Ergebnis, das wir mit Hilfe gewisser statistischer Konventionen[1] für eine bestimmte Zeitperiode feststellen. Abgesehen von den Handlungen der anderen Marktteilnehmer werden diese Entscheidungen von den vielfältigen Umweltfaktoren beeinflußt.

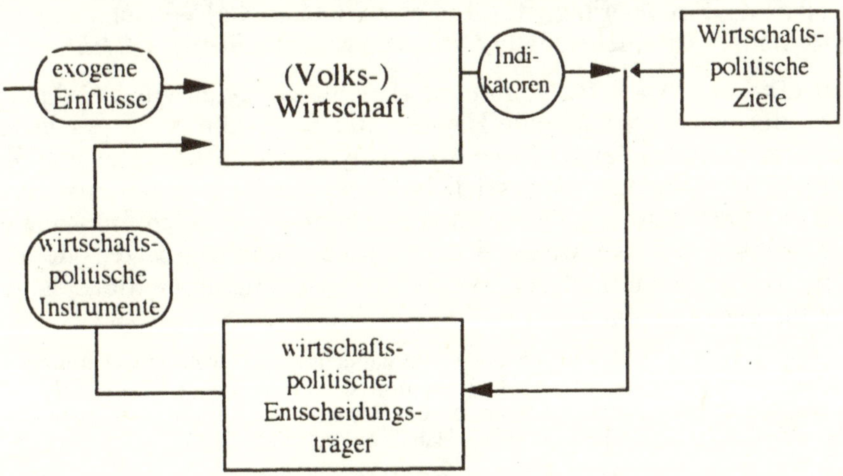

Abb. 7.1

Das Bedürfnis zu wirtschaftspolitischen Eingriffen entsteht dann, wenn dieses Ergebnis nicht unseren Vorstellungen entspricht. Genauer: Wir müssen uns über die Ziele klar werden, die wir erreichen wollen. Wirtschaftspolitische Handlungen werden genau dann ausgelöst, wenn es eine Abweichung zwischen dem angestrebten und dem realisierten

---

[1] Wir messen das Ergebnis des Wirtschaftsablaufs mit "künstlichen" Indikatoren wie das Sozialprodukt, das Preisniveau, die Beschäftigung, die Versorgung der Bevölkerung mit Gütern usw. In unserem Zusammenhang ist nur wichtig, dass das Gedankenkonstrukte sind, die ihre Eignung ausschließlich durch unsere Interpretation erhalten. Vgl. dazu Kap. 2.

Grad besteht, zu dem ein Ziel erreicht ist. Wir werden uns deshalb in Abschnitt 7.2 mit den wirtschaftspolitischen Zielen etwas genauer befassen.

Wenn eine Zielabweichung festgestellt wird, sollte der wirtschaftspolitische Entscheidungsträger versuchen, die Wirtschaft zu beeinflussen. Das kann er nur mit den wirtschaftspolitischen Instrumenten, die ihm zur Verfügung stehen. - Deshalb werden wir uns in Abschnitt 7.1 einen Überblick bzw. eine Einteilung der wirtschaftspolitischen Instrumente ansehen.

Schließlich muß man bei dem Einsatz der Instrumente noch ihre Wirkungsweise kennen. Mit der Wirkungsweise der ablaufpolitischen Instrumente werden wir schließlich in Abschnitt. 7.4 auseinander setzen.

7.1 Arten und Instrumente der Wirtschaftspolitik

2. Nach der Art des Eingriffs läßt sich die (staatliche) Wirtschaftspolitik systematisch unterscheiden in ***Ordnungs-*** und ***Ablaufpolitik***:

Zur ***Ordnungspolitik*** gehört das (bewußte) Setzen einer Ordnung, nach der das wirtschaftliche Handeln der Staatsbürger zu geschehen hat. Dazu gehört in erster Linie das ganze (wirtschaftlich relevante) Zivilrecht, insbesondere die gesetzliche Regelung des (Privat-) Eigentums und das Vertragsrecht. Der Staat versucht aber z.B. auch, im Rahmen der Ordnungspolitik etwa durch den Erlaß des Kartellgesetzes oder des Gesetzes gegen unlauteren Wettbewerb für einen funktionsfähigen Wettbewerb zu sorgen.

Um die Ordnungspolitik von den unten zu behandelnden Regulationen abgrenzen zu können, verstehen wir unter Ordnungspolitik das Setzen einer allgemeinen und dauerhaften Ordnung, während es sich bei den Regulationen um fallweise, punktuelle Eingriffe des Staates in die individuelle Handlungsfreiheit handelt.

Mit der ***Ablaufpolitik*** beeinflußt der Staat das wirtschaftliche Handeln der Privaten direkt über Ge- oder Verbote oder indirekt über das wirtschaftliche Ergebnis. *Pütz* (1974) [2] unterscheidet wirtschaftspolitische Eingriffe deshalb nach der Art ihrer Wirkungsweise in direkte und indirekte:

Unter den ***direkten ablaufpolitischen Maßnahmen*** versteht *Pütz* diejenigen Maßnahmen, die das Handeln der Wirtschaftsteilnehmer direkt festlegen, indem der Staat etwa

- bei Preiskontrollen Höchst-, Mindest- oder Festpreise verordnet,

---

[2] Vgl. auch *Streit* (1982) S. 163 ff.

- bei Mengenkontrollen Produktions- oder Abnahmemengen festlegt.

Hierzu gehören auch die Kreditkontingentierung und die Devisenbewirtschaftung.

Charakteristisch für diese Art Wirtschaftspolitik ist der Umstand, daß die Privaten keine Entscheidungsfreiheit mehr haben, weil ihr Handeln (mindestens teilweise) durch die staatliche Verordnung determiniert ist.

Mit Hilfe der ***indirekten ablaufpolitischen Maßnahmen*** verändert der Staat das Ergebnis des wirtschaftlichen Handelns der Privaten. Die Privaten bleiben also frei in ihren Handlungsmöglichkeiten, der Staat verändert nur die Anreize. - Dazu gehören z.B.

- im Rahmen der ***Geld-*** oder ***Kreditpolitik*** die Diskont-, Offenmarkt-, Mindestreservepolitik der Nationalbank, mit der die Kreditschöpfungsfähigkeit des Bankensystems gesteuert wird,
- im Rahmen der ***Finanzpolitik*** des Staates
  - die Steuer- und Subventionspolitik, mit der der Staat das Nettoergebnis wirtschaftlichen Handelns bestimmt,
  - die Ausgabenpolitik, mit der der Staat die Gesamtnachfrage beeinflussen kann,
  - die öffentliche Verschuldenspolitik, mit der der Staat den Kapitalmarkt beeinflußt.

Kennzeichen dieser Politik ist es, daß die Privaten ihre Entscheidungsfreiheit behalten, daß der Staat aber das Ergebnis ihres Wirtschaftens verändert:

Ob ein Bauer von einer Anbauprämie für irgendein Produkt profitiert, hängt ganz von seinem eigenen Entschluß ab; er ist völlig frei, allerdings hängt sein Einkommen u.a. von dieser Anbauprämie ab. - Ob eine Verteuerung des Alkohols zu einer Reduktion des Alkoholkonsums führt, kommt auf die Entscheidungen der Privaten an, in denen sie völlig frei sind. Sie müssen allerdings die höheren Preise für alkoholische Getränke bezahlen. - Gerade im Zusammenhang mit den Umweltschäden und dem Energieverbrauch spricht man in der wirtschaftspolitischen Tagesdiskussion von **Lenkungsabgaben**, also speziellen Steuern, die eine Verhaltensänderung der Betroffenen herbeiführen sollen.

Der Erfolg der indirekten Ablaufpolitik hängt deshalb wesentlich von der Reaktion der Privaten ab, diese Instrumente wirken nur ***indirekt***, daher die Bezeichnung durch *Pütz*.

3. In einer anderen Sichtweise wird die Wirtschaftspolitik nach dem Grad ihrer Detailliertheit unterschieden, mit dem sie auf die einzelnen Wirtschaftssubjekte einwirkt:

Im Rahmen der ***Globalpolitik*** versucht der Staat, gesamtwirtschaftliche Größen wie Beschäftigung (oder Arbeitslosigkeit), Preisniveau, Wirtschaftswachstum usw. zu beeinflussen - mehr oder weniger ohne Berücksichtigung ihrer (Fein-)Struktur. Hierzu bedient er sich idR. ***makropolitischer*** Instrumente wie der Geldmengen- oder Zinspolitik, der Budgetpolitik usw. Grundsätzlich soll damit kein bestimmtes Unternehmen oder bestimmter Haushalt getroffen werden, obwohl natürlich klar ist, daß die Gesamtwirkung nur durch die Gesamtheit aller Wirkungen bei den einzelnen Betroffenen zustande kommt.

Wirtschaftspolitisch bedeutsame Probleme weisen regelmäßig aber auch eine Struktur auf, die in vielen Fällen gerade verändert werden soll. So ist der Staat dazu übergegangen, gewisse Branchen oder Unternehmen, die Produktion oder den Verbrauch einzelner Güter oder -gruppen zu beeinflussen - etwa mit dem Ziel, die branchenmäßige oder regionale Struktur von Produktion, Beschäftigung, Einkommen usw. ausgeglichener zu halten, weshalb man in diesem Zusammenhang auch von der ***Strukturpolitik*** spricht. Die Instrumente, die er hierzu einsetzt, müssen nicht nur sehr viel stärker differenziert sein als diejenigen der Globalpolitik, sie müssen auch notwendigerweise ***diskriminieren.***

Der Staat kann es sich z.B. zum Ziel setzen, die Abwanderung aus irgendeiner Region (z.B. aus dem Berggebiet) dadurch zu bekämpfen, daß er den Unternehmen für jeden dort errichteten Arbeitsplatz Zuschüsse gewährt. Diese Maßnahme wirkt notwendigerweise zu Lasten anderer Regionen, dort wird die Schaffung von Arbeitsplätzen nicht gefördert, in diesem Sinn also diskriminiert.

4. Jede rationale Wirtschaftspolitik setzt voraus, daß der Staat sich Überlegungen über die anzustrebende wirtschaftliche Entwicklung macht, sie können - je nach dem Grad ihrer Detailliertheit - als Global- oder als Strukturplanung formuliert werden.Wegen der notwendigen zeitlichen Verzögerung zwischen dem Ergreifen einer wirtschaftspolitischen Maßnahme und ihrer Wirkung betreffen solche Planungen immer die Zukunft. Welchen Stellenwert kommt diesen Planungen zu? Haben sie für die Privaten ausschließlich reinen Informationswert, spricht man von ***indikativer*** Planung. Ihre Kenntnis ist für Private deshalb wertvoll, weil sie - durch die Gesamtsicht dieser Planungen - ihnen die Einschätzung der wahrscheinlichen wirtschaftlichen Entwicklung einschließlich der staatlichen Wirtschaftspolitik erlaubt. - Der Staat kann auch versuchen, die Realisierung dieser Planungen etwa dadurch zu erzwingen, daß private Banken nur noch dann Kredite gewähren dürfen, wenn die mit den Krediten zu finanzierenden Investitionen in dem Entwicklungsplan enthalten sind, daß Investitionen einer Genehmigungspflicht unterworfen werden und die Genehmigung nur dann erteilt wird, wenn die von einem Unternehmen beantragten Investitionen in dem Entwicklungsplan enthalten sind usw. Dann spricht man von einer

imperativen Planung.

Im folgenden werden wir stets davon ausgehen, daß der Staat von einer solchen imperativen Planung Abstand nimmt: In der Schweiz könnte sie - wenn überhaupt - nur vom Bund aufgestellt werden, und dazu hat er nach der Bundesverfassung keine Kompetenz. Der Bund darf deshalb bestenfalls eine indikative Planung der wirtschaftlichen Entwicklung erstellen und versuchen, mit den ihm zur Verfügung stehenden Instrumenten die Privaten zur Realisierung dieses Planes zu veranlassen. Eine solche "indirekt" wirkende Wirtschaftspolitik setzt allerdings voraus, daß die Wirkungsweise der wirtschaftspolitischen Instrumente abgeschätzt werden kann.

7.2 Die wirtschaftspolitischen Ziele

5. In den vorangehenden Ausführungen haben wir uns mit der Funktionsweise einer Marktwirtschaft beschäftigt, also mit der Art und Weise, wie Preise das Angebot und die Nachfrage auf den Märkten steuern. Jetzt wenden wir uns der Frage zu, weshalb wir eigentlich unsere Volkswirtschaft in dieser Art und Weise als ***Marktwirtschaft*** organisieren ***sollen*** und ob überhaupt, und wenn ja, welche Eingriffe seitens des Staates ***wünschenswert*** sind; das bezeichnet man auch als ***normative Theorie.***

Aus welchen Gründen könnte die Marktwirtschaft überhaupt die "beste" Organisationsform sein? Dazu müssen wir zwei Teilfragen beantworten:

(i) Welches Ergebnis des Wirtschaftsablaufs ist erstrebenswert ? - Das nennen wir das "sozialökonomische Optimum".

(ii) Wird das sozialökonomische Optimum in einer Marktwirtschaft realisiert?

Die ***Wohlfahrtstheorie*** gehört zu dem Teil der Volkswirtschaftslehre, in dem man solche normativen Aussagen zu formulieren versucht. Mit ihr können wir uns hier zwar nicht systematisch auseinandersetzen; immerhin ist es für Sie wichtig, die grundlegenden Werturteile kennen zu lernen, mit denen man die wichtigsten Vorzüge marktwirtschaftlicher Organisation begründet.[3] Dabei werden wir in diesem Abschnitt zunächst "ideale" Bedingungen für das Funktionieren einer Marktwirtschaft unterstellen. Die ganze wirtschaftspolitische Aktivität des Staates geht letzten Endes auf die Überzeugung zurück, daß in der Re-

[3] Eine etwas ausführlichere Darstellung und Literaturangaben finden Sie in. *Schneider* (1986) und *Giersch* (1960) Kap. 2 und 3.

alität diese "idealen" Bedingungen verletzt sind; man nennt das auch "Marktversagen", auf das wir insbesondere in den Kapiteln 8-11 ausführich eingehen werden. Zuvor werden wir uns aber damit beschäftigen, was wir in diesem Zusammenhang als "wünschenswert" zu bezeichnen haben; das geschieht im folgenden Abschnitt über die ***soziale Wohlfahrtsfunktion.***

7.21 Die soziale Wohlfahrtsfunktion

6. Stellen Sie sich vor, wir hätten die Aufgabe übertragen bekommen, die schweizerische Wirtschaft im Rahmen staatlicher Wirtschaftspolitik "in positiver Weise" zu beeinflussen.

Wir hätten also z.B. zu versuchen, durch eine bestimmte Ausgestaltung der Landwirtschaftspolitik die Einkommenssituation der Bauern zu verbessern oder durch die Erhebung von Treibstoffzöllen die Umweltschäden des Verkehrs in Grenzen zu halten. Oder: In der Beschäftigungspolitik wird der Versuch unternommen, mit Hilfe geeigneter Maßnahmen eine bestehende Arbeitslosigkeit zu verringern, d.h. die tatsächliche Beschäftigungssituation an die erwünschte "Vollbeschäftigung" anzugleichen.

Wir suchen deshalb nach Entscheidungshilfen oder -kriterien, nach denen wir vorgehen können. Wie jedes rationale Handeln muß eine ***rationale*** Wirtschaftspolitik ***zielorientiert:*** sein: Die tatsächliche Situation soll in Richtung auf ein bestimmtes Ziel hin beeinflußt werden. Rationale Wirtschaftspolitik setzt deshalb voraus

- eine (genügend) präzise Vorstellung über das anzustrebende Ziel,
- einen Vergleich der vorgefundenen Situation mit dieser Zielvorstellung,
- die Verfügbarkeit bestimmter Instrumente, um die Situation zu verändern,
- die Bestimmung des Instrumenteneinsatzes gemäß seiner (erwünschten) Wirkungen auf das Ziel und seiner (unerwünschten) Nebenwirkungen auf andere Ziele.

7. In diesem Abschnitt werden wir uns nur versuchen, die wirtschaftspolitischen Ziele genauer zu beschreiben, also mit der ***Zielfunktion.*** Der Einfachheit halber beschränken wir uns dabei auf das materielle Wohlergehen der Bevölkerung.

Um nicht mißverstanden zu werden: Das impliziert aber keineswegs die Forderung, in einem Land sollte lediglich oder in erster Linie die (materielle) Wohlfahrt eine Rolle spielen. Wir wollen die Darstellung nur möglichst einfach halten; Sie werden am Schluß selbst bemerken, wie die Argumentation verallgemeinert werden kann.

Jede Zielfunktion ordnet Alternativen: Ein Entscheidungsproblem liegt ja überhaupt nur dann vor, wenn mindestens zwei verschiedene Situationen erreichbar sind; denn dann muß entschieden werden, welche die "bessere" ist. Stellen Sie sich vor, wir seien jetzt in einer Situation A, die wir mit einer wirtschaftspolitischen Maßnahmen so beeinflussen können, so daß sie sich zu Situation B wandelt. Ob wir die entsprechende wirtschaftspolitische Maßnahme durchführen ***sollen***, hängt davon ab, welche der beiden Situationen *sozial* vorzuziehen ist: Nach welchen Kriterien entscheiden wir, bei welcher der beiden die Versorgung der Bevölkerung besser oder, wie wir von jetzt an sagen, die ***soziale Wohlfahrt*** größer ist? - Hierzu gehen wir von zwei grundlegenden Annahmen aus:

(i) Jeder Mensch, der voll informiert ist, kann selbst am besten beurteilen, was für ihn gut ist. Entschließt er sich aus freien Stücken für eine Situation A, sagen wir, A ***sei besser*** für ihn. Dann haben wir ausser in Spezialfällen keinen Grund zur Annahme, B sei "in Wirklichkeit" besser für ihn.

(ii) Halten in einer Gesellschaft ***alle*** Staatsbürger A für besser als B, d.h. zieht niemand B der Situation A vor, dann gehen wir davon aus, daß ***A sozial besser als B ist***. Das ist das ***Pareto-Kriterium***.

Diese beiden Aussagen sind grundlegend für unsere Argumentation: Die erste bringt unsere individualistische Grundhaltung zum Ausdruck, mit der Situationen sozial bewertet werden sollen. Eine solche Bewertung kann man auch mit Hilfe einer Funktion darstellen, sie heißt eine ***soziale Wohlfahrtsfunktion***[4]. Aussage (i) läßt nur eine ***soziale Wohlfahrtsfunktion des individualistischen Typs***[5] zu; ausgeschlossen wird dadurch eine solche des kollektivistischen Typs, bei der eine Gruppe (oder auch ein Diktator) bestimmt, was für den Einzelnen gut ist.

[4] Eine ***Funktion*** ist nichts anderes als eine Beziehung zwischen (mindestens) zwei Grössen.

[5] Vgl. hierzu *Giersch* (1960).

8. Aussage (ii) ist das ***Pareto-Kriterium***, es lautet:

> Eine Situation A ist (sozial) besser als eine Situation B, wenn A mindestens von einem Individuum vorgezogen wird und wenn niemand B vorzieht.

Eine soziale Wohlfahrtsfunktion, die dieses Kriterium erfüllt, heißt eine ***paretianische soziale Wohlfahrtsfunktion***.[6]

9. Jede ***Handlung*** - auch eine im Rahmen der Wirtschaftspolitik - verändert eine Ausgangssituation A zu einer neuen Situation B.

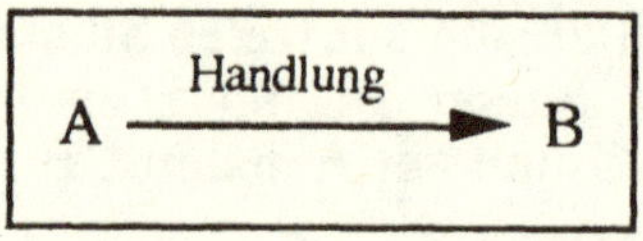

Ob diese Handlung durchgeführt werden soll oder nicht, hängt davon ab, ob wir uns lieber in Situation A oder in Situation B befinden, welche dieser beiden Situationen ***präferiert*** wird. - Das Pareto-Kriterium läßt sich deshalb auch so ausdrücken:

> Eine wirtschaftspolitische Handlung sollte durchgeführt werden, wenn sie mindestens ein Individuum begünstigt und niemanden schlechter stellt.

Die erste Formulierung ist die präzisere, sie impliziert die zweite, die auf eine Handlung als Änderung der Ausgangssituation abstellt.

10. Stellen Sie sich vor, wir würden die für eine Gesellschaft erreichbaren Situationen A, B, C,... mit Hilfe des Pareto-Kriteriums miteinander vergleichen. Wenn wir dabei alle diejenigen ausscheiden, für die es nach dem Pareto-Kriterium eine bessere Situation gibt, behalten wir die ***Pareto-optimalen*** Situationen zurück:

> Das ***sozialökonomische Optimum*** oder das ***Pareto-Optimum*** ist noch nicht erreicht, solange es noch eine Situation gibt, in der es einigen besser und niemandem schlechter geht.

Daraus folgt die Definition des Pareto-Optimums:

> In einem Pareto-Optimum ist es nicht möglich, irgendeinen anderen Zustand zu erreichen, bei dem es einigen besser und niemandem schlechter geht.

Oder:

---

[6] So benannt nach *Vilfredo Pareto* (1848-1923), Mitbegründer der Soziologie und der Lausanner Schule der Nationalökonomie.

> In einem Pareto-Optimum ist es nicht möglich, irgend jemanden besser zu stellen, ohne mindestens einen anderen schlechter zu stellen.

Mit dieser Definition sind zwei Schwierigkeiten verbunden:

(i) Das Pareto-Optimum wird durch eine Negation definiert, und das macht die Definition so "unhandlich".

(ii) Das Pareto-Kriterium sagt *nichts* darüber aus, was zu geschehen hat, wenn es einigen besser, aber anderen schlechter geht: Das Pareto-Kriterium bewirkt nur eine ***teilweise Ordnung*** der Alternativen. Die Folge davon ist, daß wir idR. eine große Zahl von Situationen bekommen, die mit Hilfe des Pareto-Kriteriums nicht miteinander vergleichbar sind; es sind deshalb alle Pareto-Optima.

Wir wollen das an einem Beispiel zeigen: Zwei Einwohner, I und II, sollen zwischen den Situationen A, B, C, D auswählen müssen.[7] Wir stellen die Situationen paarweise zur Abstimmung, die Einwohner sollen dabei angeben, welche sie vorziehen. Angenommen, wir erhielten das folgende Ergebnis:

Frage:	Entscheidung des		soziale
	I	II	Wertung
A oder B ?	A	indiff.	A
A oder C ?	A	C	-
A oder D ?	A	D	-
B oder C ?	B	C	-
B oder D ?	B	D	-
C oder D?	indiff.	C	C

Also scheiden B und D aus, weil sie durch A und C dominiert werden, aber A und C können nicht miteinander verglichen werden; es sind die Pareto-optimalen Zustände.

Bitte beachten Sie:

- In der Regel gibt es mehr als einen einzigen Pareto-optimalen Zustand, in unserem Beispiel A und C.

[7] Wir können die Präferenzordnung für beide angeben: Für I lautet sie A>B>C=D, für II C>D>B=A, wobei ">" für "wird vorgezogen", "=" für "ist indifferent" steht.

- Das Pareto-Kriterium liefert nur eine Teilordnung: Eine Auswahl zwischen A und C ist mit ihm nicht möglich.

Das Pareto-Kriterium gibt also keine Entscheidungshilfe in jenen Fällen, in denen es einigen besser, anderen aber schlechter geht. Das ist leider der Regelfall in der praktischen Wirtschaftspolitik. Dann bleibt uns nur, Vor- und Nachteile gegeneinander abzuwiegen, eine - allgemein akzeptierte - Bewertungsregel haben wir in diesen Fällen nicht.

Trotzdem ist das Pareto-Kriterium alles andere als unwichtig: Einmal ist es wohl allgemein akzeptabel, und wir werden ein Verstoß dagegen als ungerechtfertigt beurteilen. Und zum zweiten werden Sie sehen, daß man aus diesem an sich schwachen Kriterium doch eine ganze Reihe wirtschaftspolitischer Konsequenzen ableiten kann.

7.22 Das sozialökonomische Optimum

11. Ein Zustand der Volkswirtschaft, der sich gemäß dem Pareto-Kriterium nicht mehr verbessern läßt, heißt ein ***Pareto-Optimum*** oder ein ***Sozialökonomisches Optimum***. Was können wir aus dem Begriff des sozialökonomischen Optimums für die Güterversorgung in einer Volkswirtschaft ableiten? Welche Güter müssen im welcher Menge produziert werden, damit die Bedürfnisse der Konsumenten optimal befriedigt sind? Gehen wir zur Vereinfachung der Argumentation wieder von der Annahme der Nicht-Sättigung der Konsumenten aus, d.h. jeder Konsument zieht eine Versorgung mit mehr Gütern einer solchen mit weniger Gütern vor, und vernachlässigen wir das Faktorangebot. Dann können wir formulieren:

(i) Im sozialökonomischen Optimum darf es nicht möglich sein, die ***Güterverteilung*** bei ***gegebener Menge verfügbarer Güter*** so zu ändern, daß einige besser gestellt werden und niemand benachteiligt wird. Diese Güterverteilung bezeichnet man als ***Handelsoptimum***.

(ii) Solange die Bürger noch nicht mit Gütern gesättigt sind, sie also jede größere einer kleineren Güterversorgung vorziehen, darf es im sozialökonomischen Optimum nicht möglich sein, die Güterversorgung durch ***Erhöhung der Produktion*** zu vergrössern. Genauer: Bei gegebenem Faktoreinsatz darf man nicht von irgendeinem Gut mehr produzieren können, ohne die Produktion der anderen Güter einschränken zu müssen. Die gesamtwirtschaftliche Produktion, die diese Anforderung erfüllt, bezeichnet man als das ***Produktionsmaximum***.

(iii) Im sozialökonomischen Optimum darf es nicht möglich sein, von irgendeinem Gut mehr und von einem anderen Gut weniger zu produzieren und durch eine solche Änderung der ***Produktions-***

struktur einige Einwohner besser zu stellen, ohne andere dadurch zu benachteiligen. Eine solche Struktur der gesamtwirtschaftlichen Produktion nennt man die ***optimale Produktionsstruktur***.

Wir werden im folgenden diese Aussagen nicht präzise abzuleiten, sondern nur nachzuweisen versuchen, daß diese drei Optima im Marktgleichgewicht automatisch erfüllt sind.

12. Stellen Sie sich einmal vor, in einer Volkswirtschaft habe die Güterproduktion bereits stattgefunden, und wir stünden vor der Aufgabe, die vorhandene Gütermenge auf die Einwohner zu verteilen. Wie soll das geschehen? Sicherlich sollten wir dafür sorgen, daß wir den Einwohnern nicht mehr, aber auch nicht weniger Güter abgeben, als zur Verfügung stehen. Formulieren wir unsere Frage etwas um: Angenommen, die Güter seien in irgendeiner Weise bereits verteilt worden. Sollen wir sie umverteilen? Eine solche Umverteilung kann in zweierlei Weise erfolgen:

- Wir können irgendeinem Einwohner A Güter wegnehmen und sie einem Einwohner B geben. Bleiben wir bei unserer Annahme der Nichtsättigung, dann wird es dadurch A schlechter und B besser gehen. Daraus resultieren zwei Zustände, die wir mit dem Pareto-Kriterium nicht vergleichen können. Wollen wir sie doch vornehmen, brauchen wir eine andere Rechtfertigung, ein anderes Werturteil als das des Pareto-Kriteriums.
- Wir können A von einem Gut 1 etwas wegnehmen und es dem B geben, den A dafür aber dadurch "kompensieren", daß wir gleichzeitig die Versorgung von von A verbessern, was idR. voraussetzt, daß wir diejenige von B mit Gut 2 verschlechtern.

Wir wollen uns diesen letzteren Fall etwas genauer ansehen. Wegen der Annahme, daß die verfügbare Menge von Gut 1 und diejenige von Gut 2 auf die beiden Einwohner A und B verteilt werden sollen, können wir eine *Edgeworth-Box* zeichnen. Die Seitenlänge des Rechtecks beträgt genau die insgesamt verfügbare Menge des jeweiligen Gutes. Das, was der Haushalt A bekommt, ist in Abb. 7.2 mit c_{A1} und c_{A2} bezeichnet, entsprechend für B. Machen Sie sich bitte klar, daß jeder Punkt in diesem Rechteck genau eine Güterverteilung darstellt, bei der die vorhandenen Gütermengen restlos auf die beiden Einwohner verteilt sind.

Angenommen, wir hätten im Ausgangszustand die Güterverteilung P realisiert. Dann ist sie deshalb verbesserungsfähig, weil wir Gut 1 von A nach B, Gut 2 von B nach A umverteilen können, so daß beide die neue Verteilung präferieren. Dazu müssen wir nur innerhalb der "Linse" bleiben, die durch die beiden Indifferenzkurven durch A gebildet werden. Das Handelsoptimum ist erreicht, wenn keine solche Umverteilung mehr möglich ist, also keine "Linse" mehr existiert. Das ist der Fall, wenn die Indifferenzkurven einander tangieren oder - genauer - wenn die Grenzrate der Substitution zwischen zwei beliebigen Gütern und zwei beliebigen Einwohnern, die diese beiden Güter verbrauchen, gleich geworden ist.

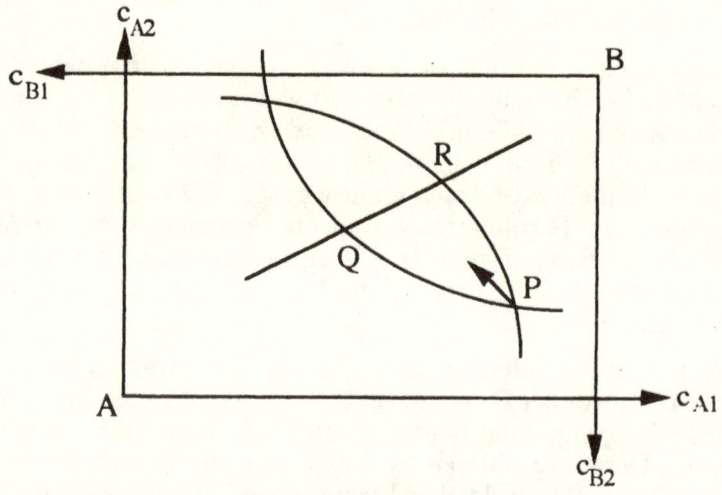

Abb. 7.2

13. Daß wir bei der Güterproduktion jede Faktorverschwendung vermeiden sollten, ist nicht weiter zu begründen. Immerhin impliziert es, daß in keinem Betrieb unnötig viele Faktoren eingesetzt werden, daß er also jeweils auf einer Isoquante produziert (und nicht darüber). Was machen wir aber, wenn in zwei Betrieben I und II zwei verschiedene Güter erzeugt werden, indem die Faktoren 1 und 2 eingesetzt werden? Wie beim Handelsoptimum haben wir wieder zwei Möglichkeiten, eine einmal erreichte Faktorverteilung (=Faktorallokation) zu ändern:

- Wir reduzieren etwa in Betrieb I den Einsatz aller Faktoren und erhöhen den Faktoreinsatz in Betrieb II entsprechend. Das wird zu einer Produktionseinschränkung bei I und einer Produktionserhöhung bei II führen. Ob sich das lohnt oder nicht, werden wir gleich beurteilen.
- Wir reduzieren etwa bei Betrieb I den Einsatz von Faktor 1, erhöhen deshalb den Einsatz von Faktor 2. Das ist in der Faktorbox von Abb. 7.3 dargestellt, die der Edgeworth-Box in Abb. 7.1 entspricht.

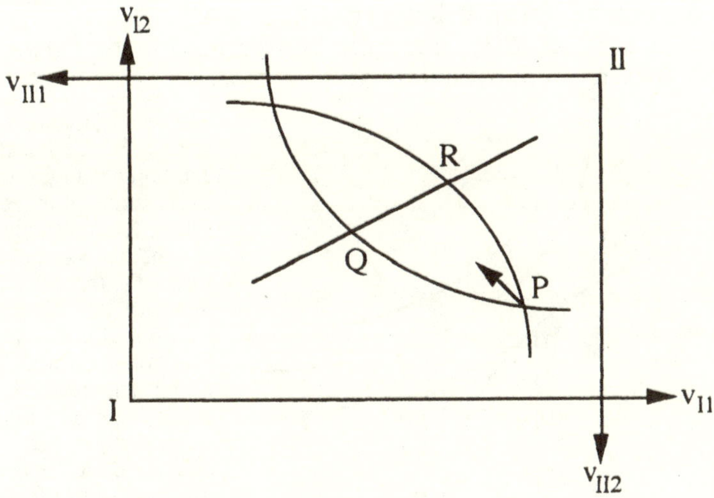

Abb. 7.3

Wenn die vorhandenen Faktoren 1 und 2 auf die beiden Betriebe entsprechend P verteilt waren, dann läßt sich auf diese Weise eine Umverteilung der Faktoren finden, so daß Betrieb 1 mindestens seine Produktion nicht verringern muß, Betrieb 2 aber mehr produzieren kann. Im Produktionsmaximum sind solche Umverteilungen nicht mehr möglich, weil in ihm die "Linse" zwischen den beiden Isoquanten verschwunden ist, sie tangieren einander oder die Grenzrate der technischen Substitution ist in beiden Betrieben gleich geworden.

14. Durch Umverteilung der Faktoren von Betrieb I zu Betrieb II kann man also dafür sorgen, daß die Produktion von II zu Lasten derjenigen von I ausgedehnt wird. Also muß es möglich sein, verschiedene Güterkombinationen zu produzieren - selbst dann, wenn für jede dieser Kombinationen die Bedingung für das Produktionsmaximum erfüllt ist. Die Kurve, die die so erreichbaren Güterkombinationen beschreibt, heißt die ***Transformationskurve***. Wenn wir davon ausgehen, daß wir die Produktion eines Gutes wohl umso schlechter ausdehnen können, je mehr wir davon schon produzieren, hat sie den in Abb. 7.4 angegebenen Verlauf.

Dort sind darüber hinaus die Indifferenzkurven eines beliebigen Haushalts eingezeichnet. Die Erhöhung der Produktion des Gutes 2 zu Lasten derjenigen von Gut 1 lohnt sich nur dann, wenn eine entsprechende Änderung der Güterversorgung von diesem Haushalt der alten vorgezogen wird. Immer dann, wenn solche Änderungen in der Produktionsstruktur noch möglich sind, ist das sozialökonomische Optimum nicht erreicht. Es ist es erst dann, wenn das nicht mehr möglich ist, wenn also die gesamtwirtschaftliche Transformationskurve TT die Indifferenzkurve tangiert, die Grenzrate der Transformation deshalb gleich der Grenzrate der Substitution ist.

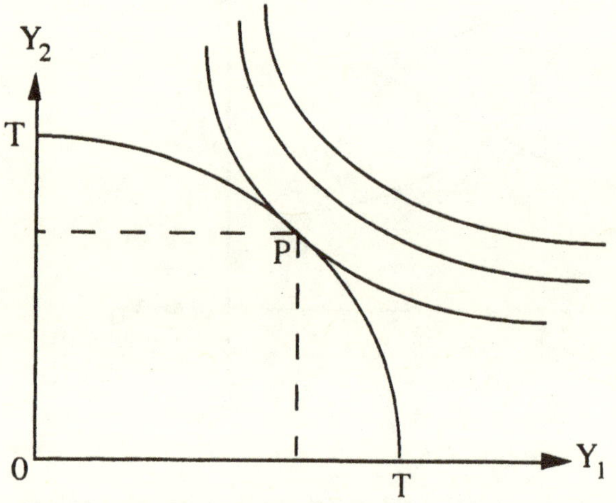

Abb. 7.4

Die marxistische Wirtschaftstheorie hat diese Zusammenhänge lange Zeit überhaupt nicht gesehen. Sie hat geglaubt, durch die Vermeidung von Faktorverschwendung in der Güterproduktion allein ein sozialökonomisches Optimum zu erreichen. Sie sollten aus den obigen Ausführungen ersehen, daß die Bedürfnisstruktur der Individuen an zwei Stellen in diese Überlegungen eingeht, bei der Bestimmung des Handelsoptimums und bei derjenigen der optimalen Produktionsstruktur.

7.3 Wirtschaftspolitik in einer Marktwirtschaft

7.31 Die Äquivalenz von sozialökonomischem Optimum und Marktgleichgewicht

15. Die folgenden Ausführungen sollen zeigen, daß unter gewissen "idealen" Bedingungen in einer Marktwirtschaft automatisch ein sozialökonomisches Optimum erreicht wird. Sind diese Bedingungen in der Realität erfüllt, ist auch das Marktergebnis optimal: Einen Grund für einen wirtschaftspolitischen Eingriff gibt es dann nicht.

Staatliche Wirtschaftspolitik kann in dieser Sicht nur durch irgendeine Form von ***Marktversagen*** gerechtfertigt werden. Damit werden wir uns im nächsten Abschnitt auseinandersetzen.

16. Zur Überprüfung der Behauptung, in einer Marktwirtschaft würde ein sozial-ökonomisches Optimum automatisch erreicht, betrachten wir zunächst das ***Handelsoptimum***: Da im Marktgleichgewicht angebotene und nachgefragte Mengen einander gleich sind, müssen die Haushalte gerade die ganze Produktion (an Konsumgütern) nachfragen. Wenn sie bei ihrer Nachfrageentscheidung frei sind und dabei alle Konsequenzen der Verwendung ihres Einkommens kennen, sie auch selbst tragen müssen, haben wir keinen Grund für die Behauptung, irgendeine andere Verwendung ihres Einkommens sei für sie besser.

Wir sind bisher davon ausgegangen, daß alle Haushalte dieselben Preise zahlen müssen, daß also die Anbieter ihre Preise nicht nach den Nachfragern differenzieren und dadurch einige Nachfrager diskriminieren. Dann sind die Grenzraten der Substitution wegen der freien Verwendung des (Geld-)Einkommens für alle Haushalte gleich, und es ist keine Umverteilung der Güter vorstellbar, durch die alle Beteiligten besser gestellt werden: Die ***freie Konsumwahl*** sorgt dafür, daß in einer Marktwirtschaft das Handelsoptimum realisiert ist. Anders ausgedrückt: Es ist nur noch Umverteilungspolitik möglich, die einige besser und andere schlechter stellt; mit dem Pareto-Kriterium können wir aber über deren Wünschbarkeit nichts aussagen.

Diese Art von Umverteilung ist im politischen Alltag häufig anzutreffen: Durch die Schaffung etwa einer AHV werden die Erwerbstätigen einer (proportionalen) Beitragspflicht unterworfen, einen Höchstbeitrag kennt die AHV nicht. Die Renten sind zwar prinzipiell proportional zum Einkommen während des Erwerbslebens, aber durch Mindest- und Höchstbeträge begrenzt: Diese Umverteilungspolitik belastet Versicherte mit hohem Einkommen stärker als solche mit einem niedrigen Einkommen, weil die Gegenleistung für die gezahlten Beiträge bei den Bezieher hoher Einkommen geringer ist als bei jenen mit niedrigem Einkommen. (Das bezeichnet man auch als die Solidarität innerhalb der AHV.)

17. Das ***Produktionsmaximum*** formulieren wir zunächst um: Statt der Maximierung der Produktion bei gegebenen Produktionsmöglichkeiten (= bei gegebenem Faktoreinsatz) fordern wir die ***Minimierung des Faktoreinsatzes*** (und damit der Kosten) für gegebene Produktionsmengen: Im Produktionsmaximum soll es nicht möglich sein, bei gegebener Produktion durch irgendeine Änderung etwa in der Organisation Kosten einzusparen. Damit in einer Volkswirtschaft in diesem Sinn mit minimalen Kosten produziert wird, ist dreierlei erforderlich: (i)

(ii) Es dürfen nur diejenigen Unternehmen produzieren, die mit den niedrigsten Kosten produzieren, d.h. die die Produktionsfaktoren effizient einsetzen.

(iii) Alle einsetzbaren Produktionsmöglichkeiten und -faktoren müssen auch tatsächlich eingesetzt sein (= Vollbeschäftigung aller Faktoren).

Die erste Bedingung ist erfüllt, wenn die Unternehmen nach maximalem Gewinn streben, denn dann wird jede beliebige Produktion jeweils mit minimalen Kosten durchgeführt: Das Interesse der Volkswirtschaft und dasjenige des einzelnen Produzenten fallen zusammen.

Die Ableitung dafür finden Sie oben in Abschnitt 4.22.

Der Wettbewerb zwischen den Unternehmen gewährleistet die Erfüllung der zweiten Bedingung: Unternehmen, die z.B. wegen veralteter Produktionsverfahren mit zu hohen Kosten arbeiten, können ihre Produkte nicht oder nur mit Verlust verkaufen.

Lesen Sie dazu noch einmal Abschnitt 4.3 durch. Durch das Auftreten von Konkurrenten mit günstigeren Produktionskosten geraten diese Anbieter "an das rechte obere Ende der (Gesamt-)Angebotskurve".

Und die dritte Bedingung ist erfüllt, wenn alle Faktormärkte ohne Probleme funktionieren, wie das in Kapitel 5 beschrieben ist. Sind nämlich die Faktorpreise so flexibel, daß sich immer ein Gleichgewicht auf den Faktormärkten einstellt, dann kann es z.B. auf dem Arbeitsmarkt keinen Angebotsüberschuß und damit auch keine Arbeitslosigkeit geben. Wir werden hierauf noch einmal in Kapitel 11 zurückkommen.

18. Im Marktgleichgewicht ist die ***optimale Produktionsstruktur*** deshalb realisiert, weil der Wettbewerb auf allen Märkten für die optimale Anpassung der Produktions- an die Bedürfnisstruktur der Haushalte sorgt. Das bezeichnet man auch als die ***Konsumentensouveränität***. Um das zu sehen, beginnen wir mit der Struktur der ***Güternachfrage***: Die Haushalte können die Struktur ihrer Nachfrage ja beliebig und jederzeit ändern, sie haben dazu nur die subjektive Wünschbarkeit (ausgedrückt durch ihr Indifferenzkurven-System) mit den objektiven Möglichkeiten (gegeben durch ihre Bilanzgerade) in Übereinstimmung zu bringen. Die Steigung der Bilanzgerade wird aber durch die Güterpreise gegeben, so daß wir die von den Haushalten entfaltete Nachfrage als optimal bei diesen Güterpreisen ansehen dürfen. Also gilt

$$\text{(7.1)} \qquad GRS = \frac{p_1}{p_2}$$

Andererseits richten sich die Unternehmen bei ihrer Gewinnerzielung nach den erzielbaren Preisen für ihre Produkte. Genauer: Anbieter in vollständiger Konkurrenz maximieren ihren Gewinn dann, wenn Preis und Grenzkosten einander gleich sind. Also muß auch das Preisverhältnis dem Verhältnis der Grenzkosten entsprechen:

$$\text{(7.2)} \qquad \frac{p_1}{p_2} = \frac{K_1'}{K_2'}$$

Das Verhältnis der Grenzkosten läßt sich interpretieren: Stellen Sie sich vor, wir würden die Produktion des Gutes 1 um eine Einheit ausdehnen. Das würde (definitionsgemäß) zusätzliche Kosten in Höhe der Grenzkosten erfordern. Dasselbe gilt für Gut 2. Nun wollen wir eine Produktion zu Lasten der anderen ausdehnen, also etwa von Gut 2 mehr produzieren und von Gut 1 weniger. Dann steigen die Kosten in der 2-Produktion, und in der 1-Produktion sinken sie. Abgesehen davon, daß der Bruch auf der rechten Seite von (7.2) irgendeinen Zahlenwert aufweist (der uns hier nicht interessiert), hat er auch eine Dimension. Da die Grenzkosten definiert sind als die Erhöhung der nominellen Kosten, wenn die Produktion um eine Einheit ausgedehnt wird, ist die Dimension dieses Bruches

$$\frac{Fr/ME\ 1}{Fr/ME\ 2} \qquad ME: \text{Mengeneinheit}$$

Da wir das als Quotienten zweier Brüche ansehen dürfen, können wir die Franken-Dimension herauskürzen und erhalten

$$\frac{ME\ 2}{ME\ 1}$$

Also gibt uns die linke Seite von (7.2) an, in welchem Umfang die Produktion des Gutes 1 eingeschränkt werden muß, wenn die Produktion des Gutes 2 um eine Einheit ausgedehnt wird: Das Verhältnis der Grenzkosten auf der rechten Seite von (7.2) ist deshalb die gesamtwirtschaftliche Grenzrate der Substitution: Wegen des Gewinnstrebens der Anbieter gibt das Preisverhältnis nicht nur das Verhältnis der Grenzkosten an, sondern auch die Grenzrate der Transformation und damit die Möglichkeit einer Volkswirtschaft, die Produktionsstruktur zu Gunsten eines bestimmten Gutes zu ändern.

Im Marktgleichgewicht passen sich die Konsumenten an diese Preise an, die ihrerseits gleich den Grenzkosten der Unternehmen sind. Damit ist die Grenzrate der Substitution gleich der Grenzrate der Transformation: Die optimale Produktionsstruktur ist erreicht.

19. Um die Funktionsweise einer Marktwirtschaft besser beurteilen zu können, sehen wir uns die Anpassungsprozesse an, die z.B. durch eine Änderung der Präferenzen[8] ausgelöst werden: Daß die Haushalte wegen der angenommenen Geschmacksänderung mehr Tuch und weniger Brot nachfragen, stellen wir durch eine Verschiebung ihres Indifferenzkurvensystems dar. Bei unveränderter Bilanzgerade, d.h. bei unverändertem Einkommen und gegebenen Preisen verschieben sich die Nachfragekurven so, wie das in Abb. 7.5 dargestellt ist.

Wir wollen die Argumentation aufteilen: Zunächst nehmen wir an, daß die Produktion überhaupt nicht auf die Nachfrageänderung reagieren kann. Deshalb bleiben die Produktionsmengen konstant, die "Angebotskurve" in Abb. 7.5 verläuft senkrecht. (Vgl. auch Abb. 4.36 und 4.37, ohne Anpassung der Produktion ist P_1 in Abb. 4.37 aber nicht realisierbar.)

[8] Vgl. dazu auch Abschnitt 4.3.

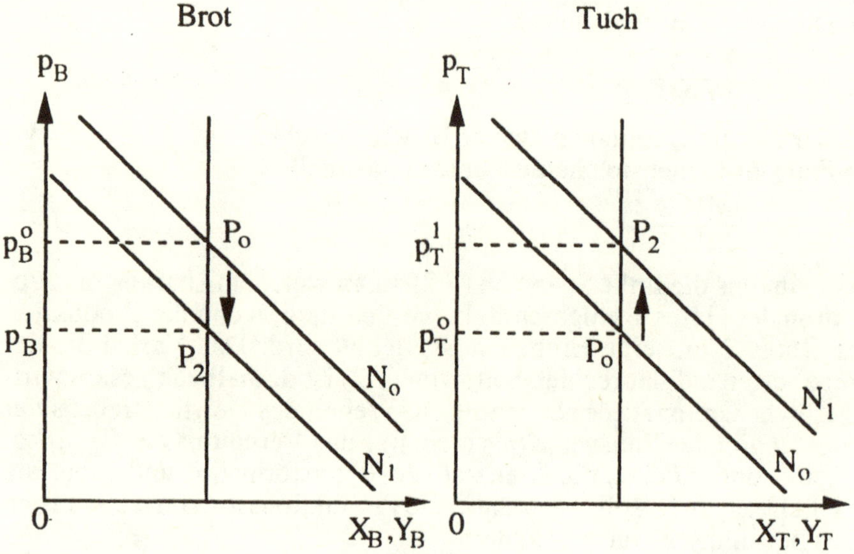

Abb. 7.5

Wenn die Produktion an die neue Nachfragesituation überhaupt nicht angepaßt werden kann, ist das neue Gleichgewicht P_2. Eine Verschiebung der Nachfragekurven führt also ausschließlich zu einer Preisänderung.

Eine Erhöhung der Nachfrage nach Tuch bewirkt also ausschließlich eine Preiserhöhung, die Menge bleibt unverändert; entsprechendes gilt für Brot. Das soll optimal sein?

Im wesentlichen aus zwei Gründen ist P_2 ein Pareto-Optimum:

- Die Unmöglichkeit der Produktionsanpassung ist keineswegs Folge des marktwirtschaftlichen Systems, sie wird vielmehr durch unsere Annahme selbst erzwungen. Wenn unsere Argumentation schlüssig sein soll, müssen wir das auch bei allen anderen Wirtschaftssystemen voraussetzen.
- Wegen dieser Annahme kann sich auf beiden Märkten die insgesamt produzierte und damit auch die nachgefragte Menge nicht ändern. Daß sich aber bei dem einzelnen Haushalt durch die Preisänderung sehr wohl etwas ändert, sehen Sie in Abb. 7.6, wo die Situation auf dem Tuchmarkt genauer dargestellt ist. Die Nachfragekurven der beiden Haushalte sind dort - wie in Abschnitt 4.3 - zu der Gesamtnachfrage-Kurve zusammengefaßt; durch die Geschmacksänderung verschiebt sich die Gesamtnachfragekurve von N_o auf N', der Preis steigt von p^o auf p'.

Bei unverändertem Preis würde die Nachfrage nach Tuch um PQ zunehmen. Bei annahmegemäß unveränderter Tuchproduktion läßt sie sich nicht befriedigen, der Preis steigt auf p' - also solange, bis die nachgefragte Menge wieder auf den Stand der (unveränderten) Produktion reduziert ist. Deshalb sinkt

- die neue Gesamtnachfrage um die Menge PQ,
- die Nachfrage des Haushalts I um RS,
- die Nachfrage des Haushalts II um PQ - RS

Aber welcher Haushalt muß seine Nachfrage wie stark einschränken? In Abb. 7.6 hat der Haushalt I offensichtlich eine steilere Nachfragekurve als der Haushalt II, d.h. während der II bereit ist, bei Preiserhöhungen relativ stark auf dieses Gut zu verzichten, mißt der I ihm eine viel größere Dringlichkeit zu, er reduziert eher den Konsum der anderen Güter. Die Folge davon ist, daß im neuen Gleichgewicht die Nachfrage des II stärker als diejenige des I reduziert ist: Der Markt geht genau entsprechend der Steigung der Nachfragekurven vor.

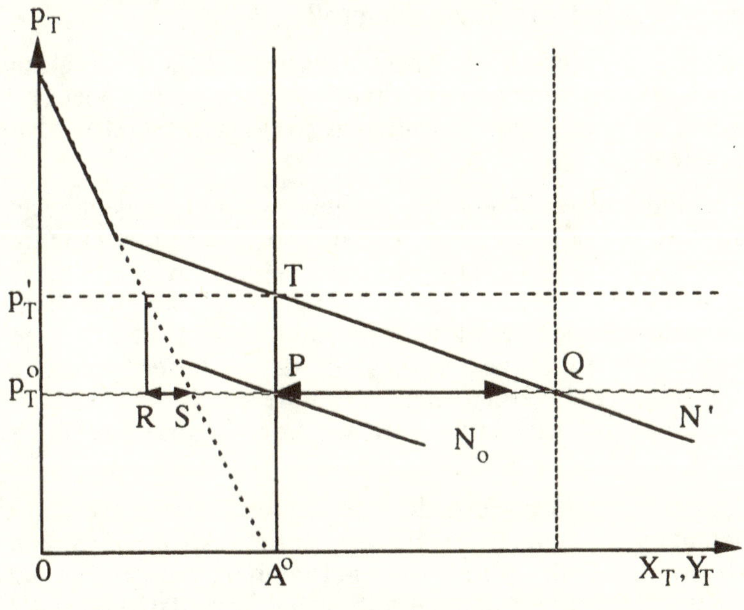

Abb. 7.6

Also wird der I bevorzugt? Nein. Die geringe Reduktion der Nachfrage bei I impliziert nämlich, daß die Ausgaben für dieses Gut bei einer Verteuerung entsprechend steigen; bei gegebenem Einkommen muß I den Konsum der anderen Güter deshalb entsprechend stark einschränken.

Die Haushalte müssen also immer abwägen, auf welches Gut sie am ehesten zu verzichten bereit sind: Der Marktmechanismus berücksichtigt die ***relative*** Dringlichkeit, die die Haushalte dem Konsum der einzelnen Güter beimessen, und sorgt insoweit für ein Handelsoptimum.

20. Es bereitet jetzt keine Schwierigkeiten mehr, auch Produktionsänderungen zuzulassen: In Abb. 7.7 sind zwei verschieden steile Angebotskurven eingezeichnet: Je flacher eine Angebotskurve verläuft, desto leichter läßt sich die Produktion ausdehnen, d.h. desto kleiner ist die Preiserhöhung, die die Anbieter zu einer entsprechenden Erhöhung der Produktion veranlaßt. - Sie sehen, daß die von einer bestimmten Nachfrageerhöhung ausgelöste Preiserhöhung umso kleiner sein kann, je stärker Angebot ***und*** Nachfrage auf die Preiserhöhung reagieren: Bei der Angebotskurve A" ist die Preiserhöhung kleiner und die Mengenerhöhung größer als bei A': Wo sich das Marktgleichgewicht einspielt, hängt also nicht nur von der Bereitschaft der Konsumenten ab, auf dieses Gut zu verzichten, sondern auch von der "Leichtigkeit", mit der seine Produktion ausgedehnt werden kann. Da das für alle Güter gilt, wird die Produktionsstruktur in einer Marktwirtschaft optimal auf die Bedürfnisstruktur der Haushalte angepaßt.

Wovon hängt der Verlauf der Angebotskurve ab? Da sie nichts anderes als die waagrechte Addition der individuellen Angebots- oder Grenzkostenkurven ist, sind es im wesentlichen zwei Einflussfaktoren, die eine Rolle spielen:

(i) Bei einem festen Kreis von Anbietern mit einer gegebenen Produktionstechnik hängt der Verlauf der (individuellen) Grenzkostenkurve von den Faktorpreisen ab. Wenn - wie in Abb. 7.7 angenommen - die Nachfrage nach Tuch steigt, steigt auch die Faktornachfrage der Textilindustrie, und zwar die Nachfrage nach demjenigen Faktor besonders stark, der in dieser Branche besonders intensiv eingesetzt wird: Wenn die Textilindustrie z.B. (relativ) arbeitsintensiv produziert, wird der Lohnsatz relativ zunehmen.

(ii) Steigende Nachfrage und deshalb steigende Preise werden Unternehmensgründungen veranlassen. In dem Ausmaß, in dem neue Unternehmen ihre Produktion aufnehmen, müssen "zusätzliche" Grenzkostenkurven in die Addition zur Gesamtangebotskurve einbezogen werden, sie wird dadurch idR. flacher. Wir werden hierauf in Abschn. 8.3 zurückkommen.

Auf diese Weise läßt sich zeigen, daß die Produktionsausdehnung in der Tuchindustrie, die von der angenommenen Nachfrageerhöhung verursacht worden ist, auf der einen Seite die "Dringlichkeit" des (neuen) Bedürfnisses bzw. die Bereitschaft, auf andere Güter auszuweichen, berücksichtigt, auf der anderen Seite aber auch die "Möglichkeiten", die Tuchproduktion in dieser Wirtschaft auszudehnen. Dasselbe gilt für die Produktionseinschränkung in der Brot-Industrie.

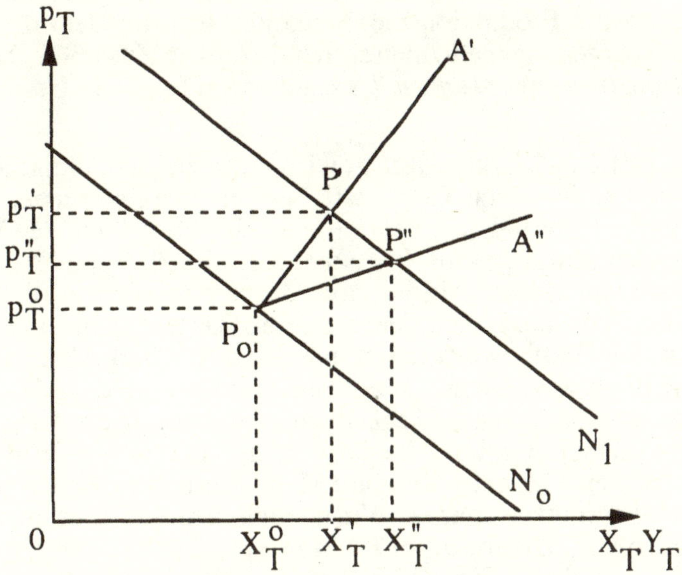

Abb. 7.7

Bei vollständigem Funktionieren der Märkte ist deshalb das Gleichgewicht, das sich einspielt, zugleich Pareto-optimal.

7.32 Marktversagen als Rechtfertigung staatlicher Wirtschaftspolitik
Marktversagen

21. Die Dezentralisierung wirtschaftlicher Entscheidungen und ihre Koordination über den Markt führen zu einem sozialökonomischen Optimum, wenn ***ideale*** Voraussetzungen dafür gegeben sind. Auf diese Argumentation stützen sich letzten Endes alle wirtschaftspolitischen Forderungen, der Staat möge sich auf das Setzen eines Ordnungsrahmens für das wirtschaftliche Geschehen und - sofern erforderlich - auf die aktive Förderung des Wettbewerbs beschränken.

Ein aktives Eingreifen des Staates in die Wirtschaft und damit eine ***interventionistische Wirtschaftspolitik*** läßt sich in dieser Sicht nur dadurch rechtfertigen, daß diese "idealen Voraussetzungen" in der Realität verletzt sind. Was sind solche "idealen Voraussetzungen"? Wie und in welcher Weise sollten sie verletzt sein? Im allgemeinen unterscheidet man drei Ursachenkomplexe, die zu ***Allokations***-, ***Stabilisierungs***- bzw. zur ***Distributionspolitik*** führen:

(i) Die Abstimmung aller wirtschaftlichen Entscheidungen erfolgt in einer Marktwirtschaft erst ***nachträglich*** durch den Markt. Soweit dieser Abstimmungsprozeß mit Mängeln behaftet ist, wird die Produktionsstruktur innerhalb der Volkswirtschaft nicht optimal an die Produktionsmöglichkeiten und die Bedürfnisse der Staatsbürger angepaßt, man spricht in diesem Zusammenhang von ***Allokationsproblemen.***[9] Sie gehen auf folgende Ursachen zurück:

a) In einer freien Marktwirtschaft wird ein sozialökonomisches Optimum u.a. durch das Gewinnstreben privater Unternehmen realisiert, die Unternehmen kontrollieren sich aber durch den Wettbewerb am Markt gegenseitig, so daß das Entstehen oder der Mißbrauch von Machtpositionen am Markt verhindert wird. Solange aber z.B. grundsätzlich Vertragsfreiheit besteht, dürfen Unternehmen den Wettbewerb untereinander durch den Abschluß eines Kartellvertrags beschränken. Die Beschränkung des Marktzutritts oder der räumlichen Beweglichkeit, die Existenz der Großtechnologie können u.a. Ursache dafür sein, daß einzelne Wirtschaftssubjekte eine Machtstellung am Markt innehaben, die sie zu ihrem Vorteil ausnützen können. Wir werden in diesem Zusammenhang einfach von ***Monopolproblemen*** sprechen. Sollen sie verhindert oder die negativen Wirkungen von Wettbewerbsbeschränkungen wenigstens minimiert werden, braucht man in einer Marktwirtschaft eine aktive Wettbewerbs- oder Monopolpolitik des Staates.

b) Die ***mangelhafte Information*** der Marktteilnehmer kann die Ursache dafür sein, daß das Marktergebnis nicht Pareto-optimal ist; die Marktlösung kann sogar instabil werden. Aufgabe des Staates ist dann, durch Information der Marktteilnehmer, das Setzen geeigneter Rahmenbedingungen und u.U. sogar durch das Auftreten als Anbieter/Nachfrager (z.B. in der Form öffentlicher Unternehmen) diese Pareto-Optimalität möglichst wieder herzustellen. - In diesen Problemkreis gehört auch der Konsumentenschutz.

c) Die Marktsteuerung funktioniert insoweit, als die Preise die Nutzenschätzung oder die Bedürfnisstruktur der Konsumenten einerseits, die Produktionskosten und damit die Produktionsmöglichkeiten andererseits widerspiegeln. Dieser Mechanismus wird gestört, wenn nicht alle Ertrags- oder Kostenbestandteile von den

[9] Vgl. *Streit* (1982) S. 47ff.

Individuen berücksichtigt werden. Man spricht dann von ***externen Effekten*** oder ***Externalitäten*** (der Produktion oder des Konsums).

Werden z.B. Umweltkosten nicht dem Produzenten angelastet, produziert er insoweit mit zu niedrigen privatwirtschaftlichen Kosten; seine Produktionsentscheidung und damit auch Preis und mengenmäßiger Verbrauch dieses Gutes sind für die Volkswirtschaft nicht mehr optimal.

Solche Externalitäten gehen regelmäßig zurück auf ein Auseinanderklaffen der wirtschaftlichen und rechtlichen Einflußsphäre der Einzelnen, die u.a.durch die Rechte, die Eigentum an Sachen vermittelt, bestimmt wird. Ohne korrigierende oder kompensierende Maßnahmen des Staates kann der Markt dann ein Pareto-Optimum nicht mehr erreichen.

(ii) Schließlich gibt es im zeitlichen Ablauf des marktwirtschaftlichen Koordinationsprozesses ***Instabilitäten***. Sie gehen prinzipiell darauf zurück, daß alle Entscheidungen zukunftsorientiert sind, die Zukunft aber nicht mit Sicherheit bekannt ist, sondern nur abgeschätzt werden kann. Nun stimmt es zwar, daß in einer Marktwirtschaft mit einer Vielzahl von Entscheidungsträgern eine Chance dafür besteht, daß sich die einzelnen Prognosefehler wenigstens teilweise ausgleichen. Damit ist aber dann nicht mehr zu rechnen, wenn alle denselben Fehler deshalb begehen, weil sie sich in der Abschätzung der zukünftigen Entwicklung auf dieselben Informationen abstützen.

In vielen Fällen ist der Marktmechanismus nicht in der Lage, über die Preisbildung diese Entwicklungen auszugleichen. Dann kann es zu Ungleichgewichten auf den Güter- oder Faktormärkten kommen, also etwa zu Inflation oder Unterbeschäftigung. Mit der ***Stabilisierungspolitik*** versucht der Staat, dieses Marktversagen zu korrigieren.

Wir beobachten aus diesem Grund zyklische Entwicklungen in der Wirtschaft, z.B. Konjunkturschwankungen, die u.a. dazu führen, daß Produktionsmöglichkeiten einer Volkswirtschaft zeitweise nicht ausgenutzt werden - etwa in Perioden mit Arbeitslosigkeit, die wir in der Vergangenheit immer wieder haben beobachten können.

(iii) Neben diesen Allokations- und Stabilisierungsproblemen gibt es in einer Marktwirtschaft ***Verteilungsprobleme***:[10] Preise, die

[10] Vgl. *Streit* (1982) S. 92 ff.

sich auf Märkten bilden, haben nicht nur die Steuerungsfunktion, die bisher (in Kap. 4 und 5) behandelt worden ist, sie bestimmen vielmehr auch die (reale) Einkommensverteilung. Sie mag der ***Leistungsgerechtigkeit***, kaum aber der ***Bedarfsgerechtigkeit*** entsprechen. Der Staat versucht, mit Hilfe seiner ***(Um-) Verteilungs-*** oder ***(Re-) Distributionspolitik*** die Einkommensverteilung so zu beeinflussen, daß sie den allgemein akzeptierten Wertvorstellungen besser entspricht.

Z.B. führt der reine Marktmechanismus dazu, daß man bei Krankheit, Invalidität, Alter überhaupt kein Arbeitseinkommen bezieht; das gilt auch bei Arbeitslosigkeit, die auf Verschiebungen in der regionalen oder branchenmässigen Wirtschaftsstruktur zurückgeht, die von einem Einzelnen nicht zu vertreten und nicht zu beeinflussen sind. Also führt man eine (obligatorische) Kranken-, Invaliditäts-, Alters-, Arbeitslosenversicherung ein, die durch Zwangsbeiträge finanziert wird und deren Leistungen gesetzlich geregelt sind.

Da Allokations-, Stabilisierungs- und Verteilungsprobleme letzten Endes auf Mängel im marktwirtschaftlichen Koordinationssystem zurückgehen, spricht man in diesem Zusammenhang auch von dem ***Marktversagen*** (iwS.).

22. Kann man unter diesen Umständen noch dafür plädieren, eine Volkswirtschaft marktwirtschaftlich zu organisieren? Sind die Aussagen über die Vorteile der Marktwirtschaft nicht zu modifizieren, wenn man unter realistischeren Annahmen argumentiert? Aus dem Marktversagen kann man zwei verschiedene Folgerungen ziehen:

(i) Man kann daraus die Forderung ableiten, die marktwirtschaftliche Ordnung aufzugeben und zur Zentralverwaltungswirtschaft überzugehen. Eine solche Argumentation ist aber aus prinzipiellen Gründen nicht zulässig: Der Vergleich einer tatsächlichen Volkswirtschaft mit dem Gedankenmodell der Marktwirtschaft ist der Vergleich eines ***Ideal***- mit einem ***Realtypus*** einer Wirtschaftsordnung, der für die praktische Wirtschaftspolitik nichts aussagen kann: Daß der Realtyp "Marktwirtschaft" schlechter funktioniert als der Idealtyp, liegt beinahe schon in der Definition von Real- und Idealtyp. Daß der Idealtyp "Zentralverwaltungswirtschaft" besser ist als der Realtyp "Marktwirtschaft", ist deshalb unbestreitbar. Nur können wir – definitionsgemäß – einen Idealtyp nicht realisieren. Wirtschaftspolitisch relevant ist allein der Vergleich des Realtyps "Marktwirtschaft" mit dem Realtyp "Zentralverwaltungswirtschaft". Ein solcher Vergleich ist alles andere als einfach, weil man die beiden Realtypen sehr exakt beschreiben muß: Die in der Wirklichkeit existierenden Realtypen führen dabei zu einem eindeutigen Schluß. Die Konstruktion anderer Realtypen müssen wir in diesem Kurs auslassen. Immerhin läßt sich aus solchen Überlegungen ein wichtiger Schluß ziehen: Wenn man nicht grundsätzlich die marktwirtschaftliche Ordnung aufgeben möchte, dann sollte man im Rahmen der Wirtschaftspolitik nicht gerade den Marktmechanismus außer Kraft setzen wollen.

(ii) Man kann versuchen, grundsätzlich im Rahmen einer Marktwirtschaft zu bleiben und die Unvollkommenheiten durch gezielte wirtschaftspolitische Maßnahmen zu kompensieren: In dieser Sicht leitet sich staatliche Wirtschaftspolitik aus dem Marktversagen iwS. ab.

Wir werden uns im folgenden mit diesem letzteren Ansatz auseinandersetzen. Aus didaktischen Gründen werden wir diese "Störungen" der Marktwirtschaft isoliert voneinander behandeln.[11] - Die Beispiele, an denen wir argumentieren, müssen einfach und übersichtlich bleiben. Das sollte aber nicht zur Auffassung verführen, die behandelten Probleme seien in der Realität ähnlich einfach zu lösen: Wir wissen regelmässig viel zu wenig von der Realität, um allgemeingültige Handlungsrezepte ableiten zu können. Das Lehrziel ist deshalb viel bescheidener: Es sollen einige Zusammenhänge aufgezeigt und gelegentlich angedeutet werden, in welcher Richtung weitere Überlegungen gehen sollten.

7.4 Die Wirkungsweise ablaufpolitischer Instrumente

23. Wir wollen an dieser Stelle einen kurzen Überblick über die Weise geben, wie die ablaufpolitischen Instrumente auf den Wirtschaftsablauf einwirken. Dabei sehen wir vollständig davon ab, daß mit ihnen bestimmte wirtschaftspolitische Ziele verfolgt werden, denn hierauf werden wir in den folgenden Kapiteln eingehen. Insoweit bleiben wir im Rahmen der positiven Theorie, wir versuchen eine *Prognose* der Wirkungen dieser Instrumente.

7.41 Die direkten ablaufpolitischen Instrumente

7.411 Preisregulationen

24. Zu den direkten ablaufpolitischen Maßnahmen gehört der Erlaß von Höchst- oder Mindestpreisen. Es sind ***Regulationen***, mit denen der Staat ***direkt*** die Preise in einer Volkswirtschaft zu beeinflussen versucht.

Beispiele für existierende Höchstpreise sind etwa die landwirtschaftlichen Pachtzinsen und die Bindung der Mieten an die Kostenentwicklung, solche für Mindestpreise die Preispolitik für Agrarerzeugnisse.

---

[11] Alle Probleme des *Zweitbesten* werden dadurch ausgeschlossen. Vgl. dazu etwa *Giersch* (1960)

Um die Wirkungsweise solcher Regulationen darzustellen, betrachten wir exemplarisch den Erlaß eines Höchstpreises auf einem Markt; solche Höchstpreise werden im allgemeinen genau dann vorgeschrieben, wenn der Gleichgewichtspreis als "zu hoch" empfunden wird.

Der Staat plafondiert z.B. die Mieten dadurch nach oben, indem er Mietzinserhöhungen nur in dem Ausmaß zuläßt, in dem sie durch Kostenerhöhungen bei dem Vermieter gerechtfertigt sind. Damit soll erreicht werden, daß der Mieter vor mißbräuchlichen Mietzinsen geschützt ist, die "...zur Erzielung eines unangemessenen Ertrages aus der vermieteten Wohnung... festgelegt werden." Vgl. dazu den Bundesbeschluß über Maßnahmen gegen Mißbräuche im Mietwesen vom 30.6.1972, hier Art. 14 und 15, und die Verordnung über Maßnahmen gegen Mißbräuche im Mietwesen vom 10.7.1972.

Angenommen, durch Gesetz (oder Verordnung) werde der Preis eines Gutes auf p' begrenzt. In einem solchen Fall müssen wir zunächst prüfen, ob diese Höchstpreisvorschrift überhaupt wirkt, d.h. den Marktpreis nach oben begrenzt. Das hängt davon ab, ob der Gleichgewichtspreis (p*) ohne Eingriff des Staates über oder unter dem Höchstpreis liegt: Die Höchstpreisverordnung hat nur dann wirtschaftliche Auswirkungen, wenn, wie in Abb. 7.8 angenommen, $p' < p^*$ gilt. Ist der Angebotspreis niedriger als der Gleichgewichtspreis, dann muß notwendigerweise die Angebotsmenge kleiner, die Nachfragemenge größer als im Gleichgewicht sein, d.h. es muß ein Nachfrageüberschuß (x' - y') existieren.

Dazu dürfen Sie ruhig atypische Angebots- und Nachfragekurven annehmen - vorausgesetzt ist lediglich, daß ein Nachfrageüberschuß über Preiserhöhungen zum Gleichgewicht führt.

Der Nachfrageüberschuß ist also logisch in der Aussage impliziert, daß die Höchstpreis-Verordnung wirkt.

Eine Beschränkung des Geltungsbereichs der Maßnahmen gegen Mißbräuche im Mietwesen auf solche Gemeinden, in denen Wohnungsnot herrscht, ist also - was die Beschränkung der Mieten nach oben angeht - überflüssig.

Wie äußert sich ein solcher Nachfrageüberschuß in der Realität? Es werden sich Warteschlangen und/oder Lieferfristen bilden, und die nicht befriedigten Nachfrager werden versuchen, doch zu den gewünschten Gütern zu kommen, indem sie sie auf einem "Schwarzmarkt" zu höheren Preisen zu kaufen oder die Verkäufer durch "Sonderzahlungen", Geschenke, Übernahme zusätzlicher Artikel oder von Zusatzleistungen zu bestechen versuchen.

Bestechungsversuche durch Nachfrager setzen immer einen Nachfrageüberschuß voraus! Insofern ist die Einführung von Höchstpreisen stets bedenklich.

Wird eine Höchstpreis-Verordnung wirksam, entsteht ein Nachfrageüberschuß, der irgendeine Rationierung der knappen Güter auf die Nachfrage erfordert, da der Preismechanismus insoweit ausser Kraft gesetzt ist. Nach welchen Kriterien werden die knappen Güter bei wirksamen Höchstpreisen verteilt? Über persönliche Beziehungen oder die Fähigkeit, kompensierende Leistungen und/oder die höheren Schwarzmarktpreise zahlen zu können usw.? Eindeutig begünstigt werden durch Höchstpreise all jene, die knappe Güter anzubieten haben: Entgegen der Absicht wirken Höchstpreise in Märkten mit vollständiger Konkurrenz eher unsozial.

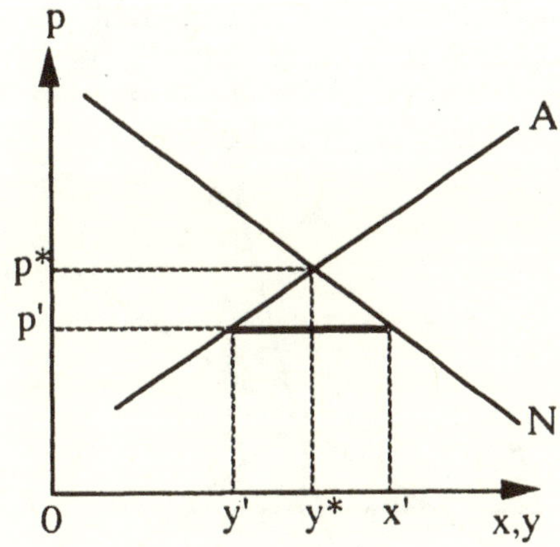

Abb. 7.8

Um die Höchstpreise-Verordnung wirksam zu halten und diese unsozialen Nebenwirkungen zu vermeiden, muß der Staat durch eine Verordnung selbst rationieren, etwa durch Anbaubeschränkungen, Milchkontingentierung usw: Eine Regulation zieht eine Unzahl weiterer nach sich, bis schließlich die letzten Reste einer Marktwirtschaft beseitigt sind.

25. Höchstpreise führen aus zwei Gründen zu einem Nachfrageüberhang: Da sie "zu niedrig" (bezogen auf den Gleichgewichtspreis) angesetzt sind, ist erstens die Nachfrage idR. größer als sonst.

Diese Nachfrageerhöhung drückt sich auf dem Wohnungsmarkt etwa aus durch die Nachfrage nach Zweit- oder Ferienwohnungen, das Umziehen in eine größere Wohnung oder das Nicht-Ausziehen aus einer zu großen Wohnung (vor allem im Alter), das vorzeitige Ausziehen der Kinder aus der elterlichen Wohnung usw.: Abgesehen von Ferien- und Zweitwohnungen wird zwar jeder idR. nur eine Wohnung nachfragen, aber die Größe der Wohnungen und die Zahl der Nachfrager ist variabel.

Zweitens entsteht der Nachfrageüberhang durch ein Rückgang des Angebots. Dieses mag man in der Realität für nicht relevant halten, besonders auf dem Wohnungsmarkt, weil man davon ausgeht, daß der Bestand an Wohnungen ohnehin gegeben ist. Längerfristig stimmt das aber nicht; denn man vergißt, daß nicht nur der Neubau von Wohnungen, sondern auch der Ersatz der alten von der Rendite abhängig ist, die man durch den Einsatz seines Kapitals im Wohnungsmarkt erhält:

Diese Rendite darf längerfristig nicht kleiner sein als diejenige alternativer Investitionsmöglichkeiten. Höchstpreise mindern notwendigerweise die erzielbare Rendite und tragen auf diesem Weg - auf Dauer - zu einer Reduktion des Angebots bei.

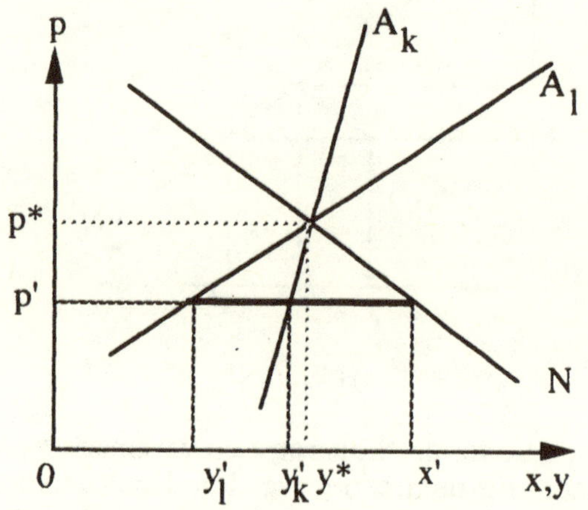

Abb. 7.9

Die Bedeutung dieses Argumentes können Sie sich vor Augen führen, wenn Sie sich das Wohnungsangebot in osteuropäischen Ländern einmal ansehen: Durch die strengen Höchstmiet-Vorschriften sind die (privaten) Vermieter nicht mehr in der Lage gewesen, die Instandhaltungs-Kosten für ihre Mietwohnungen zu zahlen.

In Abb. 7.9 ist eine relativ unelastische kurzfristige Angebotsfunktion A_k und eine elastischere langfristige A_l eingetragen. Durch die Einführung des Höchstpreises entsteht in der kurzen Periode ein Nachfrageüberhang in Höhe von $(x'-y_k')$; wegen der langfristig stärkeren Reduktion des Angebots beträgt er aber auf Dauer $(x'-y_l')$.

26. In der Landwirtschaftspolitik werden i.a. Mindestpreise vorgeschrieben. Für sie lautet die Argumentation streng analog, an die Stelle eines Nachfrageüberhanges tritt ein Angebotsüberschuß, der - wird er gelagert - zu den in der Landwirtschaftspolitik bekannten "Bergen" führt.

Diese Ableitung brauchen wir hier nicht zu wiederholen. Statt dessen wollen wir versuchen, eine solche Mindestpreis-Regelung zu *beurteilen*. Dazu gehen wir zunächst davon aus, daß das Angebot auf diesem Markt nur von einem einzigen Unternehmen bereitgestellt wird, daß aber trotzdem nach der Regel $p = K'$ anbietet.[12]

27. Die Wirkung einer Mindestpreis-Regelung ist in Abb. 7.10 dargestellt. Da nur zum staatlich fixierten Mindestpreis $\bar{p}$ produziert wird und der Gewinn die Differenz zwischen Erlös und Kosten ist, bestimmen wir zunächst den Erlös: Es ist das Rechteck, das aus dem Mindestpreis

[12] Auf diese Weise ersparen wir uns zunächst die Überlegungen, wie die einzelnen Unternehmen aggregiert werden können.

und der nachgefragten (und deshalb abgesetzten) Menge gebildet wird. Die Kosten liessen sich einfach bestimmen, wenn die Durchschnittskostenkurve bekannt wäre. Allerdings kennen wir nur die Grenzkostenkurve: Die Fläche unter der Grenzkostenkurve ist jedoch bis auf die Integrationskonstante gleich den Gesamtkosten. Deshalb gibt das schraffierte Rechteck in Abb. 7.10 die Differenz zwischen dem Erlös und den variablen Kosten an, es ist deshalb gleich dem (Gewinn + Fixkosten).

Daraus folgt zunächst, daß die staatliche Mindestpreis-Politik selbst dann zu Gewinnen führt, wenn wir auf dem Markt vollständige Konkurrenz zwischen allen Anbietern haben. Genau das ist aber mit der Landwirtschaftspolitik ja auch beabsichtigt: Man möchte schließlich über Preiserhöhungen dafür sorgen, daß das Einkommen der Landwirtschaft entsprechend höher als ohne diese Regelung ist.

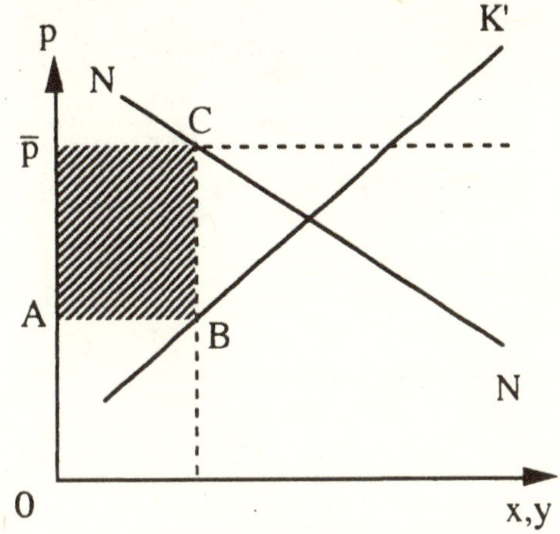

Abb. 7.10

28. Nun gibt es dabei aber die Schwierigkeit, daß bei wirksamen Mindestpreisen die angebotene Menge deshalb steigt, weil viele einzelne Anbieter von dem hohen Marktpreis profitieren wollen: In Abb. 7.11 würden sie beim Preis $\bar{p}$ die Menge y_2 anbieten. Preissenkungstendenzen, die dadurch ausgelöst sind, kann der Staat vermeiden, wenn er den Angebotsüberschuß CD selbst aufkauft. Das ist der Grund dafür, daß bei der gegenwärtigen Landwirtschaftspolitik die "Berge" entstehen.

Von diesen Überschüssen kommt der Staat nicht herunter, wenn er sie nicht zu einem bedeutend niedrigeren (Weltmarkt-)Preis exportieren oder in anderer Form der inländischen Nachfrage zuführen kann, ohne daß sie bei anderen Gütern abnimmt.

Genau deshalb wird Butter zu Kochbutter eingeschmolzen: Man kann sie dann sicherlich nicht mehr als Brotaufstrich verwenden. Aber: Auf diese Weise deckt man einen Teil der privaten Nachfrage nach Speisefett, und das muß an anderer Stelle fehlen.

Zwar muß der Staat für diese Aufkäufe die Summe y_1y_2EC aufwenden, da die Produktionskosten der Anbieter um das Trapez y_1y_2EB steigen, bleibt ihnen nur ein zusätzlicher Gewinn in Höhe des Dreiecks BCE - zusätzlich zu dem oben abgeleiteten Rechteck $ABC\bar{p}$.

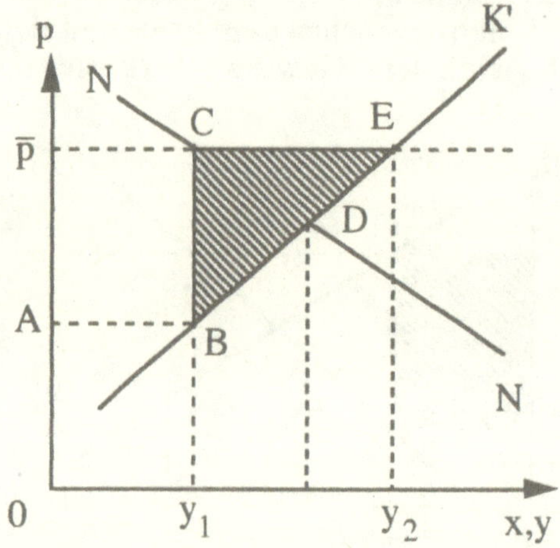

Abb. 7.11

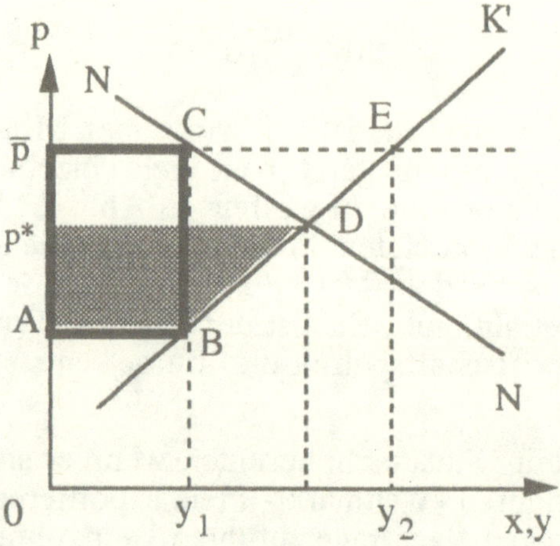

Abb. 7.12

29. Diese Einkommensänderung in der Landwirtschaft läßt sich zerlegen: Wir gehen von dem Gleichgewichtspreis p* aus. Durch die Einführung eines Mindestpreises geht die abgesetzte Menge zurück. Angenommen, die Produktion würde etwa durch eine Preis*senkung* verringert; dann würde der Gewinn (einschließlich der Fixkosten) um die Fläche ABDp* sinken. Das nennt man auch die Reduktion der ***Produzentenrente***, sie wird durch die Reduktion der Produktion ausgelöst.

Diesem Gewinnrückgang steht die Gewinnerhöhung durch das Rechteck $ABC\bar{p}$ gegenüber, die durch die Preiserhöhung erzielt wird. Was kommt also insgesamt dabei heraus? Gegenüber dem Ausgangszustand in D nimmt der Gewinn der Anbieter eindeutig zu, und zwar um das Trapez $p^*DE\bar{p}$. Durch die Erhöhung des Marktpreises steigt die Produzentenrente in diesem Ausmaß.

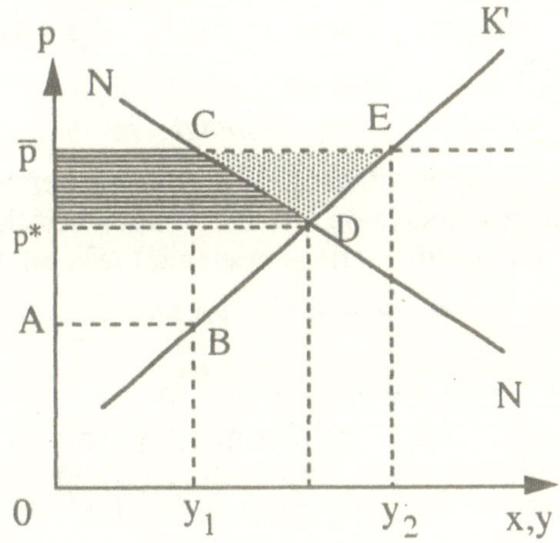

Abb. 7.13

Bei gegebener Nachfragekurve gibt es einen Preis, bei dem das Gut überhaupt nicht mehr nachgefragt wird. Er ist in Abb. 7.14 mit B bezeichnet. Angenommen, dieser Preis werde um eine kleine Einheit Δp (etwa 1) gesenkt. Dann wird das Gut im Ausmaß von Δx nachgefragt. Wiederholen wir diesen Vorgang, wird in unserem Beispiel bei einem Preis von $(B-2\cdot\Delta p)$ die Menge $2\cdot\Delta x$ nachgefragt. Dabei bekommt aber auch der "erste" Nachfrager die Menge zu dem niedrigeren Preis, er wäre schließlich bereit gewesen, den höheren Preis zu zahlen. Diese Differenz bezeichnet man als die ***Konsumentenrente***. Wiederholen wir diesen Vorgang, läßt sich zeigen, daß bei einem Preis p* die Konsumentenrente genau das Dreieck ABp* beträgt.

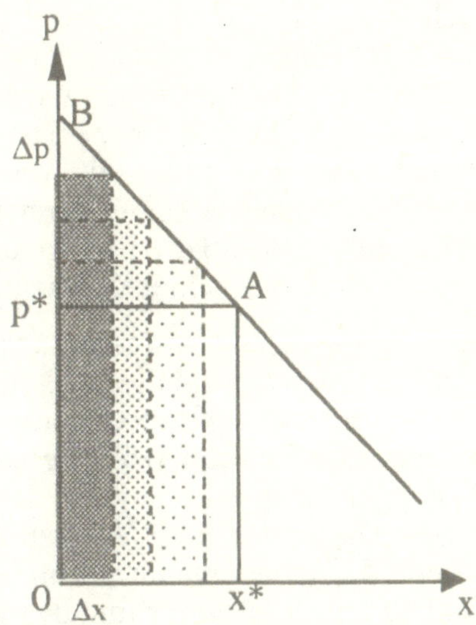

Abb. 7.14

31. Durch die Erhöhung des Preises in Abb. 7.10 geht nicht nur die nachgefragte Menge, sondern auch die Konsumentenrente zurück; das Dreieck unter der Nachfragekurve wird um das Trapez $p^*DC\overline{p}$ kleiner: Diese Preiserhöhung belastet die Konsumenten in diesem Ausmaß.

Damit können wir die Erhöhung der Produzentenrente $p^*DE\overline{p}$, die durch die Preiserhöhung bewirkt wird, zerlegen in

die Abnahme der Konsumentenrente $p^*DC\overline{p}$,

die Staatsausgaben für den Aufkauf der Überschußproduktion y_1y_2DC

Die Differenz zwischen der Zunahme der Produzentenrente und der Abnahme der Konsumentenrente ist das Dreieck CDE; es ist auf alle Fälle erheblich kleiner als die Ausgaben des Staates für den Aufkauf der

Überschußproduktion, die letztlich aus Steuern finanziert werden müssen.

7.412 Mengenregulationen

32. Wir beschränken uns an dieser Stelle darauf, die Auswirkungen des Erlasses von Höchstmengen abzuleiten. Ein Beispiel dafür ist etwa die Einfuhrkontingentierung für Weißwein.

Ein weiteres Beispiel für eine Mengenregulationen ist etwa die Milchkontingentierung.

Wir betrachten dazu den Markt ausschließlich für importierten Weißwein. Ohne jede Importkontingentierung spielt sich auf Grund des ausländischen Angebots (durch unsere Importeure) der Preis p* ein, zu dem x* nachgefragt und eingeführt wird.

Angenommen, der Staat beschränke nun den Import auf x_{im}. Damit eine solche Kontingentierung überhaupt wirkt, muß x_{im} - so kann man sich leicht überlegen - kleiner als x* sein. Der Wettbewerb zwischen den Nachfragern wird dazu führen, daß der Gleichgewichtspreis im Inland auf p^+ hochgetrieben wird. Unter der Annahme, daß die Importeure sich tatsächlich einer geneigten Angebotskurve der ausländischen Produzenten gegenüber sehen, wie das in Abb. 7.15 angenommen ist, sinkt durch den Rückgang der mengenmäßigen Importe der (Einkaufs-) Preis auf p_-, so daß die Importeure einen zusätzlichen Gewinn in Höhe des punktierten Rechtecks machen.

33. Die einzigen Voraussetzungen, die bei dieser Ableitung gemacht werden müssen, sind die, daß die inländische Nachfrage preisempfindlich ist und daß die Importkontingentierung wirksam ist. Daß diese Annahmen die Realität wohl beschreiben, sieht man schon daraus, daß sich regelmäßig Probleme bei der Zuteilung von Importkontingenten ergeben: Da die staatliche Verwaltung im allgemeinen die Kontingente so zuteilt, daß jeder einen bestimmten Prozentsatz der Importe der vergangenen Periode tätigen kann, begünstigt dieses Verfahren die "alten" Importeure, sie erhalten auf diese Weise "künstliche Monopolgewinne".

30. Für die Konsumenten hat diese Preiserhöhung allerdings auch Folgen: Sie müssen ja den höheren Preis $\overline{p}$ bezahlen und können das nur zum Teil durch eine Reduktion der nachgefragten Menge ausgleichen. Analog zur Produzentenrente leitet man die ***Konsumentenrente*** ab: Eine normale Nachfragekurve gibt an, welche Mengen die Haushalte in Abhängigkeit des Marktpreises kaufen wollen - vorausgesetzt, daß alle denselben Preis bezahlen.

Kontingente kann man aber auch anders verteilen: Der Staat könnte sie nämlich versteigern. Die potentiellen Importeure würden den Preis der

Kontingente so hoch treiben, daß sie beim Import gerade noch diese "Knappheitsgewinne" bekommen. Und außerdem erhält ein "neuer" Importeur eine Chance, solange er beim Angebot etwa im Inland niedrigere Kosten hat als seine Konkurrenten: Er kann sie nämlich bei der Auktion überbieten und sich auf diese Weise das gewünschte Kontingent sichern.

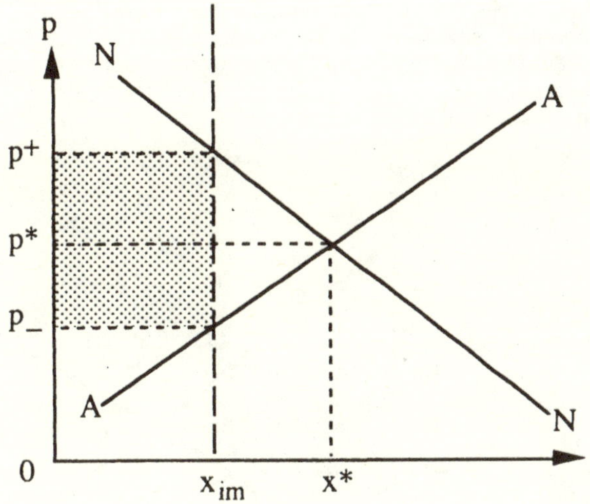

Abb. 7.15

7.42 Indirekte ablaufpolitische Instrumente

34. Die indirekten ablaufpolitischen Instrumente unterscheiden sich von den direkten dadurch, daß grundsätzlich die Entscheidungsfreiheit der Privaten nicht beeinträchtigt wird; der Staat ändert nur den Preis, den sie für das Gut zu zahlen haben (oder bei seinem Verkauf erlösen).Wir werden uns hier darauf beschränken, die Wirkungen einer speziellen Verbrauchsteuer zu untersuchen. Zu ihnen gehören aber auch die Zölle und die Zinssätze, soweit sie von den Währungsbehörden direkt beeinflußt werden.

35. Unter einer speziellen Verbrauchsteuer versteht man eine Zwangsabgabe, die vom Staat erhoben wird. Sie knüpft an den Verbrauch eines speziellen Gutes an, z.B. den Tabakkonsum. Da er direkt meistens nicht erfaßt werden kann, beschränkt sich der Staat darauf, dieses Gut beim Verkauf vom Detailhandel an den Konsumenten zu besteuern. Sie können sich leicht vorstellen, daß die steuerliche Erfassung von Einzelhandelsumsätzen mit Schwierigkeiten verbunden ist. Also kann der Staat versuchen, die Steuer auf einer vorgelagerten Stufe zu erheben, etwa im Großhandel (als Grossistensteuer, wie das bei der Warenumsatzsteuer der Fall war) oder auch beim Produzenten. Wir werden uns mit solchen steuertechnischen Details nicht befassen.

An dieser Stelle sollte aber deutlich werden, weshalb Einfuhrzölle in diese Kategorie gehören: Es sind spezielle Verbrauchsteuern, die beim Grenzübertritt der Ware erhoben werden. Die speziellen Verbrauchsteuern auf Produzentenstufe sind in der letzten Zeit populär geworden, um die externen Effekte der Produktion zu internalisieren. Vgl. unten Kapitel 10.

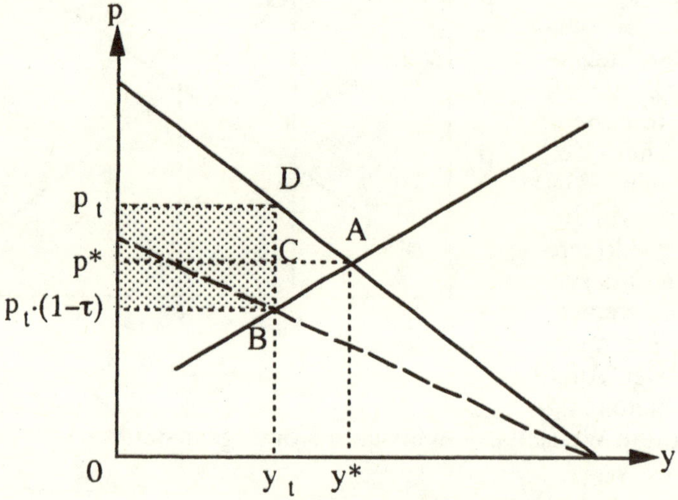

Abb. 7.16

36. Angenommen, diese spezielle Verbrauchsteuer würde bei der Produktion des Gutes beim Erzeuger erhoben. Um ihre Wirkungen abzuleiten, müssen wir uns zunächst über das verfolgte Unternehmensziel klar werden: Wir werden davon ausgehen, daß das Unternehmen seinen Gewinn nach Steuer, also seinen Nettogewinn, maximiert:

$$G_n = E - K - T \rightarrow \max \tag{7.3}$$

Angenommen, die Steuer werde als ein bestimmter Prozentsatz τ vom Erlös (bzw. vom Preis) erhoben. Dann finden wir

$$G_n = p \cdot y \cdot (1-\tau) - K(y) \tag{7.4}$$

und als Bedingung für das Gewinnmaximum, falls dieses Unternehmen auf einem Markt mit vollständiger Konkurrenz anbietet,

$$p \cdot (1-\tau) = K' \tag{7.5}$$

Also vermindert sich der erzielte Marktpreis für den Unternehmen um die zu bezahlende Steuer.

37. Das wollen wir für den Gesamtmarkt zeichnen: Durch die Einführung der speziellen Verbrauchsteuer haben wir zu unterscheiden zwischen dem Preis, den der Konsument zahlen muß (der die Steuer enthält), und dem Preis, den das Unternehmen nach Abzug der Steuer

schließlich behält. Solange wir keinen Grund zur Annahme haben, die Konsumenten würden ihr Verhalten ändern, so daß eine andere Nachfragefunktion gilt, werden sie sich nach dem Bruttopreis richten: Die Nachfragekurve bleibt liegen. Allerdings ändert sich die Netto-Preis-Absatzfunktion: Wir müssen von jedem Preis die entsprechende Steuer abziehen. Auf diese Weise dreht sich die Nachfragekurve - für die Unternehmen! - entgegen dem Uhrzeigersinn nach unten. Das neue Marktgleichgewicht liegt deshalb in D: Der Preis steigt auf p_t, und die nachgefragte Menge sinkt auf y_t. Die Anbieter müssen aber von ihrem Erlös noch die Steuer abführen, ihnen bleibt deshalb nur $p_t \cdot (1-\tau)$ pro Stück.

Aus Abb. 7.16 sehen Sie, daß bei normalem Verlauf von Angebots- und Nachfragekurven eine spezielle Verbrauchsteuer immer zu einer Preiserhöhung für die Nachfrager führt, daß aber die Anbieter sich nicht vollständig von der Steuerlast befreien können, ihr Nettopreis (d.h. Preis abzüglich Steuer) sinkt gegenüber dem Ausgangszustand. Daraus schließt man, daß eine solche spezielle Verbrauchsteuer von den Anbietern nicht vollständig überwälzt werden kann.

38. Uns interessiert hier aber noch ein anderer Aspekt: Eine spezielle Verbrauchsteuer erhöht für die Nachfrager immer den Preis und reduziert die abgesetzte Menge. Deshalb läßt sie sich zu denselben Zielen einsetzen, die mit Preis- oder Mengenregulationen verfolgt werden.

Betrachten wir dazu zunächst den Erlaß eines Importkontingentes. Sie können sich mit Hilfe der Zeichnung klar machen, daß Sie immer eine spezielle Verbrauchsteuer finden können, bei der die Mengenreduktion genau so groß wie bei dem Importkontingent ist. Der einzige Unterschied zwischen den beiden besteht darin, daß bei der Importkontingentierung die Importeure Gewinne machen, während der Staat bei der Verbrauchsteuer Steuereinnahmen hat: In gewisser Weise kann er sich die Gewinne als Steuereinnahmen verschaffen.

Durch die Mindestpreis-Regelung wird versucht, das Einkommen der Anbieter über den Preis zu erhöhen. (Betrachten Sie dazu noch einmal Abb. 7.13.) Eine Subvention kann man als eine spezielle Verbrauchsteuer mit negativem Steuersatz auffassen. Wird sie mit einem Satz s ausgerichtet, muß deshalb gelten

(7.5') $p \cdot (1+s) = K'$

Entsprechend gilt am Gesamtmarkt die in Abb. 7.17 dargestellte Situation: Durch die Subventionsgewährung steigt der Erlös der Anbieter, pro Stück erhalten sie $p' \cdot (1+s)$, die Nachfragekurve wird insoweit im Uhrzeigersinn nach rechts gedreht. Deshalb läßt sich immer ein Subventionssatz s finden, so daß die Unternehmen dieselbe Menge wie beim Mindestpreis anbieten, jedoch wird das Problem des Überschußangebots vermieden. Durch Vergleich mit den Überlegungen in Abschnitt 7.411 sehen Sie ausserdem, daß bei der Subventionierung sowohl die Konsumentenrente im Ausmaß von p'FDp* als auch die Produzentenrente im Ausmaß von p*DE$\bar{p}$ steigt. Dem stehen in Höhe von p'FE$\bar{p}$ Subventionsausgaben des Staates gegenüber: Im Zweifel ist diese Art der Einkommenssicherung einer Branche einer Mindestpreis-Regelung vorzuziehen.

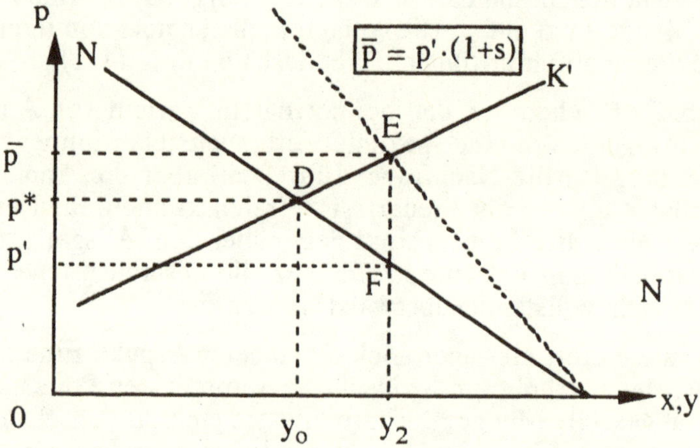

Abb. 7.17

39. Danach bleibt nur noch die Frage, weshalb von diesen indirekten ablaufpolitischen Instrumenten so wenig Gebrauch gemacht wird. Das läßt sich im wesentlichen so erklären:

- Während Subventionen und/oder spezielle Verbrauchsteuern automatisch im Budget des Staates ausgewiesen werden und deshalb nachprüfbar ist, was diese Maßnahme den Staat oder den Privaten kostet, gibt man sich bei den direkten ablaufpolitischen Mitteln wie der Preis- oder Mengenkontrolle der Illusion hin, sie würden "nichts" kosten. Die Kosten werden immer von anderen getragen, sie sind nicht unmittelbar ersichtlich, vielmehr braucht man hierzu gewisse Kenntnis der Funktionsweise von Marktwirtschaften.

- Direkte ablaufpolitische Instrumente nähren die Illusion, daß ihre Wirkungen schnell eintreten; sie kommen der Vorstellung entgegen, Politiker müßten etwas gegen (vermeintliche) Mißstände tun. Demgegenüber wirken die indirekten Instrumente wahrscheinlich langsamer, bringen deshalb regelmäßig keine Übergangsprobleme: Sie nutzen aber die wirtschaftlichen Anreize aus und vermögen auf diese Weise weitergehende Wirkungen zu erzeugen als Ge- und Verbote des Staates.

8. Die Wettbewerbspolitik

Ein Einwand gegen die marktwirtschaftliche Organisation einer Volkswirtschaft, der regelmässig erhoben wird und der in der wirtschaftspolitischen Diskussion eine relativ bedeutende Rolle spielt, ist der folgende: Die völlige Vertragsfreiheit erlaube es privaten Wirtschaftssubjekten, sich zusammenzuschliessen und auf diese oder eine andere Weise den Wettbewerb zwischen ihnen einzuschränken oder ganz auszuschliessen; so ***monopolisierte*** Märkte könnten aber ein sozialökonomisches Optimum nicht mehr erreichen. Im folgenden soll in mehreren Schritten diesem Argument nachgegangen werden. In Abschnitt 8.1 wird versucht, die Erscheinungsformen des Wettbewerbs auf Märkten zu klassifizieren, um dadurch auch eine Vorstellung von möglichen Wettbewerbsbeschränkungen zu bekommen. In den Abschnitten 8.2 und 8.3 wird die Preisbildung auf monopolisierten Märkten analysiert, um sie in Abschnitt 8.4 volkswirtschaftlich beurteilen zu können. Abschnitt 8.5 gibt einen kurzen Überblick über die gesetzlichen Grundlagen der Wettbewerbpolitik in der Schweiz.

8.1 Die Marktformen

1. Unter einem ***Markt*** verstehen wir ganz allgemein das Zusammentreffen von Angebot und Nachfrage. Märkte unterscheiden wir nach dem Ort und Zeitpunkt, zu dem gehandelt wird, und nach den auf ihnen umgesetzten Gütern.

Denken Sie etwa an den Wochenmarkt, den Gemüsegroßmarkt, aber auch an den Wohnungs-, Stellen-, Fahrzeugmarkt. Diese letzteren Begriffe kennen Sie aus dem Anzeigenteil von (Tages-)Zeitungen.

Betrachten wir einen solchen ***Einzelmarkt*** etwas genauer: Auf dem Markt für Personenwagen werden sehr verschiedenartige Autos gehandelt - so verschiedenartig, daß man in Schwierigkeiten kommt, wenn man sich etwa bei einem geplanten Autokauf über die Preise aller relevanten Angebote informieren will. Um die Übersicht etwas zu erleichtern, gliedern manche Zeitungen deshalb die Autoanzeigen nach bestimmten Preis- und Größenklaßen der Autos.

Also etwa Personenwagen mit einem Motor bis 1000 ccm, von 1 bis 2 l, über 2 l Hubraum, oder nach den Preisen. Hinter diesen Bemühungen der Zeitung steht die Vermutung, daß ein Autokäufer sich für eine bestimmte Klasse von Autos interessiert, etwa einen Mittelklassewagen mit einem Hubraum von 1-2 l, nicht älter als 3 Jahre, nicht teurer als Fr. 15'000 usw. Stimmt das, wird die entsprechende Gliederung der Annoncen von den Lesern geschätzt, sie werden nicht nur schneller zu ihren Informationen kommen, sondern auch diese Zeitung als Informationsmittel benutzen wollen: Das erhöht nicht nur den Verkaufserlös des Zeitungsverlages, sondern auch seine Einnahmen aus Inseraten, denn das Annoncieren in einer solchen Zeitung müßte erfolgreicher als in anderen sein.

Versuchen wir, diese Überlegungen allgemeiner zu formulieren: Auf dem Fahrzeugmarkt, den wir hier beispielhaft betrachten, werden Güter gehandelt, die untereinander zwar sehr verschieden, ***heterogen*** sind verglichen mit den anderen Gütern, die sich doch relativ ähnlich sind. In Anlehnung an das Schweizerische Kartellrecht spricht man deshalb von dem relevanten Markt, nach *H.v.Stackelberg* von einem ***Marktkomplex*** (für die heterogenen Güter), der aus einer Reihe von ***Elementarmärkten*** besteht, auf denen jeweils völlig gleichartige - ***homogene*** - Güter gehandelt werden.

Was sind solche Elementarmärkte? Wenn die Marktteilnehmer davon überzeugt sind, daß sie vollständig gleichartige Güter auf diesem Markt handeln, ist auch nicht einzusehen, weshalb sie - als Käufer - für die von ihnen gewünschten einen höheren Preis als den Marktpreis zu zahlen bereit sind, weshalb sie - als Verkäufer - bereit sein sollten, ihre Produkte zu einem niedrigeren Preis als dem Marktpreis abzugeben. Jeder Elementarmarkt ist deshalb dadurch gekennzeichnet, daß für die auf ihm gehandelten Güter nur ein einziger Preis gelten kann.

Welche Elementarmärkte sollen wir zu einem Marktkomplex zusammenfaßen? Bleiben wir bei den "Mittelklasse"-Wagen, oder nehmen wir alle Autos? Oder alle Fahrzeuge? Oder alle Fortbewegungsmittel? Die Abgrenzung des relevanten Marktes kann auf dreierlei Methoden geschehen:

(i) Man kann alle Güter, die technisch sehr ähnlich sind, auf einem Marktkomplex zusammenfassen. Diese Methode hat etwa die Kartellkommißion angewendet, indem sie als Frühstücksgetränk alles mit einem bestimmten Prozentsatz Kakao definiert hat. Das entspricht dem Industriekonzept von *A. Marshall.*

(ii) Man kann alle Güter zusammenfaßen, die daßelbe Grundbedürfnis befriedigen. Das entspricht dem Konzept des Bedarfsmarktes von *L. Abbott* und *H. Arndt.* Es wird am häufigsten angewendet. Trotzdem bleibt eine gewisse Unsicherheit darüber bestehen, was unter einem "Bedarf" in diesem Zusammenhang zu verstehen ist.

(iii) Wir können die Güter zusammenfaßen aus denselben Beweggründen, die in dem obigen Beispiel eine Zeitung dazu veranlaßt, die Autoannoncen in bestimmte Gruppen einzuteilen: Wir haben nämlich die Kaufabsichten und Informationsbedürfnisse der potentiellen Käufer, also ihre Einschätzung der Güter und ihr daraus folgendes Verhalten zu berücksichtigen. (Dabei spielen technische Eigenschaften des Gutes oder des Produktionsprozeßes, mit dem es erzeugt wurde, für sich genommen keine Rolle.) Ob potentielle Käufer gewiße Güter als genügend ähnlich betrachten, zeigt sich an ihrer Bereitschaft, sie gegeneinander zu substituieren, und das messen wir mit der ***Kreuzpreiselastizität der Nachfrage***; sie gibt bekanntlich an, wie stark die Käufer eines Gutes auf eine Preisänderung bei einem anderen Gut reagieren. (Vgl. *Triffin* 1940).

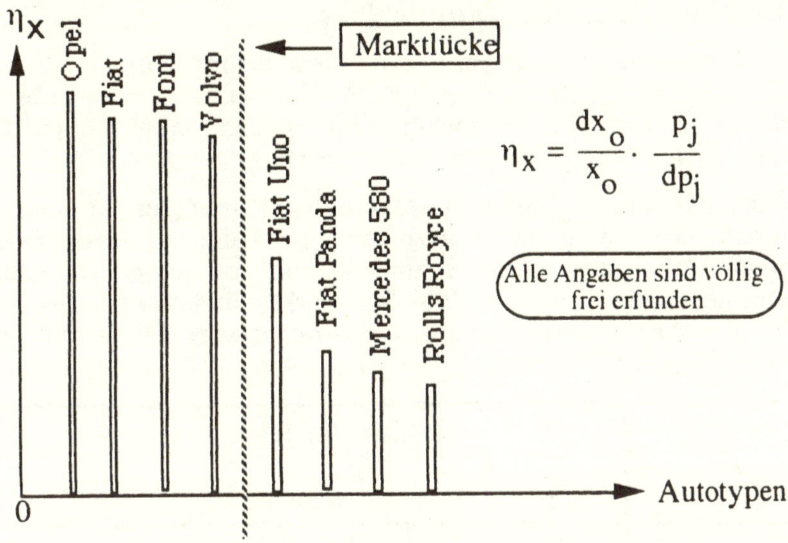

Abb. 8.1

2. Zu einem Marktkomplex fassen wir diejenigen Güter (bzw. die entsprechenden Elementarmärkte) zusammen, die ein potentieller Käufer zusammen betrachtet, die also eine hohe Kreuzpreiselastizität der Nachfrage aufweisen. Da wir nicht angeben können, wie groß die Kreuzpreiselastizität der Nachfrage sein muß, können wir nur sagen, daß sie für die Güter innerhalb eines Marktkomplexes deutlich höher sein muß als für solche, die außerhalb dieses Marktkomplexes sind. Für die ***Marktabgrenzung*** ergibt sich daraus folgendes Vorgehen: Angenommen, wir interessierten uns für den Marktkomplex, auf dem ein ganz bestimmtes Auto, etwa der Audi 100, gehandelt wird. Wir versuchen, die Kreuzpreiselastizitäten der anderen Autos in bezug auf den Audi-Preis festzustellen, und ordnen die Autos nach der Größe dieser Elastizitäten an. Dabei entsteht Abb. 8.1. In dem gezeichneten Beispiel ist eine erste Gruppe von Wagen eingezeichnet, zwischen denen die Substitutionsbeziehungen nicht nur sehr stark, sondern auch sehr ähnlich sind, also Audi 100, Opel, Fiat, Ford und Volvo, und eine zweite Gruppe, nämlich Fiat Uno, Fiat Panda, Mercedes, Rolls Royce, bei der die Kreuzpreiselastizität deutlich niedriger ist.

Was ist nun der kritische Wert, bei dem wir den Marktkomplex abschliessen? Allgemein läßt sich das nicht sagen, wir sind vielmehr darauf angewiesen, daß wir deutlich zwischen zwei Gruppen von Gütern unterscheiden können: eine Gruppe mit deutlich höherer Substitutionselastizität und eine andere mit einer deutlich niedrigeren. Man sagt, zwischen diesen beiden Gruppen (in dem Beispiel zwischen Volvo und Fiat Uno) liege eine ***Substitutionslücke***.

Einen Marktkomplex bestimmen wir, indem wir mit Hilfe der Kreuzpreiselastizität (auch ***Triffin***'scher Koeffizient genannt) eine Substitutionslücke festzustellen versuchen. Gelingt das, dann gehören alle Güter der ersten Gruppe zu dem gesuchten Marktkomplex.

3. Ist die Abgrenzung eines Marktkomplexes gelungen, können wir daran gehen, die Wettbewerbsbeziehungen auf diesem Markt zu beschreiben. Dabei wird man sich zunächst auf von aussen erkennbare Strukturmerkmale, etwa die Zahl der Marktteilnehmer beschränken. Das ist der Ansatz der ***Marktmorphologie***. Man erhält dann das folgende Schema:

		Zahl der Anbieter		
		einer	wenige	viele
Zahl der Nachfrager	einer	bilaterales Monopol		Monopson (Nachfrage-monopol)
	wenige		bilaterales Oligopol	
	viele	Monopol	Oligopol	Polypol

Es sind dort nur die wichtigsten Marktformen aufgeführt, die in der Theorie von Bedeutung waren und deshalb "einfache" Namen erhalten haben: So ist z.B. das Monopol nach seinem Wortsinn dadurch gekennzeichnet, daß einer Vielzahl von Nachfragern nach einem bestimmten Gut nur ein einziger Verkäufer gegenübersteht. (Vgl. *Ott* 1980, S. 104-117)

4. Anhand dieses Schemas kann man sich die Bedeutung der Marktabgrenzung noch einmal klar machen: Z.B. werden auf dem Markt für

Schokolade sehr viele Sorten gehandelt, zwischen denen mehr oder weniger deutliche Geschmacksdifferenzen bestehen. A priori abgrenzbar ist deshalb nur ein Elementarmarkt, also etwa derjenige für Toblerone. Hat es irgendeinen Sinn festzustellen, daß auf diesem Markt ein "Monopol" vorliegt? Doch nur in dem trivialen Sinn, daß es nur einen Anbieter dieses Markenproduktes geben kann (darf), die Wettbewerbsbeziehungen auf dem Markt (-komplex) für Schokolade, auf dem relevanten Markt, beschreibt man damit überhaupt nicht.

Voraussetzung für die Anwendung des Marktformen-Schemas ist deshalb eine eindeutige Marktabgrenzung. Es gibt keinerlei Gewähr dafür, daß wir in einem konkreten Fall hierfür eine deutliche Substitutionslücke finden. Finden wir sie nicht, dann sind wir weder in der Lage, den Marktkomplex überzeugend abzugrenzen, noch die Marktform auf ihm zu beschreiben.

5. Die Zahl der Marktteilnehmer ist aber eigentlich kein hinreichender Indikator für die Wettbewerbsintensität auf einem Markt, entscheidend ist vielmehr ihr **Verhalten**: Es könnte ja z.B. sein, daß sie durch Vereinbarungen den Wettbewerb untereinander eingeschränkt haben; dann hätten wir der Zahl nach vielleicht ein Oligopol, faktisch aber - durch den Kartellvertrag - ein Monopol. Vergleichen Sie dazu die Definition eines "Kartells" im Kartellgesetz:

"Als Kartelle gelten Verträge, Beschlüsse oder rechtlich nicht erzwingbare Abreden, die mittels gemeinsamer Beschränkung des Wettbewerbs den Markt für bestimmte Waren oder Leistungen beeinflussen oder zu beeinflussen geeignet sind, namentlich durch die Regelung der Erzeugung, des Absatzes oder Bezuges von Waren sowie der Preise und Geschäftsbedingungen." (Art. 2 Abs. 1 Kartellgesetz =KG[1])

und

"Als kartellähnliche Organisationen gelten:
a. einzelne Unternehmen;
b. Unternehmen, die stillschweigend ihr Verhalten aufeinander abstimmen;
c. Zusammenfassungen von Unternehmen, die durch Kapitalbeteiligung oder andere Mittel, soweit sie den Markt für bestimmte Waren oder Leistungen beherrschen oder maßgeblich beeinflußen, bewirkt sind." (Art. 4 Abs. 1 KG)

Die Wettbewerbsbeschränkung kann dabei auch in der Form erfolgen, daß Produzenten ihren Abnehmern die Bedingungen zur Weiterveräusserung ihrer Produkte auferlegen, hierzu gehört insbesondere die Preisbindung der zweiten Hand, mit der z.B. der Preiswettbewerb zwischen Einzelhändlern ausgeschlossen werden kann; sie fällt deshalb auch

[1] Bundesgesetz über Kartelle und ähnliche Organisationen vom 20. Dezember 1985 (Stand am 1. Oktober 1988).

unter das Kartellgesetz (Art. 3 KG).

8.2 Die Preisbildung bei ausgewählten Marktformen

8.20 Eine Problemübersicht

6. Unterstellen wir, für einen bestimmten Markt hätten wir die Zahl der Anbieter (und Nachfrager) gezählt und dabei festgestellt, daß sie - trotz ihrer rechtlichen Selbständigkeit - den Wettbewerb zwischen ihnen durch Verträge (praktisch) ausgeschlossen haben. Was folgt daraus für die Angebotspolitik der Unternehmen?

In Abschnitt 4.23 haben wir die Angebotspolitik eines Unternehmens aus seiner Zielfunktion abgeleitet, also aus der Maximierung seines Gewinnes. Sehen wir uns das noch einmal etwas genauer an: Der Gewinn eines bestimmten Unternehmens j ist definiert als Differenz zwischen seinem Erlös und seinen Kosten:

$$(8.1) \qquad G_j = p \cdot y_j - K(y_j)$$

Nun ist der Absatzpreis p nicht fest vorgegeben: Im Marktgleichgewicht muß die Produktionsmenge des Unternehmens zusammen mit derjenigen seiner Konkurrenten gerade die von den Konsumenten nachgefragte Menge x(p) ergeben, also

$$(8.2) \qquad \sum_{j=1}^{n} y_j = x(p)$$

wenn insgesamt n Unternehmen anbieten. Jede Variation der gesamten Produktion muß deshalb zu einer entsprechenden Veränderung des Marktpreises p führen, damit sie auch abgesetzt werden kann: p hängt von der Nachfragefunktion nach diesem Gut und von der Produktion der ganzen Branche ab. - Prinzipiell muß das betrachtete Unternehmen deshalb davon ausgehen, daß eine Variation seiner Produktionsmenge auch den Marktpreis ändert, also

$$(8.3) \qquad dG_j = p \cdot dy_j + y_j \cdot dp - dK_j$$

Gegenüber unserer früheren Argumentation ist der mittlere Term neu; er gibt den Einfluß derjenigen Preisänderung auf den Erlös an, die durch die eigene Produktionsänderung und die der Konkurrenten verursacht wird.

Aus (8.2) finden wir nämlich

$$(8.4) \qquad dy_1 + dy_2 + \ldots = \frac{\partial x}{\partial p} \cdot dp$$

Das kann man umformen: Auf der rechten Seite steht die Reaktion der Nachfragemenge auf eine Preiserhöhung; üblicherweise drückt man das durch die direkte Preiselastizität der Nachfrage aus. Multiplizieren wir deshalb (8.4) mit p/x und bringen p auf die rechte Seite, so erhalten wir

$$(8.4') \quad \frac{y_1}{x} \cdot \frac{dy_1}{y_1} + \frac{y_2}{x} \cdot \frac{dy_2}{y_2} = \eta \cdot \frac{dp}{p}$$

Die prozentuale Preisänderung am Markt errechnet sich also aus der direkten Preiselastizität der Nachfrage und der prozentualen Änderung der Produktionsmenge der einzelnen Anbieter, gewichtet mit ihrem Marktanteil.

Bei der Bestimmung der Preisänderung am Markt laßen sich drei Fälle unterscheiden:

(i) Dieser Unternehmer ist der einzige Anbieter auf diesem Markt, dp wird also ausschließlich durch seine eigene Produktionsänderung ausgelöst. Das ist der Fall beim reinen ***Monopol***.

(ii) Dieser Unternehmer hat sehr viele Konkurrenten, sein Marktanteil ist deshalb verschwindend klein, so daß seine Produktionsänderung den Absatz seiner Konkurrenten nicht fühlbar beeinflußt; sie reagieren deshalb nicht. Dann ändert sich aber auch der Marktpreis nicht (wahrnehmbar). Das ist der Fall des ***Polypols***, das wir in seiner Erscheinungsform als ***monopolistische*** und als ***vollständige Konkurrenz*** behandeln werden.

(iii) Zwischen diesen beiden Fällen liegt derjenige des ***Oligopols***. Er ist dadurch charakterisiert, daß jeder oligopolistische Anbieter mit fühlbaren Reaktionen seiner Konkurrenten rechnen muß. Die Schwierigkeit bei der theoretischen Behandlung des Oligopols liegt genau in der Erklärung dieser Reaktionen, die weitgehend von den Erwartungen der Konkurrenten abhängen. Wir müssen uns in diesem Fall mit einigen Hinweisen begnügen.

8.21 Das reine Monopol

7. Definitionsgemäß ist der Monopolist der einzige Anbieter auf einem Marktkomplex. Wenn wir zur Vereinfachung vom Zwischenhandel absehen, verkauft er direkt an die Konsumenten, seine Preis-Absatz-Funktion ist identisch mit der Nachfragefunktion der Haushalte.

Damit Sie die Argumentation leichter nachvollziehen können, werden im folgenden in der linken Spalte die allgemeinen Funktionen, in der rechten Spalte die expliziten Funktionen angegeben; nur diese expliziten Funktionen werden dann auch gezeichnet.

Angenommen, die Nachfragefunktion der Haushalte sei linear, so daß wir sie schreiben können als

(8.5) $p = a - b \cdot x$ oder $p = 10 - x$

Da der Unternehmer - als Monopolist - der einzige Verkäufer ist, ist die von den Konsumenten nachgefragte Menge x identisch mit der von ihm verkauften und produzierten Menge y. Wir finden deshalb aus (8.5) die ***Erlösfunktion*** des Monopolisten als

(8.6) $E = E(y) = p \cdot y = a \cdot y - b \cdot y^2$ oder $E = 10 \cdot y - y^2$

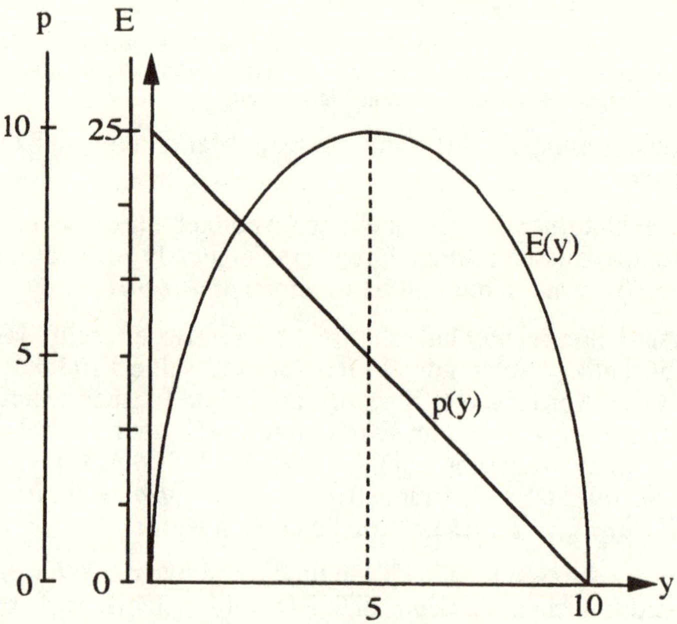

Abb. 8.2

In Abb. 8.2 wird zunächst die Nachfragefunktion p(y) abgetragen. Die Erlösfunktion (8.6) ist eine umgeklappte Parabel, die ihr Maximum bei y=5 mit einem Erlös von 25 erreicht und die die Mengenachse bei 10 schneidet. Beide Funktionen sind in Abb. 8.2 eingetragen, wobei für den Preis die linke, den Erlös die rechte Skala gilt.

8. Nehmen wir an, seine Kostenfunktion habe die Form

(8.7) $K = K(y)$ oder $K = 0.5 \cdot y^2 + y + 8.5$

Sie ist der aufsteigende Ast einer Parabel, die in Abb. 8.3 dargestellt ist.

9. Damit sind wir in der Lage, die Gewinnfunktion zu bestimmen:

(8.8) $G = E(y) - K(y)$ oder $G = 10 - y2 - 0.5y2 - y - 8.5$

$= - 1.5y^2 + 9y - 8.5$

Für das angegebene Zahlenbeispiel erhalten wir die unten angegebene Wertetabelle.

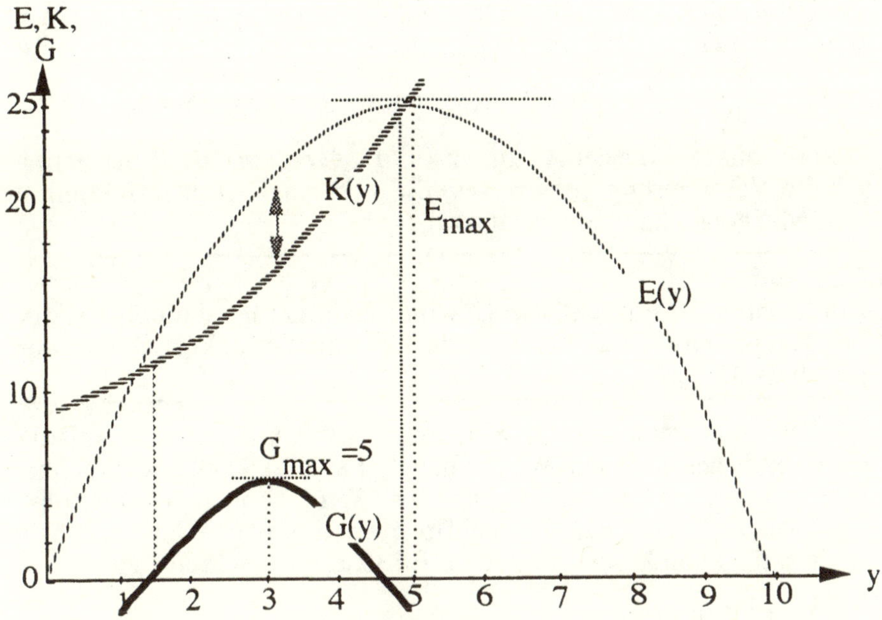

Abb. 8.3

Die Gewinnfunktion ist also eine umgestülpte Parabel, die die y-Achse ungefähr bei 1.2 und 4.8 schneidet (in Abb. 8.3 gestrichelt eingezeichnet); diese beiden Mengen sind die ***Gewinnschwellen***). Ihr Maximum erreicht sie bei y = 3 mit G = 5, dazu gehört der Verkaufspreis von 7.-.

Menge y	Preis p	Erlös E	Kosten K	Gewinn G
0	10,-	0	8,5	- 8,5
1	9,-	9,-	10,-	- 1,-
2	8,-	16,-	12,5	3,5
3	7,-	21,-	16,-	5,-
4	6,-	24,-	20,5	3,5
5	5,-	25,-	26,-	- 1,-
6	4,-	24,-	32,5	- 8,5
...				

10. In vielen Fällen will man nur die Produktionsmenge bzw. den Verkaufspreis ableiten, der den Gewinn maximiert. Für einen Monopolisten vereinfacht das die Darstellung: Die gewinnmaximale ***Ausbrin-***

gungsmenge finden wir, indem wir (8.8) nach y differenzieren wir und die Ableitung Null setzen:

(8.9) $$\frac{\partial G}{\partial y} = \frac{\partial E}{\partial y} - \frac{\partial K}{\partial y} = E' - K' = 0 \text{ oder } \frac{\partial G}{\partial y} = -3y + 9 = 0$$

Neu für uns ist hier der Ausdruck E'; der ***Grenzerlös*** E' ist definiert als die Veränderung des Erlöses, die von einer Absatzerhöhung um eine Mengeneinheit verursacht wird.

Ergebnis:
Ein Monopolist erreicht sein Gewinnmaximum bei derjenigen Ausbringungsmenge, bei der Grenzerlös und Grenzkosten einander gleich sind.

11. Zur Interpretation von (8.9) müssen wir uns zunächst mit dem Grenzerlös beschäftigen. Wovon hängt er ab? Welcher Zusammenhang besteht zwischen Preis und Grenzerlös? Wir beginnen mit einer reinen Umformung: Lösen wir die Nachfragefunktion nach p auf, so erhalten wir p = p(y) und können damit die Erlösfunktion schreiben als

(8.10) $$E = p(y) \cdot y$$

Wegen der Produkteregel finden wir daraus die Grenzerlösfunktion als

(8.11) $$E' = \frac{\partial p}{\partial y} \cdot y + p$$

Die Differenz zwischen p und E' ist also genau das erste Glied auf der rechten Seite von (8.11); es drückt den Umstand aus, daß (bei gegebenem Einkommen der Haushalte) jede Absatzsteigerung notwendigerweise eine Preissenkung voraussetzt. Der neue Preis bezieht sich dabei nicht nur auf die zusätzlich abgesetzte Menge, sondern auch auf die alte Menge y - sofern eine ***Preisdiskriminierung*** zwischen den Nachfragern nicht möglich ist.

Betrachten wir dazu ein Beispiel. Angenommen, ein Hausbesitzer möchte insgesamt 10 Wohnungen vermieten, hat im Augenblick aber nur 9 zu einer Monatsmiete zu 1'000,-- vermietet. Für die zehnte Wohnung hat er - so wollen wir annehmen - einen Interessenten, der jedoch nur eine Miete von 800,-- zu zahlen bereit ist. Soll er einen solchen Mietvertrag abschließen? Wir rechnen dazu seine Mieteinnahmen aus, wenn er die zehnte Wohnung so vermietet:

9 Wohnung à 1000.--	Fr 9'000.--
1 Wohnung à 800.--	Fr 800.--
Mieteinnahmen insgesamt	Fr 9'800.--

Also lohnt sich diese Vermietung? Wahrscheinlich ist diese Rechnung aus folgender Überlegung falsch: Wenn es sich wirklich um 10 absolut gleichwertige Wohnungen handelt, dann kann er die zehnte nur deshalb nicht zu dem Mietzins von 1000 vermieten, weil es genügend andere gleichwertige Wohnungen auf dem Wohnungsmarkt gibt, die zu 800 (oder wenig darüber) gehandelt werden; auf sie können die Interessenten zurückgreifen. Für seine 10. Wohnung kann er deshalb nur 800 Miete fordem. Wenn er nun aber an den zehnten Mieter vermietet hat, werden die anderen Mieter das erfahren, und sie werden sich davon überzeugen, daß auch sie eine billigere Wohnung bekommen können. Wenn er die anderen Mieter behalten will, muß er auch ihnen den niedrigeren Mietzins von 800 gewähren. Dazu ist er allerdings bereit, denn die durch die Kündigungen frei werdenden Wohnungen lassen sich ja - gemäß unserer Annahme - auch nur zu 800 vermieten. Senkt er aber allgemein die Miete auf 800, betragen seine (gesamten) Mieteinnahmen bei Vermietung der 10. Wohnung Fr. 8'000.-- . Das ist der Grund, weshalb viele Vermieter Wohnungen leer stehen lassen; sie versuchen, den Anschein zu vermeiden, ähnliche Wohnungen seien billiger zu finden.

Formulieren wir diesen Zusammenhang etwas anders: Der ***Preis***, zu dem die zehnte Wohnung vermietet werden kann, beträgt 800.--; der ***Grenzerlös*** ist in diesem Beispiel negativ, nämlich (8'000 - 9'000) = - 1'000.--. Auf alle Fälle ist der Grenzerlös immer niedriger als der Preis, wenn der Verkäufer die Nachfrager nicht voneinander trennen und deshalb keine Preisdiskriminierung betreiben kann, sondern für alle denselben Preis verlangen muß.

12. Um diese Aussage etwas anders auszudrücken, klammern wir p auf der rechten Seite von (8.11) aus und erhalten

$$(8.11') \quad E' = p\left(1 + \frac{\partial p}{\partial y} \cdot \frac{y}{p}\right) = p \cdot \left(1 + \frac{1}{\eta}\right) \qquad \text{mit } \eta := \frac{\partial y}{\partial p} \cdot \frac{p}{y}$$

(8.11') nennt man die ***Amoroso-Robinson-Gleichung***; sie erklärt den Grenzerlös aus dem Verkaufspreis und der direkten Preiselastizität der Nachfrage. Da die direkte Preiselastizität der Nachfrage idR. negativ ist, ist der Grenzerlös umso größer, je kleiner sie ihrem absoluten Wert nach ist, je unelastischer also die Nachfrage ist. Das bedeutet aber nichts anderes, als daß der Grenzerlös umso grösser ist, je schlechter die Nachfrager bei einer Preiserhöhung auf ein anderes Gut ausweichen und deshalb auf dieses Gut verzichten können.

Den Grenzerlös können wir aus der Nachfragefunktion ausrechnen: Benutzen wir dazu die oben angegebenen Funktionen, erhalten wir

$$(8.12) \quad E' = a - 2by \qquad \text{oder } E' = 10 - 2y$$

Die ***Grenzerlösfunktion*** ist also bei einer linearen Nachfragefunktion ebenfalls eine Gerade, die dasselbe absolute Glied wie die Nachfragefunktion, aber eine doppelte Steigung aufweist. Das ist in Abb. 8.4 eingezeichnet.

13. Nach diesen Hilfsüberlegungen können wir zu einer anderen Ableitung der gewinnmaximalen Angebotsmenge übergehen: Aus (8.9) wissen wir, daß im Gewinnmaximum Grenzerlös und -kosten einander gleich sein müssen; es muß also gelten

$$(8.13) \quad E' = K' \qquad \text{oder } 10 - 2y = y + 1$$

Daraus leitet man die gewinnmaximale Menge des Monopolisten mit $y_{mon} = 3$ und den dazugehörigen Preis mit $p_{mon} = 7ab$.

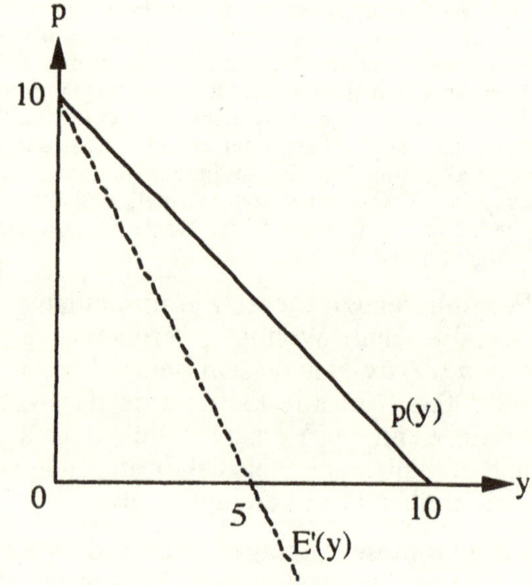

Abb. 8.4

Die Grenzkosten- und die Grenzerlöskurve schneiden einander im Punkt A; bei der gewinnmaximalen Ausbringungsmenge y_{mon} ist also (8.13) erfüllt. Wir finden sie, indem wir von A aus senkrecht auf die Mengenachse nach unten gehen. Für den gewinnmaximalen Preis p_{mon} gehen wir von A aus senkrecht nach oben auf die Nachfragekurve (das ist Punkt B) und von dort aus waagrecht auf die Preisachse; das ist durch die beiden Pfeile in Abb. 8.5 angedeutet. Diese Ableitung geht auf *Cournot* zurück; den Schnittpunkt zwischen Grenzerlös- und Grenzkostenkurve bezeichnet man deshalb im allgemeinen als ***Cournot-Punkt.***

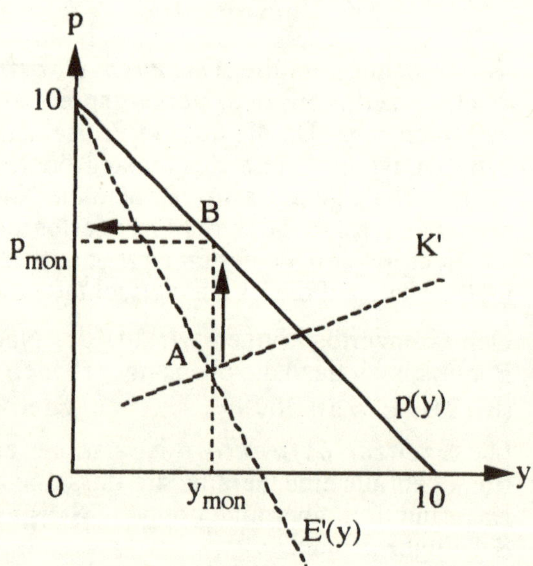

Abb. 8.5

14. Abb. 8.6 zeigt die Auswirkung der monopolistischen Angebotspolitik auf den Gewinn des Unternehmens. Zum einfacheren Zeichnen ist dort eine waagrechte Grenzkostenkurve K'(y) angenommen; ihr Schnittpunkt mit der Grenzerlöskurve E'(y) ergibt die gewinnmaximale Angebotsmenge y_m. Gehen wir von dem *Cournot*-Punkt senkrecht nach oben bis zur Nachfragekurve und dann waagrecht auf die Preisachse, erhalten wir den gewinnmaximalen An-

gebotspreis p_m. Damit wir den Gewinn des Monopolisten in dieser Zeichnung darstellen können, brauchen wir seine Durchschnittskostenkurve k(y). Wegen der Fixkosten verläuft sie oberhalb der waagrechten Grenzkostenkurve.

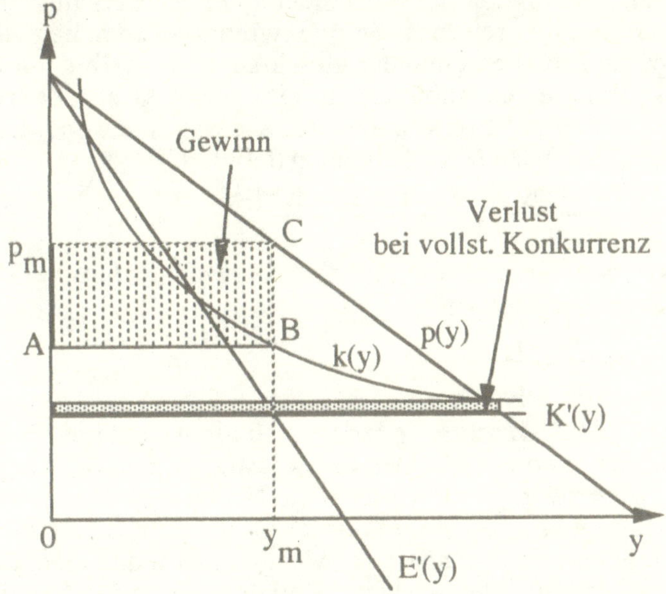

Abb. 8.6

Der ***Stückgewinn*** ist die Differenz zwischen dem Stückerlös (in unserem Fall p_m) und den Stückkosten (oder die***Durchschnittskosten***), die wir von der Durchschnittskostenkurve ablesen. Multiplizieren wir den Stückgewinn mit der Menge, so erhalten wir den Gewinn des Monopolisten; in Abb. 8.6 ist das das grosse gepunktete Rechteck.

Diese Ableitung unterscheidet sich in einem wesentlichen Punkt von derjenigen aus Absch. 4.2: Dort ist für den einzelnen Anbieter der Marktpreis gegeben, er kann ihn nicht beeinflussen, dafür ist der einzelne Anbieter zu klein. Um dann seinen Gewinn zu maximieren, produziert er diejenige Menge, bei der die Grenzkosten dem Marktpreis entsprechen.

Angenommen, unser Monopolist betrachte - irrtümlich - den Preis als Datum. Dann bestimmt er seine Produktionsmenge so, daß die Grenzkosten dem Preis entsprechen, also im Schnittpunkt der Nachfragekurve mit der Grenzkostenkurve. Leiten wir dort - wie oben - den Stückgewinn ab und multiplizieren ihn mit der Menge, erhalten wir den Gewinn "bei vollständiger Konkurrenz", in Abb. 8.6 nämlich das kleine, langgezogene Rechteck über der Grenzkostenkurve.

Bei konstanten Grenzkosten erleidet der Unternehmer dort immer einen Verlust in Höhe der Fixkosten. Warum?

15. Ein Monopolist kennt die Abhängigkeit zwischen Verkaufspreis und -menge und wird sie, da er der einzige Anbieter auf dem Markt ist, auch ausnutzen. Folglich ist für ihn nicht mehr der Verkaufspreis, sondern der Grenzerlös relevant: Sein Gewinnmaximum liegt dort, wo Grenzerlös und -kosten einander gleich sind. Deshalb kann man die Monopolstellung eines Anbieters auf einem Markt an der (relativen) Differenz zwischen Preis und Grenzkosten messen. Dazu hat *A.P.Lerner* (1934) den Monopolgrad m definiert:

$$(8.14) \qquad m = \frac{p - K'}{p} = \frac{p - E'}{p} = 1 - \frac{E'}{p}$$

Setzen wir den Grenzerlös aus der *Amoroso-Robinson*-Gleichung (8.11') ein, so erhalten wir

$$(8.14') \qquad m = -\frac{1}{\eta} = \frac{1}{|\eta|}$$

Der ***Lerner'sche Monopolgrad*** ist also nichts anderes als der reziproke absolute Wert der direkten Preiselastizität der Nachfrage, er ist deshalb umso größer, je unelastischer die Nachfrage ist: Je schwerer es den Nachfragern fällt, bei einer Preiserhöhung auf das Gut zu verzichten, je weniger sie ihre nachgefragte Menge dann reduzieren, desto höher kann im Marktgleichgewicht der Verkaufspreis eines Monopolisten sein, desto höher ist sein Monopolgrad.

8.22 Die monopolistische Konkurrenz

16. Aus den Überlegungen zur Marktabgrenzung folgt, daß wir in der Realität höchstens ausnahmsweise ein reines Monopol vorfinden: Regelmäßig gibt es nämlich eine ganze Reihe von Gütern, die mehr oder weniger gute Substitute für das von dem betrachteten Unternehmen angebotene Gut sind, mit denen der betrachtete Anbieter konkurrieren muß.

Es macht eben keinen Sinn, Tobler deshalb als Monopolisten zu bezeichnen, weil diese Firma - natürlich - als einzige das Recht hat, Toblerone anzubieten. Über die Wettbewerbsbeziehung auf dem relevanten Markt (Marktkomplex) kann das überhaupt nichts aussagen, dazu müßte der ganze Markt für Schokoladen (oder für Süssigkeiten?) untersucht werden. Aus denselben Überlegungen heraus haben die SBB zwar das Monopol auf dem Markt für Eisenbahntransporte; auf dem relevanten Marktkomplex werden aber auch von anderen Firmen Transporte (vor allem mit Lastwagen) angeboten.

Daß wir regelmäßig mehrere Anbieter auf einem Marktkomplex vorfinden, bedeutet aber nicht von vorneherein, daß es dort keine monopolistischen Elemente gibt: Betrachten wir dazu etwa einen Lebensmittel-

Einzelhändler, der Butter anbietet. Da man die Butter auch anderswo kaufen kann, kann der Einzelhändler seinen Preis nicht beliebig festlegen: Weicht er nämlich von dem Preis seiner Konkurrenten zu weit nach oben ab, dann wird niemand mehr bei ihm Butter kaufen, sondern Fahrtkosten und Unbequemlichkeiten auf sich nehmen, um bei der Konkurrenz zu kaufen. Andererseits wird der Einzelhändler nicht sofort alle Kunden verlieren, wenn sich sein Verkaufspreis nur wenig von dem Preis seiner Konkurrenten unterscheidet, die "Abwanderung" beginnt wahrscheinlich erst, wenn die Preisdifferenz genügend gross ist. Also hat er einen gewissen ***monopolistischen Bereich***, innerhalb dessen er seinen Preis ohne extreme Reaktionen seines Absatzes variieren kann. Seine Absatzmöglichkeiten kann man sich also etwa durch die Preis-Absatz-Funktion in Abb. 8.7 verdeutlichen.

Was ist für die Marktform (wie die des Einzelhandels) charakteristisch, die wir eben beschrieben haben? Wir finden eine sehr große Zahl von Anbietern vor, also sind wir in der Marktform des ***Polypols***, jeder einzelne Anbieter hat deshalb einen verschwindend kleinen Marktanteil. Wegen der Transportkosten, der räumlichen Streuung der Nachfrage usw. ist die Nachfrage nicht vollständig beweglich, und deshalb hat jeder Anbieter einen kleinen monopolistischen Bereich, der umso kleiner ist, je besser sich das Angebot der räumlichen Verteilung der Nachfrage anpaßt. Wegen dieses monopolistischen Bereichs spricht man von ***monopolistischer Konkurrenz***. Innerhalb dieses monopolistischen Bereichs läßt sich die formale Ableitung der gewinnmaximalen Angebotspolitik eines Monopolisten aus dem letzten Abschnitt direkt auf einen Anbieter in monopolistischer Konkurrenz übertragen. Man stellt sich deshalb unter "dem Monopolisten" des letzten Abschnittes am besten einen Anbieter vor, der über einen nennenswerten monopolistischen Bereich verfügt.

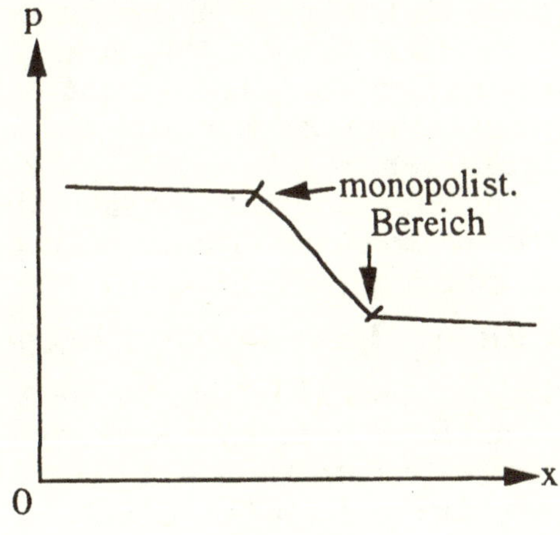

Abb. 8.7

Wovon hängt die Größe dieses individuellen monopolistischen Bereichs ab? Wir haben bereits die räumliche Entfernung bzw. die Transportkosten erwähnt. Dieselbe Funktion haben tatsächliche oder vermeintliche Qualitätsunterschiede des Produktes, der Bedienung und Beratung, des späteren Service, die Koppelung des Produktes mit Sozialprestige usw. Sie sorgen dafür, daß der Nachfrager bei gleichem Preis nicht zur Konkurrenz geht, sondern das Produkt des betrachteten Anbieters vorzieht. In diesem Zusammenhang spricht man von ***Präferenzen der Nachfrager für einen einzelnen Anbieter***".

17. Stellen Sie sich vor, wir könnten diese Präferenzen auf einem Marktkomplex durch irgendwelche Maßnahmen langsam abbauen. Dann wird der monopolistische Bereich jedes einzelnen Anbieters immer kleiner. Anders ausgedrückt: Der Absatzrückgang, den er bei gegebenen Preisen seiner Konkurrenten durch eine Erhöhung des eigenen Preises erleidet, wird immer grösser. Im Grenzfall, wenn überhaupt keine Präferenzen seitens der Nachfrager für ihn mehr bestehen, wenn das angebotene Gut in den Augen der Nachfrager ***völlig homogen*** geworden ist, wird er bei einer Preiserhöhung allen Absatz verlieren. Grafisch drückt sich das dadurch aus, daß sich seine Preis-Absatz-Funktion gegen den Uhrzeigersinn dreht, flacher verläuft und im Grenzfall völlig waagrecht wird. Das entspricht der Marktform der ***vollständigen Konkurrenz***. Bei ihr ist der Preissetzungsspielraum jedes Anbieters vollständig verschwunden, jeder muß den Marktpreis als Datum akzeptieren. Diese Marktform haben wir bisher unseren Überlegungen zugrunde gelegt.

8.23 Einige Hinweise zum Oligopol

18. Daß in einem Marktkomplex die Anbieter so zahlreich sind, daß keiner mit Reaktionen seiner Konkurrenten zu rechnen hat, also polypolistische Konkurrenz herrscht, ist nicht allzu häufig – vor allem nicht auf den Märkten für industrielle Erzeugnisse. In vielen Fällen finden wir dort entweder wenige, etwa gleich große Anbieter vor oder einige wenige große mit einer Vielzahl von sehr kleinen. In einem solchen Marktkomplex ist sicherlich mit Reaktionen der Konkurrenten zu rechnen: Angenommen, Opel senke den Verkaufspreis für den Rekord. Die dadurch verursachte Absatzerhöhung kommt aus zwei Quellen:

- Opel zieht potentielle Käufer von der Konkurrenz ab, und zwar von gleich großen oder grösseren Wagen (denn Opel ist *billiger* geworden) und von den kleineren Wagen (bei gleichem Preis bietet Opel mehr);
- Autos werden durch diese Preissenkung generell billiger, dadurch steigt die Kaufkraft der Konsumenten, sie können insgesamt mehr Autos nachfragen als vorher.

Man wird annehmen dürfen, daß der letztere Effekt im allgemeinen für einen einzelnen Anbieter vernachlässigbar klein ist, während der erstere wohl umso größer ist, je ***ähnlicher*** die auf dem relevanten Markt gehandelten Produkte sind, je größer also ihre Kreuzpreiselastizität der Nachfrage ist: Jede Erhöhung des Marktanteils des einen Anbieters ist dann mit einer entsprechenden Reduktion des Marktanteils der anderen Anbieter verbunden. Das werden die anderen Anbieter nicht tatenlos hinnehmen, sondern mindestens ihren alten Marktanteil verteidigen. Dazu müssen sie ihrerseits ihren Absatz wieder ausdehnen und idR. ihre Preise senken. Wenn aber ***alle*** Anbieter ihre Preise senken, entfällt der erste Effekt, es bleibt nur der zweite: Da von der Branche insgesamt kaum mehr als vor der Preissenkung abgesetzt wird, sinken bei Preissenkungen (nur) die Erlöse jedes einzelnen Anbieters und der Branche insgesamt und damit auch die Gewinne: Preissenkungen lohnen sich in oligopolistischen Märkten im allgemeinen nicht.

Auch Preiserhöhungen sind für den einzelnen Anbieter nicht attraktiv:: Erhöht er seinen Verkaufspreis, dann wird wegen der konstanten Preise seiner Konkurrenten sein Absatzrückgang im Zweifel relativ groß sein. Profitieren werden seine Konkurrenten, die entsprechend mehr absetzen können. Zwar wird er nicht mit Vergeltungsmaßnahmen der Konkurrenten zu rechnen haben, aber es bleibt bei der durch den Absatzrückgang verursachten Gewinnreduktion: Isolierte Preiserhöhungen lohnen im allgemeinen nicht.

Wir haben deshalb in Oligopolen mit einer gewissen ***Preisstarrheit*** zu rechnen: Preissenkungen werden von den Anbietern gefürchtet, weil sie mit Gewinnreduktionen verbunden sind und in einen ruinösen Wettbewerb ausarten können, und Preiserhöhungen schaden den Anbietern immer dann, wenn sie nicht gemeinsam vorgenommen werden.

19. Das erklärt den Anreiz zu gemeinsamen Verhalten: Allgemeine Preissenkungen sollten vermieden werden, dagegen sollten die Preise gegebenenfalls gemeinsam erhöht werden - möglichst ohne Verschiebung der Marktanteile. Ein solches gemeinsames Handeln kann erreicht werden durch eine entsprechende Vereinbarung zwischen den Anbietern, also den Abschluß eines ***Kartell***vertrages, in dem etwa die Preise über Kalkulationsrichtlinien, eine gemeinsame Vertriebsorganisation o.ä. vereinbart wird. Wenn das gelingt, dann sprechen wir von einem ***Kollektivmonopol*** und können die Überlegungen von Abschnitt 8.21 direkt übertragen.

Kommt es zu keiner formellen Kartellbildung, dann ist immer noch zu prüfen, ob die Anbieter auch ohne formelle Abrede ***stillschweigend kooperieren***, also als soziale Gruppe gemeinsam handeln können.

Schließlich wäre zu erklären, welche Angebotspolitik für einen Oligopolisten optimal ist, wenn es weder zu einer förmlichen noch zu einer stillschweigenden Kooperation kommt. Dann spielen die ***Erwartun-***

gen über die Reaktionen seiner Konkurrenten eine Rolle. Im Rahmen dieser Einführung kann hierauf nicht weiter eingegangen werden.

8.3 Die Ursache von Monopolstellungen

20. In Abschnitt 8.21 haben wir nicht nur das Angebotsverhalten eines Monopolisten, sondern auch seinen (Monopol-)Gewinn abgeleitet: Er ist immer größer als der Gewinn, den er bei vollständiger Konkurrenz erzielen kann. Das läßt vermuten, daß Unternehmen nach einer solchen Monopolstellung streben. Wie kommt man aber zu ihr? Der Erwerb einer Monopolstellung geht auf die verschiedensten Ursachen zurück. Oft hat ein bestimmtes Unternehmen eine besonders günstige Produktions- und/oder Absatzorganisation und kann deshalb seine Konkurrenten aufkaufen, mit ihnen fusionieren oder sie aus dem Markt drängen. Wenn eine solche Monopolstellung einmal erworben worden ist, dann muß man sie aber permanent gegen ***potentielle Eindringlinge*** in den Markt verteidigen können: Das Halten einer Monopolstellung setzt grundsätzlich die Fähigkeit voraus, andere Anbieter vom Markt zu verdrängen oder von einem Eindringen in den Markt abzuhalten. Im folgenden fragen wir deshalb nicht nach der Ursache einer Monopolstellung, sondern danach, weshalb ein Unternehmen andere am Eindringen in den Markt hindern kann. Dafür lassen sich folgende Ursachen unterscheiden:

Eine Monopolstellung kann zurückgehen auf die technischen Bedingungen der Güterproduktion in dieser Branche und/oder auf bestimmte Formen des technischen Fortschritts: Die Produktion des betrachteten Gutes kann so kapitalintensiv sein, daß die Ausgaben für die erforderliche Ausrüstung von einem kleinen Betrieb nicht finanziert werden kann. Und die mit dieser technischen Ausrüstung verbundene Kapazität kann im Vergleich zur Nachfrage so groß sein, daß kein zweiter Anbieter auf diesem Markt existieren kann. Wir werden das im Zusammenhang mit dem ***natürlichen Monopol*** analysieren.

Damit ein neuer Anbieter auf einem Markt überhaupt verkaufen kann, muß er sich in vielen Fällen zunächst einmal bekannt machen und bei seiner potentiellen Kundschaft ein gewisses Mindestmaß an Vertrauen, einen bestimmten Ruf erwerben. Das kann große Auslagen für Werbekampagnen erfordern, die zu den Aufwendungen für die Produktionsanlagen hinzu kommen. Da wir in der Realität alles andere als vollkommene Kapitalmärkte haben, bekommen Unternehmen, die solche Investitionen durchführen möchten, möglicherweise nicht die für ihre Finanzierung erforderlichen Kredite. Hohe Anfangs-Investitionen mit Unvollkommenheiten am Kreditmarkt bilden dann ***Markteintrittsbarrieren***, die neue Anbieter vom Markteintritt abhalten und auf diese Weise die Monopolstellung des alten Anbieters konservieren.

Dieselbe Wirkung haben bestimmte staatliche Regulationen, z.B. die Beschränkung der Gewerbefreiheit und damit des Markteintritts durch Fähigkeitszeugnisse, das Führen eines Bedarfsnachweises, die Zulassung der Produkte zum Handel erst nach einer bestimmten Prüfung usw. Es wird sogar die Meinung vertreten, daß (nennenswerte) Monopolstellungen in der Realität nur erhalten werden können, wenn sie durch staatliche Eingriffe (nämlich Regulationen) abgesichert sind.

21. In den meisten Fällen ist der Markteintritt für neue Anbieter zwar erschwert, aber nicht unmöglich. Um sich vor der Konkurrenz der neuen Anbieter zu schützen, muß der alte Anbieter zu erreichen versuchen, daß sich für die neuen ein solcher Eintritt gar nicht erst lohnt. Die sicherste Methode dafür ist die, den monopolistischen Preissetzungsspielraum nicht voll auszunutzen: In der dargestellten *Cournot*-Lösung beschreibt die Realität insoweit nicht, als sie die Bedrohung durch ***potentielle Konkurrenten*** nicht berücksichtigt.

An diesem Beispiel zeigt sich auch die Schwäche des marktmorphologischen Ansatzes: Die optimale Angebotspolitik eines Unternehmens wird ausschließlich aus der Marktform abgeleitet, die aufgrund bestimmter Beobachtungsmerkmale bestimmt wird. Dabei kann die Existenz potentieller Konkurrenten einfach deshalb nicht berücksichtigt werden, weil sie von einem Aussenstehenden nicht beobachtet werden können. (Sie existieren ja noch gar nicht.). Nichts desto weniger beeinflußt aber allein die Drohung des Markteintritts die Preispolitik. Wir werden hierauf kurz im letzten Abschnitt eingehen.

8.31 Das natürliche Monopol

22. In diesem Abschnitt wollen wir zeigen, daß die Marktform der vollständigen Konkurrenz unter bestimmten Bedingungen in dem Sinne instabil ist, als sie sich zu einem Monopol entwickelt.

Um das Gleichgewicht auf einem solchen Markt zu bestimmen, brauchen wir bekanntlich neben der Nachfragekurve die Gesamtangebotskurve. Wir finden sie, wie wir in Abschn.4.3 gesehen haben, durch die waagrechte Addition der individuellen Grenzkostenkurven. Unterstellen wir zur Vereinfachung, alle Unternehmen auf diesem Markt hätten dasselbe Produktionsverfahren und damit auch dieselbe Kostenfunktion, die von (relativ) hohen Fixkosten und (relativ) niedrigen Grenzkosten, die bis zur Kapazitätsgrenze (fast) konstant bleiben, gekennzeichnet sei. Wegen technischer Bedingungen sei die individuelle Kapazität so groß, daß der ganze Markt von einem einzigen Anbieter bedient werden könnte. Unter diesen Umständen verläuft die Gesamtangebotskurve waagrecht, und der Marktpreis stellt sich in Höhe der Grenzkosten ein. Bei einem solchen Preis arbeitet jeder einzelne Anbieter mit Verlust, weil die Durchschnittskosten bei jeder Menge um die anteiligen Fixkosten über den Grenzkosten liegen (vgl. Abb. 8.8): Über kurz oder lang muß er den Markt verlassen.

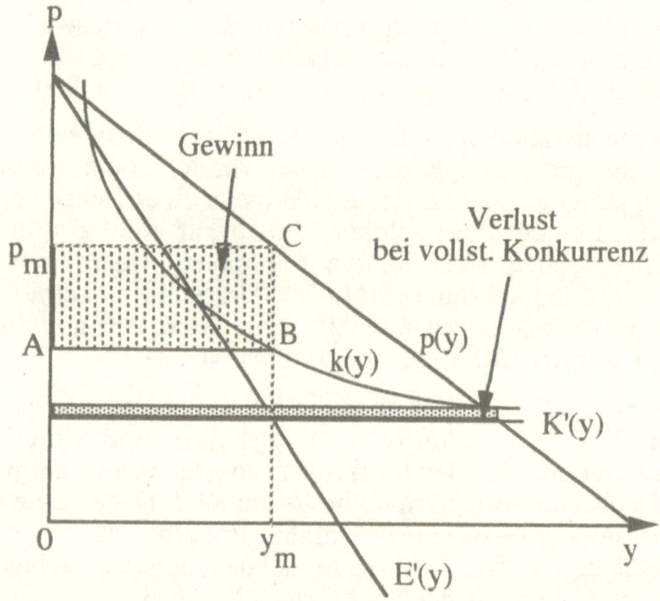

Abb. 8.8

23. Was geschieht, wenn einige Anbieter den Markt verlassen? Grundsätzlich verschiebt sich dadurch die Angebotskurve nach links - bei dem Marktaustritt eines einzelnen Anbieters fast unmerklich, bei dem Marktaustritt von vielen aber deutlich. Dadurch steigt allmählich der Preis, so daß die Verluste derjenigen Anbieter, die im Markt bleiben, verschwinden. In unserem speziellen Fall einer waagrechten Angebotskurve geschieht aber gar nichts: Durch das Rechtsverschieben einer waagrechten Kurve ändert sich der Gleichgewichtspreis solange nicht, als die Kapazität der im Markt verbliebenen Anbieter zur Deckung der Nachfrage ausreicht (was wir angenommen haben). Damit bleiben aber auch die Verluste der Unternehmen bestehen. Die Zahl der Anbieter wird deshalb immer weiter schrumpfen, bis nur noch ein einziger im Markt ist: Er ist dann Monopolist und kann den Monopol-Preis p_m fordern, was in Abb.8.8 eingezeichnet ist.

Das bedeutet allerdings nicht notwendigerweise, daß dieser Monopolist dadurch immer einen Gewinn erzielt, also seine Fixkosten decken kann: Die Fixkosten können nämlich so hoch sein, daß die Durchschnittskostenkurve ganz rechts oberhalb der Nachfragekurve verläuft. Da dieses Gut dann nur mit Verlust zu produzieren ist, würde es privatwirtschaftlich überhaupt nicht angeboten. Ob der Staat dann als Anbieter auftreten sollte, hängt von den ***sozialen Kosten und Erträgen*** ab. Vgl. unten

Kap. 10.

24. Im allgemeinen wird ein solcher Konzentrationsprozeß in einer Branche Zeit brauchen. Dabei wird es sicherlich Phasen geben, in denen man durch Kartellierung den Marktpreis auf das Monopolniveau anzuheben versucht, bevor alle Unternehmen bis auf eine aus dem Markt ausgeschieden sind.

In diesem Fall spricht man auch von Krisenkartellen.

Ein solches Kartell kann möglicherweise Verluste bei seinen Mitgliedern vermeiden. Solange aber die einzelnen Betriebsstätten erhalten werden (müssen), sind die Fixkosten unnötig hoch. Eigentlich würde es sich lohnen, einige Betriebsstätten zu schliessen. Welche sollen das aber sein? Es gibt aber genügend Beispiele dafür, daß Kartelle in einer solchen Situation entweder zerbrechen oder die Unternehmen fusionieren: Die Durchsetzung einer monopolistischen Angebotspolitik durch das Kartell setzt nämlich *erstens* voraus, daß alle Kartellmitglieder ihre Produktion bis auf y_m einschränken. Ist der Preis dann auf p_m angehoben, lohnt es sich für jedes einzelne Kartellmitglied, seine Produktion wieder auszudehnen. Wie läßt sich in einem Kartell bestimmen, wer wieviel produzieren darf, und wie läßt sich überwachen, daß von dieser Produktionsbeschränkung nicht wieder abgewichen wird? *Zweitens* lassen sich die Fixkosten der Branche senken, wenn alle Produktionsanlagen bis auf eine (oder wenigstens einige) geschlossen werden. Aber welche Anlagen sollen geschlossen werden? (In unserem Beispiel ist das gleichgültig, da sie alle identisch sind.) Wie wird das Einkommen eines Unternehmers gesichert, wenn sein Betrieb geschlossen wird? Wie sieht es - auf Dauer! - für seine Mitarbeit aus? - Aus diesen beiden Gründen ist eine erfolgreiche Kartellierung praktisch nur durch die Fusion aller Unternehmen vor der Stillegung denkbar.

25. Diese Konzentrationstendenz tritt in der Realität immer auf, wenn Produktionsverfahren - um wirtschaftlich zu arbeiten - eine sehr große Kapazität aufweisen müssen. Das drückt sich idR. dadurch aus, daß die Fixkosten sehr hoch sind oder - anders ausgedrückt - die Durchschnittskosten im relevanten Bereich sinken.

Ein Beispiel hierfür mag der Eisenbahnsektor sein: Der Wettbewerb zweier unabhängiger Eisenbahngesellschaften auf einer bestimmten Strecke (etwa Basel - Zürich) ist nicht vorstellbar, denn beide müßten ihre eigenen Gleisanlagen erstellen, ihren eigenen Wagenpark erwerben usw. Dadurch wird das gebundene Kapital und damit die Fixkostenbelastung sehr hoch. Die Grenzkosten für die Beförderung eines zusätzlichen Passagiers sind dagegen vernachlässigbar klein: Jede Gesellschaft würde versuchen, zusätzliche Nachfrage dadurch anzuziehen, daß sie sehr niedrige Fahrpreise verlangt. Die so entstehenden Verluste werden u.U. bewußt in Kauf genommen, um den Konkurrenten zu ruinieren. Tatsächlich ist der Zusammenschluß der Eisenbahngesellschaften und die Stillegung einzelner Strecken zu beobachten gewesen. Ähnliche Verhältnisse findet man beim Vertrieb von Gas, Wasser, Elektrizität, Kabelfernsehen usw.

26. In all diesen Fällen spricht man von einem ***natürlichen Monopol***. Man meint damit, daß die Produktionsbedingungen ein gewinnbringendes Angebot durch mehrere Anbieter nicht zulassen, so daß sich auf diesem Markt – u.U. nach einer Anlaufzeit – immer ein Monopol entwickeln wird, das die Preise erhöhen kann. Um das zu vermeiden, werden diese Produktionszweige entweder "verstaatlicht", also durch staatliche Unternehmen betrieben, oder die privaten Unternehmen werden einer besonderen Genehmigungspflicht unterworfen, durch die der Staat gewisse Auflagen durchsetzen kann.

Vgl. hierzu z.B. Art. 24quater BV über die Fortleitung und Abgabe der elektrischen Energie, Art. 26 BV über den Bau und Betrieb von Eisenbahnen, Art. 26bis BV über Rohrleitungsanlagen zur Beförderung flüssiger oder gasförmiger Brenn- oder Treibstoffe, Art. 26 der Verfassung des Kantons Zürich über den Regionalverkehr.

8.32 Marktzugang und potentielle Konkurrenz

27. Wann ist überhaupt mit dem Eintritt von neuen Anbietern auf einem Markt zu rechnen? Dazu müssen zwei Voraussetzungen erfüllt sein: Der Markteintritt muß für einen neuen Anbieter *möglich* sein, und ausserdem muß er daran *interessiert* sein. Unterstellen wir Gewinnorientierung der Unternehmer, dann wird er sich um den Markteintritt nur bemühen, wenn er dann mehr als sonst verdienen kann. Angenommen, es gäbe auf dem zu betrachtenden Markt bisher nur einen einzigen Anbieter, dessen Situation durch die Abb. 8.9 beschrieben ist: Als Monopolist setze er den Preis p_1, zu dem er die Menge y_1 verkauft. - Damit nun ein zweiter Anbieter auf diesem Markt erscheint, muß einer der beiden folgenden Fälle gegeben sein:

- Der neue Anbieter kann über ein kostengünstigeres Produktionsverfahren verfügen, mit dem er den alten Monopolisten aus dem Markt zu drängen hofft; dann kann der Neue als Monopolist seinen Gewinn über den Preis maximieren.
- Die Nachfrage nach dem Gut kann so stark sein, daß *beide* Anbieter, d.h. der alte und der neue, mit überdurchschnittlich hohen Gewinnen produzieren können.

Bei der Entscheidung des neuen Anbieters, den Markteintritt zu wagen, ist der Ausgang des Preiskampfes noch ungewiß: Bekannt ist lediglich der Verkaufspreis des alten Anbieters. Den Absatz des alten Anbieters und vor allem die Nachfragekurve kann er nur abschätzen. Dasselbe gilt für das Durchhaltevermögen des alten Anbieters, also dessen Kostensituation und dessen finanziellen Reserven.

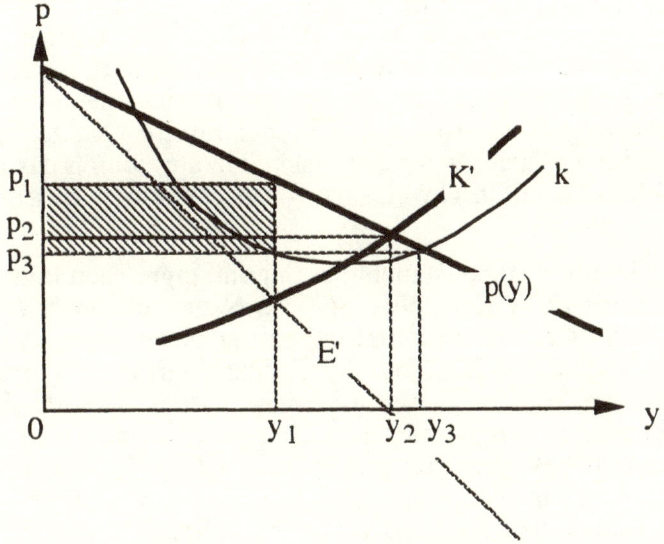

Abb. 8.9

28. Das Auftauchen eines neuen Anbieters am Markt bedeutet für den alten immer eine Gewinnreduktion, möglicherweise sogar den Verlust der Wettbewerbsfähigkeit. Deshalb hat er ein Interesse daran, neue Anbieter nach Möglichkeit am Markteintritt zu hindern:

- Dazu wird er nach Möglichkeit selbst die neu entwickelten Technologien einsetzen, um einen Kostenvorsprung des potentiellen Anbieters zu verhindern.
- Eine weitere Strategie besteht darin, den monopolistischen Preisspielraum nicht auszunutzen, den Preis also niedriger anzusetzen, als wir oben abgeleitet haben, denn das Unterbieten ist für den neuen umso schwieriger, je niedriger der Preis bereits ist. Der alte Preis ist also nicht p_1, sondern niedriger, aber nach Möglichkeit höher als der kostendeckende Preis p_3.

Die Existenz potentieller Konkurrenten bewirkt volkswirtschaftlich zweierlei: Einmal wird der monopolistische Preissetzungsspielraum nicht ausgenutzt, und zum anderen werden die Monopolisten gezwungen, alle Möglichkeiten zur Kostensenkung auszunutzen, also u.a. technische Neuerungen einzuführen.

29. Daraus folgt, daß Monopolstellungen auf Dauer nur existieren können bzw. ausgenutzt werden, wenn potentielle Anbieter vom Markteintritt abgehalten werden können. Es sind vor allem drei Ursachen, weshalb das der Fall ist:

- Der Staat kann den Markteintritt selbst verhindern oder von der Erfüllung bestimmter Bedingungen abhängig machen, indem er die Gewerbefreiheit aufhebt und eine besondere Genehmigungspflicht einführt. Das kann in Form von Befähigungsnachweisen (Meisterprüfungen usw.) oder durch bestimmte Qualitätsvorschriften (VSE-Prüfzeichen für elektrische Geräte), durch das Erfordernis eines Bedarfsnachweises usw. geschehen (= ***Regulationen***).
- Der Eintritt in einen Markt ist nicht nur mit umfangreichen Investitionen verbunden, in vielen Fällen muß der Neue sich durch Werbekampagnen usw. zuerst einmal bei seiner potentiellen Kundschaft bekannt machen. Das kann den Finanzbedarf bei der Gründung des Unternehmens ausserordentlich erhöhen. Kredite sind von den Banken aber regelmässig nur gegen Sicherheiten zu bekommen, die insbesondere neugegründete, "junge" Unternehmen kaum bieten können: Wie Untersuchungen zeigen, sind junge Unternehmen sind deshalb meistens auf die Eigenfinanzierung (durch eigene Ersparnisse oder solche der Familie) angewiesen. Diese ***Unvollkommenheit des Kapitalmarkts*** schützt in gewisser Weise die eingesessenen Unternehmen vor potentiellen Konkurrenz.
- Die Forschungs- und Entwicklungsarbeit ist u.a. deshalb so teuer, weil der Erfolg des Forschens im voraus nie mit Sicherheit bekannt sein kann, vielmehr eine ganze Reihe von Fehlschlägen einkalkuliert werden muß. Solche Aufwendungen werden von privaten Unternehmen nur dann unternommen, wenn per Saldo entsprechende Gewinnchancen bestehen. Das setzt in vielen Fällen den Schutz einer Erfindung vor Nachahmung voraus, was die Funktion des ***Patentschutzes*** ist. Einerseits werden ohne ihn Forschungsarbeiten privatwirtschaftlich nicht durchgeführt werden, andererseits räumt er dem Erfinder eine - allerdings zeitlich begrenzte - Monopolstellung ein.(Vgl. *C.C. v. Weizsäcker* 1980)

Ob eine solche Eintrittsbeschränkungen gerechtfertigt ist oder nicht, können wir erst beurteilen, wenn wir die Auswirkungen von Monopolen auf die Versorgung der Bevölkerung untersucht haben. Damit beschäftigen wir uns im nächsten Abschnitt.

8.4 Die volkswirtschaftliche Beurteilung von Monopolen

30. Die politische Überzeugung der Schädlichkeit von Monopolen ist weit verbreitet. Dabei wird immer wieder behauptet, sie beruhe nicht auf einer reinen Verteufelung von Großunternehmen (oder der Groß-

technologie), sondern auf der Beurteilung allgemein-politischer und volkswirtschaftlicher Auswirkungen der Monopole. Hier werden wir versuchen, allein die volkswirtschaftlichen Auswirkungen zu einer Beurteilung heranzuziehen. Sie werden sehen, daß sie gar nicht so eindeutig ausfällt, wie man zunächst vermuten würde. In allen Diskussionen - auch den politischen - sollte man sich um eine Argumentation bemühen, in der Werturteile ausdrücklich als solche eingeführt werden; eine "allgemeine Stimmung" sollte nicht die einzige Begründung für politisches Handeln sein. Und außerdem muß der (Wirtschafts-) Politiker Klarheit darüber haben, wie seine Maßnahmen wirken, auch wenn er mit ihnen die schädlichen Auswirkungen von Monopolen bekämpfen will.

Zur Vereinfachung beschränken wir uns im folgenden auf die Angebotsseite des Marktes und dort auf das Monopol; die Argumentation läßt sich analog auf Angebotsoligopole, die monopolistische Konkurrenz und auf Wettbewerbsbeschränkungen auf der Nachfrageseite übertragen.

Die behaupteten schädlichen Wirkungen eines Monopols lassen sich in zwei Gruppen einteilen:

(i) Monopole verschlechtern die Güterversorgung der Bevölkerung, weil sie zu wenig produzieren und zu einem übersetzten Preis verkaufen;

(ii) Monopolgewinne führen zu einer ungerechtfertigten Einkommensverteilung.

Allgemeine Aussagen darüber, ob eine bestimmte Verteilung des Einkommens als gerechtfertigt angesehen wird oder nicht, sind nicht möglich, dazu muß man vielmehr immer spezielle, persönliche Werturteile einführen. Da darüber wenig allgemein ausgesagt werden kann, beschränken wir uns im folgenden auf die erste Behauptung, Monopole verschlechterten die (materielle) Versorgung der Bevölkerung.

8.41 Die Cournot-*Lösung als Grundlage der Beurteilung*

31. Zur Begründung der Behauptung, ein Monoplist produziere zu wenig und verkaufe zu teuer, wird auf die auf *Cournot* zurückgehende Ableitung der gewinnmaximierenden Preis-Mengen-Kombination zurückgegriffen, die in Abb. 8.5 dargestellt ist; sie ist in Abb. 8.10 wiederholt. Die Behauptung, die Angebotsmenge sei ***zu gering*** und der Preis ***zu hoch***, setzt erstens eine Vergleichsgröße und zweitens eine Bewertung voraus. Dazu benötigen wir das sozialökonomische Optimum, das wir in Kapitel 7 abgeleitet haben. In einer Marktwirtschaft ist es dann erreicht, wenn der Preis jedes Gutes seinen Grenzkosten ent-

spricht. Also leitet man auch für den Angebotsmonopolisten den Angebotspreis und und die dazugehörige Menge ab, wenn er die Regel "Grenzkosten=Preis" befolgen würde; das ist in Abb. 8.10 mit (p_{konk}, y_{konk}) angegeben. Diese Preis-Mengen-Kombination würde sich einstellen, wenn er die Abhängigkeit seines Absatzes von seinem Verkaufspreis nicht ausnützen, sondern sich wie ein Anbieter in vollständiger Konkurrenz verhalten und den Preis als ein Datum ansehen würde.

32. Ein Maß dafür, in welchem Umfang der Preis "zu hoch" ist, ist der Monopolgrad von *Lerner*, also die relative Abweichung des Verkaufspreises von den Grenzkosten. Sie wird gemessen bei der Produktionsmenge y_{mon} und nicht bei der Menge y_{konk}, die sich "Konkurrenz"-Verhalten einstellen würde. (vgl. dazu aber unten Tz.34). Man erhält dann

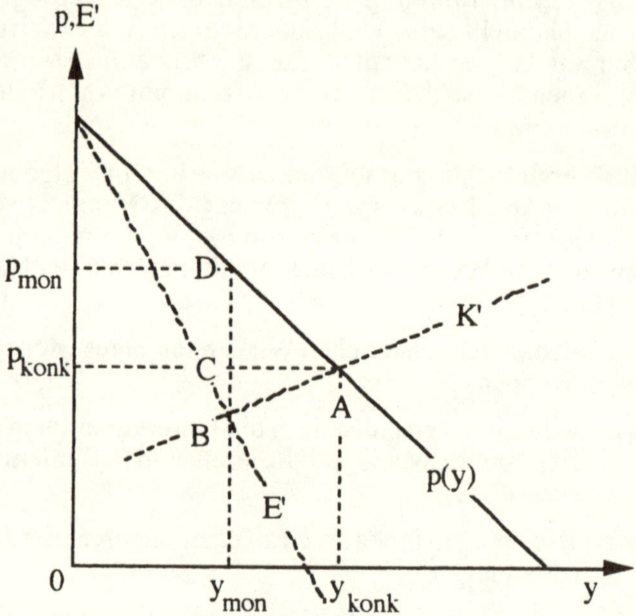

Abb. 8.10

$$(8.15) \quad m = \frac{p-E'}{p} = \frac{p - p\cdot(1-\frac{1}{\eta})}{p} = \frac{1}{|\eta|}$$

Je schwerer den Nachfragern die Substitution dieses Gutes fällt, desto weniger sinkt die nachgefragte Menge bei einer Preiserhöhung, desto kleiner ist cet.par. die direkte Preiselastizität der Nachfrage (ihrem absoluten Wert nach), und desto größer ist deshalb der Monopolgrad.

33. Den Monopolgrad könnte man auch mit der monopolistischen Mengeneinschränkung messen, also etwa durch

$$(8.16) \quad \mu = \frac{y_{konk} - y_{mon}}{y_{mon}}$$

Wovon hängt dieses Monopolmaß ab? Die Differenz zwischen y_{konk} und y_{mon} ist die Strecke AC, sie läßt sich berechnen, wenn man BD und die Steigungen der Grenzkosten- und der Nachfragekurve kennt. BD selbst läßt sich direkt durch den Monopolgrad ausdrücken, also die direkte Preiselastizität der Nachfrage. Also läßt sich μ vollständig durch die direkte Preiselastizität der Nachfrage bestimmen.[2]

Bei gegebener Steigung der Grenzkostenkurve schränkt ein Angebotsmonopolist seine Menge umso stärker ein, je höher der *Lerner*'sche Monopolgrad ist, je schwieriger die Substitution des von ihm angebotenen Gutes durch die Nachfrager ist. Andererseits ist die Mengeneinschränkung bei gegebenem Monopolgrad nach *Lerner* umso größer, je flacher die Grenzkostenkurve verläuft, je weniger die Grenzkosten also auf eine Mengenvariation reagieren.

34. Die Überlegungen sind deshalb rein partialanalytisch, weil sie von gegebener Grenzkosten- und Nachfragekurve ausgehen. D.h. es werden keine Rückwirkungen berücksichtigt, die z.B. aus folgende Gründen entstehen können:

(i) Eine Einschränkung der Produktion des Monopolisten hat cet.par. eine Reduktion des Einkommens und damit der Nachfrage zur

---

[2] Aus der Definition der direkten Preiselastizität der Nachfrage folgt

$$CD = p \cdot m \cdot \mu$$

Messen wir in analoger Weise die Steigung der Grenzkostenkurve mit

$$\varepsilon = \frac{\partial x}{x} \cdot \frac{K'}{\partial K'}$$

so folgt daraus

$$BC = \mu \cdot K'/\varepsilon$$

und schliesslich aus der Definition des Monopolgrades

$$BD = m \cdot p$$

Wegen BD = BC + CD errechnet man daraus

$$\mu = \frac{AC}{y} = \frac{\varepsilon m}{1-m+\varepsilon m}$$

und findet:

- Bei waagrechter Grenzkostenkurve ($\varepsilon \to \infty$) ist $\mu=1$, d.h. bei Befolgung der Grenzkosten-Preisbildung würde der Unternehmer seine Angebotsmenge genau verdoppeln.
- Bei senkrechter Grenzkostenkurve ($\varepsilon=0$) ist $\mu=0$.
- Für $\varepsilon=1$ ist $\mu=m$.

Folge: Die Nachfragekurve verläuft umso weiter links, je grösser diese Produktionseinschränkung ist.

(ii) Die Grenzkostenkurve wird bei gegebenen Faktorpreisen aus der Produktionsfunktion abgeleitet. Reduziert der Monopolist wegen der Produktionseinschränkung auf y_{mon} seine Faktornachfrage, so werden die Faktorpreise idR. sinken, d.h. die Grenzkostenkurve wird nach unten verschoben, was einerseits die optimale Produktionsmenge wieder erhöht, die Güternachfrage andererseits wegen der Einkommenssenkung weiter reduziert.

(iii) Es läßt sich schwer vorstellen, daß ein Monopolist längerfristig einen Teil seiner Produktionskapazitäten unausgenutzt läßt: Einerseits braucht er, wenn man in dem Modell des reinen Monopolisten bleibt, keine Konkurrenz zu fürchten und keine Überkapazitäten deshalb halten, um potentielle Anbieter in einem Kampf um den Markt verdrängen zu können. Andererseits verursacht jede Überkapazität Kosten und reduziert seinen Gewinn.

Diese Einwände lassen sich noch anders formulieren: Könnte ein Monopolist seine Produktion wirklich auf y_{konk} ausdehnen? Bei der eingezeichneten Grenzkostenkurve müßten seine Produktionsanlagen das zulassen. Zwar steigen die Kosten und sogar die Grenzkosten, aber sie bleiben endlich. Der Unternehmer muß sich allerdings überlegen, ob es sich für ihn *lohnt*, diese zusätzlichen Kosten in Kauf zu nehmen. Die Produktionsausdehnung setzt aber nicht nur entsprechende betriebliche Kapazitäten voraus, sondern auch den Mehreinsatz von Arbeitskräften, Roh-, Hilfsmaterialien, Zwischenprodukten usw. Ein einzelnes Unternehmen wird sich diese zusätzlichen Produktionsfaktoren zwar an den Faktormärkten beschaffen können, nicht aber unbedingt eine ganze Volkswirtschaft. Das geht nur, wenn genügend Unterbeschäftigung auf dem Arbeitsmarkt herrscht und/oder wenn in den vorgelagerten Produktionsstufen Überkapazitäten bestehen, damit zusätzliche Produktionsmittel produziert werden können.

Nun hat aber in der Schweiz über lange Jahre hinweg Vollbeschäftigung bestanden, eine Ausdehnung der Produktionstätigkeit war z.T. nur wegen des Zuzugs von Gastarbeitern möglich. Daß in jener Zeit genügend Überkapazitäten bestanden haben, ist ebenfalls unwahrscheinlich: Nicht nur verursachen sie unnötige Kosten, in einem gewissen Umfang schliessen Überkapazitäten (ungewöhnlich lange) Lieferfristen aus. In einer solchen Situation darf man also nicht erwarten, durch eine Senkung des Monopolgrades könne die Produktion *in der gesamten Volkswirtschaft* ausgeweitet werden; insoweit ist die obige Behauptung falsch.

35. Also müssen wir anders ansetzen, um den Einfluß der Monopolisierung abzuschätzen: Zwar können nicht alle Unternehmen "zu wenig" produziert haben. Da jedoch die monopolistische Mengeneinschränkung umso größer ist, je höher der Monopolgrad ist, führt die Monopolisierung einer Wirtschaft zu einer ***Verzerrung der Produktionsstruktur***: In den am stärksten monopolisierten Branchen wird ***relativ*** zu wenig produziert und - bei allgemeiner Vollbeschäftigung - in den am wenigsten monopolisierten Branchen wird ***relativ*** zu viel produziert.

Ein Beispiel: Wenn wir annehmen, "die Industrie" sei stärker monopolisiert als "die Landwirtschaft", dann würde von den landwirtschaftlichen Produkten ***zu viel***, von den Industrie-Erzeugnissen ***zu wenig*** produziert - jeweils verglichen mit den Produktionsmöglichkeiten und der Nachfragestruktur in der gesamten Volkswirtschaft.

Wie kann man eine solche Strukturverzerrung beseitigen? Die Wirtschaftspolitik kann versuchen, entweder den Monopolgrad in der Industrie zu senken oder den Monopolgrad in der Landwirtschaft anzuheben. Diese Argumentation liefert also eine Begründung der staatlichen Wettbewerbspolitik ***und*** einer zusätzlichen Landwirtschaftspolitik - soweit die Realität mit den gemachten Annahmen einigermassen beschrieben ist.

8.42 Der funktionsfähige Wettbewerb

36. Unterstellen Sie, in einem konkreten Fall seien wir aufgrund der Analyse aus Abschn. 8.41 zur Überzeugung gekommen, es läge nicht nur eine Monopolsituation vor, sondern sie sei auch volkswirtschaftlich schädlich. Dann folgt daraus aber ***nicht***, man könne die Versorgungssituation einer Volkswirtschaft verbessern, indem man das Monopol durch eine genügend große Zahl von Unternehmen, die miteinander im Wettbewerb stehen, ersetzt; dadurch können nämlich u.a. die ***Vorteile der Massenproduktion*** verloren gehen. Mit diesem Abwägen positiver und negativer Effekte der Monopolisierung werden wir uns in diesem Abschnitt auseinandersetzen.

37. Unter dem Vorteil der Massenproduktion verstehen wir den Umstand, daß die Stückkosten mit zunehmender Produktion - mindestens in einem bestimmten Bereich - sinken; Ursache für diese ***Kostendegression*** sind die (relativ hohen) Fixkosten, die auf eine immer grössere Produktionsmenge verteilt werden können.

Diese Vorteile der Massenproduktion werden von einem gewinnstrebigen Anbieter stets ausgenutzt: Unterstellen wir, ein Unternehmen habe die Auswahl zwischen zwei Produktionsverfahren A und B, deren Kostenkurven in Abb. 8.10 dargestellt sind. Wie sie konkret aussehen, können wir natürlich nicht allgemein sagen. Wenn diese beiden Verfahren aber *unterschiedliche* Kostenstrukturen aufweisen sollen, muß das eine relativ höhere Fixkosten als das andere haben. Wenn dann außerdem nicht das eine Verfahren *immer* mit höheren Kosten als das andere arbeiten soll, wenn also überhaupt ein echtes Auswahlproblem für das Unternehmen bestehen soll, muß das Verfahren mit den höheren Fixkosten niedrigere variable Stückkosten bzw. Grenzkosten haben. Nur auf diese Weise können sich die beiden Kostenkurven überhaupt schneiden, so daß es einen Bereich gibt, in dem Verfahren A das kostengünstigere ist, und einen anderen, in dem das für Verfahren B gilt.

Die Produktionsmenge, für die beide Verfahren gerade mit denselben Kosten arbeiten, nennt man die ***kritische Menge***, sie ist in Abb. 8.10 mit y_k gekennzeichnet.

Sie können überprüfen, daß die Stückkosten in Abb. 8.10 mit zunehmender Produktionsmenge sinken.

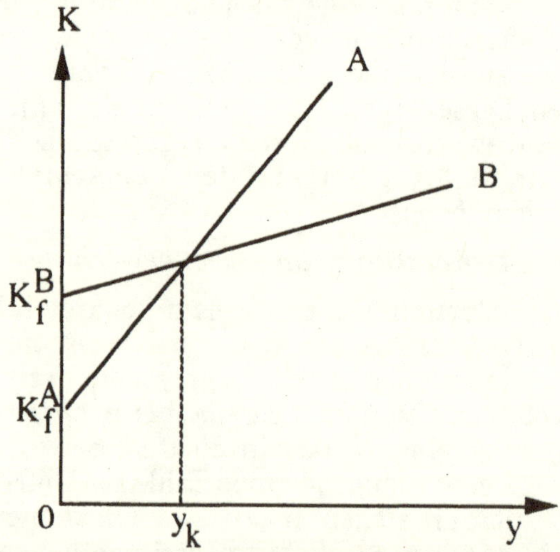

Abb. 8.10

38. Normalerweise müssen wir davon ausgehen, daß jedes Unternehmen dieselben Produktionsverfahren anwenden kann wie seine Konkurrenten oder - in unserem Fall - daß ein Monopolist dieselben technischen Möglichkeiten hat wie ein Anbieter in vollständiger Konkurrenz. Wahrscheinlich wird er aber nicht dasselbe Verfahren einsetzen: Da der Monopolist im Gegensatz zum Anbieter in vollständiger Konkurrenz den ganzen Markt beliefert, ist seine Produktionsmenge bedeutend größer. Deshalb wird es sich für ihn lohnen, ***kapitalintensive Verfahren***, also solche mit hohen Fixkosten, einzusetzen: Er produziert mit niedrigeren Durchschnittskosten als die Anbieter in vollständiger Konkurrenz.

Außerdem kann der ***technische Fortschritt*** regelmäßig nur durch den Kauf neuer Produktionsanlagen realisiert werden, was hohe Anschaffungskosten erfordert: Dann sind aber die laufenden Kosten relativ niedrig: Neue technische Verfahren werden also nur eingeführt, wenn sie niedrige variable Stückkosten und eine genügend hohe Kapazität aufweisen, so daß die totalen Durchschnittskosten niedriger als bei den alten Verfahren sein können.

39. Bei der wettbewerbspolitischen Beurteilung derjenigen Branchen, in denen dieser Zusammenhang anzutreffen ist, kommt man in ein Dilemma: Bei Anwendung des günstigsten Produktionsverfahrens sind die Stückkosten niedrig, die Enge des Marktes verhindert aber die Existenz vieler Anbieter: In der Realität finden wir auf den Märkten für industrielle Erzeugnisse ein Mono- oder Oligopol vor. Versucht die Wirtschaftspolitik dagegen, die Produktion auf sehr viele Betriebsstätten zu verteilen (was ja die Voraussetzung für vollständige Konkurrenz ist), dann sind die Produktionskosten z.T. prohibitiv hoch.

Stellen Sie sich einmal vor, die europäische Autoproduktion müßte auf Unternehmen mit maximal 20 Beschäftigten verteilt werden, womit u.a. die Fließbandproduktion technisch unmöglich wird. Was geschieht dann wohl mit den Produktionskosten pro Stück?

In diesen Fällen mag ein Monopolist seine Produkte zwar immer noch so teuer verkaufen, daß er einen (hohen) Monopolgewinn macht, der Preisn den die Nachfrager zu bezahlen haben, kann aber immer noch wesentlich unter jenem liegen, der sich bei einer "Entflechtung" des Monopols einstellen würde.

Wodurch erklärt sich eigentlich der Unterschied des Preises für einen Maß- und einen Konfektionsanzug? Wahrscheinlich müßte der Monopolgrad in der Konfektionsindustrie schon sehr hoch sein, bis der Unterschied in den Stückkosten ausgeglichen ist.

40. Die Vorteile der Massenproduktion werden realisierbar durch die Erfindung und Anwendung neuer Produktionsverfahren. Der technische Fortschritt selbst hängt aber auf zweierlei Weise vom Monopolgrad einer Branche ab:

(i) Die angewandte Forschung ist heute außerordentlich kostspielig geworden, sie läßt sich nur von solchen Unternehmen finanzieren, die über ausreichend hohe Gewinne verfügen: Da das Ergebnis der Forschungsarbeit im voraus nicht bekannt sein kann, muß auch mit einem Mißerfolg gerechnet werden. Tritt er ein, dann sind die Aufwendungen umsonst gewesen, und Kredite, die zu seiner Finanzierung aufgenommen worden sind, müßten aus eigenen Mitteln zurückgezahlt werden: Also sollte der Forschungsaufwand idR. von vorneherein aus erzielten Gewinnen finanziert werden.

(ii) Die *Anwendung* neuer Forschungsergebnisse ist mit dem Risiko des Scheiterns verknüpft. Privatwirtschaftlich geführte Unternehmen gehen dieses Risiko nur ein, wenn sie entsprechende Gewinnchancen erhalten. Das setzt voraus, daß ihre Konkurrenten die neuen Produktionsverfahren oder die neuen Produkte nicht ohne weiteres nachahmen können; das ist die Zielsetzung des ***Patentschutzes***. Das bedeutet aber nichts anderes, als daß diesem Unternehmen ein zeitlich befristetes Monopol für die Auswertung ihrer Erfindungen eingeräumt wird.

Großunternehmen mit entsprechenden Großserienfertigung werden also nicht nur von der augenblicklich bekannten Technik erzwungen, sie sind in dieser Sicht auch die Vorbedingung für einen anhaltenden technischen Fortschritt (vgl. *Schumpeter* 1972, S. 103 ff.).

41. Versuchen wir, unsere bisherigen Überlegungen zusammenzufassen: Ein Monopolist kann in seinem Gewinnstreben die Abhängigkeit seines Absatzes von dem Verkaufspreis ausnutzen; dadurch wird die Versorgung der Bevölkerung schlechter als in dem Fall, in dem er den Preis als Datum akzeptiert. Daraus folgt aber nicht, daß die Versorgung der Konsumenten durch ein Monopol schlechter als bei vollständiger Konkurrenz ist:

- Die Vorteile der Massenproduktion sind in jenen Branchen, in denen sie eine Rolle spielen, nur in Großbetrieben von Monopolen oder Oligopolen zu realisieren. Sind sie genügend groß, dann ist die Güterversorgung trotz - oder wegen - der Wettbewerbsbeschränkungen besser als bei jeder anderen Marktorganisation.
- Bei dem heutigen Stand von Naturwissenschaften und Technik ist die Entwicklung neuer Produktionsverfahren derart kostspielig, daß sie nur noch von Großunternehmen finanziert werden kann. Wegen der damit verbunden Risiken ist auch ihre Anwendung wahrscheinlich nur in Großunternehmen möglich: Die Verbesserung der Güterversorgung durch technischen Fortschritt setzt wahrscheinlich eine gewisse Monopolisierung der Wirtschaft voraus.
- Die Existenz potentieller Konkurrenten hindert Monopolisten daran, den von der Nachfrageseite vorhandenen monopolistischen Spielraum voll auszunutzen. Das betrifft sowohl die Preissetzung als auch die Einführung kostengünstiger Produktionsverfahren und neuer Produkte.

Ob diese Aussagen überall und immer richtig sind, können wir nicht beweisen, man muß vielmehr jeden Einzelfall untersuchen. Welche Folgerungen hat man aber allein daraus zu ziehen, daß sie richtig sein *können*? Betrachten wir dazu zunächst die logische Struktur der Argumentation in den vorangehenden Abschnitten: In Abschn. 8.41 werden aus der Definition des Angebotsmonopols und aus dem Gewinnstreben die Preis- und Produktionspolitik abgeleitet. In diesem Abschnitt haben wir bisher die Mängel dieser Argumentation aufgezeigt: Aus dem Gewinnstreben eines Monopolisten allein folgt also nicht zwingend seine volkswirtschaftliche Schädlichkeit. Aber:

(i) Viele (Wirtschafts-)Politiker sehen darin den Beweis für das Versagen der Volkswirtschaftslehre und schließen dann *allein* aus Unternehmensgröße und -gewinn auf die Schädlichkeit von Unternehmenskonzentrationen: Der Preis wird als zu hoch beurteilt, weil er zu einem "hohen" Gewinn führt. Genau diese Argumentation ist aber - wie oben gezeigt wurde - logisch falsch.

(ii) Daß die Aussage "Gewinnstreben & Monopolstellung → volkswirtschaftlich schädlich" falsch ist, heißt allerdings auch nicht, die Unschädlichkeit von Monopolen sei bewiesen; ein solcher Beweis ist noch nicht geführt worden. Da er allgemein nicht zu führen ist, bleibt nichts anderes übrig, als ***im Einzelfall*** die näheren Umstände genau zu analysieren und aus ihnen auf die Schädlichkeit (oder Unschädlichkeit) zu schließen. Ein einfaches und allgemein gültiges Rezept, wie dabei vorzugehen sei, ist bisher leider nicht vorhanden.

42. Diese letzte Überlegung leitet über zu dem Konzept des ***funktionsfähigen Wettbewerbs*** (auch *möglicher Wettbewerb* oder *workable competition* genannt), das auf *J.M. Clark* (1963) zurückgeht. Danach sollt der Wettbewerb auf einem Markt nicht auf Grund der Marktform, sondern an Hand des ***Marktergebnisses*** gemessen und beurteilt werden. Der Wettbewerb ist dann funktionsfähig, wenn er ein hohes Versorgungsniveau der Bevölkerung gewährleistet und den technischen Fortschritt (Erfindungen und ihre Anwendung) begünstigt. (Vgl. auch *Woll* 1972, S. 15-20).

Grundsätzlich wird dieser Ansatz auch von der Kartellkommission im Rahmen der ***Saldomethode*** angewendet, in der Vor- und Nachteile von Wettbewerbsbeschränkungen einander gegenübergestellt werden. Er hat auch seinen Niederschlag der Neufassung des Kartellgesetzes gefunden; dort bestimmt Art. 29 KG, was im Rahmen von Untersuchungen der Kartellkommission als volkswirtschaftlich oder sozial schädliche Auswirkungen zu verstehen ist:

"...

2 Bei der Prüfung der volkswirtschaftlichen oder sozialen Schädlichkeit würdigt die Kommission nützliche und schädliche Auswirkungen. Stellt sie erhebliche Wettbewerbsbeeinträchtigungen oder Wettbewerbsverfälschungen fest, wägt sie die nützlichen und schädlichen Auswirkungen gegeneinander ab. Sie berücksichtigt dabei die Auswirkungen auf die Wettbewerbsfreiheit und das Wettbewerbsausmaß. Ferner berücksichtigt sie alle übrigen bedeutsamen Auswirkungen wie jene

auf die Herstellungs- und Vertriebskosten, die Preise, die Qualität, die Versorgung, die Struktur des Wirtschaftszweiges, die Landesteile, die Konkurrenzfähigkeit schweizerischer Unternehmen im In- und Ausland und die Interessen der betroffenen Arbeitnehmer und Konsumenten.

3 Die Auswirkungen sind volkswirtschaftlich oder sozial schädlich, wenn die Prüfung nach Absatz 2 ergibt, daß die schädlichen Auswirkungen überwiegen. Die Schädlichkeit ist indessen in jedem Fall gegeben, wenn wirksamer Wettbewerb auf einem Markt für bestimmte Waren oder Leistungen verhindert wird, es sei denn, die Prüfung ergebe, daß die Verhinderung des Wettbewerbs aus überwiegenden Gründen des Gesamtinteresses unerläßlich ist."[3]

43. Bei *J.M. Clark* findet sich noch eine interessante Argumentation, mit der er zu zeigen versucht, daß Marktunvollkommenheiten überhaupt erst einen wirksamen Wettbewerb ermöglichen.

Dazu ein Beispiel: 1952 wurde durch den "Pariser Vertrag" die Europäische Gemeinschaft für Kohle und Stahl (*Montanunion*)[4] gegründet. Mit ihr wurde u.a. das Ziel verfolgt, die monopolistische Ausbeutung der Käufer von Kohle und Stahl zu verhindern. Deshalb sollte jeder Abnehmer sich jederzeit über die Angebotspreise jedes Anbieters informieren können. Also wurden alle Anbieter von Kohle und Stahl verpflichtet, verbindliche Preislisten bei der Hohen Behörde zu deponieren. Diese Regelung ist gut gemeint, sie hatte wahrscheinlich aber genau den gegenteiligen Effekt: Da jetzt auch alle Anbieter genau über die Preise ihrer Konkurrenz informiert waren, konnten Preisänderungen sofort entdeckt und Vergeltungsaktionen eingeleitet werden. Versteckte Preisnachlässe waren deshalb nicht möglich, weil sie die Hohe Behörde mit entsprechenden Strafen bedrohte. Diese Preismeldepflicht hat deshalb wahrscheinlich die "Kartelldisziplin" innerhalb des Oligopols so stark erhöht, daß ein formeller Kartellvertrag (der in den meisten Ländern ohnehin verboten wäre) überflüssig wurde.

Soweit sich diese Beobachtung verallgemeinern läßt, wird wirksamer Wettbewerb zwischen (grossen) Anbietern mit einem relativ homogenen Produkt erst durch eine gewisse Unvollkommenheit der Information möglich (hier speziell durch eine Verminderung der Markttransparenz.)

8.43 Schlußfolgerungen

44. Unterstellen wir einmal, aufgrund von Überlegungen, wie sie oben in Abschnitt 8.41 und 8.42 dargestellt worden sind, sei die volkswirtschaftliche Schädlichkeit irgendeines bestimmten Monopols nachgewiesen. Dann folgt daraus noch nicht, daß man dieses Monopol zerschlagen sollte, und zwar aus zwei Gründen: Aus unseren Überlegungen zur

---

[3] Bundesgesetz über Kartelle und ähnliche Organisationen (Kartellgesetz, KG) vom 20.12.1985 (Stand 1.10.1988)

[4] Die Montanunion wurde 1967 mit der Europäischen Wirtschaftsgemeinschaft zur "Europäischen Gemeinschaft" (EG) verschmolzen.

potentiellen Konkurrenz wissen wir, daß ein Monopolist seinen Preissetzungsspielraum dann nicht voll ausnutzt, wenn er damit Konkurrenten auf den Markt locken und auf diese Weise seine langfristigen Gewinnmöglichkeiten gefährden würde. Für die wirtschaftspolitische Anwendung folgt daraus, daß der Staat zunächst mit allen Mitteln dafür sorgen sollte, daß neue Anbieter möglichst leicht in einen Markt eindringen können. Selbst wenn dann letztlich nur ein einziger Anbieter am Markt existieren kann, wird er seine Monopolstellung wegen der permanenten Drohung potentieller Konkurrenz nicht ausnützen können.

Wenn man in der Realität bestehende Monopolstellungen einmal genauer ansieht, stellt man häufig fest, daß sie letztlich nur wegen des staatlichen Schutzes vor potentieller Konkurrenz existieren können.

So dürfen in der Schweiz z.B. elektrische Geräte nur dann vertrieben werden, wenn sie auf ihre Zuverlässigkeit geprüft worden sind und deshalb das VSE-Siegel tragen. Allerdings muß ein Produzent, will er sein Erzeugnis diesem Prüfverfahren unterwerfen, eine inländische Niederlassung haben. Mit dieser Vorschrift werden alle Unternehmen vom schweizerischen Markt ferngehalten, für die der schweizerische Markt für den Unterhalt einer Niederlassung (noch) nicht bedeutend genug ist. - Daß inländische Importeure ausländischer Autos übersetzte Preise verlangen, beruht nicht nur auf den Alleinvertriebsverträgen, die sie mit den Produzenten abschließen. Z.T. ist ihnen das deshalb möglich, weil die Autos in der Schweiz bestimmte technische Eigenschaften haben müssen (elektrische Anlage, Lärm, Abgase), die von denen im Ausland abweichen. Will ein Privater seinen Wagen aus dem Ausland importieren, muß er ihn nicht nur umrüsten lassen, sondern auch das recht zeitaufwendige Prüfverfahren über sich ergehen lassen, bevor sein Wagen zugelassen wird.

Daraus folgt nun wiederum nicht, daß der Staat einen solchen Schutz von Monopolstellungen unbedingt aufgeben soll, in den Beispielen verfolgt er mit solchen Regelungen ja andere wirtschaftspolitische Ziele wie den Schutz des Konsumenten vor einer gefährlichen, von ihm nicht übersehbaren Technik, das Bestehen auf bestimmten Abgasvorschriften zur Reduktion der Umweltbelastung usw. Allgemein kann man davon ausgehen, daß alle wirtschaftspolitischen Maßnahmen neben ihren Primärwirkungen noch sekundäre haben, die häufig sogar negativ sind. Der Wirtschaftspolitiker muß dann versuchen, die positiven gegen die negativen abzuwägen. Allgemein kann man aber hierzu nichts aussagen.

8.5 Die Wettbewerbspolitik

8.51 Das Kartellgesetz (KG)

45. Wir beschränken uns auf einen Überblick über das geltende Kartellgesetz. Unter einem ***Kartellvertrag*** versteht man einen Vertrag zwischen rechtlich und wirtschaftlich selbständigen Unternehmen, in dem sie ihre Geschäftspolitik ganz oder teilweise aufeinander abstimmen. Nach dem Inhalt dieser Absprache unterscheidet man z.B. Kondi-

tionen-, Kalkulations-, Gebiets-, Quoten-, Rationalisierungs-, Investitionskartelle. Die höchste Form ist dabei das Syndikat, bei dem die Kartellmitglieder sich verpflichten, ihre Produkte ausschließlich über eine gemeinsame Verkaufsorganisation - dem Syndikat - zu verkaufen.

Ein ***Konzern*** ist ein Zusammenschluß rechtlich selbständiger, aber wirtschaftlich unselbständiger Unternehmen etwa dadurch, daß die Unternehmen sich untereinander Kapitalbeteiligungen direkt einräumen oder eine Holding-Gesellschaft gründen. Unter einer ***Fusion*** versteht man den Zusammenschluß zu einem einzigen Unternehmen, die ehemaligen Unternehmen verlieren dabei ihre rechtliche und wirtschaftliche Selbständigkeit. Großunternehmen können natürlich auch durch entsprechend starkes Wachstum auf Kosten anderer Unternehmen entstehen. Neben diesen offiziellen Formen der Wettbewerbsbeschränkung gibt es informelle, mündliche Absprachen vor allem dann, wenn formelle Verträge durch Gesetz verboten sind (was für die Schweiz nicht zutrifft); man bezeichnet sie häufig auch als ***Frühstücks-Kartelle***.

Art. 2 KG:

"1 Als Kartelle gelten Verträge, Beschlüsse oder rechtlich nicht erzwingbare Abreden, die mittels gemeinsamer Beschränkung des Wettbewerbs den Markt für bestimmte Waren oder Leistungen beeinflussen oder zu beeinflussen geeignet sind, namentlich durch die Regelung der Erzeugung, des Absatzes oder Bezuges von Waren sowie der Preise und Geschäftsbedingungen.

2 Empfehlungen sind dem Absatz 1 gleichgestellt, wenn sie offenkundig eine gemeinsame Wettbewerbsbeschränkung bewirken."

Art. 4 KG :

"1 Als kartellähnliche Organisationen gelten:

a) einzelne Unternehmen;
b) Unternehmen, die stillschweigend ihr Verhalten aufeinander abstimmen;
c) die Zusammenfassung von Unternehmen durch Kapitalbeteiligung oder andere Mittel,

soweit sie den Markt für bestimmte Waren oder Leistungen beherrschen oder maßgeblich beeinflussen..."

Nach Art. 3 sind Verträge über die ***Preisbindung der zweiten Hand*** den Kartellverträgen gleichgestellt.

46. Gesetzestechnisch gibt es zwei Ansätze zur Bekämpfung von Kartellen, nämlich das ***Mißbrauchs-*** und das ***Verbotsprinzip***: Beim Mißbrauchsprinzip gilt auch für Kartellabsprachen grundsätzlich Vertragsfreiheit, lediglich Mißbräuche der Vertragsfreiheit sind verboten. Bei dem Verbotsprinzip sind Kartellverträge grundsätzlich verboten, Ausnahmen hiervon sind - soweit überhaupt zulässig - im Gesetz einzeln umschrieben. Während die Kartellgesetzgebung der USA, in

Deutschland und vor allem der EU nach dem Verbotsprinzip aufgebaut sind, basiert die schweizerische Regelung auf dem Mißbrauchsprinzip.

Das schweizerische Kartellgesetz versucht auf zwei Arten, schädliche Auswirkungen von Kartellverträgen zu verhindern:

a) Der ***zivil- und prozeßrechtliche Teil*** (Art. 6-19) enthält Schutzvorschriften für Dritte und Kartellmitglieder: Nach Art. 6 sind "Vorkehren eines Kartells oder einer ähnlichen Organisation ... unzulässig, wenn sie Dritte vom Wettbewerb ausschließen oder in dessen Aufnahme oder Ausübung in erheblicher Weise behindern." Deshalb wird in Art. 8 KG die Behinderung aktueller oder potentieller Konkurrenten verhindert:

"1 Wer durch eine unzulässige Wettbewerbsbehinderung geschädigt oder gefährdet wird, hat Anspruch auf:
a. Feststellung der Widerrechtlichkeit;
b. Beseitigung des rechtswidrigen Zustandes;
c. Unterlassung der Vorkehr;
d. Ersatz des Schadens bei Verschulden;
e. Genugtuung unter den Voraussetzungen von Artikel 49 des Obligationenrechts."

Außerdem kann nach Art. 15 KG ein Kartellmitglied auf gänzliche oder teilweise Befreiung von seinen Kartellverpflichtungen klagen, wenn es ihm "nach Treu und Glauben unzumutbar ist, Kartellpflichten einzuhalten, weil sich seine Stellung erheblich verschlechtert oder sonst ein wichtiger Grund vorliegt."

b) Im ***verwaltungsrechtlichen Teil*** (Art. 20-41) wird zunächst die Kartellkommission (Art. 20-24) und ihre Aufgaben (Art. 25-34) definiert.

Art. 29 KG:

"1 Die Kommission untersucht im Auftrag des Eidgenössischen Volkswirtschaftsdepartements oder von sich aus, ob ein Kartell oder eine ähnliche Organisation volkswirtschaftlich oder sozial schädliche Auswirkungen zeitigt.

2 Bei der Prüfung der volkswirtschaftlichen oder sozialen Schädlichkeit würdigt die Kommission nützliche und schädliche Auswirkungen. Stellt sie erhebliche Wettbewerbsbeeinträchtigungen oder Wettbewerbsverfälschungen fest, wägt sie die nützlichen und die schädlichen Auswirkungen gegeneinander ab. Sie berücksichtigt dabei die Auswirkungen auf die Wettbewerbsfreiheit und das Wettbewerbsausmaß. Ferner berücksichtigt sie alle übrigen bedeutsamen Auswirkungen wie jene auf die Herstellungs- und Vertriebskosten, die Preise, die Qualität, die Versorgung, die Struktur des Wirtschaftszweiges, die Landesteile, die Konkurrenzfähigkeit schweizerischer Unternehmen im In- und Ausland und die Interessen der betroffenen Arbeitnehmer und Konsumenten.

3 Die Auswirkungen sind volkswirtschaftliche oder sozial schädlich, wenn die Prüfung nach Absatz 2 ergibt, daß die schädlichen Auswirkungen überwiegen.

Die Schädlichkeit ist indessen in jedem Fall gegeben, wenn wirksamer Wettbewerb auf einem Markt für bestimmte Waren oder Leistungen verhindert wird, es sei denn, die Prüfung ergebe, daß die Verhinderung des Wettbewerbs aus überwiegenden Gründen des Gesamtinteresses unerläßlich ist."

Art. 32 KG:

"1 Stellt die Kommission volkswirtschaftlich oder sozial schädliche Auswirkungen fest, empfiehlt sie den Beteiligten, Kartellbestimmungen oder unter das Gesetz fallende Abreden abzuändern oder aufzuheben, oder bestimmte Verhaltensweisen zu unterlassen.

2 Die Beteiligten haben binnen der ihnen gesetzten Frist schriftlich zu erklären, ob sie die Empfehlung annehmen...."

Das Eidgenössische Volkswirtschaftsdepartement erhält durch Art. 37 KG schließlich die Möglichkeit, "... auf Antrag der Kommission ... durch Verfügung die erforderlichen Maßnahmen an[zu]ordnen...."

Der Rechtsschutz ist in Art. 38 geregelt.

8.52 Die Preisüberwachung

47. Mit dem Anstieg der Inflationsraten gegen Ende der 60er und Anfang der 70er Jahre wurde in der Schweiz die Forderung laut, die Preise gegen ungerechtfertigtes Ansteigen zu überwachen. Der politische Druck war genügend groß, um die Preisüberwachung durch Notrecht einzuführen. Allerdings ist das keine isolierte Erscheinung in der Schweiz, immer wieder ist in den verschiedensten Ländern versucht worden, die Inflation über einen Preisstopp zu bekämpfen - regelmässig ohne Erfolg. Nach dem Auslaufen des Notrechts wurde am 28.11.1982 über die Volksinitiative "zur Verhinderung mißbräuchlicher Preise" abgestimmt und der folgende Verfassungsartikel angenommen:

Art. 31septies

Zur Verhinderung von Mißbräuchen in der Preisbildung erläßt der Bund Vorschriften für eine Überwachung der Preise und Preisempfehlungen für Waren und Leistungen marktmächtiger Unternehmen und Organisationen, insbesondere von Kartellen und kartellähnlichen Gebilden des öffentlichen und privaten Rechts. Soweit es der Zweck erfordert, können solche Preise herabgesetzt werden.

Am 1. Juli 1986 ist das ***Preisüberwachungsgesetz*** (PüG) vom 20.12.1985 in Kraft getreten. Abgesehen von den Problemen, die mit der Feststellung mißbräuchlicher Preise und der Durchsetzung von Verordnungen zusammenhängen, gibt es eine fundamentale Schwierigkeit: Solange die Selbststeuerung der Wirtschaft über die Preisbildung funktioniert, setzt jeder Preisstopp, ja sogar jeder Eingriff in die Preisbildung diese Selbststeuerung außer Kraft. Woran sollen Unternehmen und Konsumenten sich dann orientieren?

Die Verhinderung "mißbräuchlicher Preise" durch den Preisüberwacher setzt voraus, daß er eine Obergrenze für sie festzulegen befugt ist, in gewissem Sinn muß er also ***Höchstpreise*** festsetzen dürfen. Im folgenden werden wir uns zuerst mit der Wirkungsweise von solchen Höchstpreisen beschäftigen, bevor die gesetzliche Regelung der Preisüberwachung skizziert wird.

8.521 Die Wirkungen von Höchstpreisen

48. Höchstpreise sind Regulationen, die zu den direkten ablaufpolitischen Instrumenten gehören, mit denen der Staat ***direkt*** die Preise in einer Volkswirtschaft zu beeinflussen versucht: Angenommen, durch Gesetz (oder Verordnung) werde der Preis eines Gutes auf p_h begrenzt. Damit eine solche Höchstpreisvorschrift überhaupt wirkt, muß der Gleichgewichtspreis ohne Eingriff des Staates p_m über dem Höchstpreis liegen, d.h. ohne Eingriff des Staates müßte der geltende Preis auf sein Gleichgewichtsniveau ansteigen. Das setzt allerdings voraus, daß bei vollständiger Konkurrenz beim Höchstpreis ein Nachfrageüberhang besteht, der - von sich aus - den Preis nach oben treiben würde.

49. Diese unerwünschten Nebenwirkungen bleiben allerdings in ***monopolistischen Märkten*** aus. Betrachten Sie dazu Abb. 8.11: Wird ein Höchstpreis p_h erlassen, dann ändert sich - bei unverändertem Nachfragerverhalten! - die Preisabsatzfunktion des Monopolisten (weil höhere Preise als p_h verboten sind), in Abb. 8.11 ist sie der Kurvenzug ABD. (Eine äquivalente Aussage: Nur noch das Stück BD der alten Preisabsatzfunktion ist relevant, AB ist ein "Sprung".) Dasselbe gilt für die Grenzerlöskurve: Da im Bereich AB der Preis konstant p_h ist, ist der Höchstpreis identisch mit dem Grenzerlös; rechts von B gilt die alte Grenzerlöskurve, weil jede Vergrösserung der Absatzmenge zu einer Preisreduktion führt, wie sie durch die alte Preis-Absatz-Funktion angegeben wird: Die neue Grenzerlöskurve ist also der Kurvenzug ABCE'.

Für die Wirkungsweise eines Höchstpreises haben wir zwei Fälle zu unterscheiden:

(i) Die Grenzkostenkurve hat die in Abb. 8.11 angegebene Gestalt. Vor Erlaß der Höchstpreis-Verordnung bietet der Monopolist - Gewinnmaximierung vorausgesetzt - die Menge y_m zu dem Preis p_m an. (Das ist die bekannte *Cournot*-Konstruktion.) Nach Erlass der Höchstpreis-Verordnung "schneidet" die Grenzkostenkurve die Grenzerlöskurve im Sprung BC: Die gewinnmaximale Menge ist jetzt y_h, die zum Höchstpreis p_h verkauft wird.

Beachten Sie: Durch die ***Einführung*** *des Höchstpreises* wird der Preis reduziert, die Menge erhöht, und dadurch verringert sich der Monopolgewinn. Andererseits lohnt es sich für den Unternehmer nicht, bei ***gegebenem*** *Höchstpreis* weniger als y_h anzubieten: Eine Ausdehnung der Produktion lohnt sich solange, als der Verkaufspreis noch über den Grenzkosten liegt, und das ist im ganzen Bereich AB der Fall. Eine größere Produktion als in B hinaus lohnt sich deshalb nicht mehr, weil die größere Menge nur zu einem niedrigeren Preis abgesetzt werden kann; bei variablen Preisen kommt es - wie wir oben gesehen haben - auf den Grenzerlös an.

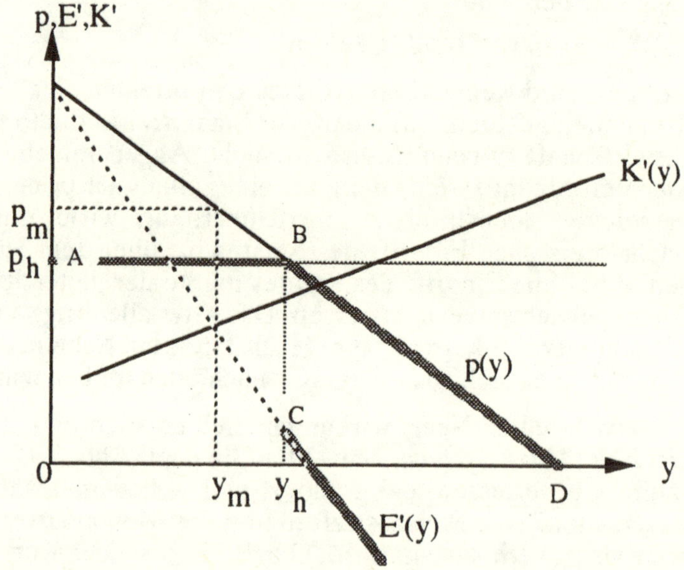

Abb. 8.11

(ii) Schneidet die Grenzkostenkurve die Grenzerlöskurve im Bereich CE (das ist in Abb. 8.11 nicht eingezeichnet), dann ist die Höchstpreisregelung irrelevant, weil der gewinnmaximale Preis unter dem Höchstpreis liegt. Dieser Fall braucht nicht weiter untersucht werden.

50. Anders als bei vollständiger Konkurrenz erlaubt es die Marktform des Angebotsmonopols den Behörden, wirksame Höchstpreise zu erlassen, ohne dadurch einen Nachfrageüberschuß zu verursachen – allerdings nur dann, wenn der Höchstpreis innerhalb des Bereiches liegt, der durch den Monopolpreis einerseits, durch den Schnittpunkt der Grenzkostenkurve mit der Preis-Absatz-Kurve andererseits gebildet wird. Ein solcher Höchstpreis reduziert nicht nur den Marktpreis, er führt auch zu einer Produktionserhöhung und zu einer Reduktion des Gewinnes des Monopolisten.

Genau an dieser Stelle beginnen aber auch die Vorbehalte: Es kann nämlich durchaus sein, daß dadurch die (Fix-)Kosten des Monopolisten nicht mehr gedeckt werden. Dann besteht ein Anreiz für das Unternehmen, die Kapazitäten in jene Branchen zu verlagern, wo wegen fehlender oder günstigerer Regulierung die Rentabilität höher ist: Eine Verbesserung der Versorgung der Bevölkerung läßt sich über Höchstpreise dann nur kurzfristig zu erreichen, längerfristig mag sie sich sogar verschlechtern.

8.522 Das Preisüberwachungsgesetz (PüG)

51. Nach diesen Überlegungen ist die politische Diskussion um die Preisüberwachung verständlich: Der Gegenvorschlag zur Preisüberwachungs-Initiative war konjunkturpolitisch beeinflußt und wollte generelle Preiserhöhungen verhindern. Im allgemeinen muß man aber davon ausgehen, daß schweizerische Unternehmen miteinander und mit den ausländischen Anbietern konkurrieren. Ein allgemeiner Preisstopp - und darauf wäre die Preisüberwachung im Zweifel hinausgelaufen - muß dann zu einem Nachfrageüberschuß führen; dadurch entstünde eine *zurückgestaute Inflation.* Die angenommene Initiative ist dagegen wettbewerbspolitisch orientiert: Die Befugnis des Preisüberwachers, "die mißbräuchliche Erhöhung und Beibehaltung von Preisen" zu beseitigen (Art. 3 PüG)[5], bezieht sich nämlich nach Art. 2 nur auf "Kartelle und kartellähnliche Organisationen...im Sinne des Kartellgesetzes."

52. Die Kriterien, nach denen die Preise zu beurteilen sind, sind im 4. Abschnitt des PüG niedergelegt:

Art. 12 (Wettbewerbspolitischer Grundsatz)

1 Preismißbrauch im Sinne dieses Gesetzes kann nur vorliegen, wenn die Preise auf dem betreffenden Markt nicht das Ergebnis wirksamen Wettbewerbs sind.

2 Wirksamer Wettbewerb besteht insbesondere,. wenn die Abnehmer die Möglichkeit haben, ohne erheblichen Aufwand auf vergleichbare Angebote auszuweichen.

Art. 13 (Beurteilungselemente)

1 Bei der Prüfung, ob eine mißbräuchliche Erhöhung oder Beibehaltung eines Preises vorliegt, hat der Preisüberwacher insbesondere zu berücksichtigen:

a. die Preisentwicklung auf Vergleichsmärkten;
b. die Notwendigkeit der Erzielung angemessener Gewinne;
c. die Kostenentwicklung;
d. besondere Unternehmerleistungen;
e. besondere Marktverhältnisse.

2 Bei der Überprüfung der Kosten kann der Preisüberwacher auch den Ausgangs-

[5] Vgl. auch Art. 9 PüG: "Kommt keine einvernehmliche Regelung zustande, untersagt der Preisüberwacher die Erhöhung ganz oder teilweise oder verfügt eine Preissenkung."

preis (Preissockel) berücksichtigen.

Dieses Vorgehen entspricht dem ***Als-ob-Konzept***: Zu vergleichen ist der tatsächliche Preis mit demjenigen, der sich bei ausreichendem Wettbewerb ergeben würde. Dazu stehen dem Preisüberwacher zwei Methoden zur Verfügung: Er versucht, die Preisentwicklung auf einem ähnlichen Markt (u.U. im Ausland) mit ausreichendem Wettbewerb festzustellen und mit der inländischen Preisentwicklung zu vergleichen (=***Vergleichsmarkt-Prinzip***).

Z.B. könnte er versuchen, die Entwicklung des Benzinpreises auf dem Weltmarkt (etwa gemessen in Rotterdam) mit der schweizerischen Benzinpreisentwicklung zu vergleichen: Benzin ist im wesentlichen ein homogenes Gut, das deshalb überall denselben Preis haben sollte (von Transportkosten und Zöllen abgesehen).

53. Ist dieses Vorgehen nicht möglich, muß er auf das ***Kostenprinzip*** ausweichen: Dabei wird versucht, die Stückkosten des Gutes abzuschätzen. Erhöht man sie um einen angemessenen Gewinn, dann erhält man einen "fairen Preis".

Auf dem Wohnungsmarkt geht man meistens auf diese Weise vor: Wenn sich der Hypothekarzins ändert, verlangt man eine Änderung der Mieten mit der Begründung, die Kosten des Vermieters hätten sich geändert.

Diese Methode ist vor allem in der öffentlichen Meinung weithin akzeptiert. Sie hat jedoch eine entscheidende Schwäche: Sie vermag nämlich nichts darüber auszusagen, ob die Produktion von Gütern mit hohen Stückkosten volkswirtschaftlich wünschenswert ist oder nicht.

Die Ausbildung eines Studenten oder die Behandlung eines Schwerkranken "kostet" z.B. sehr viel mehr als die Produktion eines Autos. Soll deshalb die Ausbildung eingeschränkt werden? Oder sollen wir hauptsächlich solche Güter produzieren, die hohe Kosten verursachen?

"Das 'Kostenprinzip' ist eine angebotsseitige Betrachtungsweise; es läßt die Nachfrage außer Acht. Aus diesem Grunde vermag es den Preis, der sich bei wirksamen Wettbewerb einstellen würde, nicht zu liefern. Funktionierende Konkurrenz garantiert dem einzelnen Anbieter keine Kostenrückerstattung und keine Gewinne. Der Wettbewerbspreis würde unter Umständen tiefer liegen als der nach der Kostenmethode zugestandene. Hingegen wird dieser in der Regel tiefer sein als der Preis, der von den Anbietern auf Märkten mit fehlendem wirksamen Wettbewerb verlangt worden wäre."

(Botschaft des Bundesrates zum Preisüberwachungsgesetz vom 30.5.1984)

8.523 Ein Anwendungsbeispiel: Der Mieterschutz

54. Art. 34septies BV gibt dem Bund das Recht, u.a. Vorschriften "zur Verhinderung von Mißbräuchen auf dem Gebiet des Miet- und Wohnungswesens aufzustellen." Das hat zum Bundesbeschluß über Maßnahmen gegen Mißbräuche im Mietwesen vom 30.6.1972 und der da-

zugehörenden Verordnung vom 10.7.1972 geführt.[6] Der Zweck des Bundesbeschlusses wird in Art. 1 umschrieben:

"Der Beschluß bezweckt, die Mieter vor mißbräuchlichen Mietzinsen und anderen mißbräuchlichen Forderungen der Vermieter zu schützen."

Wir beschränken uns hier auf den Mietzins. Er ist mißbräuchlich, wenn er "zur Erzielung eines unangemessenen Ertrages aus der vermieteten Wohnung" führt (Art. 14), also wenn er

- über dem für vergleichbare Wohnungen liegt,
- nicht durch Kosten des Vermieters oder die Kaufkraftsicherung des risikotragenden Kapitals begründet ist.

Obwohl der Beschluß vor der Gültigkeit des PüG gefaßt wurde, enthält er also die beiden Elemente des Als-ob- Konzepts, nämlich das Vergleichsmarkt- und das Kostenprinzip.

Diese Regelung kann man auffassen als die Festsetzung von Höchstmieten, die jedoch nicht einheitlich festgelegt sind, sondern für jede einzelne Wohnung berechnet werden.

Bei der Beurteilung der wirtschaftlichen Auswirkungen einer solchen Regelung haben wir in zwei Schritten vorzugehen:

(i) Zunächst ist die Marktform festzulegen, d.h. es ist der relevante Markt zu bestimmen und zu beurteilen, welches Marktformen-Modell am ehesten anwendbar ist (wobei wir in diesem Kurs auf die beiden Marktformen des Angebotsmonopols und der vollständigen Konkurrenz beschränkt sind).

(ii) Es sind dann die wirtschaftlichen Auswirkungen einer solchen Höchstpreis-Regelung abzuleiten.

55. Welche ***Marktform*** herrscht auf dem Wohnungsmarkt? Zunächst müssen wir feststellen, daß es eine Vielzahl von Wohnungstypen gibt, die sich nicht nur hinsichtlich ihrer Größe, sondern auch hinsichtlich ihrer Lage, Ausstattung usw. unterscheiden. Eigentlich müßten wir also mindestens einem Markt für 3-Zimmer-Wohnungen, einen solchen für 4-Zimmer-Wohnungen usw. unterscheiden. Allerdings sind diese Märkte auch nicht vollständig unabhängig voneinander: In vielen Fällen hat der Nachfrager einen gewissen Spielraum: Er wird sich mit einer sehr kleine Wohnung zufrieden geben, wenn Wohnungen sehr teuer sind, er kann aber auch eine größere nehmen, wenn sie preislich (oder

---

[6] Z.B. abgedruckt in Stauffacher, W. und H. Aeppli (Hrg.), Schweizerisches Obligationenrecht, 22. Auflage, Zürich 1976, S. 507-522.

von der Ausstattung her) akzeptabel ist. Man wird deshalb vermuten, daß die Mietpreise für die einzelnen Wohnungen in einer ziemlich starren Relation zueinander stehen und wir deshalb diese Teilmärkte zu einem Gesamtmarkt zusammenfassen dürfen. Da außerdem diese Wohnungen sich alle an verschiedenen Orten befinden, taucht die Frage auf, welche geographische Ausdehnung z.B. der für die Stadt Zürich relevante Wohnungsmarkt hat. Dazu muß man versuchen, in der räumlichen Ausdehnung eine "bedeutende" Substitutionslücke festzustellen, wie das oben in Abschn. 8.1 beschrieben worden ist, und auf diese Weise wahrscheinlich ein Gebiet erhalten, daß als "Agglomeration Zürich" allgemein bekannt ist, dessen genaue Abgrenzung aber keineswegs von vorneherein offensichtlich ist.

Aus einsichtigen Gründen haben z.B. Werbewirtschaft und Tageszeitungen versucht, dieses Gebiet genauer abzugrenzen.

56. Nehmen Sie an, dieses Abgrenzungsproblem sei gelöst, wir wüßten hinreichend genau, was wir uns unter dem "Wohnungsmarkt in Zürich" vorzustellen hätten. Dann müssen wir versuchen, die Marktform genauer zu beschreiben: Ohne Zweifel gibt es eine so große Zahl von Nachfragern, die auch nicht (oder nicht vollständig) organisiert sind, so daß wir vollständige Konkurrenz der Nachfrager annehmen dürfen. Auf der Angebotsseite dieses Marktes haben wir ebenfalls eine große Zahl von Anbietern, durchaus von verschiedener Größe. Sieht man von der durch den Mieterschutz erzwungene einheitliche Kostenberechnung einmal ab, dann gibt es vermutlich genügend Wettbewerb, daß man von einem (großen) Oligopol oder von monopolistischer Konkurrenz sprechen kann.

Für die weitere Argumentation müssen wir zwischen zwei Marktformen auszuwählen (die anderen haben wir ja nicht behandelt): Wir müssen uns entscheiden, ob wir das monopolistische Element oder die Abwesenheit von Preisabsprachen, die Anpassung des einzelnen an die Wohnungsnachfrage in den Vordergrund der Betrachtung stellen wollen. Wir werden im folgenden grundsätzlich beides behandeln.

57. Angenommen, wir entscheiden uns für das Modell der vollständigen Konkurrenz: Wir stellen also darauf ab, daß der einzelne Vermieter versuchen muß, bei gegebenen Mieten seiner Konkurrenten ausreichend Nachfrage für seine Wohnungen zu finden.

Wie wirkt dann eine Höchstpreis-Vorschrift? Auf dem Wohnungsmarkt haben wir zwischen kurz- und langfristigem Angebot zu unterscheiden: ***Kurzfristig*** ist die Angebotsmenge durch den Wohnungsbestand fest gegeben, die kurzfristige Angebotskurve (A_kA_k) verläuft senkrecht. Bei einer wirksamen Höchstpreis-Verordnung muß der Höchstpreis unter dem Gleichgewichtspreis angesetzt sein: p_h muß unterhalb von p_o liegen. Dann muß aber notwendigerweise – kurzfristig – ein Nachfrageüberschuß (CD in Abb. 8.12) entstehen, sofern die Wohnungsnachfrage überhaupt auf Preisänderungen reagiert.

Vgl. Art. 34septies Abs. 2 BV: "Die Maßnahmen sind nur anwendbar in Gemeinden, wo Wohnungsnot oder Mangel an Geschäftsräumen besteht." Dieser Satz ist eigentlich überflüssig.

Zentral ist die Annahme, die Nachfrage nach Wohnungen sei ***preisreagibel.*** Stimmt sie? Oder ist die Wohnungsnachfrage (überhaupt) nicht abhängig von dem Mietzins? Zwar braucht jede Familie eine Wohnung. Wohnungsgröße und -komfort hängen aber sehr wohl vom Mietzins ab, was man u.a. daraus schließen kann, daß billige große Wohnungen häufig nicht abgegeben werden, wenn sie wegen ihrer Grösse nicht mehr benötigt werden, kleinere Wohnungen aber teurer sind. Aber auch die Zahl der Wohnungen variiert mit dem Mietzins: Wann und ob Kinder aus der elterlichen Wohnung ausziehen, ob Großeltern mit in die Wohnung aufgenommen oder Ferienwohnungen nachgefragt werden, hängt deutlich von der Höhe des Mietzinses ab.

(Oder anders ausgedrückt: Unser Wohlstand ist derart angestiegen, daß wir die Wohnungsnachfrage nicht mit einer physischen Größe verwechseln dürfen, die irgendwie den benötigten Wohnraum pro Kopf angibt.)

58. Das Entstehen eines ***Nachfrageüberhangs*** hat mehrere Konsequenzen:

(i) Mieter können sich gegen Mietzinserhöhungen nur dann wehren, wenn sie eine andere Wohnung zu vergleichbarem Mietzins finden können. Ist das der Fall, dann wird ein Vermieter den Mietzins höchstens aus falscher Markteinschätzung anheben, Vorschriften über Höchstmieten sind überflüssig. Werden diese Vorschriften aber wirksam und wird der Mietzins von der richterlichen Behörde herabgesetzt (Art. 23 BB), dann genügt der Kündigungsschutz für die Dauer des Verfahrens (Art. 24) nicht: Der Vermieter wird die üblichen Kündigungsmöglichkeiten in Anspruch nehmen ; er wird nur dann nicht kündigen, wenn eine spätere Vermietung zum höheren Mietzins ausgeschlossen ist. (Vgl. Art. 17 BB)

(ii) Preiswerte und qualitativ gute Altbauwohnungen werden vom Markt verschwinden, sie werden im Bekanntenkreis "weitergegeben". Deshalb sind Zuzüger (aus anderen Orten oder sozialen Schichten) regelmässig auf entsprechend teure Neubauwohnungen (oder baufällige, überbelegte Altbauwohnungen mit entsprechend schlechter Qualität) angewiesen.

Das sind aber keineswegs alle negativen Wirkungen: ***In der längeren Frist*** hängt das Wohnungsangebot von der Rentabilität ab, die bei der Vermietung zu erzielen ist: Die langfristige Angebotskurve (A_lA_l in Abb. 8.12) verläuft deshalb von links unten nach rechts oben. Werden die Vorschriften über Höchstmieten wirksam und wird das Kündigungsrecht des Vermieters entsprechend stark eingeschränkt, dann wird der Bau von Mietwohnungen inattraktiv. Der Anteil von Büroräumen, Eigenheimen und Eigentumswohnungen wird steigen, auf dem Mietsektor wird sich die Situation zunehmend verschlechtern, der Nachfrageüberhang wächst auf BD an. Die Folge einer solchen Entwicklung sind dann weitere Eingriffe des Staates, etwa durch staatliche Förderungsmaßnahmen im Wohnungsbau, vgl. hierzu Art. 34sexies BV und das Wohnbau- und Eigentumsförderungsgesetz vom 4.10.1974.

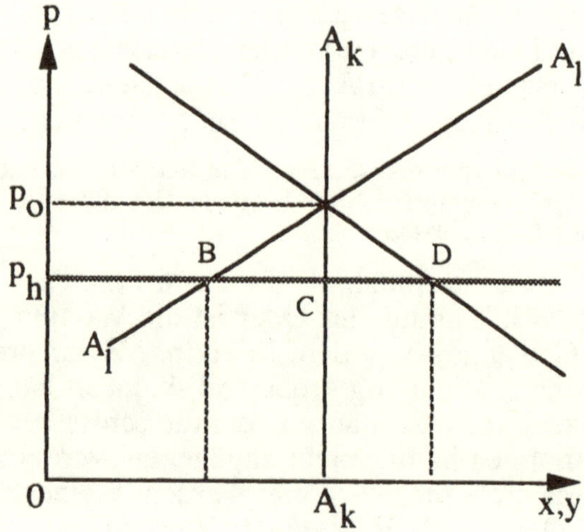

Abb. 8.12

59. Wie sieht eine alternative Politik aus? Sie verzichtet auf eine direkte Mietzinsvorschrift und beschränkt sich auf die Förderung des Wohnungsangebots. Es mag sein, daß wegen der Knappheit bebaubaren Bodens die Mieten in den Agglomerationen relativ ansteigen würden. Aber wäre das wirklich so schlimm? Würde das nicht teilweise das wirtschaftliche Zurückbleiben der Nicht-Agglomerationsräume verhindern, weil dort Wohnungen und Geschäftsräume relativ (noch) billiger würden? Anders ausgedrückt: Schaffen wir die spezifischen Agglomerationsprobleme nicht teilweise selbst dadurch, daß wir eine entsprechende Verteuerung des Lebens dort verhindern? Immerhin sind die Preise das einzige Steuerungsinstrument in einer Marktwirtschaft. Und wenn wir den Preismechanismus durch staatliche Regulierungen unwirksam machen, was setzen wir dann an seine Stelle?

60. Fassen wir den Wohnungsmarkt dagegen als Angebotsmonopol auf, dann lassen sich durch Höchstpreis-Vorschriften die Mieten definitiv senken, ohne daß ein Nachfrageüberhang entsteht; Abb. 8.11 läßt sich unmittelbar übertragen, auf eine besondere Ableitung kann hier

verzichtet werden.

Bei der Beurteilung der Wirksamkeit der Mietzinsbegrenzung hängt also alles davon ab, welchen Aspekt des Wohnungsmarktes von uns für entscheidend gehalten wird: Ein ***Angebotsmonopolist*** braucht keine Rücksicht auf Konkurrenten zu nehmen und kann sich ganz auf das Verhalten der Nachfrager einstellen: Die Schwierigkeit, Wohnraum durch ein anderes Gut zu substituieren, kann zur Gewinnerzielung ausgenutzt werden. Bei der Marktform der ***vollständigen Konkurrenz*** dominiert dagegen die Abhängigkeit des einzelnen Anbieters vom Marktpreis oder, wie man wohl verständlicher formuliert, von den Preisen, die seine Konkurrenten fordern. Er selbst hat einen so verschwindend kleinen Marktanteil, daß er davon ausgehen darf, er könne seine Produktion dann problemlos absetzen (hier: seine Wohnungen vermieten) - wenn er eben im Vergleich zu seinen Konkurrenten nicht zu teuer ist. - Sicherlich hängt es von der besonderen Fragestellung ab, welchen Aspekt man in den Vordergrund der Argumentation stellt, welche Marktform man für die adäquatere Abbildung der Realität hält. Soweit man die Realität als eine "Mischform" zwischen Angebotsmonopol und vollständiger Konkurrenz auffassen darf, werden wir auch eine Mischung zwischen den beiden oben abgeleiteten Auswirkungen vorfinden: Einerseits wird mit dem Entstehen eines Nachfrageüberhangs zu rechnen sein, der aber andererseits nicht so groß sein wird, wie die Ableitung oben vermuten läßt.

8.53 Öffentliche Unternehmen

61. Eine weitere Möglichkeit, in die Funktionsweise eines Marktes einzugreifen, besteht für den Staat darin, daß er selbst die Rolle eines Anbieters (oder eines Nachfragers) übernimmt. Öffentliche Unternehmen können Körperschaften des Zivilrechts sein, die voll oder mehrheitlich im Eigentum der öffentlichen Hand sind, es können aber auch öffentlich-rechtliche Körperschaften oder öffentliche Anstalten sein. Auf die juristischen Probleme gehen wir nicht ein. Es sei nur daran erinnert, daß der Bund zur Gründung und zum Betrieb solcher Unternehmen in der Verfassung explizit ermächtigt sein muß. Im folgenden beschränken wir uns auf die Preispolitik öffentlicher Unternehmen und dabei auf ein Beispiel, nämlich die Preispolitik der SBB.

62. Es ist bekannt, daß die SBB - wie die Eisenbahngesellschaften anderer Länder auch - ihre Kosten seit einiger Zeit nicht mehr durch Erträge decken können, diese Defizite vielmehr durch die öffentliche Hand übernommen werden müssen. Der Botschaft über den Leistungsauftrag 1982 vom 13.5.1981 ist folgende Tabelle über Erträge und Kosten der SBB zu entnehmen. Die Zahlen betreffen nur den Personenverkehr der SBB, auf den wir uns der Einfachheit halber beschränken. Beunruhi-

gend an dieser Entwicklung ist eigentlich nicht so sehr die Existenz von Defiziten, sondern ihr dauerndes Anwachsen. Um dieses Wachstum mindestens zu bremsen, ist der Leistungsauftrag 1982 formuliert worden:

Tabelle 8.1:

Finanzielles Ergebnis der Zuggattungen (in Mio Fr.)

	1972	1974	1976	1978
Schnellzüge				
Ertrag	459,1	525,3	509,3	633,2
Kosten	370,6	457,9	539,6	546,9
Erfolg	+ 88,5	+ 67,4	- 30,3	+ 86,3
Kostendeckungsgrad	124%	115%	94%	116%
Regionalzüge				
Ertrag	234,5	265,8	257,9	198,5
Kosten	450,6	555,7	653,5	657,3*
Erfolg	- 216,1	- 289,9	- 395,6	-458,8*
Kostendeckungsgrad	52%	48%	39%	30%
Alle Reisezüge				
Ertrag	693,6	791,1	767,2	831,7
Kosten	821,2	1013,6	1193,1	1172,2
Erfolg	- 127,6	- 222.5	- 425.9	- 340,5
Kostendeckungsgrad	84%	78%	64%	71%

Quelle: Transportkostenrechnung SBB, zit. nach der Botschaft

* revidierte Zahlen gemäß Überprüfung durch das BWI

Art. 1 (Allgemeiner Auftrag)

1 Die Bundesbahnen streben nach unternehmerischen Grundsätzen den vollen Rechnungsausgleich an.

2 Die Bundesbahnen haben gemeinwirtschaftliche Leistungen nur zu erbringen, soweit der Leistungsauftrag es bestimmt und die entsprechende Abgeltung vorsieht...

Art. 2 (Personenfernverkehr)

Im Personenfernverkehr und im damit verbundenen Gepäcktransport ist auf die Dauer mindestens volle Kostendeckung sicherzustellen.

Art. 3 (Regionaler Personenverkehr)

2 Mit dem regionalen Personenverkehr wird eine gemeinwirtschaftliche Leistung erbracht. Der Bund übernimmt vorläufig ihre Abgeltung....

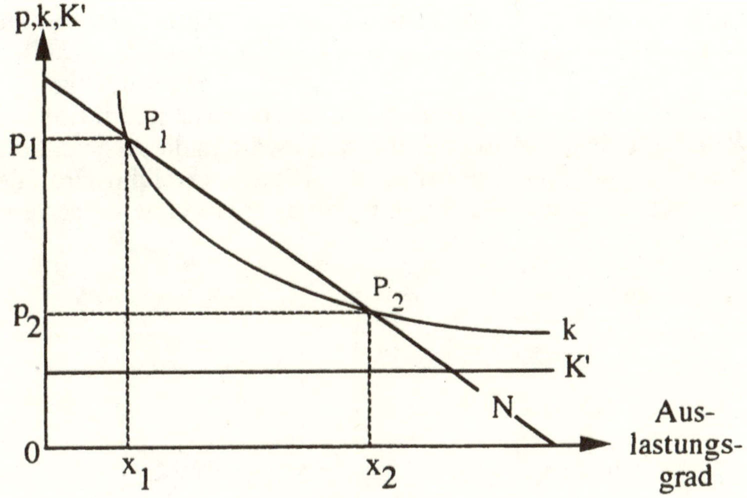

Abb. 8.13

Sehen wir von diesen gemeinwirtschaftlichen Leistungen einmal ab (auf sie kommen wir in Kap. 10 zurück), dann wird von der SBB also die volle Kostendeckung verlangt, m.a.W. der Preis muß den Durchschnittskosten entsprechen. Um das Marktgleichgewicht unter diesen Annahmen ableiten zu können, unterstellen wir einerseits, daß die Nachfrage nach Eisenbahnleistungen preiselastisch ist, und andererseits, daß die Fixkosten der SBB relativ hoch, die variablen Stück- und die Grenzkosten dagegen relativ niedrig und fast konstant sind. Dann ergibt sich Abb. 8.13. Da die Stückkosten-Kurve unter diesen Annahmen hyperbelförmig verläuft und sich der Grenzkostenkurve von oben nähert, ergeben sich immer zwei Schnittpunkte mit der Nachfragekurve, P_1 und P_2. Welchen Preis soll die SBB (aus volkswirtschaftlichen Gründen) setzen?

63. Zur besseren Versorgung der Bevölkerung wird man P_2 vorziehen: Dort bietet die SBB die grössere Menge zum niedrigeren Preis an. Ein Problem besteht dabei nur darin, daß wir in der Realität nur sehr schwer feststellen können, ob wir uns in P_1 oder in P_2 befinden; bekannt ist schließlich in der Realität immer nur der tatsächlich geforderte Preis und die zu ihm abgesetzte Menge. Man kann dann höchstens versuchen, durch kleine Preisänderungen herauszufinden, in welchem Punkt man sich befindet. Dazu sind in Abb. 8.14 die beiden möglichen Gleichgewichtssituationen vergrößert dargestellt. Angenommen, wir befinden uns im linken Gleichgewicht (Abb. 8.14a). Eine kleine Preiserhöhung bewirkt über die Absatzreduktion eine Erhöhung der Durchschnittskosten, die größer als die Preiserhöhung ist: Es entsteht ein

Verlust, der umso höher wird, je höher daraufhin der Preis gesetzt wird. Die Vorstellung, die Kosten über den Preis decken zu sollen und deshalb bei einem Verlust den Preis erhöhen zu müssen, führt in einer solchen Situation zu einer immer stärkeren Absatzreduktion und zu einer *Erhöhung* des Verlustes. Angebracht wäre in dieser Situation vielmehr eine Preissenkung, mit der dann wieder P_1 erreicht wird oder sogar ein Punkt rechts unterhalb von P_1, in dem ein Gewinn erzielt werden kann.

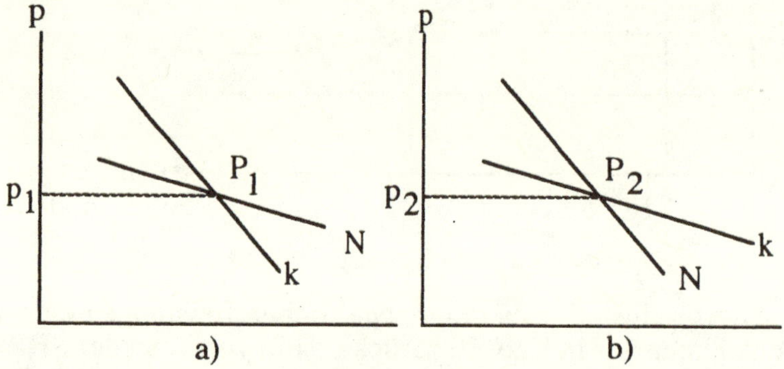

Abb. 8.14

Anders ist es im rechten Gleichgewicht P_2 (vgl. Abb. 8.14b). Dort führt eine kleine Preiserhöhung zwar auch zu einem Absatzrückgang (das ist in dem angenommenen Verlauf der Nachfragekurve impliziert), die Durchschnittskosten steigen jedoch langsamer als der Preis, so daß ein Gewinn erzielt werden kann.

Die SBB arbeiten augenblicklich mit einem Defizit. Da die realisierte Preis-Mengenkombination immer auf der Nachfragekurve liegt, muß die Ausgangslage entweder links oberhalb von P_1 oder rechts unterhalb von P_2 liegen. Die allgemein einleuchtende Politik, den Verlust über Tariferhöhungen zu beseitigen, führt nur im letzteren Fall zum Erfolg, während sich die Lage im ersteren Fall immer weiter verschlechtert.

64. Formulieren wir das Sanierungsproblem anders: Im großen und ganzen kann man davon ausgehen, daß die Kosten der SBB bei einer nicht zu großen Änderung des Auslastungsgrades nicht (nennenswert) reagieren werden. Für die Beseitigung des Defizits kommt es dann darauf an, die Erlöse zu erhöhen. Ist das mit einer Tariferhöhung möglich? Diese Formulierung ist identisch mit der Frage, ob sich der ***Gewinn*** der SBB über eine Preiserhöhung vergrößern läßt, wobei sehr niedrige und vor allem konstante Grenzkosten (eigentlich = 0) angenommen werden. - Aus der Gewinndefinition

$$G = E - K$$

folgt die Gewinnänderung bei einer (kleinen) Preiserhöhung als

$$\frac{\partial G}{\partial p} = \left(\frac{\partial E}{\partial x} - \frac{\partial K}{\partial y}\right) \cdot \frac{\partial x}{\partial p} > 0$$

wenn

$$(8.17) \quad E' - K' < 0$$

Eine Preiserhöhung lohnt sich also nur dann, wenn die SBB den *Cournot*-Punkt noch nicht erreicht haben. Die gewinnmaximierende Absatzmenge x bzw. Produktionsmenge y errechnen wir aus

$$(8.18) \quad E' = K'$$

und setzen in die Preis-Absatz-Funktion ein, um den Preis zu erhalten.

Wenn Sie jetzt der obigen Problemformulierung folgen wollen, setzen Sie $K'=0$, und Sie erhalten die Bedingung für die Erlösmaximierung.

Wie messen wir eigentlich die "Produktionsmenge" der SBB? In den Zeichnungen ist der Auslastungsgrad (der Züge) angegeben und nicht etwa Personenkilometer, weil Anzahl (und Länge) der Züge durch den Fahrplan festgelegt ist. Akzeptieren wir das der Einfachheit halber. Dann ist immer noch zu berücksichtigen, daß die SBB verschiedene Kategorien von Fahrgästen befördert; die wichtigste Einteilung in unserem Zusammenhang ist wohl die nach (Fern-)Reisenden und Pendlern (Berufsverkehr und Schüler). Wir haben Grund zur Annahme, daß die Reaktion dieser beiden Gruppen auf Preiserhöhungen ganz verschiedenen sein werden. Für die SBB lohnt es sich dann, für diese beiden Gruppen verschiedene Preise zu setzen, die Preise also zu ***differenzieren***. Wie? Wenn wir annehmen, daß die Grenzkosten weitgehend konstant sind, dann finden wir durch Einsetzen der *Amoroso-Robinson*-Formel für den Grenzerlös

$$p \cdot \left(1 + \frac{1}{\eta}\right) = K'$$

oder

$$(8.19) \quad p = \frac{K'}{(1 - 1/|\eta|)}$$

Zu einem positiven Preis führt das nur dann, wenn der absolute Wert der Preiselastizität der Nachfrage grösser als 1 ist.

Denn nur dann ist der Grenzerlös positiv!

In diesem Bereich ist der Preis aber umso höher, je kleiner die direkte Preiselastizität der Nachfrage (ihrem absoluten Wert nach) ist, was man aus folgender Tabelle sieht:

$\lvert\eta\rvert$	p/K'
1.1	11
2	2
5	1.25
10	1.1

Je unelastischer die Nachfrage ist, desto höher ist also der für die SBB gewinnmaximale Preis. Man darf wohl annehmen, daß ein großer Teil der Pendler nicht so schnell auf die SBB verzichten wird wie z.B. die Ferienreisenden und daß innerhalb der Gruppe der Pendler die Nachfrage der unteren Einkommensklassen und der Schüler und Studenten besonders preisunelastisch ist. Das impliziert, daß diese Gruppen besonders hohe Preis zu zahlen hätten.

In der Debatte um die letzte Tariferhöhung ist deshalb explizit gefordert worden, die Abonnements-Preise für diese Gruppen überproportional zu erhöhen.

Eine solche Preispolitik bezeichnet man als ***monopolistische Preisdifferenzierung***. Sie nutzt die unterschiedliche Preiselastizität bei verschiedenen Nachfragergruppen aus; der dabei erzielte Gewinn ist immer größer als derjenige, der sich bei Verzicht auf eine solche Preisdifferenzierung ergibt. Durchführbar ist sie - gesetzliche Regelungen vorbehalten - nur dann, wenn diese Nachfragergruppen effektiv voneinander getrennt werden können, wie das z.B. beim Verkauf der Abonnements möglich ist.

65. ***Soll*** die SBB wirklich eine solche Politik betreiben? Abgesehen von den verteilungspolitischen Konsequenzen, die hier außer acht bleiben sollen, führt sowohl die kostendeckende als auch die gewinnmaximierende Preispolitik dazu, daß der Preis deutlich über den Grenzkosten liegt. Da die optimale Produktionsstruktur nur dann automatisch realisiert wird, wenn der Preis die Grenzkosten widerspiegelt, führt diese Preispolitik zu einer suboptimalen Lösung:

Bei der kostendeckenden Preispolitik enthält der Preis nicht nur die unmittelbar verursachten (variablen) Kosten, sondern auch einen Anteil an den Fixkosten. Deshalb ziehen private Nachfrager idR. das Auto vor: Sie vergleichen nämlich den Fahrpreis bei der SBB mit den Kosten, die ihnen entstehen, wenn sie mit ihrem Auto diese Fahrt unternehmen. Da sie regelmäßig ein Auto haben, entstehen ihnen nur die variablen Kosten (streng genommen nur die Grenzkosten), an ihre Fixkosten denken sie häufig gar nicht.

Die Fixkosten des Autos bestehen nicht nur aus der Abschreibung, sondern auch aus den (kilometer-unabhängigen) Versicherungsprämien und den Fahrzeugsteuern. Darüber hinaus wird von Autofahrern häufig auch der Zusammenhang zwischen ihrer Fahrleistung und den Service- und Reparaturkosten vernachlässigt.

Die Folge davon ist, daß bei diesem Vergleich die SBB regelmäßig zu schlecht abschneidet und die Fahrt dann mit dem eigenen Wagen ausgeführt wird.

Eine andere Formulierung desselben Sachverhaltes: Die SBB beklagen sich darüber, daß sie die (Fix-)Kosten der Verkehrswege selbst tragen müssen, während das der Automobilfahrer nicht muß.

Die volkswirtschaftliche Produktionsstruktur ist in diesem Fall deshalb nicht optimal, weil der Anteil des öffentlichen Verkehrs zu klein, der des privaten zu groß ist.

66. Folgt man diesen Gedankengängen, dann sollten die SBB ihre Fahrleistungen nicht zu Durchschnitts-, sondern zu Grenzkosten anbieten: Man fordert ***Grenzkosten-Preise***. Sie haben aber zur Folge, daß die Defizite weiterbestehen, bei konstanten Grenzkosten sogar die gesamten Fixkosten nicht gedeckt werden.

Auch öffentliche Unternehmen können Verluste auf Dauer nicht tragen, ihr Eigentümer muß sie vielmehr durch die Zuführung neuer Mittel dekken. Dasselbe gilt auch für die SBB. Diese Bundeszuschüsse an die SBB (unter welchem Namen auch immer) muß der Staat aber seinerseits aus Steuern finanzieren. Ist das richtig, daß der allgemeine Steuerzahler zur Finanzierung der SBB-Defizite herangezogen wird? Unabhängig davon, ob er mit der Bahn fährt, von ihr profitiert oder nicht? Anders gefragt: Wer *soll* die Fixkosten der SBB tragen?

Bei der Finanzierung staatlicher Leistungen geht man häufig von dem ***Äquivalenzprinzip*** aus. Nach ihm sollen diejenigen eine Leistung finanzieren, die von ihr profitieren. Nach ihm sollten also die SBB-Benutzer für die Fixkosten aufkommen, und nicht der allgemeine Steuerzahler. Das ist eigentlich ja auch die Forderung des Bundesbeschlusses. Also müssen die Fahrpreise doch erhöht werden? Nicht unbedingt, wenn man folgenden Tarifaufbau wählt: Man bietet den Benutzern einen "Berechtigungsschein" an, der jährlich gekauft werden muß und aus dessen Erlös die Fixkosten gedeckt werden. Mit diesem Berechtigungsschein kann man die Fahrkarten zu einem niedrigen Preis, nämlich zu Grenzkosten beziehen. Das bezeichnet man als einen ***gespaltenen Tarif***.

Beachten Sie, daß er ganz ähnlich der Rechnung aufgebaut ist, die wir für einen Autofahrer oben gemacht haben: Es wird zwischen einem variablem Teil, der bei jeder einzelnen Fahrt zu entrichten ist, und einem fixen unterschieden. Der Vergleich, ob eine bestimmte Fahrt mit der Bahn oder dem eigenen Auto auszuführen ist, wird also nicht mehr auf

Grund falscher Unterlagen geführt. Und bei der (längerfristigen) Entscheidung, ein Auto zu unterhalten und/oder jährlich einen solchen Berechtigungsschein zu kaufen, leuchtet es unmittelbar ein, daß man den Preis dieses Berechtigungsscheines mit den (jährlichen) Steuern und Versicherungsprämien vergleichen muß.

Im Prinzip haben wir einen solchen gespaltenen Tarif bei der SBB mit dem General- und dem Halbpreisabonnement. Es gibt ihn teilweise bei Telefongebühren, Strom-, Wasserrechnungen und Kanalisationsgebühren.

9. Information und Konsumentenschutz

9.0 Einleitung: Unvollständige Information als allgemeines Phänomen

1. In Kapitel 7 haben wir gesehen, daß die freie Konsumwahl zur Realisierung eines sozialökonomischen Optimums beiträgt und daß deswegen insoweit alles für die marktwirtschaftliche Organisation unserer Wirtschaft spricht. Bei dieser Argumentation wurde aber stillschweigend vorausgesetzt, daß jeder Entscheidungsträger die Konsequenzen seines Handelns voll überblickt, insbesondere daß jeder Haushalt (Konsument) über alle Eigenschaften der von ihm nachgefragten Güter vollständig informiert ist und daß er auch seine Bedürfnisse genau kennt.

Damit nämlich die Preise die Bedürfnisstruktur der Haushalte ausdrücken können, muß jeder Haushalt seine Nachfrage an sie anpassen und dabei die Nützlichkeit der Güter korrekt einschätzen.

Aus eigener Erfahrung wissen wir, daß wir in der Realität bei unseren Entscheidungen weder alle Alternativen noch die genauen Folgen unseres Handelns kennen:

(i) Selbst bei wichtigen Entscheidungen (denken Sie vielleicht an den Kauf eines neuen Autos oder gar an die Berufswahl) besorgt man sich wirklich alle Information über die Alternativen, zwischen denen man auszuwählen hat; die Kosten dafür sind viel so hoch. Im allgemeinen bricht man das Sammeln von Informationen frühzeitig ab und entscheidet *unvollständig informiert*.

In diesem Verhalten wird man bestärkt durch die Mühe beim Auswerten der Informationen. Vor allem bei einer sehr großen Menge von Informationen ist man wahrscheinlich nicht mehr in der Lage, Widersprüche aufzuklären, positive und negative Aussagen gegeneinander abzuwägen usw.: Die Verarbeitung der verfügbaren Informationen bleibt meistens sehr unvollständig.

Haben Sie z.B. wirklich alle Informationen, die über die Schädlichkeit des Rauchens verfügbar sind, *bewußt* zur Kenntnis genommen?

(ii) Zudem liegen die Konsequenzen unseres Handelns in der Zukunft und sind uns schon deshalb prinzipiell unbekannt; wir haben höchstens Vermutungen (=Wahrscheinlichkeits-Aussagen) darüber, was eintreten kann.

Wissen Sie wirklich, was Ihr Studium für Ihr späteres Berufsleben bedeuten wird? Kennen Sie im Zeitpunkt des Kaufes die Reparaturen, die an dem neuen Auto anfallen werden?

Die Überzeugung ist weit verbreitet, daß die Entscheidungssituationen in den letzten 10-30 Jahren immer komplexer geworden sind, was man nicht nur mit der Entwicklung der Technik allgemein, sondern auch vor allem mit der der Kommunikationstechnologie begründet. Während man den Unternehmen zutraut, daß sie sich in dieser Situation die erforderlichen Hilfen selbst besorgen, besteht weithin die Überzeugung, der Konsument sei dem Informationsproblem hilflos ausgeliefert. Das führt unmittelbar zu dem Konsumentenschutz-Gedanken: Durch den Konsumentenschutz soll ihm die Auswahl zwischen Produkten erleichtert werden, weil ihre Eigenschaften einer "neutralen" Stelle bekannt und miteinander verglichen worden sind, die Preise sollen in angemessener Relation zur Qualität des Produktes stehen usw. Über Konsumentenschutz kann man daher nur diskutieren, wenn die Unvollständigkeit von Informationen berücksichtigt wird. Das wird in den folgenden Überlegungen versucht. Dabei müssen wir uns mit einem unvollständigen Überblick begnügen: Nach einer kurzen Charakterisierung des Anliegens des Konsumentenschutzes werden wir das Gesetz gegen den unlauteren Wettbewerb charakterisieren und dann auf einige Aspekte der Risikoverteilung eingehen.

9.1 Der Konsumentenschutz

2. Was ist das Anliegen des Konsumentenschutzes? Im ersten Augenblick denkt man wohl an die Aufklärung von Konsumenten über Gebrauchseigenschaften technischer Güter, wie sie etwa von Testzeitschriften vorgenommen wird: Der naturwissenschaftlich-technische Fortschritt, die fortschreitende Arbeitsteilung, die wegen der Wohlstandszunahme zunehmende Differenzierung der Güter und Bedürfnisse sorgen dafür, daß der Konsument die Eignung der Güter kaum noch einschätzen kann. Das liegt auch daran, daß die Güter zur Überprüfung ausgepackt und/oder gebraucht werden müßten (was wegen der Wertminderung Eigentum an ihnen voraussetzt) und daß häufig teure, komplizierte Apparaturen erforderlich sind, um in langwierigen Experimentreihen die Eigenschaften eines Gutes festzustellen.

Informieren Sie sich einmal darüber, wie solche Tests aussehen; Sie erkennen dann schnell die Problematik, wie man ***Gebrauchseigenschaften*** feststellen soll.

3. Eine Möglichkeit, solche Tests zu vermeiden, besteht darin, daß der Verkäufer seinerseits einen "Markenartikel" anbietet, bei dem er die Garantie für bestimmte Qualitätseigenschaften übernimmt.

Das älteste Beispiel für einen Markenartikel ist wohl das Gold, das als Zahlungsmittel verwendet wurde: Um die Feinheitsanalyse und das Wiegen von Gold überflüssig zu machen, hat man Münzen geprägt, die durch das Prägemuster, Riffelung des Randes usw. weitgehend gegen Fälschungen gesichert waren. Zudem gab es drastische Strafen für Falschmünzer.[1] Dagegen konnte in den Zeiten der Goldwährung jedermann Gold in einer staatlichen "Münze" ausprägen lassen, die die Garantie für den Goldgehalt übernahm. Strafbar war nur das Herstellen *minderwertiger* Goldmünzen.

Damit die Konsumenten mit den ***Markenartikeln*** eine bestimmte Qualität verbinden, übernehmen Produzenten in vielen Fällen Garantieleistungen, zu denen sie durch die gesetzlichen Regelungen nicht verpflichtet sind.[2]

In der Regel setzt die Existenz von Markenartikeln voraus, daß Werbung seitens der Verkäufer (oder Produzenten) betrieben wird: Es lohnt sich nämlich nur, für das eigene Produkt zu werben. Die Werbung ist volkswirtschaftlich in dem Ausmaß nützlich, als es den Informationsstand der Verbraucher über die Existenz von Gütern und ihre Eigenschaften erhöht; allerdings besteht auch die Gefahr, daß mit ihr die Nachfrage manipuliert wird.

Allerdings sollte man diesen Einfluß auch nicht überschätzen: Teilweise neutralisiert sich die Werbung gegenseitig, teilweise wird sie gar nicht richtig wahrgenommen: So hat man in verschiedenen Untersuchungen festgestellt, daß die Massenmedien keinen unmittelbaren Einfluß auf die Meinungen der Bevölkerung haben, weil der Einzelne gar nicht alle Informationen zur Kenntnis nimmt, sondern nur jene, die in sein Weltbild passen, die seine vorgefaßte Meinung, sein Vor-Urteil bestätigen. Massenmedien verstärken deshalb wahrscheinlich vorgefaßte Meinungen, können aber die öffentliche Meinung nicht bilden.

4. Eine Erhöhung des Informationsstandes der Verbraucher soll auch durch die Deklaration der Zusammensetzung des Produktes erreicht werden. Dabei gerät man schnell in folgendes Dilemma: Beschreibt man nur die Zusammensetzung des Gutes, dann ist das für die meisten Konsumenten nicht aussagefähig, weil ihnen die Fachkenntnis fehlt; beschreibt man statt dessen Eigenschaften (oder Wirkungen von Medikamenten), dann werden einschränkende Anwendungsbedingungen, Bewertungen usw. leicht überhaupt nicht oder falsch verstanden.(Das ist ja die Problematik der Verbrauchertests.)

---

[1] Zur Illustration: Auf einem 1000-Käsch-Schein aus der Ming-Dynastie (1369-1398), einem der ältesten Geldscheine der Welt, steht: "Wer Banknoten fälscht oder gefälschte in Umlauf bringt, wird enthauptet. Wer einen Fälscher anzeigt und verhaftet, erhält 250 Taels Silber zur Belohnung sowie das gesamte Vermögen des Verbrechers." aus *H.J. Funck* (1983) S. 366/129.

[2] Vor einigen Jahren verurteilte übrigens ein deutsches Gericht einen Kaufmann, der in Emmenthaler Käse Löcher gebohrt hatte, mit dem Argument, die Grösse der (natürlich entstandenen) Löcher im Käse sei ein wichtiger Indikator für die Qualität des Emmenthaler Käses, das künstliche Bohren von Löchern liefe deshalb auf eine Irreführung der Konsumenten hinaus.

Ein Beispiel: Das "Japanische Heilpflanzen-Öl" enthält "95 g Ol. Meth. arv. var. pip. jap. (3-fach rektifiziert u. spezialbehandelt)" auf 100 g. Im Prospekt heißt es dann verständlicher: "Das Präparat besteht aus japanischem Pfefferminzöl (Ol. Mentha arv. var. pip. jap.), das einer speziellen Rektifizierung unterzogen wird. Die auf vulkanischem Boden gewachsene Pfefferminze ist mit der aus europäischen Breiten durch eine andersartige Zusammensetzung der Inhaltsstoffe nicht zu vergleichen. Ihr ätherisches Öl ist ein Gemisch aus Alkoholen, Aldehyden, Ketonen, Estern, Oxiden, Lactonen, schwefel- und stickstoffhaltigen Verbindungen, Terpenen und vielen anderen z.T. unaufgeklärten Substanzen." - Wissen Sie jetzt, was es ist?

In dieselbe Richtung zielt auch die Auszeichnungspflicht der Güter: Typischerweise wird der Konsument mit heterogenen Gütern konfrontiert, die (wahrscheinlich) unterschiedliche Ge- und Verbrauchseigenschaften haben. Wie wollen Sie bei solchen Gütern aber feststellen, welches "das billigste" ist? Vor allem dann, wenn die Packungen, in denen sie angeboten werden, unterschiedliche Grösse haben?

Man findet z.B. immer noch Marmelade in Gläsern mit 457g Inhalt. Wie vergleichen Sie die Preiswürdigkeit dieser Marke mit der einer anderen, die in 500g-Gläsern abgepackt ist? Versuchen Sie einmal herauszufinden, was das billigste Olivenöl ist, oder vergleichen Sie einmal den Preis für Parfum, Rasierwasser u.ä.

Damit ein solcher Preisvergleich einigermaßen einfach erfolgen kann, soll auf der Verkaufspackung der Preis pro Einheit (pro kg, Liter usw) angegeben werden, sofern der Packungsinhalt nicht für alle Anbieter vereinheitlicht worden ist.

5. Problematisch ist auch die Aufklärungspflicht bei Vertragsverhandlungen: Eng verbunden mit der unvollständigen Information ist ja die Täuschung, also die bewußte Irreführung eines Vertragspartners; in ihrer Beurteilung sind wir uns sicherlich einig, wir gehen auf sie noch kurz beim Gesetz gegen unlauteren Wettbewerb ein. Ist aber das Unterlassen einer Information gleichzusetzen mit einer Täuschung? Im allgemeinen ist davon auszugehen, daß der Verkäufer besser über das Erzeugnis informiert ist als der Käufer. Eine Erhöhung des Informationsstandes kann daher nur stattfinden, wenn der Verkäufer den Käufer über die relevanten Eigenschaften aufklärt. Und durch das Zurückhalten einer Information kann man sehr wohl einen falschen Eindruck erzeugen. Wie weit ist also diese Aufklärungspflicht zu fassen?

Eng damit zusammen hängen folgende Überlegungen: Wer das Risiko der Fehleinschätzung von Eigenschaften zu tragen hat, ist an sich im Obligationenrecht geregelt; von diesen Regelungen darf aber in den meisten Fällen abgewichen werden. Praktisch geschieht das dadurch, daß z.B. bei Abschluß eines Kaufvertrages ein Vertragsformular unterschrieben werden muß, das auch die "Allgemeinen Geschäftsbedingungen" umfaßt. In vielen Fällen sind sie nicht nur klein gedruckt, sondern auch so umfangreich, daß ihre Bedeutung kaum übersehen werden kann.

Überspitzt formuliert beschränkt sich nach ihnen das Recht des Käufers darin, den Kaufpreis bezahlen zu dürfen.

Die an sich zulässige Haftungsbeschränkung des Verkäufers ist eine Folge der Vertragsfreiheit. In vielen konkreten Fällen mißbraucht dabei ein Verkäufer seinen Informationsvorsprung und seine wirtschaftliche Stellung. Ein wichtiges Anliegen des Konsumentenschutzes besteht deshalb in dem Schutz vor solchen restriktiven Bestimmungen in allgemeinen Geschäftsbedingungen.

Denken Sie in diesem Zusammenhang auch an Kaufverträge, die von Hausierern an der Wohnungstüre abgeschlossen werden und die oft erhebliche wirtschaftliche Konsequenzen haben. In solchen Fällten sollte, so fordert man, der Gesetzgeber ein zwingendes, befristetes Rücktrittsrecht vorsehen.

Wir werden in Abschnitt 9.32 hierauf noch einmal zurückkommen. Aber selbst wenn an sich Ansprüche gegen den Verkäufer bestehen, werden sie häufig von Konsumenten wegen der Mühen und Kosten eines Rechtsstreites nicht durchgesetzt. Da helfen auch Rechtsschutz-Versicherungen, die es seit einiger Zeit gibt, wenig. Deshalb fordern Konsumentenschutz-Organisationen, in solchen Fällen selbst Prozeßpartei sein zu dürfen.

6. Am 14.7.1981 wurde Artikel 31sexies in die Bundesverfassung eingefügt:

"1 Der Bund trifft unter Wahrung der allgemeinen Interessen der schweizerischen Gesamtwirtschaft und der Handels- und Gewerbefreiheit Maßnahmen zum Schutze der Konsumenten.

2 Den Konsumentenorganisationen stehen im Bereich der Bundesgesetzgebung über den unlauteren Wettbewerb die gleichen Rechte zu wie den Berufs- und Wirtschaftsverbänden.

3 Die Kantone sehen für Streitigkeiten aus Verträgen zwischen Letztverbrauchern und Anbietern bis zu einem vom Bundesrat zu bestimmenden Streitwert ein Schlichtungsverfahren oder ein einfaches und rasches Prozeßverfahren vor."

Die "Eidgenössische Konsumentenschutz-Initiative" (BBl 1984 I S. 22f, 1984 II S. 1287ff.) will die Bundesverfassung ergänzen um den Artikel

Art. 31octies (neu)

"1 Alle Handlungen und Vereinbarungen von Firmen, Verbänden oder Einzelpersonen, die darauf gerichtet sind, mittels gemeinsamen Vorgehens den wirtschaftlichen Wettbewerb im Bereich des Handels mit Lebensmitteln und anderen Konsumgütern durch Mindestpreisbestimmungen, Liefersperren oder andere diskriminierende Lieferbedingungen einzuschränken oder die Konsumenten zu übervorteilen, sowie alle behördlichen Mindestpreisbestimmungen in diesem Bereich sind unzulässig..."

9.2 Das Gesetz gegen unlauteren Wettbewerb (UWG)

7. In Kapitel 7 haben wir gesehen, daß der Markt ein sozialökonomisches Optimum realisiert, wenn die Preise einerseits die Kostensituation der Produzenten und andererseits die Bedürfnisstruktur der Konsumenten widerspiegeln. Bei unvollständiger Information der Marktteilnehmer ist beides nicht von vorneherein gewährleistet.

Darüber hinaus ist es prinzipiell möglich, die unvollständige Information des anderen Marktteilnehmers auszunützen. Dazu zwei Beispiele:

- Wenn Konsumenten vom Preis auf die - nicht beobachtbare! - Qualität schließen, lohnt es sich, in "***Sonderangeboten***" von Konserven usw. den Preis *heraufzusetzen* (und keineswegs herabzusetzen).

Achten Sie einmal darauf, was bei solchen Sonderangeboten wirklich angeboten wird. Aber: Bei manchen Gütern kauft man nicht nur einen Gebrauchsgegenstand, sondern zugleich soziales Prestige, und Exklusivität ist häufig nur bei hohem Preis möglich.

- Bedürfnisse können z.B. mit Hilfe der Werbung künstlich erzeugt oder manipuliert werden.

Aber: Welche Bedürfnisse werden eigentlich nicht von außen geprägt? Was ist eigentlich "die Mode"? Meinen wir nicht meistens nur unsere eigenen Wertvorstellungen, wenn wir von "echten" oder "wahren" Bedürfnissen sprechen? Und wie sind wir zu diesen Wertvorstellungen gekommen? Haben wir sie nicht in irgendeiner Weise von unserer Umwelt übernommen? Sie haben sicherlich schon davon gehört, daß man Werbeannoncen in Kinofilmen so kurz einblenden kann, daß sie nur im Unterbewußten wahrgenommen werden. Gerade deshalb reagieren die Zuschauer wohl auch so stark auf diese Werbung: Sie können diese Beeinflussung nicht erkennen und sich deshalb nicht wehren. (Diese Praktik ist in der Schweiz verboten.)

8. Bei unvollständiger Information können aber auch bestimmte Verhaltensweisen, bestimmte Entscheidungsgewohnheiten ausgenutzt werden:

Um den Schwierigkeiten einer Entscheidung in einer immer komplexeren Umwelt zu entgehen, sucht man nach ***einfachen*** Entscheidungsregeln oder entscheidet mehr oder weniger zufällig. (Die Theorie benützt man dann zur nachträglichen Rechtfertigung!) Das gilt vor allem für häufig wiederkehrende Entscheidungen (mit geringer Tragweite): Man kauft nur in einem als "reell" bekannten Geschäft, ist bei außerordentlichen Angeboten besonders vorsichtig, hütet sich vor Kreditfinanzierung usw. Solche Gewohnheiten sind i.a. sehr vernünftig, sie erleichtern das tägliche Leben ungemein, haben aber einen gravierenden Nachteil: Sie können von der anderen Marktseite ausgenutzt werden.

9. Diese unlauteren Verkaufspraktiken sollen durch das ***Gesetz ge-***

gen unlauteren Wettbewerb vom 19. Dezember 1986 verhindert werden. Seine Zielsetzung wird in Art. 1 und 2 umschrieben:

Art. 1

Dieses Gesetz bezweckt, den lauteren und unverfälschten Wettbewerb im Interesse aller Beteiligten zu gewährleisten.

Art. 2 (Grundsatz)

Unlauter und widerrechtlich ist jedes täuschende oder in anderer Weise gegen den Grundsatz von Treu und Glauben verstoßende Verhalten oder Geschäftsgebaren, welches das Verhältnis zwischen Mitbewerbern oder zwischen Anbietern und Abnehmern beeinflußt.

In Art.3 UWG folgt ein Katalog von Beispielen für unlauteres Verhalten; lesen Sie ihn doch einmal durch. Typisch für unsere Problemstellung sind die Beispiele a,b und d:

Art. 3

Unlauter handelt insbesondere, wer:

a. andere, ihre Waren, Werke, Leistungen, deren Preise oder ihre Geschäftsverhältnisse durch unrichtige, irreführende oder unnötig verletzende Äußerungen herabsetzt;

b. über sich, seine Firma, seine Geschäftsbezeichnung, seine Waren, Werke oder Leistungen, deren Preise, die vorrätige Menge oder Geschäftsverhältnisse unrichtige oder irreführende Angaben macht oder in entsprechender Weise Dritte im Wettbewerb begünstigt; ...

d. Maßnahmen trifft, die geeignet sind, Verwechslungen mit den Waren, Werken, Leistungen oder dem Geschäftsbetrieb eines anderen herbeizuführen; ..."

Und:

Art. 26

1 Für Waren, die dem Konsumenten zum Kaufe angeboten werden, ist der tatsächlich zu bezahlende Preis bekanntzugeben,..."

Mit diesen Vorschriften soll versucht werden, den Informationsstand der Marktteilnehmer und die Markttransparenz zu erhöhen bzw. Fehlinformation und Fehlinterpretation vom Informationen zu verhindern. Prinzipiell gibt es dagegen keine Einwände. Lesen Sie aber die Ausführungen zum funktionsfähigen Wettbewerb nach *J.M. Clark* in Abschn. 8.42 nach; dort wird u.a. behauptet, in oligopolistischen Märkten sei echter Wettbewerb nur bei eingeschränkter Transparenz möglich.

10. In der Diskussion um den Revisionsentwurf hat die ***Lockvogelpolitik*** eine große Rolle gespielt. Darunter versteht man eine Absatzpolitik, die etwa mit Hilfe einzelner Sonderangebote eine nicht vorhandene Preisgünstigkeit des gesamten Sortimentes vortäuscht. Da die Verkaufspreise der Produkte eines Sortimentes mit Hilfe der ***Mischkalkulation*** festgelegt werden, kann die Preiswürdigkeit eines Sorti-

mentes nur beurteilt werden, wenn diese Mischkalkulation bekannt ist; hierauf können wir nicht eingehen. Vgl. dazu Art. 3:

"Unlauter handelt insbesondere, wer:...

f. ausgewählte Waren, Werke oder Leistungen wiederholt unter Einstandspreisen anbietet, diese Angebote in der Werbung besonders hervorhebt und damit den Kunden über die eigene oder die Leistungsfähigkeit von Mitbewerbern täuscht; Täuschung wird vermutet, wenn der Verkaufspreis unter dem Einstandspreis vergleichbarer Bezüge gleichartiger Waren, Werke oder Leistungen liegt; weist der Beklagte den tatsächlichen Einstandspreis nach, so ist dieser für die Beurteilung maßgebend;..."

Was hat man gegen niedrige Preise? Grundsätzlich überhaupt nichts - sogar dann, wenn der Verkaufspreis unter dem Einstandspreis des Verkäufers liegt, wenn er also mit Sicherheit einen Verlust macht. Es soll vielmehr verhindert werden, daß man

- den Nachfrager ***irreführt*** und zur Annahme verleitet, das ganze Sortiment sei billig und/oder der Lockartikel sei in großen Mengen verfügbar;
- man den Abnehmer in einen ***psychischen Kaufzwang*** bringt, indem er mit dem Lockangebot in den Laden (oder in den Car!) gelockt wird, damit dort Verkaufskontakte aufgenommen werden können, aus denen er sich "mit Anstand" kaum lösen kann;
- durch wiederholte und erhebliche Preissenkungen bei ausgewählten Gütern die Existenz der Wettbewerber ***gefährdet***.

A. Matter (1986) aus Lausanne hatte deshalb folgende Fassung vorgeschlagen:

Art.3 lit. f

(Unlauter handelt, wer...)
mit ausgewählten, unter dem Einstandspreis angebotenen Waren, Werken oder Leistungen für sein Gesamtangebot wirbt und mit seiner besonders reisserischen und umfangreichen, seiner langfristigen oder seiner systematisch wiederholten Preisaktion den Wettbewerb nachhaltig beeinträchtigt. Verkauf unter Einstandspreis wird vermutet, wenn der Verkaufspreis unter dem Einstandspreis vergleichbarer Bezüge des gleichen Artikels liegt; weist der Beklagte den tatsächlichen Einstandspreis nach, so ist dieser für die Beurteilung maßgebend."

9.3 Unvollständige Information

11. In diesem Abschnitt setzen wir uns mit dem Einwand auseinander, eine Marktwirtschaft könne allein schon deshalb kein sozialökonomisches Optimum realisieren, weil die Wirtschaftssubjekte die Konsequenzen ihres Handelns nicht mit Sicherheit kennen können: Die Konsequenzen jeder Handlung liegen immer in der Zukunft und sind deshalb im Zeitpunkt der Entscheidung sicherlich nicht bekannt; immer wieder kommt es aus diesem Grund (wie sich nachträglich herausstellt)

zu Fehlentscheidungen.

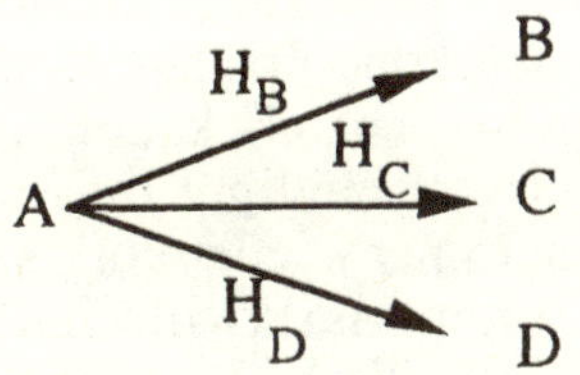

In Abschnitt 7.1 haben wir uns kurz mit der Entscheidungstheorie beschäftigt: Bei jedem Entscheidungsproblem ist zwischen Handlungen auszuwählen, durch die eine (Ausgangs-) Situation A in Situation B, C oder D überführt werden soll.

In der Entscheidungstheorie geht man davon aus, daß Handlungen keinen Wert für sich selbst haben, daß zwischen ihnen vielmehr ausschließlich aufgrund der Bewertung der erreichbaren Situationen B, C oder D ausgewählt wird. Anders als in Abschnitt 7.1 beschäftigen wir uns hier mit dem Umstand, daß die Konsequenzen im Zeitpunkt der Entscheidung nicht mit Sicherheit bekannt sind: Eine Handlung, z.B. H_B, führt also nicht mehr mit Sicherheit zu einer einzigen Situation B, sondern zu einer ganzen Reihe von Situationen B_1, B_2,... - je nach den Umweltbedingungen, die bei der Realisierung herrschen.

Wie soll in einem solchen Fall entschieden werden? Es müssen zwei Fälle voneinander getrennt werden:

(i) Es kann sein, daß immerhin genügend Informationen vorhanden sind, so daß Wahrscheinlichkeiten für das Eintreten bestimmter Konsequenzen angegeben werden können; dann spricht man von ***Risiko***.

(ii) Sind diese Wahrscheinlichkeiten nicht bekannt, kann man nur aufzählen, was bei den Handlungen herauskommen kann, dann spricht man von ***Unsicherheit***.

Liegt Risiko vor, dann kann man idR. eine Versicherung abschliessen, d.h. das Risiko kann gegen Zahlung einer Prämie von einem Dritten übernommen werden. Bei Unsicherheit ist das i.a. nicht möglich, man muß vielmehr vertraglich festlegen, wer den Vermögensschaden einer Fehlentscheidung zu tragen hat. Am Beispiel des Kaufvertrages werden wir das in Abschnitt 9.32 behandeln.

12. Es ist nicht bestreitbar, daß alle Entscheidungen bei unvollständiger Information getroffen werden müssen. Daraus ist aber nicht zu schliessen, daß eine Marktwirtschaft dann in irgendeiner Weise versagt und kein Pareto-Optimum erreicht: Erstens ist diese Problematik allen Wirtschaftssubjekten geläufig, man kann sogar behaupten, alles Wirtschaften sei letztlich eine Auseinandersetzung mit der Unsicherheit der zukünftigen Entwicklung. In der Realität sind außerdem Institutionen ent-

wickelt worden, die das Risiko von Fehlentscheidungen tragbar machen. Sofern sie von den Wirtschaftssubjekten - freiwillig - in Anspruch genommen werden, haben wir keinen Grund zur Annahme, das Marktergebnis entspräche nicht einem sozialökonomischen Optimum. Zweitens wird die Zukunft uns Menschen immer unbekannt bleiben, deshalb kann es keine Entscheidungen bei vollständiger Information geben, deshalb werden Fehlentscheidungen immer wieder vorkommen. Man darf aber die Funktionsweise einer realen Marktwirtschaft nicht mit einem idealisierten Typ vergleichen, in dem alle Konsequenzen mit Sicherheit bekannt sind, und daraus wirtschaftspolitische Schlußfolgerungen ziehen: Der Idealtyp ist ja eben - ex definitione - nie realisierbar.

9.31 Versicherungen

13. Der Entscheidungszwang unter unvollständigen Informationen ist alltäglich. Es ist bekannt, daß sich Entscheidungen nachträglich als falsch herausstellen können, nur hilft das im Zeitpunkt der Entscheidung wenig. Es ist deshalb zu verstehen, daß man sich in der Realität Gedanken darüber macht hat, wer dieses Risiko von Fehlentscheidungen tragen soll. Abgesehen davon, daß das beim Vertragsabschluß ausgehandelt werden kann (vgl. unten Abschnitt 9.32), gibt es besondere Institutionen, die dieses Risiko gegen die Zahlung einer entsprechenden Prämie übernehmen. U.a. gehören Versicherungsgesellschaften hierzu. Wir wollen uns in diesem Abschnitt überlegen, wieso Versicherungsgesellschaften Risiko gegen Zahlung einer Prämie übernehmen können und eine solche Versicherung für den einzelnen Versicherungsnehmer genügend attraktiv sein kann.

14. Der Eintritt eines Schadensfalles ist im Einzelfall nicht vorauszusehen, er hängt von so vielen Umständen ab, daß wir ihn als zufällig ansehen können. Für eine genügend große Zahl von Versicherten ergibt sich aber häufig ein gewisse Regelmäßigkeit: Schadenshäufigkeit und -höhe sind für die Gesamtheit der Versicherten einigermaßen sicher vorauszusagen: Obwohl also im Einzelfall nichts über den Eintritt eines Schadens gesagt werden kann, kann man bei genügend großer Zahl von Versicherungsverträgen eine gewisse Regelmäßigkeit beobachten und daraus Wahrscheinlichkeiten ableiten: Versicherungen befassen sich mit dem Abdecken des ***Risikos*** und bestimmen die Prämie für einen Versicherten so, daß sie im Durchschnitt den Schaden gerade decken.

Angenommen, wir sollten die Prämie für eine Feuerversicherung berechnen. Sei x_i der Schaden, der in dem vergangenen Jahr bei dem Versicherten i eingetreten ist. Sei n die Zahl der Versicherten, die im übrigen völlig gleich geblieben sein soll. Die erforderliche Prämie beträgt dann

$$p = \frac{1}{n} \cdot \sum_{i=1}^{n} x_i$$

In Deutschland hat es früher Versicherungsgesellschaften "auf Gegenseitigkeit"(mit "a.G." abgekürzt) gegeben. Dort wurden die Prämien genau auf diese Weise berechnet. Der Nachteil dieser Gesellschaftsform für eine Versicherung besteht darin, daß die Prämien von Jahr zu Jahr variieren und daß sie vor allen Dingen dann sehr hoch werden, wenn der Kreis der Versicherten (im Laufe der Zeit) immer kleiner wird.

Die konkrete Höhe der Jahresprämie hängt in unserem Beispiel von dem Schadensverlauf im abgelaufenen Jahr ab und wird deshalb im Zeitablauf variieren: In guten Jahren haben die Versicherten wenig, in schlechten viel zu zahlen. Diese Variation der Prämie beschreibt man mit der ***Standardabweichung***. In unserem Zusammenhang genügt es zu wissen, daß sie die Bandbreite angibt, in der die Prämien liegen werden: Sei σ_p die Standardabweichung der erforderlichen Prämie und p^* das (langjährige) Mittel der Prämie, dann liegt die erforderliche Jahres- Prämie in rd. 2/3 aller Fälle in dem Bereich $p^* \pm \sigma_p$. Diese Standardabweichung berechnet sich als

$$(9.1) \qquad \sigma_p{}^2 = \left(\frac{1}{n} + \frac{n-1}{n} \cdot r\right) \sigma^2$$

r ist dabei der ***Korrelationskoeffizient***, der die gegenseitige Abhängigkeit der Schadensfälle mißt, und σ die Standardabweichung der Schadensfälle selbst. Aus dieser Gleichung läßt sich ablesen:

(i) Ist die Zahl n der Versicherten genügend groß ($n \rightarrow \infty$) und der Schadenseintritt bei ihnen unabhängig voneinander (also $r=0$), dann wird die Standardabweichung der Prämie σ_p Null, obwohl die Schadensfälle in ihrer Höhe durchaus variieren können.

(ii) Je kleiner die Zahl der Versicherten ist, desto stärker müssen auch die Prämien variieren, oder, wenn die Versicherungsgesellschaft eine feste Prämie vereinbaren muß, desto höher müssen die Prämien sein, damit die Versicherungsgesellschaft nicht in finanzielle Schwierigkeiten kommt.

(iii) Zu einem Risikoausgleich kommt es nur dann, wenn die Schadensfälle unabhängig voneinander sind, konjunkturelle Schwankungen, Seuchen, Feuersbrünste, Naturkatastrophen u.ä. lassen sich (eigentlich) nicht versichern.

Der Einfachheit halber werden wir im folgenden davon ausgehen, daß die Versicherungsgesellschaft so viele Versicherungsverträge hat abschliessen kann, um die Prämie nach (9.1) exakt auf den durchschnittlichen Schadensanfall festzusetzen. (Man spricht dann auch davon, daß die Versicherungsgesellschaft ***risiko-neutral*** ist und die Prämie gleich der mathematischen Schadenserwartung setzt.)

15. Wird ein Privater eine solche Versicherung abschließen? Das hängt von seiner Risikobereitschaft ab, denn er hat zwei Situationen miteinander zu vergleichen:

a) Er schließt keine Versicherung ab. Mit einer bestimmten Wahrscheinlichkeit muß er mit dem Eintreten eines Schaden rechnen.

b) Er schließt eine Versicherung ab. Dann muß er - mit Sicherheit - eine Prämie zahlen, die sein verfügbares Einkommen in jedem Fall mindert. Dafür wird aber ein Schaden, falls er eintritt, ganz oder teilweise gedeckt, die Vermögensschäden eines Schadenseintritts sind also kleiner.

Wir wollen uns an dieser Stelle mit der Feststellung begnügen, daß ein Privater die für ihn günstigere Alternative wählen wird, solange er nicht zum Abschluß des Versicherungsvertrages gezwungen wird.

16. Zum Abschluß eines Versicherungsvertrages wird es genau dann kommen, wenn die Risikobereitschaft des Versicherungsnehmers deutlich kleiner ist als diejenige der Versicherungsgesellschaft. Da beide beim Vertragsabschluß frei sind, muß der neue Zustand Pareto-superior sein: Die Existenz unvollständiger Information ist mindestens im Falle des Risikos kein Argument gegen eine Marktwirtschaft und für eine Staatsinterventionen, wenn sich spezialisierte Unternehmen bilden, die das Risiko gegen eine Prämie übernehmen. Hierzu zählen nicht nur die eigentlichen Versicherungsgesellschaften, sondern z.B. auch die Börse, an der man sich durch entsprechende Termingeschäfte gegen Kursschwankungen sichern kann. Schließlich übernimmt in fast jedem Vertrag ein Vertragspartner das Risiko gegen ein entsprechendes Entgelt, weshalb wir überall gewisse Versicherungselemente vorfinden.

17. Es gibt aber drei Gründe, weshalb der Markt für Versicherungen nicht vollkommen funktioniert:

(i) Der Risikoausgleich im Kreis der Versicherten funktioniert umso schlechter, je kleiner die Anzahl der Versicherten ist: Je kleiner n ist, desto höher ist die Schwankungsbreite der Prämie bzw. umso höher muß sie sein, wenn sie vertraglich festgelegt wird. Das bezeichnet man als das ***soziale Risiko***. Es führt zu folgendem Dilemma: Haben wir am Markt nur eine einzige Versicherungsgesellschaft, dann hat sie ein Angebotsmonopol, allerdings ist das soziale Risiko (fast) verschwunden. Erzwingt z.B. die staatliche Wettbewerbspolitik eine Aufgliederung dieser großen Versicherung in mehrere kleine, dann ist das soziale Risiko umso größer, je kleiner die Versicherungsgesellschaft ist, je intensiver an sich der Wettbewerb auf dem Versicherungsmarkt sein könnte. In einer solchen Situation kann es angebracht sein, nicht nur eine allgemeine Versicherungspflicht einzuführen, sondern auch alle Versicherungsgesellschaften zu einem "Kartell" zusammen zu schliessen, um einen Risikoausgleich zwischen ihnen zu ermöglichen.

Im Rahmen der Altersvorsorge hat man sich z.B. dafür entschieden, die 2. Säule prinzipiell auf Unternehmensbasis zu organisieren. Dann braucht man eine zentrale Ausgleichskasse, gewissermaßen als Rückversicherung der betrieblichen Vorsorgeeinrichtungen.

(ii) Das Gleichgewicht auf dem Versicherungsmarkt ist wahrscheinlich instabil: Eine einzelne Versicherungsgesellschaft hat nämlich einen Anreiz, für die "guten Risiken" einen besonderen Versicherungsvertrag anzubieten, in dem Versicherungsnehmern mit niedriger Schadenswahrscheinlichkeit eine niedrigere Prämie angeboten wird. Für den Rest der Versicherten muß die Prämie aber steigen, weil durch das Ausscheiden der guten Risiken die Schadenswahrscheinlichkeit für den Rest ansteigt. Dieser Prozeß der Aufsplitterung des Versicherungsmarktes setzt sich solange fort, bis - im Extremfall - jedem Einzelnen ein besonderer Versicherungsvertrag angeboten wird: Dann muß sich jeder bei sich selbst versichern, ein Risikoausgleich findet überhaupt nicht mehr statt. Diesen Prozeß bezeichnet man als die ***Antiselektion***, sie beeinträchtigt den Risikoausgleich und führt in das oben bezeichnete Dilemma hinein.

(iii) Einen Versicherungsvertrag schließt man ab, um die Vermögenswirkungen von Schadensfällen zu vermeiden. *Nach* dem Abschluß des Vertrages hat man deshalb kein besonderes Interesse mehr daran, den Schadenseintritt zu verhindern.

In den USA hat man z.B. festgestellt, daß es in Häusern, die - fakultativ - gegen Brand versichert sind, bedeutend häufiger zu Bränden kommt als in nicht-versicherten. - Warum tritt dieses Phänomen wohl bei Lebensversicherung nicht oder wenigstens höchst selten auf?

Das bezeichnet man als das ***moralische Risiko*** (moral hazard). Seinetwegen müssen die Versicherungsprämien unnötig hoch sein,weil sich bei den Versicherten ein gewisses ***Trittbrettfahrer-Verhalten*** durchsetzt.

Es überrascht insofern nicht, daß der Markt für Versicherungen wahrscheinlich derjenige mit den meisten staatlichen Regulationen ist: Versicherungsbedingungen und Prämien unterliegen in allen Ländern direkt der Aufsicht des Staates oder eines Branchenverbandes.

9.32 Zur Haftung innerhalb eines Vertrages

18. Es gibt fast keinen Vertrag, in dem die Beteiligten sicher sein dürfen, ihre Absichten tatsächlich zu verwirklichen; in gewisser Weise muß jeder damit rechnen, daß sich der Vertragsabschluß als Fehlentscheidung herausstellt. Das Risiko solcher Fehlentscheidungen muß aber von irgend jemandem getragen werden. Dazu gibt es nur zwei Möglichkeiten: Es wird mit Hilfe eines Versicherungsvertrages einem Außenstehenden übertragen, oder einer der Vertragsparteien muß es tragen.

Beim Kaufvertrag muß z.B. geklärt werden, wer das Transportrisiko trägt. Dazu kann eine Transportversicherung abgeschlossen werden; Versicherungen haben wir in Abschnitt 9.31 behandelt. Hier beschäftigen wir uns mit dem Fall der ***Unsicherheit***, d.h. wegen mangelnder Informationen sind Versicherungsverträge nicht verfügbar. Können wir etwas darüber sagen, wer in diesem Fall die Gefahr eines Schadens tragen soll? Der Einfachheit halber werden wir im folgenden unseren Überlegungen einen Kaufvertrag zugrunde legen. Wegen der geltenden Vertragsfreiheit sind die Vertragsparteien grundsätzlich frei in der Ausgestaltung der Haftung. Immerhin gibt einen Aspekt, der eine staatliche Regelung nahelegt: Kaufverträge werden in vielen Fällen nicht nur formlos geschlossen, häufig sind sich die Beteiligten noch nicht einmal im klaren darüber, daß sie einen Vertrag abschließen. Dann werden sie erst recht nicht alle Überraschungen berücksichtigen, die auf sie zukommen werden. Damit dann später Streit vermieden wird, muß z.B. im Kaufvertragsrecht eine bestimmte Haftungsverteilung vorgesehen sein, die in diesen Fällen anzuwenden ist. Nach welchen Kriterien ist sie zu bestimmen?

19. Wir wollen an einem Beispiel argumentieren. Stellen Sie sich vor, Sie hätten die Absicht, ein gebrauchtes Auto zu kaufen. Primär wird in dem Kaufvertrag der Kaufpreis und die Übergabe des Wagens festgelegt. Was geschieht, wenn das Auto nicht die erwarteten Eigenschaften hat, wenn etwa Reparaturen notwendig werden, wer hat dann die Reparaturkosten zu übernehmen? Wir können zwei Fälle unterscheiden:

(i) Der Verkäufer haftet überhaupt nicht, alle Reparaturkosten gehen voll zu Lasten des Käufers. Eine solche Regelung wird meistens mit der Formulierung "ab Platz" o.ä. ausgedrückt.

(ii) Der Käufer trägt deshalb überhaupt kein Risiko, weil der Verkäufer - etwa in Form einer Garantie - für alle Reparaturkosten haftet, die während eines bestimmten Zeitraumes anfallen.

Durch das Obligationenrecht werden beide Typen von Verträgen zugelassen. Wir werden erwarten, daß der Kaufpreis im ersten Fall niedriger als im zweiten sein wird. Wie groß wird die Differenz sein?

20. Während im ersten Fall der Kaufpreis der Nettoerlös des Verkäufers ist, wird der Käufer die von ihm für wahrscheinlich gehaltenen Reparaturkosten zu ihm hinzuzählen: Die Bereitschaft, den Vertrag abzuschliessen, hängt also für den Verkäufer von dem Kaufpreis, für den Käufer von der Summe aus Kaufpreis und erwarteten Reparaturkosten ab. Im zweiten Fall bleibt es für den Käufer beim Kaufpreis, während der Verkäufer den erzielten Kaufpreis um die erwarteten Reparaturkosten vermindern muß.

Mehr kann man zunächst nicht sagen. Wir haben allerdings einige Kenntnisse über den Markt für Gebrauchtwagen, die wir noch ausnutzen sollten: Soweit der Käufer ein Privater ist, ist er fast nie in der Lage, die Reparaturanfälligkeit eines Wagens abzuschätzen, dazu fehlen ihm idR. die Kenntnisse und die technischen Einrichtungen. Das gilt zwar auch für den Verkäufer: Möglicherweise hat er den Wagen längere Zeit vor dem Verkauf gefahren und kennt deshalb seine Beanspruchung ebenso wie die bereits eingetretenen und die kurz bevorstehenden Schäden. Als professioneller Autohändler ist er andererseits in einer besseren Situation als der Laie: Meistens verfügt er über eine eigene Werkstatt und damit über die Möglichkeit, den Wagen sachverständig begutachten zu lassen, u.U. habt er den Wagen in der Vergangenheit gewartet usw. Also wird der Verkäufer in der Regel die zukünftigen Reparaturkosten zuverlässiger einschätzen können als der Käufer.

Wenn der Käufer nicht leichtsinnig ist, dann muß er - zur Vorsicht - von höheren Reparaturkosten ausgehen als der Verkäufer: Bei gegebener Zahlungsbereitschaft des Käufers ist der Nettoerlös des Verkäufers also größer, wenn er die Reparaturkosten übernimmt, als im anderen Fall, und zwar genau um die Differenz der beiden Risikozuschläge, die auf den unterschiedlichen Informationsstand der beiden zurückgehen.

21. Ein anderer Aspekt: Die Alternative für den Käufer besteht in dem Kauf eines Neuwagens mit Garantie. Bei gegebenem Preis der Neuwagen wird deshalb der Preis für Gebrauchtwagen umso niedriger sein müssen, je höher der Käufer die möglicherweise anfallenden Reparaturkosten ansetzen muß. Einige "schlechte" Gebrauchtwagen verderben den Markt für die "guten", weil der Käufer zwischen den guten und schlechten nicht unterscheiden kann, die Gebrauchtwagenpreise sind entsprechend tief. Daran haben die Autohändler (bzw. die Verkäufer von Neuwagen) kein Interesse: Bei genügendem Wettbewerb auf dem Markt für Gebrauchtwagen haben wir deshalb zu erwarten, daß die Verkäufer - mindestens in einem gewissen Umfang - die späteren Reparaturkosten übernehmen werden.

Wenn Sie sich einmal informieren, werden Sie feststellen, daß in der Realität die Werkfast ausnahmslos eine allerdings zeitlich und umfangmäßig beschränkte Garantie für Gebrauchtwagen gewähren.

22. Versuchen wir, diese Überlegungen allgemeiner zu formulieren: Auf dem Markt für Gebrauchtwagen sind die Marktteilnehmer nicht nur unvollständig informiert, ihr Informationsstand ist systematisch verschieden voneinander: In der Regel werden Verkäufer über bessere Informationen verfügen als die Käufer. Man spricht deshalb von ***asymmetrischer Information***. Da derjenige mit dem höheren Informationsstand auch das niedrigere Risiko hat, sollte es von ihm getragen werden. - Das ist auch die gesetzliche Regelung:

- Der Verkäufer haftet für alle Mängel, die den Wert oder die Tauglichkeit der Sache zu ihren vorausgesetzten Gebrauch aufheben oder erheblich mindern selbst dann, wenn er die Mängel nicht kennt (Art. 197 OR). Allerdings gilt das nicht für solche Mängel, die der Käufer bei Vertragsabschluß kennt oder hätte kennen müssen (Art. 200 OR).
- Eine vertragliche Beschränkung der Gewährleistungspflicht ist zulässig; sie ist aber dann nichtig, wenn der Verkäufer die Mängel arglistig verschweigt (Art. 199 OR).
- Wird eine Vertragspartei absichtlich getäuscht (oder widerrechtlich bedroht), dann ist der Vertrag anfechtbar (Art. 28, 29 OR).

10. Externe Effekte

10.1 Externe Effekte und Eigentumsrechte

1. In einer Marktwirtschaft sind alle Produktions- und Konsumentscheidungen vollständig dezentralisiert, jedes Wirtschaftssubjekt entscheidet für sich selbst. Bei der Realisierung dieser Entscheidungen müssen aber die Individuen in der arbeitsteiligen Welt, in der wir leben, miteinander in Kontakt treten, um die gewünschten Güter untereinander auszutauschen. Der rechtliche Rahmen für diesen Güteraustausch besteht in der Institution des ***Privateigentums*** und im ***Vertragsrecht***: Da der Ge- oder Verbrauch einer Sache (zur Produktion oder zum Konsum) häufig ihre physische Vernichtung, mindestens aber eine Wertminderung mit sich bringt, muß man sich das Verfügungsrecht über sie, das "Eigentum", verschaffen. Da alle Sachen bereits einen Eigentümer haben, setzt das voraus, daß man sich mit ihrem Eigentümer über die Übertragung des Eigentums einigt: Eigentum wird in unserer Rechtsordnung i.a. durch die Erfüllung eines (Kauf-)Vertrages erworben.

2. Das Eigentumsrecht oder das Verfügungsrecht über eine Sache kann umfassen

- das Recht auf ihren Gebrauch (z.B. Leihvertrag),
- das Recht auf ihre Nutzung, d.h. das Recht zur Aneignung des mit ihr erwirtschafteten Ertrags (z.B. Pachtvertrag),
- das Recht, über sie zu verfügen (z.B. Kaufvertrag).[1]

Zur Übertragung all dieser Rechte (oder nur eines Teiles davon) sind besondere Vertragstypen entwickelt worden, z.B. der Kauf-, Leih-, Miet-, Pachtvertrag. Wir werden im folgenden nur von der vollständigen Übertragung aller Verfügungsrechte ausgehen und deshalb immer den Kaufvertrag zugrunde legen.

3. Daß Verträge, in denen Leistungen und Gegenleistung vereinbart werden, überhaupt zustande kommen, hängt mit dem ***Ausschlußprinzip*** zusammen, nachdem der Eigentümer einer Sache andere von ihrem Ge- oder Verbrauch ausschließen kann. Vergleichen Sie dazu Art. 641 ZGB:

"Wer Eigentümer einer Sache ist, kann in den Schranken der Rechtsordnung über sie nach seinem Belieben verfügen."

---

[1] Vgl. hierzu *Janssen und Hummler* (1979) S. 72 ff.

Er hat das Recht, sie von jedem, der sie ihm vorenthält, herauszuverlangen und jede ungerechtfertigte Einwirkung abzuwehren.

In weiten Bereichen ist dieses Ausschlußprinzip für uns vollständig selbstverständlich, und die Gerichte haben keine Probleme, es durchzusetzen. Trotzdem ist vor allem in den letzten 30 Jahren offensichtlich immer schwieriger geworden, die tatsächliche Einflußsphäre eines Menschen mit der rechtlichen in Übereinstimmung zu bringen. Das klassische Beispiel, das die ganze Diskussion - vor allem in den USA - ausgelöst hat, wird von *Coase* beschrieben: Neben einer kleinen Schmiede wird durch den Bau eines Hochhauses die Luftströmung so beeinflußt, daß der Kamin der Schmiede nicht mehr richtig zieht. Die zentrale Frage ist: Wie weit geht das Eigentum an einem Grundstück? Umfaßt es auch die Luftsäule über ihm? Auch die Luftströmungen?[2] Insbesondere:

(i) Darf denn ein Bauherr seinen Nachbarn so belästigen und mindestens den Gebrauchswert dessen Hauses so mindern? Muß der sich das gefallen lassen, oder "ist das verboten"?

(ii) Muß der Eigentümer eines Grundstücks beim Bau eines Hochhauses auf seine Nachbarn Rücksicht nehmen und sich sogar um das Funktionieren ihrer Kamine kümmern? Oder darf man mit seinem Eigentum nach Belieben verfahren?

Vergleichen Sie dazu Art. 641 ZGB.

4. In diesen und ähnlichen Fällen, in denen das Ausschlußprinzip ganz oder teilweise versagt, sprechen wir von ***externen Effekten*** oder ***Externalitäten***. Allerdings muß man bei ihrer Abgrenzung aufpassen, was Sie an dem folgenden Beispiel ersehen können: Stellen Sie sich vor, irgendwo in einer Großstadt würde ein großes Bauwerk ausgeführt, vielleicht eine Nationalstraße oder eine S-Bahn. Von dieser Aktivität werden tangiert:

- die Anlieger, die Lärm, Staub, Abgase usw. der Baustelle ertragen müssen,
- die Verkehrsteilnehmer, die wegen des Baustellenverkehrs Umleitungen, Wartezeiten usw. hinnehmen müssen,
- die Bauarbeiter, deren Chancen, eine Stelle zu finden, und u.U. sogar deren Verdienstmöglichkeiten steigen;
- die Zulieferindustrien, in denen Beschäftigung und Verdienst

---

[2] Vgl. *Coase* (1960), *Hirsch* (1979) vor allem die Kapitel I und II; zum Ausschlussprinzip vgl. *Musgrave* (1959) bzw. (1969).

steigen,

- die Wohnungsvermieter, die zugewanderten Bauarbeitern Wohnungen oder Zimmer vermieten,
- die Bauwilligen, die für den Bau ihres Hauses wegen der Vollbeschäftigung der Baubranche höhere Preise, mehr Umtriebe, längere Wartezeiten in Kauf nehmen müssen.

Diese Liste ist keineswegs vollständig, sie genügt aber, um zwei verschiedene Gruppen von Auswirkungen unterscheiden zu können, nämlich solche,

- die über Märkte (oder Verträge) vermittelt werden;
  hierzu gehören die Lohn-, Baumaterial-, Bodenpreissteigerungen usw.;
- die nicht über Märkte vermittelt werden
  wie die Lärmbelästigung der Anlieger, die Wartezeiten für Verkehrsteilnehmer u.a.

Unter ***externen Effekten*** verstehen wir nur solche Auswirkungen auf Dritte, die *nicht* über Marktbeziehungen vermittelt werden. In diesem Beispiel sind es also die Lärm- und Staubbelästigung, die Wartezeiten der Verkehrsteilnehmer; dagegen gehören die Lohnsteigerung oder die Verteuerung des Baumaterials nicht dazu.

5. Externe Effekte kann man einteilen in

a) externe Effekte des Konsum

a1) auf andere Verbraucher:
also z.B. die Lärmbelästigung der Nachbarn durch eine Tanzparty, die Beeinträchtigung ihrer Aussicht durch Bäume und Hecken in einem Garten;

a2) auf Produzenten:
also z.B. die Beeinträchtigung der Fischzucht durch die Haushaltabwässer oder die Schäden der Landwirtschaft, die von Sonntagsausflüglern verursacht werden;

b) externe Effekte der Produktion

b1) auf Verbraucher:
etwa die negativen externen Effekte wie Lärm-, Abgas-, Abwasserbelastung durch bestimmte Produktionen, die positiven externen Effekte wie die Ausbildungsleistungen der Unternehmen, die Ihnen vielleicht aus der Diskussion um die Entwicklungspolitik bekannt sind;

b2) auf andere Produzenten:
etwa die Infrastruktur in einer Region, soweit sie von Unternehmen für die Durchführung ihrer Produktion errichtet wird und auch anderen zur Ver-

fügung steht: Straßen, Energieversorgung, Banken, Versicherungen usw.

6. Existenz und Ausmaß externer Effekte hängen von der Definition des Eigentums ab; der Inhalt der Eigentumsrechte bestimmt, in welchem Umfang der Geschädigte Ersatz verlangen darf. In unserem Zusammenhang tauchen zwei Fragen auf:

(i) Wie hängt das Marktgleichgewicht, das sich einspielt, von dem Umfang der gewählten Eigentumsrechte ab?

(ii) Wie ist das Eigentum rechtlich zu definieren, damit wir ein sozialökonomisches Optimum erzielen?

Wir werden dazu zunächst den Extremfall behandeln, in dem das Ausschlußprinzip überhaupt nicht funktioniert, so daß das betreffende Gut privatwirtschaftlich überhaupt nicht angeboten wird; das ist der Fall bei ***öffentlichen Gütern.*** Wir werden uns dann mit einem Gut beschäftigen, das privatwirtschaftlich verkaufbar ist, bei seiner Produktion aber externe Effekte verursacht. Danach werden wir aus diesen beiden Fällen einige wirtschaftspolitische Konsequenzen ziehen.

10.2 Öffentliche Güter

7. Öffentliche Güter ieS. sind als solche definiert, die sich wegen des Versagens des Ausschlußprinzips nicht verkaufen lassen: Niemand ist bereit, für sie einen Preis zu zahlen, da er von ihrer Nutzung nicht ausgeschlossen werden kann.

Die klassischen Beispiele dafür sind der Bau eines Deichs für den Hochwasserschutz, die Bekämpfung der Seuchengefahr etwa durch eine Impfung, die Klärung von Abwässern usw.

Wir wollen an dieser Stelle die Beispiele nicht problematisieren, sondern vielmehr für unsere weiteren Überlegungen voraussetzen, daß das Ausschlußprinzip tatsächlich nicht funktioniert und deshalb ein Verkauf dieser Güter unmöglich ist: Bei rein privatwirtschaftlicher Organisation der Marktwirtschaft würden sie überhaupt nicht produziert und angeboten. Solange aber ein "Bedarf" für sie existiert, werden wir für ein Angebot sorgen wollen. Dazu bleibt nur der Staat mit seiner Bürokratie übrig. Wenn diese Grundsatzentscheidung aber erst einmal getroffen ist, haben wir uns nur noch für die Frage zu interessieren, in welchem Ausmaß diese Güter angeboten werden *sollen.*

Der Einfachheit halber unterstellen wir im folgenden stets positive externe Effekte; die Argumentation läßt sich analog auf Güter mit negativen externen Effekten anwenden.

8. Im 7. Kapitel haben wir die Bedingungen für ein sozialökonomisches Optimum abgeleitet. Obwohl aus ihnen eine ganze Reihe von

Aussagen über die Wirtschaftsordnung abzuleiten sind, werden wir sie nicht für den Fall öffentlicher Güter verallgemeinern. Denn man kommt regelmäßig in Schwierigkeiten, wenn man aus ihnen etwa die optimale Produktion in einer Volkswirtschaft bestimmen soll. In diesem Zusammenhang führt aber eine Hilfsüberlegung weiter:

(i) Im allgemeinen geht es im politischen Entscheidungsprozeß darum, das Angebot an öffentlichen Gütern in bestimmter Weise zu *verändern*, also z.B. einen *zusätzlichen* Damm zu bauen. Im sozialökonomischen Optimum darf sich das ex definitione nicht mehr lohnen; der Bau lohnt sich vielmehr nur, wenn die soziale Wohlfahrt durch ihn noch erhöht werden kann. Also ziehen wir uns auf die Betrachtung einzelner Projekte zurück und prüfen, ob durch ihre Durchführung zu einer Wohlfahrtssteigerung führt oder nicht.

Das bezeichnet man auch als *incremental policy*.

(ii) Wenn wir von den Projekten, die uns zur Entscheidung vorliegen, immer das "rentabelste" durchführen und die (staatliche) Investitionstätigkeit solange ausdehnen, bis keine weiteren rentablen Projekte mehr zu finden sind, dann muß das sozialökonomische Optimum erreicht sein.

Im folgenden befassen wir uns deshalb mit einzelnen Investitionsprojekten der öffentlichen Hand, mit denen öffentliche Güter bereitgestellt werden sollen.

9. Ob solche Investitionsprojekte durchgeführt werden sollen, versucht man mit Hilfe der ***Kosten-Nutzen-Analyse*** ("cost-benefit-analysis")[3] zu bestimmen. In ihr werden die volkswirtschaftlichen Kosten und Nutzen eines Investitionsprojektes systematisch einander gegenübergestellt. Dabei ist vor allem die Bestimmung der Nutzen problematisch: Da öffentliche Güter gerade dadurch definiert sind, daß sie praktisch nur externe Effekte verursachen, ist es zunächst einmal ausserordentlich schwierig, alle positiven und negativen Effekte aufzuzählen.

Der Bau eines Dammes bewirkt in unserem Beispiel zunächst den Schutz gegen Hochwasser; deshalb wird er ja gebaut. Er erhöht aber auch den Wert der Grundstücke, die jetzt hochwasser-sicher sind, möglicherweise kann jetzt das Land wirtschaftlich besser genutzt werden, die Einkommen steigen.

Das Aufzählen genügt aber nicht. Diese externen Effekte sind zu bewerten: Im allgemeinen versucht man ja, Vor- und Nachteile öffentli-

---

[3] Vgl. dazu etwa *Andel* (1977) oder *Hesse* (1977) S. 361ff.

cher Projekte gegeneinander aufzurechnen. Und das setzt eine gemeinsame Werteinheit voraus, indem man etwa in Franken rechnet.

Wieviel Franken ist der Hochwasserschutz wert? Sollen wir dafür die Kosten ansetzen, die sonst für Bekämpfung des Hochwassers und für die Beseitigung der Schäden aufgewendet worden sind? Welchen Ansatz nehmen Sie dabei für die Arbeit, die die Anwohner bei solchen Katastrophen-Einsätzen leisten? Ist das wirklich mit dem üblichen Stundenlohn (evtl. für Nachtarbeit) abzugelten?

Ein anderes Beispiel: Wie bewerten Sie die Verhinderung von Verkehrsunfällen durch die Sanierung einer Straße? Ist ein Verkehrstoter wirklich nur soviel wert, wie die Versicherung für ihn an seine Hinterbliebenen zahlen muß?

10. In diesem Zusammenhang liegt es nahe, die Betroffenen direkt zu befragen. Dabei muß man allerdings darauf achten, daß sie die Frage auch ernst nehmen, was idR. nur dann der Fall ist, wenn ihre Antwort irgendwelche Konsequenzen für sie hat.

Es hat also z.B. keinen Sinn, einfach nur danach zu fragen, wer in einer Gemeinde für den Bau eines neuen Gemeindesaales ist; wenn das nichts kostet, ist wohl jeder dafür.

Wir müssen herausfinden, ob der Nutzen des Saales größer als die Kosten ist, die für ihn aufzuwenden sind. Deshalb darf man nicht nur fragen, wieviel der Einzelne zu zahlen bereit ist für diesen Saal, sondern gleichzeitig verkünden, daß jeder Einzelne entsprechend dieser Angabe zur Zahlung verpflichtet wird, wobei der Saal nur dann gebaut wird, wenn diese Beiträge die Baukosten zu decken vermögen. Das ist eines der wichtigsten Argumente für die Gemeindeautonomie: In Gemeindeversammlungen haben die Gemeindebürger schließlich auch über den Steuerfuß zu bestimmen, weshalb ihnen der Zusammenhang zwischen den Gemeindeausgaben und den zu ihrer Finanzierung erforderlichen Steuereinnahmen durchaus bewußt ist. In großen Gemeinwesen (einem Kanton oder der Eidgenossenschaft) ist das anders: Die zusätzliche Belastung, die von einem solchen Projekt auf den einzelnen Steuerzahler zukommt, ist vernachlässigbar klein, so daß im Prinzip alle solche Fragen positiv beantwortet werden (wenn nicht andere Gründe dagegen sprechen). Das Benützen von öffentlichen Gütern, ohne für sie bezahlen, bezeichnet man auch als ***Trittbrettfahrer-Verhalten***. Es bewirkt nicht nur, daß das Angebot an öffentlichen Gütern aufgebläht wird, sondern idR. auch eine falsche Verteilung der Steuerlast.

11. Trittbrettfahrer-Verhalten kann durch gewisse ethische Normen und/oder die soziale Kontrolle innerhalb der Gemeinschaft gebremst oder sogar verhindert werden, was allerdings in kleinen Gemeinwesen eher funktionieren wird als in großen. Außerdem kann man versuchen, durch die Formulierung der Fragestellung das Problem den Stimmbürgern klar zu machen und ihnen das leichtfertige, falsche Beant-

worten zu erschweren, indem man auf die Konsistenz ihrer Antworten achtet.

In diesem Zusammenhang ist ein Experiment von Interesse, über das *P. Bohm* (1972) berichtet. Er hatte 211 Personen eingeladen, an einem Experiment zur Bestimmung des Programms des schwedischen Fernsehens teilzunehmen. Sie wurden befragt, wieviel sie für das Betrachten eines bestimmten Spielfilms zu zahlen bereits seien. Jeder von ihnen hatte 50 Kronen bekommen, die er behalten oder für die Sendung eines bestimmten Spielfilms einsetzen konnte; der Spielfilm wurde gesendet, wenn eine bestimmte Summe zusammengekommen war. Für die spätere Abrechnung galten alternativ folgende Regeln:

(i) Die Befragten müssen den von ihnen angegebenen Betrag voll zahlen.

(ii) Die Befragten zahlen nur einen bestimmten Prozentsatz des von ihnen genannten Betrages, wobei der Prozentsatz so gewählt wird, daß die "Kosten" der Sendung gerade gedeckt sind.

(iii) Zu zahlen ist der angegebene Betrag oder ein Prozentsatz davon oder 5 Kr. oder nichts, was durch eine Lotterie bestimmt wird.

(iv) Es sind in jedem Fall nur 5 Kr. zu zahlen.

(v) Alle Kosten werden "vom Steuerzahler" übernommen, der Befragte hat nichts zu zahlen.

Bei ausgeprägtem Trittbrettfahrer-Verhalten müßte man erwarten, daß die Antworten der Befragten sehr stark von den Zahlungsschema abhängen. *Bohm* findet (vgl. S. 124/125):

"Das wichtigste Ergebnis ist jedoch die Feststellung, daß die Reaktionen der einzelnen Gruppen vereinbar sind mit der Möglichkeit, daß unter jedem Beitragsschema *identische* Antworten gegeben werden. Eine solche Interpretation bedeutet entweder, daß verfügbare Betrugsmöglichkeiten selbst dann nicht benutzt werden, wenn die Befragten ausdrücklich auf sie hingewiesen werden, oder daß die strategie-feindlichen Argumente bei der Instruktion I/II, die moralischen Argumente bei IV/V oder/und die Nicht-Anonymität in der Gruppe die Tendenz zum strategischen Verhalten neutralisiert haben. Die Möglichkeit, daß unter dem Schema I doch die wahren Präferenzen offenbart werden, stimmt mit der Ansicht überein, daß Menschen ihren Einfluß auf die Gesamtnachfrage als *wesentlich* ansehen, so klein dieser Einfluß auch sein mag. Das mag auch mit der Beobachtung zusammenhängen, daß die meisten bei Wahlen davon ausgehen, daß ihre Stimme einen Einfluß hat, obwohl noch nie jemand die Erfahrung gemacht haben dürfte, daß seine Stimme den Ausschlag gegeben hat... Menschen nehmen an allgemeinen Wahlen teil und offenbaren dort ihre Präferenzen, weil sie sich hierzu moralisch verpflichtet fühlen."

12. Das Abschätzen von Kosten und Nutzen ist in all den Fällen bedeutend einfacher, in denen man auf "Preise" zurückgreifen kann: Bei jedem Kauf gibt der Käufer zu erkennen, daß er dem gekauften Gegen-

stand mindestens denselben Wert zumißt wie dem Kaufpreis. Also könnte man z.B. den Wert, den Verkehrsteilnehmer der Beseitigung eines bestimmten Engpasses beimessen, abschätzen durch die Wartezeiten oder Umwegkosten, die sie in Kauf zu nehmen bereit sind.

Die Kombination zwischen der nachgefragten Menge an öffentlichen Gütern und einem so bestimmten "Preis" bezeichnet man auch als ***Pseudo-Nachfragekurve.*** In vielen Fällen läßt sie jedenfalls eine erste Einschätzung der Präferenzen der Betroffenen zu. Natürlich gibt es auch Fälle, in denen solche Bewertungen überhaupt nicht erhältlich sind oder in denen sie nur einen Teil des sozialen Wertes darstellen. Dann muß der Entscheidungsträger (in unserem Fall also der Staat) diesen Wert schätzen. Das ist sicherlich subjektiv, es gibt dann aber keine Methode zur Ableitung "wissenschaftlich richtiger" Bewertungen.

10.3 Externe Effekte privater Güter

13. Nach diesen Vorbereitungen ist es relativ leicht, die Auswirkungen externer Effekte privater Güter zu beurteilen. Wir werden in einem Beispiel zunächst die "volkswirtschaftlich richtige" Produktion eines solchen Gutes bestimmen und dann fragen, wie sie zu realisieren sei. Dazu nehmen wir an, an irgendeinem Wasserlauf werde eine chemische Reinigung betrieben, die ihre bei der Reinigung entstehenden Abwässer (zunächst ungeklärt) in diesem Wasserlauf einleitet.

Die externen Kosten dieser Produktion bestehen als in der Verschmutzung dieses Gewässers bzw. in den dadurch verursachten Folgen.

Zur Bestimmung der volkswirtschaftlich optimalen Produktion gehen wir genau wie oben bei der Nutzen-Kosten-Analyse vor und stellen die Kosten der Reinigung ihren Nutzen gegenüber.

14. In diesem Beispiel ist es relativ leicht, den ***Nutzen*** der Reinigung anzugeben, weil die Reinigungsleistung verkauft wird: Sofern wir nichts besseres wissen, entspricht der Wert der Kleiderreinigung (mindestens) dem entrichteten Kaufpreis. Deshalb benutzen wir die Nachfragekurve der Haushalte, um diesen Nutzen der Reinigung zu bestimmen.

Auf der Kostenseite haben wir zunächst die ***privatwirtschaftlichen Kosten*** anzusetzen, die das Unternehmen aufwenden muß, also die Löhne, die Kosten für die Reinigungsmittel, Abschreibungen der Anlagen usw. Wir wollen davon ausgehen, daß diese Kosten den tatsächlich anfallenden Kosten hinreichend genau entsprechen. Hinzu kommen die ***sozialen Kosten***, d.h. die Schäden, die die Produktion an anderer Stelle verursacht. Denken Sie dabei vielleicht an Fischsterben durch die Verschmutzung des Wassers, an die Kosten für die Aufbereitung des Wassers, damit es als Trinkwasser benutzt werden kann, an Geruchsbelästigungen für die Anwohner usw. An dieser Stelle kann es nicht um das Erfassen und Bewerten dieser Schäden gehen. Wir setzen vielmehr voraus, daß das bereits erfolgt ist, und interessieren uns nur für die ***Konsequenzen***, die wir aus diesen Feststellungen ziehen.

Angenommen, wir könnten den ***Schaden*** (S), der mit der Produktion dieses Unternehmens verbunden ist, nicht nur feststellen, sondern auch seine Abhängigkeit von der Produktionsmenge angeben, wie das in Abb. 10.1 dargestellt ist:

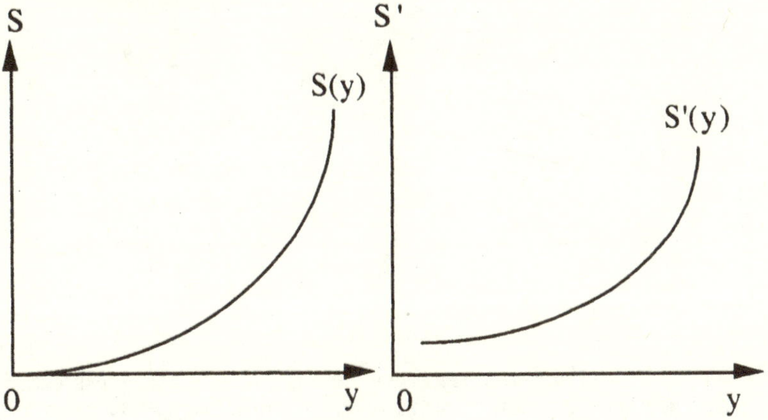

Abb. 10.1

Der Umwelt-Schaden S wächst in Abb. 10.1a also überproportional mit der Produktionsmenge; die ***sozialen Grenzkosten*** S', d.i. die Zunahme des Umweltschadens, steigen deshalb mit der Produktionsmenge an. Die ***volkswirtschaftlichen Grenzkosten*** K_v' setzen sich aus den privaten Grenzkosten K_p' und den sozialen Grenzkosten K_s' zusammen, wie das in Abb. 10.2 dargestellt ist.

Bei gegebener Nachfragekurve der Haushalte (N) ergibt sich die optimale Produktion in Höhe von y*; der Preis p*, den die Haushalte in Punkt B dafür zu zahlen bereit sind, deckt genau die privaten und sozialen Grenzkosten: Jeder Konsument wägt für sich selbst ab, ob der zusätzliche Verbrauch den geforderten Preis wert ist, also die mit der Produktion verursachten (Grenz-)Kosten.

Bei rein marktwirtschaftlicher Produktion ergibt sich das Marktgleichgewicht aber im Punkt A: Wenn sich dieses Unternehmen als Anbieter in vollständiger Konkurrenz verhält und deshalb den Preis als Datum ansieht, dann bietet es bei gegebener Grenzkostenkurve $K_p'(y)$ die Menge y_{pr} zum Preis p_{pr} an: Verglichen mit dem sozialökonomischen Optimum wird also bei marktwirtschaftlicher Organisation von Produktion und Nachfrage zuviel zu einem zu niedrigen Preis verbraucht, was mit einer zu hohen Umweltbelastung verbunden ist.

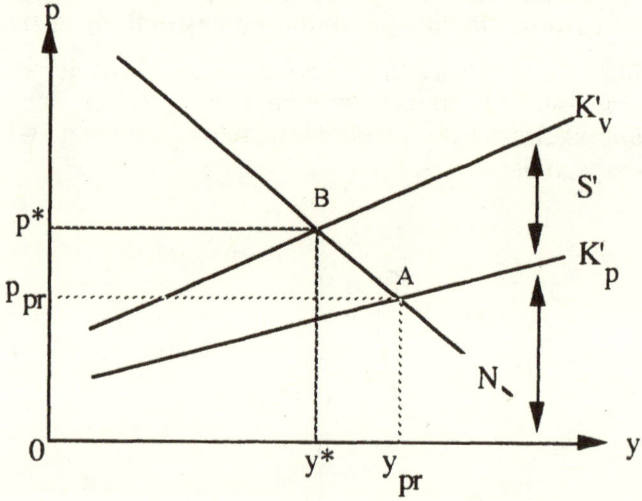

Abb. 10.2

Treten bei der Produktion ***positive*** externe Effekte auf, wird entsprechend von diesem Gut zu wenig produziert und zu teuer verkauft. Das gilt auch für mögliche externen Effekte des Konsums.

15. Wieso kann es bei unserer Rechtsordnung überhaupt zu solchen externen Effekten kommen? Zwar ist jeder Eigentümer einer Sache[4], also auch der des Reinigungsbetriebes, nach Art. 641 ZGB berechtigt, "in den Schranken der Rechtsordnung über sie nach seinem Belieben zu verfügen", gleichzeitig hat aber doch der Eigentümer des Sees das Recht, "...jede ungerechtfertigte Einwirkung abzuwehren." Weshalb funktioniert das in diesem Fall nicht? Wir haben zwei Fälle zu unterscheiden:

(i) Grundsätzlich kann der geschädigte Dritte eine ungerechtfertigte Einwirkung abwehren und den Ersatz des entstandenen Schadens verlangen, er muß jedoch nachweisen, daß es sich um eine ungerechtfertigte Einwirkung durch den Schädiger handelt und daß ihm daraus ein Schaden entstanden ist. In vielen Fällen ist dieser

4 Der Einfachheit halber argumentieren wir hier mit Fahrnis (also mit beweglichen Sachen) und nicht mit Liegenschaften.

Nachweis (fast) nicht zu führen: Ist mit dem Eigentum an einem Grundstück auch das Recht auf Ausnutzung der Luftsäule über ihm verbunden? Wie hoch ist diese Luftsäule? Wie soll bei den Waldschäden, die durch Autoabgase verursacht sein sollen, nachgewiesen werden, welcher Autofahrer in welchem Ausmaß für welchen Schaden verantwortlich ist?

(ii) Es kann sein, daß die Durchsetzung des Rechtes so kompliziert ist, daß das einzelne Private nicht erreichen können: Das kann u.U. daran liegen,

- daß relativ viele Schädiger und Geschädigte vorhanden sind, die sich nur schwer organisieren können,
- daß jeder Einzelne den bei der Kausalhaftung erforderlichen Beweis, wer den Schaden in welcher Höhe verursacht hat, nicht führen kann,
- daß die Eigentumsrechte an Gewässern, an dem Anblick sauberer Seen, die Aussicht von einem Grundstück aus usw. nicht ausformuliert und deshalb nicht geschützt sind.

10.4 Wirtschaftspolitische Konsequenzen: Regulation oder Steuern?

16. Die vorangehenden Überlegungen führen zu der Vermutung, daß der "enge" Eigentumsbegriff volkswirtschaftlich erwünscht ist. In diesem Abschnitt wollen wir uns mit einigen wirtschaftspolitischen Problemen beschäftigen, die bei seiner Anwendung entstehen. Zunächst ist müssen wir darauf hinweisen, daß es zwei Versionen dieses "engen" Eigentumsbegriffes gibt:

(i) Der Eigentümer kann jede Einwirkung von außen abwehren.

(ii) Der Eigentümer muß gewisse Einwirkungen dulden, kann dann aber vom Verursacher Schadensersatz verlangen.

Weshalb kommt es zu dieser "Aufweichung" des Eigentums in (ii)? Es gibt z.B. eine große Zahl von Produktionsverfahren, die über Lärm, Abgase, Abwässer usw. Nachbarn belästigen und sie in der Ausübung ihrer vollen Eigentumsrechte, in dem vollen Gebrauch ihres Eigentums beeinträchtigen. Da aber keine anderen technischen Verfahren verfügbar sind, müßte die Produktion vollständig eingestellt werden, und das liegt auch nicht im Interesse der Volkswirtschaft. Dann muß man die sozialen Vorteile der Produktion gegen die sozialen Kosten abgewogen werden, um festzustellen, ob die Anwendung eines solchen Produktionsverfahrens volkswirtschaftlich gerechtfertigt ist und in welchem Ausmaß es eingesetzt werden soll.

Z.B. spricht vieles dafür, daß ausgediente Autos nicht überall verrosten dürfen, sondern daß sie nur an einigen Stellen im Land verschrottet werden. Wo immer solche Autoverschrottungsanlagen auch errichtet sein mögen: Durch sie werden die Eigentümer umliegender Grundstücke erheblich beeinträchtigt werden. Da das - so ist unsere Vermutung - das kleinere Übel ist, unterwirft man den Betrieb solcher Anlagen einer besonderen Genehmigungspflicht, verpflichtet die Nachbarn zur Duldung solcher Immissionen und das Unternehmen zur Zahlung eines (angemessenen) Schadenersatzes.

17. Dieser Problemkreis läßt sich auch aus einem anderen Gesichtspunkt darstellen: Die Abwehr "ungerechtfertigter Einwirkungen" ist meistens völlig unproblematisch, wenn es sich dabei um unmittelbare physische Einwirkungen handelt.

Denken Sie dabei z.B. daran, ein Produktionsbetrieb würde seine Abfälle auf einem Nachbargrundstück lagern. Im allgemeinen taucht dann die Frage nicht auf, ob der Nachbar das *wegen des öffentlichen Interesses* dulden muß.

Schwieriger wird es aber, wenn die fremde Einwirkung "mittelbar" geschieht über eine Beeinträchtigung der Aussicht, der Sonnenbestrahlung, der Luftführung usw. oder - noch indirekter - durch eine Wertveränderung des Grundstücks.

Hierzu müssen einige Beispiele genügen: Der Wert eines Grundstücks mit Einfamilienhaus hängt wesentlich von der Aussicht, der Gestaltung, Art, Erschließung des Quartiers usw. ab. Der Bau eines Hauses auf dem Nachbargrundstück kann sowohl die Sonnenbestrahlung als auch die Luftströmung beeinflussen (möglicherweise müssen alle Kamine umgebaut werden, vgl. die von *Coase* besprochenen Fälle und die Rechtsprechung dazu in England und den USA.) Die Aufstellung von Bebauungsplänen, der Bau von Quartierstraßen usw. erhöht den Wert der betroffenen Grundstücke, die Planung einer Schnellverkehrsstraße, die Genehmigung einer Discothek u.ä. senkt ihn. Müssen solche Wertänderungen von den Eigentümern hingenommen werden, oder werden sie über Abgaben und Schadenersatzleistungen durch die Gemeinde ausgeglichen?

Positive und negative externe Effekte bestehen großenteils aus Einwirkungen auf "Gemeineigentum" (wie Luft, Wasser) oder auf solche Güter wie "Volksgesundheit". Ihnen ist gemeinsam, daß sie eine relativ grosse Anzahl von Individuen betreffen und daß sich häufig weder der eingetreten Schaden noch der Verursacher genau feststellen lasen. Hinzu kommt, daß "Absender" *und* "Empfänger" externer Effekte den Schaden gemeinsam verursachen: Stellen Sie sich einmal vor, die Autoverschrottung würde in einer unbewohnten Gegend betrieben. Lärm und Staub belästigen dann niemanden. Das geschieht erst, wenn in der näheren Umgebung Wohnhäuser gebaut werden. Wer verschuldet dann eigentlich die externen Effekte?

Wie ist das mit der Lärmbelästigung von Wohnungen durch die Autobahn, wenn die Wohnungen erst *nach* Fertigstellung der Autobahn gebaut worden sind?

Solche Beurteilungsschwierigkeiten löst man häufig durch die Berücksichtigung der zeitlichen Abfolge: Hat der Autoverwertungsbetrieb "immer" schon bestanden, dann muß man Rücksicht auf dessen "wohlerworbene Rechte" nehmen.

Der Zusammenhang ist aber komplexer, als es bis jetzt aussieht: Angenommen, ein Siedlungsunternehmen kaufe Land in der Nähe der Autobahn, um darauf Wohnungen zu bauen. Da in diesen Wohnungen besondere Lärmschutzmaßnahmen vorgenommen werden müssen, wird das Land besonders billig verkauft werden. Jetzt kann man doch eigentlich nicht behaupten, die Siedlungsgesellschaft sei durch die externen Effekte der Autobahn geschädigt, das ist vielmehr der ehemalige Eigentümer des Landes. Nur wie will der seinen Schaden nachweisen?

Abgesehen davon, daß solche Wertänderungen in der Realität nur unvollkommen durch Preisänderungen wiedergegeben werden, weil die Märkte unvollkommen sind, führen all diese Aspekte doch immerhin dazu, daß wir in vielen konkreten Fällen Schwierigkeiten haben, die Geschädigten bei negativen und die Nutznießer bei positiven externen Effekten festzustellen.

18. Gehen wir im folgenden davon aus, daß externe Effekte nicht vermieden werden können. Unerwünschte Wirkungen der Externalitäten lassen sich dann durch drei Arten wirtschaftspolitischer Maßnahmen vermeiden oder vermindern:

- durch die Verstaatlichung,
- durch direkte Staatseingriffe in Form von Eigentumsbeschränkungen, Auflagen usw.,
- durch die Erhebung spezieller Steuern, von Gebühren oder Beiträgen.

10.41 Die Verstaatlichung

19. Externe Effekte führen genau deshalb zu Marktversagen, weil die volkswirtschaftlichen Erträge und Kosten nicht mit den privatwirtschaftlichen zusammenfallen. Sie können dann vermieden werden, wenn Schädiger und Geschädigter ein und dieselbe Person sind: Externe Effekte werden auf diese Weise ***internalisiert***.

Einige Autoren erklären die Existenz privatwirtschaftlicher Unternehmen geradezu mit der so möglichen Internalisierung positiver externer Effekte.

Das kann nur dann ein praktikables Vorgehen sein, wenn die externe Effekte nur von einigen wenigen Betrieben verursacht werden, denn sonst führt sie zu einer unerwünschten wirtschaftlichen Konzentration. Allerdings wird durch eine Verstaatlichung das reale Problem nicht unbedingt gelöst: Die Auswirkungen einer Produktion auf andere Betriebe und/oder Konsumenten müssen erst ***erkannt*** und als schädlich ***be-***

wertet werden, damit entschieden werden kann, ob sie überhaupt und, wenn ja, in welchem Ausmaß bestehen bleiben dürfen, wer mit ihnen zu belasten ist usw.

Wenn Sie die Entwicklung der Umweltschutz-Diskussion in den letzten 20-30 Jahren verfolgen, dann werden Sie feststellen, daß negative externe Effekte erst ganz allmählich als solche erkannt und als so schädlich bewertet wurden, daß Maßnahmen gegen sie ergriffen werden mußten. Dieser Prozeß läßt ist völlig unabhängig davon, ob es sich um privat- oder staatswirtschaftliche Betriebe handelt.

20. Mit der Verstaatlichung des Betriebes bestimmt grundsätzlich der Staat die Preissetzung. Aus den allgemeinen Überlegungen zum sozialökonomischen Optimum wissen wir, daß die Preise den volkswirtschaftlichen Grenzkosten entsprechen sollen, in Abb. 10.2 entspricht das dem Preis p*. Für das staatliche Unternehmen entstehen jedoch zwei Schwierigkeiten:

(i) Unmittelbar feststellbar sind die privatwirtschaftlichen Grenzkosten, nicht dagegen die sozialen. Also muß ein bestimmter Zuschlag für die sozialen Grenzkosten vorgenommen werden, dessen Höhe idR. nicht eindeutig bestimmbar und deshalb auch nicht kontrollierbar ist.

(ii) Im Rechnungswesen des Unternehmens erscheinen nur die privatwirtschaftlichen Kosten und Erträge. Ob das Unternehmen seine privatwirtschaftlichen Kosten deckt, also mit Gewinn oder Verlust arbeitet, hängt von der Höhe der Fixkosten und der variablen Durchschnittskosten ab: Bietet es zu Grenzkosten an, entsteht bei konstanten Grenzkosten immer ein Verlust in Höhe der Fixkosten.

Wenn der Staat aber eine bestimmte Preisbildung bei seinen Unternehmen erzwingt, dann muß er auch die dadurch verursachten Verluste tragen. Leider beseitigt die allgemeine Zusage, Verluste über Staatszuschüsse zu decken, gleichzeitig jeden Anreiz, jeweils mit dem kostengünstigsten Verfahren zu produzieren. Dieselbe Argumentation gilt übrigens auch, wenn man den Abnehmern nicht kontrollierbare soziale Kosten in Rechnung stellt: Die Versuchung ist groß, diese Zuschläge zu hoch anzusetzen, daß dadurch mindestens die privatwirtschaftlichen Kosten gedeckt sind.

Aus diesen Überlegungen folgt, daß man einen Vorschlag auf Verstaatlichung eines Unternehmens oder einer Branche sehr genau prüfen muß: Das Informationsproblem wird dadurch nicht gelöst, bestimmte Leistungsanreize aber fast immer vernichtet. Sicherlich wird das Problem der externen Effekte insoweit beseitigt, als sie internalisiert werden können; das hindert aber nicht, daß sie real weiterbestehen. Und ausserdem bestehen alle Gefahren, die generell mit der Verstaatlichung zusammenhängen.

10.42 Eigentumsbeschränkungen durch Auflagen

21. Wird die Dezentralisation der Entscheidungen in einer Marktwirtschaft und damit auch die Handels- und Gewerbefreiheit und das Privateigentum beibehalten, kann der Staat das Handeln der Privaten durch direkte ablaufpolitische Maßnahmen (also Ge- und Verbote) beeinflussen: Der Staat kann z.B. Vorschriften über Verschmutzung, Temperatur und Menge von Abwasser erlassen, er kann das Betreiben bestimmter Anlagen an eine Genehmigung binden, die er nur bei Erfüllung bestimmter Auflagen erteilt usw. Diese wirtschaftspolitischen Maßnahmen bezeichnet man auch als ***Regulationen***.

Regulationen haben den großen Vorteil, daß sie nicht nur sofort einleuchten, sondern daß sie in der Regel keine Staatsausgaben verursachen, die vom Parlament genehmigt werden müssen: Regulationen können i.a. von der Regierung (bzw. von der Bürokratie) erlassen werden. Sie haben aber darüber hinaus einige gravierende Nachteile, die wir jetzt ableiten wollen.

22. Regulationen zur Bekämpfung der Umweltbelastung können die Form von Mengenkontrollen annehmen: Es wird entweder eine Höchstmenge festgelegt, bis zu der Abwässer in die öffentlichen Gewässer eingeleitet werden dürfen, oder eine Höchstmenge an Schadstoffgehalt der Abwässer, oder die Produktion selbst wird beschränkt. Der Einfachheit der Analyse halber werden wir nur die letztere Form genauer ansehen.

Die bekanntesten Regulationen sind wohl die Importkontingente, die immer wieder zum Schutz der inländischen Wirtschaft gefordert und manchmal auch eingeführt werden - z.B. für den Import von Weißwein, um den Absatz inländischen Weines und damit den inländischen Rebbau zu schützen. Oder man fordert eine Kontingentierung von Erdölimporten, um die Abhängigkeit von Erdöl bzw. die Umweltschäden, die durch das Verbrennen von Erdöl entstehen, zu vermindern.

Angenommen, vor der Intervention des Staates habe der Markt für ein bestimmtes Gut - etwa der Textilreinigung - sein Gleichgewicht in p^*, x^* gefunden. Danach beschränke der Staat die Produktion auf die Menge x'. Da die Produzenten nicht mehr anbieten dürfen und deshalb bei dem alten Preis die Nachfrage nicht befriedigen können, wird die Konkurrenz unter den Nachfragern den Preis auf p_x' hochtreiben. Sofern die Grenzkosten gemäß der gezeichneten Angebotskurve tatsächlich auf p_y' sinken, erzielen die Produzenten durch die Kontingentierung einen (Grenz-) Gewinn. Er fließt genau denjenigen zu, die die Produktionskontingente erhalten und deshalb die Abwässer in öffentliche Gewässer einleiten dürfen.

In Abb. 10.3 sind die Durchschnittskosten nicht eingezeichnet, deshalb kann der Gewinn dort nicht abgelesen werden.

In der Literatur findet sich die Behauptung, dauerhafte Monopolstellungen (verbunden mit dauerhaften Monopolgewinnen) ließen sich überhaupt nur mit Hilfe des Staates etwa über Produktions- oder Importbeschränkungen erzielen. Denken Sie einmal hierüber nach!

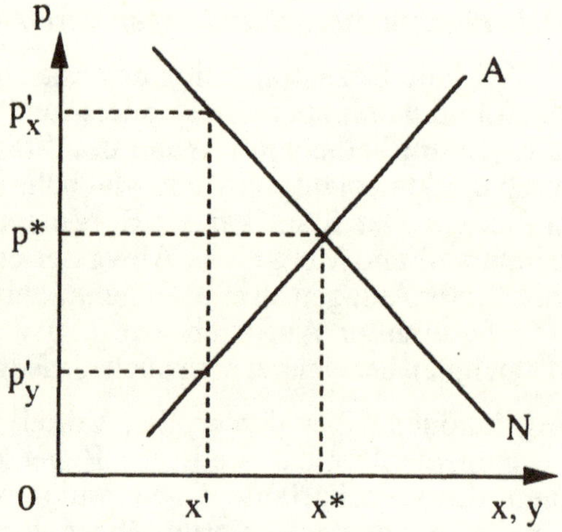

Abb. 10.3

23. (Abwasser-) Kontingente sind also knapp: Es lohnt sich für die Produzenten, sich um ein solches Kontingent zu bemühen. Meistens werden sie aber denjenigen gewährt, die bereits im Markt sind. Eine befriedigende Lösung, auch jene mit Kontingenten zu versehen, die ein Unternehmen auf diesem Markt erst eröffnen wollen, ist noch nicht gefunden. Deshalb und wegen der Gewinne, die mit solchen Kontingenten zu erzielen sind, ist vorgeschlagen worden, der Staat möge die Kontingente versteigern, also dem Meistbietenden zuschlagen. Ein solches Vorgehen hätte drei Vorteile:

(i) Ein einzelner Produzent wird für ein bestimmtes Kontingent höchstens den Preis zu zahlen bereit sein, der gerade dem Gewinn entspricht, den er sonst mit ihm erzielen könnte: Auf diese Weise kann der Staat genau die Gewinne abschöpfen, die er mit der Kontingentierung verursacht, und diese Einnahmen selbst verwenden: Die ungünstige Wirkung von Kontingenten auf die Einkommensverteilung wird auf diese Weise vermieden.

(ii) Derjenige inländische Unternehmer, der mit dem Kontingent die höchste Wertschöpfung erzielt, also entweder den höchsten Erlös erhält oder mit den niedrigsten Kosten produziert, kann den höchsten Preis bieten: Durch die Versteigerung der Kontingente wird wenigstens die Effizienz der inländischen Produktion erhalten.

(iii) Überläßt man es dabei dem Unternehmer, wofür er dieses Kontingent im einzelnen verwendet, dann kann man auch erreichen, daß genau die Güter produziert werden, für die die stärkste Nachfrage besteht. In diesem Fall richtet sich die Produktion wenigstens nach der Bedürfnisstruktur der Inländer.

Unter diesen Gesichtspunkten ist es nicht zu sehen, was gegen die entgeltliche oder unentgeltliche Überlassung von Milchkontingenten an interessierte landwirtschaftliche Betriebe einzuwenden ist, es sei denn, man möchte mit ihnen nicht die Produktion steuern, sondern eine bestimmte Mittelstandspolitik treiben. Allerdings ist dann zu prüfen, ob dieses Ziel nicht auf anderem Weg besser zu erreichen ist. Und der Vorwurf, der "Rebbaubeschluß" sei wegen der darin enthaltenen Versteigerung der Importkontingente für Wein abzulehnen, dient eigentlich nur der Erhaltung von Monopolgewinnen der Importeure.

24. Regulationen als direkte ablaufpolitische Instrumente haben noch andere Nachteile: Staatliche Vorschriften müssen, um überhaupt vollziehbar zu sein, an einigen relativ leicht feststellbaren Kriterien anknüpfen. Sie müssen deshalb relativ grob sein, so daß nicht im Einzelfall abgewogen werden kann, was die optimale Lösung wäre.

Nehmen Sie die Strahlen-Höchstwerte, die jetzt für Nahrungsmittel festgelegt werden sollen: Ein Verbot, zu stark verstrahlte Lebensmittel in den Handel zu bringen, läßt sich relativ leicht durchführen, wenn für alle Lebensmittel eine einheitliche Grenze festgelegt wird. Je differenzierter man vorgeht, desto komplizierter ist der Vollzug einer solchen Verordnung. Stellen Sie sich einmal vor, man würde so stark differenzieren, daß man noch das Lebensalter der Konsumenten, die natürliche Strahlenbelastung, die Verweildauer im Körper usw. berücksichtigen würde: Der Verwaltungsaufwand würde prohibitiv groß.

Schließlich kann das eigentlich angestrebte Ziel verfehlt werden, weil die Auflagen an gewisse äusserlich feststellbare Merkmale anknüpfen müssen:

Im Ruhrgebiet gab es eine Überkapazität im Kohlenbergbau. Durch Stillegungsprämien oder den Widerruf der Betriebserlaubnis kann man zwar unwirtschaftliche Gruben schließen, nicht unbedingt aber die Kapazität entsprechend abbauen - nämlich dann nicht, wenn durch das Schließen der schlechten Gruben die guten die Möglichkeit erhalten, über Rationalisierungsmaßnahmen, die Einstellung qualifizierten Personals usw. ihre Kapazitäten zu erhöhen. Durch einen Wohnanteilsplan kann man zwar Hauseigentümer zu einem bestimmten Wohnungsangebot - auch an Durchgangsstraßen - zwingen, ob man dadurch aber die Wohnqualität einer Stadt heben kann, sei dahingestellt.

25. Beschränkungen von Eigentumsrechten durch Ver- und Gebote führen zu Wertsteigerungen überall dort, wo Vorteile aus diesen Eingriffen entstehen, und zu Vermögensverlusten bei denen, die die Nachteile zu tragen haben. Damit taucht die Frage auf, wer von diesen Wertsteigerungen profitieren bzw. die Verluste tragen soll: Auf der einen Seite haben wir grundsätzlich eine ***Entschädigungspflicht*** bei (Teil) Enteignungen (Art. 22ter BV). Andererseits ist der Versuch, die Wertzuwächse durch eine besondere ***Bodenwertzuwachs-Steuer*** zu belasten, in einigen Ländern mehrmals vergeblich gemacht worden: Wegen der Verschiedenartigkeit der Grundstücke gehört das Feststellen

von Bodenwertzuwächsen zu den schwierigsten Aufgaben, die es für eine Steuerbehörde überhaupt gibt, solange der Wertzuwachs durch den Verkauf des Grundstücks nicht realisiert ist. Im allgemeinen besteuert man deshalb nur die ***realisierten*** Grundstücksgewinne. Vor allen Dingen dann, wenn der Steuersatz umso niedriger ist, je länger das Grundstück im Eigentum des Verkäufers war, bewirkt eine solche Steuer aber eine Verknappung des Grundstücksangebots, weil verkaufswillige Grundeigentümer ihren Boden möglichst lange zurückhalten.

26. Ge- und Verbote werden nur eingehalten, wenn die Verwaltung für ihre Durchsetzung sorgt: Sie verursachen deshalb z.T. erhebliche Verwaltungskosten. Aber abgesehen davon: Ge- und Verbote werden von den Betroffenen erfüllt; darüber hinaus besteht jedoch kein Anreiz.

Beschränkt man z.B. die Geschwindigkeit auf allen Straßen auf 80 km/h, um die Abgasbelastung zu reduzieren, dann wird dieses Ziel bei genügender Überwachung erreicht. Darüber hinaus haben die Autofahrer aber keinerlei Anreiz, die Umweltbelastung zu vermindern, sie haben ja alle Auflagen erfüllt.

Der eigentliche Grund für dieses Verhalten liegt darin, daß alle Auflagen an gewisse, äusserlich leicht feststellbare Merkmale anknüpft. Da das Nichterfüllen der Auflagen mit Strafen bedroht ist, wird man sie erfüllen; um das eigentliche Anliegen braucht man sich aber nicht zu kümmern. Wir werden im nächsten Abschnitt sehen, daß man durch geeignete Steuern, Gebühren oder Beiträge gerade hierfür aber Anreize setzen oder verstärken kann.

10.43 Steuern, Gebühren, Beiträge, Subventionen

27. Zunächst zum Begrifflichen: Unter Steuern versteht man die vom Staat erhobenen Zwangsabgaben ohne spezielles Entgelt. Gebühren sind der "Preis" für bestimmte Staatsleistungen, Beiträge werden von Mitgliedern staatlicher Zwangsverbände erhoben. Subventionen sind Zahlungen des Staates an Unternehmen, die i.a. an bestimmte Tatbestände anknüpfen, die gefördert werden sollen.

Im allgemeinen bedient sich der Staat der Steuern, um Einnahmen zur Finanzierung seiner Ausgaben zu erzielen; man spricht in diesem Zusammenhang von der ***fiskalischen Besteuerung***. Das ist in Art. 42 BV angesprochen.

Negative Auswirkungen von Externalitäten entstehen durch das Auseinanderfallen von privat- und volkswirtschaftlichen Erträgen oder Kosten. Deshalb liegt der Gedanke nahe, die externen Effekte durch eine spezielle Steuer oder durch spezielle Subventionen zu internalisieren, also dafür zu sorgen, daß die Erträge und Kosten, mit denen Private rechnen, den volkswirtschaftlichen Erträgen und Kosten entsprechen.

Wir interessieren uns hier also für die Steuern als wirtschaftspolitische Instrumente: Der Staat versucht, mit ihrer Hilfe das wirtschaftliche Verhalten der Privaten zu beeinflussen. Da es in unserem Zusammenhang um die Zulastung sozialer Kosten bzw. die Erstattung sozialer Erträge geht, kann man keine allgemeinen, sondern nur *spezielle* Steuern oder Subventionen einsetzen. Bei dieser ***interventionistischen Steuerpolitik*** ist der Bund allerdings insofern eingeschränkt, als ihm nur zur Verfügung stehen

- die Zölle nach Art. 30 BV,
- die speziellen Verbrauchsteuern: die fiskalische Belastung gebrannter Wasser (Art. 32bis BV), die Tabaksteuer (Art. 41bis BV), die Besteuerung von Erdöl, Erdgas und Bier (Art. 41ter BV).

28. Um die Steuern als wirtschaftspolitische Instrumente einsetzen zu können, müssen ihre Auswirkungen bekannt sein. Betrachten wir dazu zunächst die Erhebung einer speziellen Verbrauchsteuer, die mit einem festen Betrag pro Mengeneinheit erhoben wird, wie z.B. der Heizölzoll.

Die meisten Importzölle werden in der Schweiz als spezifische Zölle erhoben, d.h. der Importeur hat einen bestimmten Betrag pro Mengeneinheit zu entrichten.

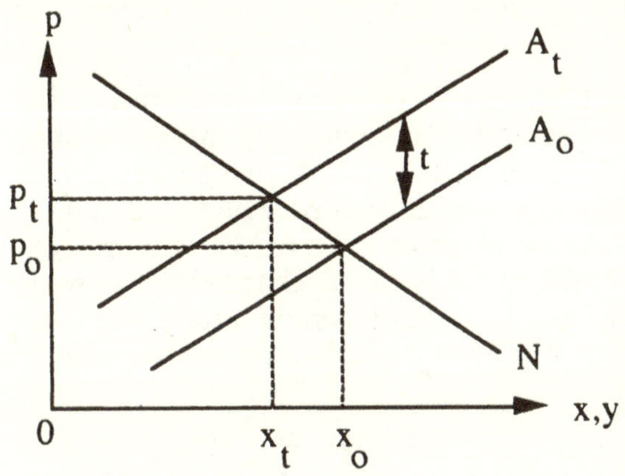

Abb. 10.4

Angenommen, auf dem Markt für Heizöl habe sich bei der Nachfrage N und dem Angebot A_o ein Gleichgewichtspreis p_o eingespielt, zu dem die Menge x_o nachgefragt und angeboten wird. Erhebt jetzt der Staat einen Heizölzoll in Höhe von t Franken je Mengeneinheit, werden die Anbieter zur Zahlung dieser Steuer verpflichtet, obwohl es eine spezielle Verbrauchsteuer ist. D.h. die Anbieter behalten die Steuer ein und führen sie an die Staatskasse ab. Getragen werden soll die Steuer - als spezielle Verbrauchsteuer aber von den Konsumenten; das hofft man dadurch zu erreichen, daß die Steuer auf der Rechnung offen ausgewiesen wird: Der Verkäufer berechnet dem Kunden also seinen Verkaufspreis zuzüglich der vom

Staat erhobenen Steuer.

Mit der Angebotskurve beschreiben wir das Verhalten der Anbieter, nämlich ihr mengenmäßiges Güterangebot in Abhängigkeit des von ihnen erlösten Preises. Anhand von Abb. 10.4 macht man sich klar, daß durch die Steuererhebung das ursprüngliche Gleichgewicht gestört wird: Bei dem ursprünglichen Preis p_o bleibt zwar die nachgefragte Menge unverändert; da die Unternehmer - nach Abzug der Steuer - netto nur noch (p_o-t) erlösen, bieten sie weniger als die alte Menge an. Aber auch der um die Steuer erhöhte Preis (p_o+t) kann kein Gleichgewicht sein: Das Angebot bliebe dann zwar unverändert, die Nachfrage würde aber zurückgehen, so daß ein Angebotsüberschuß entsteht. Das neue Gleichgewicht liegt bei einem Verbraucher- oder Bruttopreis p_t, der Verkäufer erlöst dabei netto (d.h. nach Steuerabzug) den Nettopreis (p_t - t).

Die Einführung (oder Erhöhung) einer speziellen Verbrauchsteuer führt also sowohl zu einer Preiserhöhung als auch zu einer Reduktion der verbrauchten Menge. Sie eignet sich deshalb dazu,

- den Preis zu erhöhen, wenn er sonst aufgrund externer Effekte zu niedrig wäre,
- die Verbrauchsmenge zu reduzieren, die sonst durch Fehleinschätzung der Konsumenten o.ä. zu hoch wäre, etwa der Tabak- oder Alkoholkonsum.

29. Die Preiserhöhung sorgt dafür, daß der Konsument durch diese Steuer belastet wird. Allerdings steigt - wie man durch die Betrachtung von Abb. 10.4 feststellen kann - der Preis nicht um den ganzen Steuerbetrag. Man sagt auch, daß der Anbieter diese Steuer nicht voll auf den Verbraucher ***überwälzen*** kann und sie deshalb teilweise selbst ***tragen*** muß. Das liegt an der Reaktion der Nachfrager auf eine Preiserhöhung: Die abgesetzte Menge sinkt. Und diese Verminderung des Absatzes hält die Anbieter davon ab, den Preis im vollen Ausmaß der Steuer zu erhöhen.

Die Preiserhöhung kann man graphisch ableiten: Der Steuersatz bildet (bei der neuen Menge) zusammen mit der Angebots- und der Nachfragekurve ein kleines Dreieck; bei gegebenem Steuersatz hängt die Preiserhöhung von der Steigung der Nachfragekurve, also von der direkten Preiselastizität der Nachfrage einerseits ab. Andererseits sinkt der Nettopreis (=Bruttopreis abzüglich Steuerbetrag) für den Verkäufer, worauf er mit einer Reduktion der Angebotsmenge reagiert; das Ausmaß dieser Reduktion hängt von der Steigung der Angebots- (oder Grenzkosten-) Kurve ab, also von der Preiselastizität des Angebotes.

Es wird häufig die Vermutung geäussert, durch den offenen Ausweis der Steuer auf der Rechnung würde den Konsumenten klar, daß sie eigentlich die Steuer zu tragen hätten, der Verkäufer könnte die Steuer deshalb voll überwälzen. Daß der zweite Teil der Aussage nicht zutrifft, hängt damit zusammen, daß Preiserhöhungen die Konsumenten regelmäßig dazu bringen, weniger nachzufragen. Der Versuch der Anbieter, ihre Kapazitäten doch noch auszulasten, verhindert die volle Preiserhöhung und läßt so die Verkäufer wenigstens teilweise an der Traglast der Steuer partizipieren.

30. Betrachten wir als nächstes eine (spezielle) Verbrauchsteuer, die proportional zum Erlös erhoben wird: Der Staat legt einen Steuersatz τ (in %) fest, mit dem die jeweilige Steuerschuld berechnet wird.

Ein Beispiel für eine solche Steuer ist die Mehrwertsteuer, die 6.5 % beträgt; sie ist allerdings eine allgemeine Verbrauchsteuer. In der EG werden die Importzölle regelmässig als Prozentsatz des Warenwertes erhoben, man nennt sie deshalb auch ***Wertzölle***.

Die Analyse dieser Steuer erfolgt ganz analog zu Tz. 27: Wegen der Mehrwertsteuer muß der Verkäufer zwischen seinem Bruttopreis p, den der Käufer zu zahlen hat, und seinem Nettopreis [=Preis nach Steuerabzug = $p\cdot(1-\tau)$] unterscheiden.

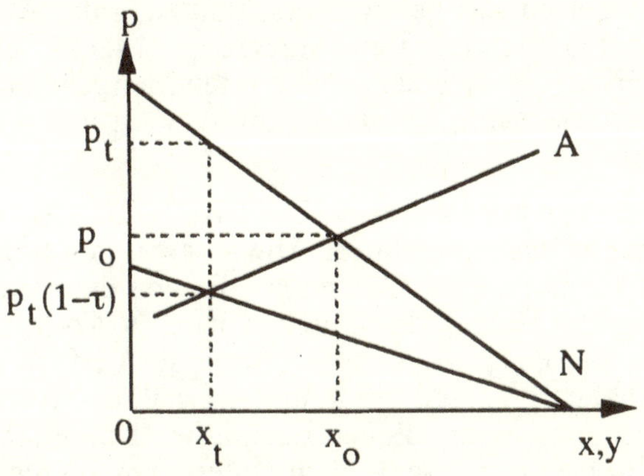

Abb. 10.5

Durch die Einführung der Steuer wird das alte Gleichgewicht p_o, x_o gestört: Bliebe der Preis für den Verbraucher konstant, würde die nachgefragte Menge sich auch nicht ändern. Allerdings beträgt dann der Nettopreis $p_o\cdot(1-\tau)$ und deckt nicht mehr die Grenzkosten, so daß die Unternehmer ihr Angebot reduzieren. Dadurch steigt der Bruttopreis bis zum neuen Gleichgewicht p_t, gleichzeitig sinken angebotene und nachgefragte Mengen auf x_t.

Im übrigen gelten dieselben Überlegungen wie in Tz. 27: Diese proportionale Umsatzsteuer kann nur teilweise von dem Verkäufer auf den Konsumenten überwälzt werden selbst dann, wenn die Steuer offen auf den Rechnungen ausgewiesen wird.

31. Der Staat erhebt nicht nur (indirekte) Steuern von den Unternehmen, er zahlt ihnen auch Subventionen. Sie knüpfen wie die Steuern an einen bestimmten Tatbestand an, führen dann aber zu Geldleistungen des Staates an den Subventionsempfänger und lassen sich deshalb als Steuern mit einem negativen Steuersatz auffassen. Die Argumentation verläuft völlig analog zu Tz. 27-30 und braucht nicht wiederholt werden: Mit Hilfe von Subventionen lassen sich Preise senken und Produktion und Verbrauch anregen; allerdings ist die Preiserhöhung idR. kleiner als die gezahlte Subventionen.

32. Der Versuch, die externen Effekte durch eine spezielle Steuer zu internalisieren, erfordert zweierlei:

(i) Die Umweltsteuer, die dem Reinigungsunternehmen auferlegt wird, muß genau der Umweltbelastung durch ihre Abwässer entsprechen; das verlangt das ***Äquivalenzprinzip***.

(ii) Die Steuerbelastung muß mit der Menge und Verschmutzung der Abwässer variieren, damit jede Produktionsausdehnung auch ihre Kosten anwachsen läßt.

Aus dem ersten Grund scheidet eine Pauschalsteuer oder ein fester (Jahres-)Beitrag zu einem Zweckverband aus. Der zweite Gesichtspunkt legt eine Besteuerung nach Menge und Verschmutzung der Abwässer nahe; die Besteuerung nach der Verschmutzung ist technisch nur sehr schwierig realisierbar, die nach der produzierten Menge leichter zu realisieren - insbesondere dann, wenn man die Abwässer durch den Wasserverbrauch mißt.

In vielen Fällen ist die Sachlage komplizierter: Zur Diskussion stehen dann z.B. nicht nur die Einleitung ungeklärter Abwässer in den See, sondern auch ihre Reinigung durch eine Kläranlage, die von dem Unternehmen selbst oder von der Gemeinde betrieben wird. Volkswirtschaftlich erwünscht ist es, daß das jeweils kostengünstigste Verfahren zur Abwasserklärung unabhängig von den Eigentumsverhältnissen angewendet wird. Die Realisierung einer solchen Lösung wird möglich, wenn man wie bei den Preisen der öffentlichen Unternehmen einen "gespaltenen" Tarif anwendet: Man verlangt also etwa für den Fall, daß das Reinigungsunternehmen seine Abwässer in die kommunale Kläranlage leitet, einen jährlichen Anschlußbeitrag und eine bestimmte Gebühr, die sich mit Hilfe der Abwassermenge errechnet. Auf diese Weise könnte man für das Reinigungsunternehmen den Anreiz schaffen, nicht nur die Menge der Abwässer durch den Übergang auf andere Produktionsverfahren zu vermindern, sondern sie auch durch den Einbau von Filtern usw. so zu klären, daß der Anschluß an die öffentliche Kläranlage überflüssig wird.

Ein anderes Beispiel: Die Lärmbelästigung für die Anwohner eines Flughafens läßt sich reduzieren, wenn die Fluggesellschaften "leise" Flugzeuge einsetzen. Deshalb hat man in Zürich die Landegebühren nach den Lärmemissionen der verschiedenen Flugzeugtypen differenziert. Man kann nachweisen, daß die Fluggesellschaften daraufhin nach Möglichkeit Zürich nur mit "leisen" Flugzeugen anfliegen.

33. Man hat den Vorschlag gemacht, das Recht, in einer bestimmten Periode eine bestimmte Menge von Schadstoffen an die Umwelt abgeben zu dürfen, ***zu versteigern***. Was ist der Grundgedanke dieses Vorschlags?

(i) In den wenigsten Fällen ist es klar - erst recht nicht einem Außenstehenden -, welches technische Verfahren am günstigsten eingesetzt wird. Indem man das Unternehmen aber zwingt, jedes Jahr neu "Abwasserkontingente" ersteigern zu müssen, wird ihm klar, daß es diese Belastung am einfachsten durch den Übergang zu einer umweltschonenden Produktionstechnologie vermeiden kann: Zu der reinen Kostenbelastung kommt noch die Unsicherheit über den Preis hinzu, der in Zukunft für solche Kontingente zu bezahlen sein wird.

(ii) Es ist bei diesem Verfahren durchaus möglich, daß irgendwann in der Zukunft ein anderes Unternehmen, das ein anderes Gut produziert, alle verfügbaren Kontingente aufkauft, so daß die Reinigung ihren Betrieb einstellen muß. Das ist aus folgenden Überlegungen ein Vorteil: Ob sich ein Unternehmen den Kauf eines Kontingentes leisten kann oder nicht, hängt davon ab, ob seine Kunden für sein Produkt einen genügend hohen Preis zu zahlen bereit sind: Es ist also keineswegs zufällig, wer solche Kontingente ersteigern kann, sondern hängt vielmehr letztlich von den Präferenzen der Endverbraucher ab: Die knappe Ressource "Umwelt" wird dadurch an der Stelle eingesetzt, wo sie die höchste Wertschöpfung für den Endverbraucher erbringt.

Den Preis, den das Unternehmen jährlich bei der Ersteigerung solcher Anrechte zahlen muß, kann man als eine spezielle Steuer mit variablem Satz auffassen. Zu den Steuerwirkungen, die wir oben abgeleitet haben, kommt deshalb noch die der Unsicherheit über den zukünftigen Steuersatz hinzu.

34. Beachten Sie, daß *ohne* Subventionierung nicht alle Differenzen zwischen privaten und volkswirtschaftlichen Kosten und Erträgen zu beseitigen sind und daß in einer Marktwirtschaft das sozialökonomische Optimum wahrscheinlich nicht erreichbar ist. Wie ist die Subventionierung auszugestalten?

Die Antwort ist im allgemeinen einfach: Durch die Subventionen sollen die privaten Mehraufwendungen gedeckt werden, die bei der Anwendung der volkswirtschaftlich optimalen Technologie entstehen; sie sollen aber auch so gewährt werden, daß die volkswirtschaftlich optimale Technologie die höchste privatwirtschaftliche Rentabilität hat. Insofern lassen sich die Überlegungen zur Bemessung von Umweltsteuern unmittelbar übertragen.

Die Schwierigkeiten sind eigentlich die, in einer ***Nutzen-Kosten-Analyse*** die volkswirtschaftlich optimale Produktion zu bestimmen. Nur die dabei anfallenden Zusatzkosten sind ja durch die Subventionen zu decken. In der Realität kennt man aber regelmäßig nur die ***tatsächlich anfallenden Mehrkosten***; werden sie durch Subventionen gedeckt, verschwindet der Anreiz, Kosteneinsparungen vorzunehmen. Es besteht die große Gefahr, daß durch Subventionen eine falsche Produktionsstruktur erreicht und erhalten wird.

35. Betrachten wir schließlich noch die Bedeutung der Beiträge: Da sie unabhängig von der produzierten oder verbrauchten Menge erhoben werden, eignen sie sich zur Deckung der Fixkosten: So wäre z.B. von allen, die an das Elektrizitätsnetz angeschlossen sind, Beiträge zu erheben, mit denen die fixen Kosten der Kapazitätsbereitstellung gedeckt werden; der Strom selbst könnte dann zu Grenzkosten geliefert werden. Dabei ist es durchaus denkbar, daß die Aufgabe eines Zweckverbandes darin besteht, diese Beiträge einzuziehen und an das private Unternehmen weiterzuleiten, das die Produktion vornimmt.

10.44 Schlußfolgerungen

36. Prinzipiell lassen sich Externalitäten also über staatliche Regulation, Umweltsteuern oder -subventionen neutralisieren. Will die Wirtschaftspolitik das erreichen, dann muß sie

- die Externalitäten zunächst exakt feststellen,
- die Wirkungen staatlicher Maßnahmen unter Berücksichtigung der Reaktionen der Betroffenen bestimmen

und danach die Wahl zwischen den möglichen Maßnahmen treffen. Das stellt sehr hohe Anforderungen an den Informationsstand der wirtschaftspolitischen Entscheidungsträger. Bei derart komplexen Zusammenhängen lassen sich allgemeine und einfache Aussagen nicht mehr ableiten, man ist vielmehr auf die genaue Analyse des konkreten Einzelfalles angewiesen.

Im allgemeinen sollte dem marktkonformen Mittel der Besteuerung der Vorzug vor den marktinkonformen der Regulation gegeben werden: Wie Sie aus dem Vergleich von Abb. 10.3 mit 10.4 und 10.5 sehen, läßt sich immer eine spezielle Steuer finden, die die private Nachfrage ebenso stark reduziert wie eine Kontingentierung. Die Steuer bringt dem Staat aber Einnahmen, während das Kontingent dafür sorgt, daß die Anbieter einen monopolartigen Gewinn erhalten. (Diese Gewinne kann man als eine "private" spezielle Verbrauchsteuer auffassen.) Und schließlich erhalten die Steuern den Anreiz, die Produktion möglichst kostengünstig durchzuführen und auf die Verfahren auszuweichen, mit denen die Steuerzahlung minimiert werden kann.

Regulationen haben aber - in der Sicht der Politiker - zwei ganz entscheidende Vorzüge:

(i) Während Steuern oder Subventionen vom Parlament oder vom Volk zu beschließen sind, können Regulationen oft - aufgrund der entsprechenden Gesetze - von der Exekutive selbst festgelegt werden.

(ii) Regulationen leuchten in ihrer Wirkung unmittelbar ein. Übersehen werden dabei regelmässig die Verteilungswirkungen und die Anreizeffekte, die von ihnen ausgehen: Die Regulation wird erfüllt durch ein reines Mengenkriterium. Deshalb erfolgt i.a. keine Abstimmung mit der Dringlichkeit des Bedarfs.

Häufig werden zur Kontrolle der Personalkosten einer Verwaltung eine bestimmte Anzahl von neuen Stellen für ein bestimmtes Jahr zugestanden ohne Rücksicht darauf, mit welchem Gehalt und welcher Qualifikation diese Stellen besetzt werden.

Im allgemeinen ist deshalb davon auszugehen, daß die Wirkungsweise der Regulationen einleuchtet, daß man ihre Wirkung zu kontrollieren können glaubt, daß sie aber im Gegensatz zu den indirekten ablaufpolitischen Instrumenten regelmäßig bei den gleichen Hauptwirkungen erhebliche unerwünschte Nebenwirkungen haben. Man sagt deshalb auch, indirekte Instrumente seien idR. systemkonform, direkte idR. systeminkonform, und fordert, daß die staatliche Wirtschaftspolitik nur systemkonforme Mittel einsetzt.

Die voranstehenden Ausführungen zum Problem der externen Effekte sollten in Grundzügen zeigen, welche Folgen Externalitäten für das Funktionieren einer Marktwirtschaft haben und wie sich wirtschaftspolitische Maßnahmen in das Gesamtsystem einer Marktwirtschaft einfügen: Die Bedeutung von Eigentumsbeschränkungen, Auflagen, Umweltsteuern und -subventionen dabei und für das Funktionieren einer Marktwirtschaft sollte deutlich werden.

11. Konjunkturpolitik

11.1 Das Konjunkturphänomen

1. Im Zeitablauf wird jede Wirtschaft durch Störungen daran gehindert, ein sozialökonomisches Optimum zu erreichen, und zwar vor allem,, weil sich die Wirtschaft nicht genügend schnell an eine geänderte Ausgangslage anpassen kann. Hinzu kommt, daß diese Anpassungsprozesse nicht notwendigerweise zu dem neuen Optimum hinführen müssen; wenn die ***Instabilitäten*** genügend groß sind, entfernt sich die Wirtschaft sogar immer weiter vom Optimum fort.

Die Entwicklung des Bruttoinlandsproduktes
1960-1994
in Mrd. Fr.

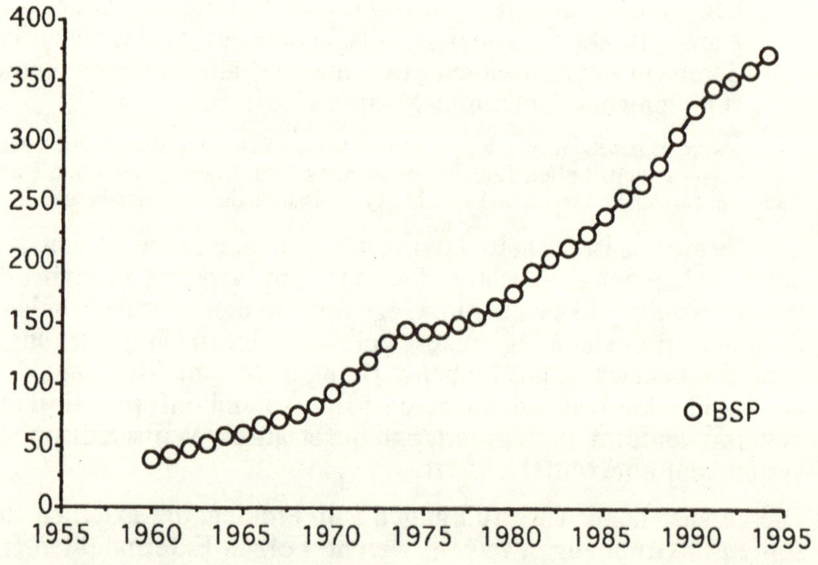

Abb. 11.1

Das ist nicht nur eine theoretische Möglichkeit, sondern wir haben vielmehr immer wieder ***konjunkturelle Schwankungen*** beobachten können; Perioden, in denen die vorhandenen Produktionsmöglichkeiten nicht ausgenutzt werden, sind von solchen gefolgt worden, in denen es zu Engpässen in der Produktion und deshalb zu Preissteigerungen gekommen ist. Da beides unerwünscht ist, sollte der Staat mit seiner Wirtschaftspolitik versuchen, stabilisierend auf die Wirtschaft einzuwirken. Eine solche ***Stabilisierungspolitik*** setzt aber nicht nur voraus, daß entsprechende konjunkturpolitische Instrumente zur Verfügung stehen, sondern auch, daß man die ***Ursache*** dieser Konjunkturzyklen und vor allem die Wirkungsweise der konjunkturpolitischen Instrumente kennt. Wir werden uns deshalb in diesem Abschnitt mit den Grundzügen der Konjunkturerklärung und einigen Konsequenzen für die Konjunkturpolitik beschäftigen.

2. Unter ***Konjunkturschwankungen*** versteht man mehr oder weniger regelmäßige, auf alle Fälle aber wiederkehrende Schwankungen der wirtschaftlichen Aktivität. Fraglich ist, wie man diese Schwankungen mißt. Früher hat man dazu ***Güterpreise*** genommen; daß es mindestens für manche Güter solche Preiszyklen gibt, können Sie immer wieder in der Tagespresse lesen. Heute mißt man die wirtschaftliche Aktivität aber eher an der ***Produktion*** und an der ***Beschäftigung*** in einer Volkswirtschaft; als Indikator dafür benutzt man im allgemeinen das ***Inland-*** oder ***Sozialprodukt***, das wir in Kap. 2 kennengelernt haben. In Abb. 11.1 ist die Entwicklung des schweizerischen Bruttoinlandsproduktes[1] aufgezeichnet, und zwar in Mrd.Fr. Sie erkennen, daß es seit 1960 kräftig gestiegen ist und daß es um das Jahr 1975 eine (kleine?) Abschwächung gegeben hat. Damit man die Schwankungen der wirtschaftlichen Aktivität besser erkennen kann, betrachtet man die zeitliche Entwicklung der prozentualen ***Zuwachsraten*** des Sozialproduktes. Das ist in Abb. 11.2 dargestellt.

Ganz deutlich erkennt man in der Mitte der 70er Jahre die "große" Rezession, als die Zuwachsraten des Bruttosozialproduktes sogar negativ waren, es also absolut gesunken ist. Davor liegt die Rezession Ende der 60er Jahre, in der der Begriff der "Rezession" als eine Phase mit deutlich niedrigerem, aber positivem Wachstum des Sozialprodukts eigentlich geprägt worden ist. Schließlich sehen Sie die Rezession 1982/4 und die letzte Rezession 1990-1994. - Die Tiefpunkte der konjunkturellen Entwicklung liegen in den Jahren 1968, 1975 und 1987 und 1992, die Höhepunkte in den Jahren 1971, 1981, 1985 und 1989. Durchschnittlich liegen sie rd. 7 Jahre auseinander, was durchaus typisch ist: ***Konjunkturelle Schwankungen*** dauern etwa 6-10 Jahre und unterscheiden sich damit deutlich von den kurzfristigeren ***Lagerhaltungs-*** und ***Saisonschwankungen*** (2-4 Jahre bzw. 1 Jahr) und

---

[1] Während das Bruttoinlandsprodukt eher ein Mass für die inländische Produktion ist, misst das Bruttosozialprodukt das Einkommen der Inländer. Der Unterschied zwischen diesen beiden Begriffen interessiert hier nicht, wir benutzen beide Begriffe synonym.

den ***langen Wellen*** mit einer Dauer von etwa 30-50 Jahren. - In den folgenden Abschnitten soll Ihnen ein Überblick über die wichtigsten Erklärungsversuche für solche Konjunkturschwankungen gegeben werden.

Zuwachsraten des Bruttoinlandsproduktes
1961-1994
in v.H.

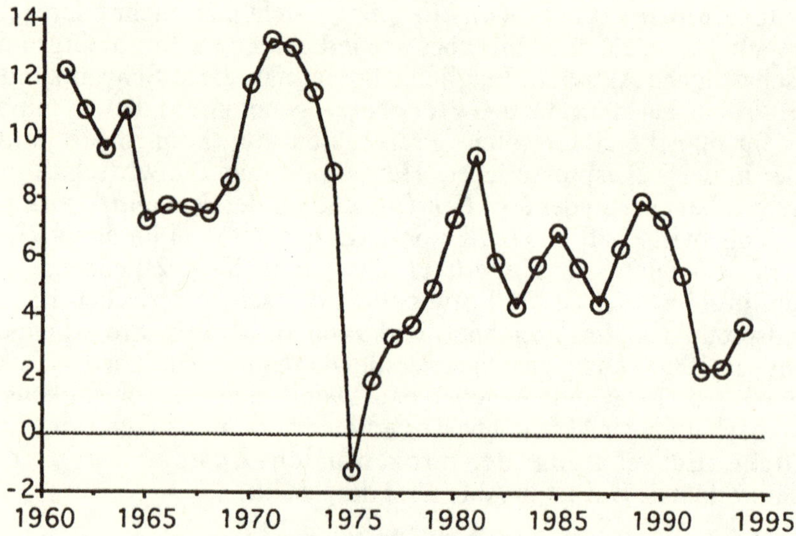

Abb. 11.2

11.2 Die Ursachen der Konjunkturzyklen

3. Auf der Suche nach den Ursachen der Konjunkturschwankungen geht man von der Hypothese aus, daß sie im wesentlichen auf die zyklischen Entwicklung der ***Nachfrage*** zurückgehen, und zerlegt deshalb die gesamtwirtschaftliche Nachfrage in ihre einzelnen Komponenten, vgl. dazu Kapitel 2. Mit der staatlichen Güternachfrage errechnen wir das Sozialprodukt als

(11.1) $E_m = C_{pr} + I_{pr} + G$

Zerlegt man die staatliche Güternachfrage ihrerseits in Konsum und Investitionen und faßt die staatlichen und privaten Investitionen zusammen, dann erhält man aus (11.1)

(11.2) $E_m = C_{pr} + C_{st} + I$

Diese Einteilung ist in Tabelle 11.1 und in den Abb. 11.4 und 11.5 benutzt worden.

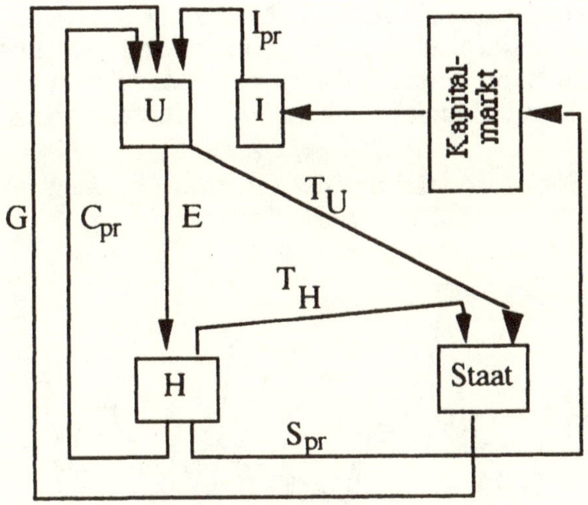

Abb. 11.3

4. In Abb. 11.4 und 11.5 ist die zeitliche Entwicklung der einzelnen Komponenten der Gesamtnachfrage, also die Konsum- und die Inve-

Zuwachsraten des Sozialproduktes, des privaten und des staatlichen Konsums der Schweiz 1961 - 1994

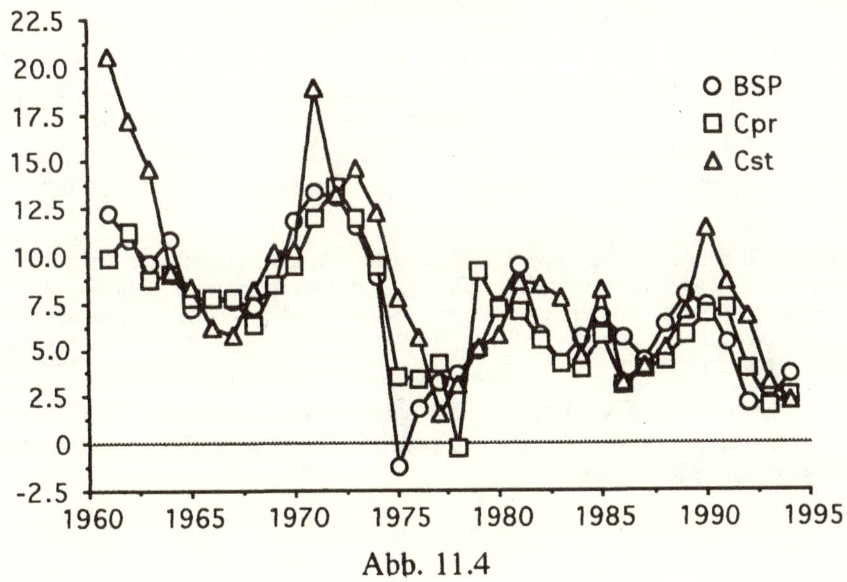

Abb. 11.4

Betrachten wir zunächst Abb. 11.4. Man sieht deutlich, daß die Entwicklung des Sozialprodukts, des privaten und des staatlichen Konsums in einem Band verläuft, daß insoweit der Konsum nicht als die Ursache von Konjunkturschwankungen betrachtet werden kann.

Zuwachsraten
des Sozialprodukts und der Investitionen der Schweiz
1961-1994

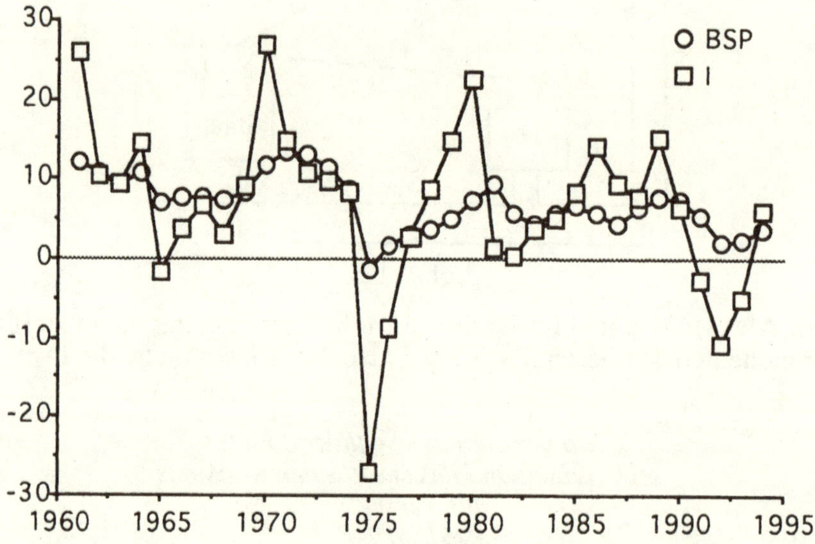

Abb. 11.5

Vergleichen wir die zeitliche Entwicklung von Investitionsnachfrage und Sozialprodukt (vgl. Abb. 11.5). Da die Investitionen zeitlich ganz deutlich sehr viel stärker als das Sozialprodukt schwanken, müssen wir wohl annehmen, die Konjunkturzyklen würde von der Investitionsnachfrage verursacht; genau das ist These der meisten Konjunkturtheorien.

In einer mit dem Ausland so stark verflochtenen Volkswirtschaft wie der Schweiz spielt natürlich auch die Auslandsnachfrage (für die unserer Exporte) eine Rolle. Um die Analyse nicht zu komplizieren, wollen wir hierauf nicht weiter eingehen; in der letzten Konsequenz würde das bedeuten, daß wir die Konjunktur nur für die Welt als Ganzes erklären können.

Ohne Anspruch auf Vollständigkeit werden wir uns im folgenden einige Erklärungsversuche für dieses zeitliche Verhalten der Investitionen etwas genauer ansehen.

Tabelle 11.1:

Die Entwicklung des Sozialproduktes in der Schweiz nach der Verwendungsseite - Zuwachsraten in v.H. -

Jahr	Brutto-sozial-produkt	Privater Konsum	Staatlicher Konsum	Investitionen
1961	12.3	9.9	20.5	25.9
1962	10.9	11.3	17.1	10.3
1963	9.6	8.8	14.6	9.3
1964	10.9	9	9.1	14.6
1965	7.2	7.7	8.3	-1.6
1966	7.7	7.7	6.2	3.8
1967	7.6	7.7	5.8	6.8
1968	7.4	6.4	8.2	2.9
1969	8.5	8.5	10.1	9
1970	11.8	9.4	10.3	27
1971	13.4	12	18.8	14.7
1972	13.1	13.6	13.2	10.7
1973	11.6	11.9	14.7	9.7
1974	8.9	9.5	12.2	8.4
1975	-1.3	3.5	7.8	-27
1976	1.8	3.4	5.6	-8.7
1977	3.2	4.2	1.6	2.7
1978	3.7	-.3	3.1	8.9
1979	4.9	9.1	5.1	14.9
1980	7.3	7.2	5.8	22.5
1981	9.4	7.1	8.6	1.5
1982	5.8	5.5	8.4	.2
1983	4.3	4.3	7.7	3.8
1984	5.7	3.9	4.7	4.9
1985	6.8	5.8	8.2	8.4
1986	5.6	3.1	3.2	14
1987	4.4	4	4.1	9.3
1988	6.3	4.4	5.1	7.9
1989	7.9	5.8	7.1	15.2
1990	7.3	6.9	11.4	6.5
1991	5.4	7.2	8.6	-2.7
1992a)	2.1	3.9	6.7	-10.7
1993a)	2.2	2	3.2	-5
1994b)	3.7	2.5	2.3	6.2

a) provisorisch; b) Schätzung der Konjunkturforschungsstelle ETH vom März 1994;
Quelle: Eigene Berechnungen nach den offiziellen Daten.

11.21 Lange Wellen und Echoprinzip

5. Man hat immer wieder versucht, die zeitliche Struktur von Konjunkturschwankungen genauer auf Regelmäßigkeiten hin zu untersuchen, und dabei verschiedene Typen von Schwankungen gefunden, nämlich

- die ***saisonalen*** Schwankungen, die definitionsgemäß ein Jahr dauern,
- den ***Lagerhaltungszyklus*** von *Kitchin* und *Crum* mit einer Dauer von etwa 40 Monaten,
- den eigentlichen ***Konjunkturzyklus*** von *Juglar* mit einer Dauer von 7-11 Jahren,
- einen mittelfristigen ***Bauzyklus*** von 17-18 Jahren,
- die sogenannten "***langen Wellen***" von *Kondratieff* mit einer Dauer von 50-60 Jahren.

Da sich die verschiedenen Schwankungen in der Realität überlagern, werden die Konjunkturzyklen nicht nur unregelmäßig, in gewissem Sinn hat jeder Konjunkturzyklus seine eigene Gestalt: Die negativen Einflüsse werden wohl in der Abschwungphase der langen Wellen (in der wir etwa seit der Mitte der 70er Jahre vielleicht gewesen sind) dominieren: Die wirtschaftliche Entwicklung ist geprägt von deutlichem Pessimismus, der die Investitionstätigkeit der Unternehmen bremst. Wir haben lang-anhaltende Rezessionen, die nur langsam und für kurze Zeit überwunden werden. In den Aufschwungphasen der langen Wellen dominieren entsprechend die positiven Aspekte: Getragen von einem allgemeinen Optimismus herrscht praktisch die ganze Zeit Vollbeschäftigung, die Produktion kann kaum an die Nachfrage angepaßt werden; sogar in den Rezessionen wachsen Beschäftigung und Produktion, allerdings langsamer als in der Hochkonjunktur.

6. Die ***langen Wellen*** von *Kondratieff* werden mit fundamentalen Erfindungen erklärt, die in der Geschichte aufgetreten sind und die wirtschaftliche Entwicklung grundlegend geprägt haben. Bis jetzt unterscheidet man insgesamt vier solcher Zyklen: Der *erste* dauerte von 1787 über 1815/20 bis 1842/3 und war geprägt durch die Expansion der Textil-, insbesondere Baumwoll- und Eisenindustrie. Die *zweite* Welle dauerte von 1842/3 über 1872/4 bis etwa 1894 und war getragen von der Entwicklung der Stahlindustrie, dem zunehmenden Einsatz der Dampfmaschine, dem Eisenbahnbau. Die *dritte* (1896/7 - 1920/1 - 1933/39) ist geprägt durch die Elektrizität, die Chemie, das Automobil. Es wird behauptet, die *vierte* Welle hätte etwa 1945 begonnen, ihren Höhepunkt etwa 1970/73 erreicht und sei jetzt im Abklingen, wobei noch unsicher ist, was nach ihr kommt.

Daneben gibt es einen mittelfristigen ***Bauzyklus***, der von *Kuznets* und - für die Schweiz - von *Siegenthaler* und *Beck* (1983) untersucht worden ist. Er dauert ziemlich genau 17-18 Jahre.

Wenn Sie bedenken, daß die Bautätigkeit während des 2. Weltkrieges praktisch zum Erliegen gekommen ist, dann hätten wir nicht nur mit einem Bauboom unmittelbar nach Kriegsende zu rechnen, sondern auch einen Tiefstand der Bautätigkeit Mitte der 60er und Ende der 70er Jahre zu erwarten: Sie können sich in der offiziellen Statistik (und in Abb. 11.4/5) vergewissern, daß wir in diesen beiden Phasen jeweils eine größere Rezession erlebt haben, in der die Bautätigkeit tatsächlich einen Tiefstand erreicht hatte.

Daß es diese fundamentalen Erfindungen gegeben hat, ist ebenso unbestreitbar wie die Existenz eines Bauzyklus. Die Bedeutung, die man diesen langen Wellen zumißt, ändert leider nichts an der Tatsache, daß wir ihre Ursachen (etwa das zyklische Auftreten fundamentaler Innovationen oder das Bevölkerungswachstum) nicht erklären können und deshalb auch keine wirtschaftspolitische Strategie vorzuschlagen haben, wie die (negativen) wirtschaftlichen Auswirkungen bekämpft werden sollten.

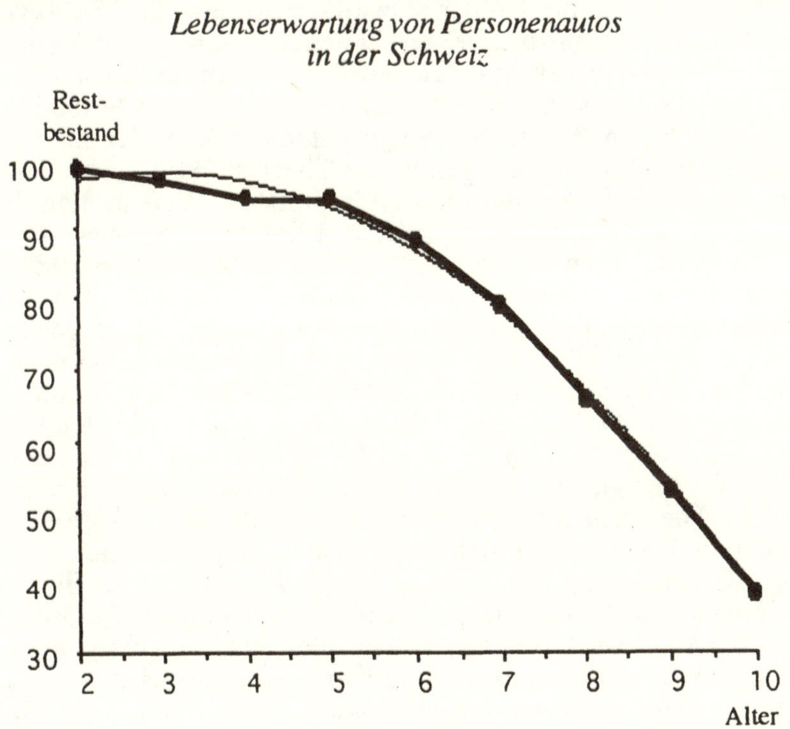

Abb. 11.6

7. Wirtschaftliche Störungen, die in der Realität einmal aufgetreten sind, haben die Eigenart, sich in bestimmter Weise in die Zukunft fortzupflanzen. Das nennt man allgemein das ***Echoprinzip*** oder Re- oder Ersatzinvestitions-Zyklen, die zuerst von *J.Einarsen* (1953) für die norwegische Handelsmarine in der Zwischenkriegszeit untersucht worden sind: (Handels-)Schiffe haben eine ziemlich feste, weitgehend technisch bestimmte Nutzungsdauer, die idR. nur sehr wenig schwankt und jeweils nach Ablauf dieser Zeitspanne ersetzt werden. Kommt es nun aus irgendwelchen Gründen zu einer zeitlichen Massierung von Schiffsneubauten, dann werden entsprechend später die Ersatzbeschaffungen anfallen; und das wiederholt sich für jede Schiffsgeneration. Deshalb spricht man von ***Re-Investitionszyklen***.

Zu erwarten haben wir solche Phänomene bei allen Investitionsgüter, deren Nutzungsdauer in einer relativ engen Bandbreite liegt. *Farell* und *Boulding* haben etwa versucht, die Konjunkturentwicklung der USA nach dem 2. Weltkrieg bis in die 60er Jahre hinein durch die Schwankungen der Ersatznachfrage für ***Autos*** zu prognostizieren. Dabei geht man etwa wie folgt vor: Aus der Statistik schätzt man die "Sterbetafel" für Autos, wie das aus der Lebensversicherungsbranche bekannt ist. Macht man das etwa für die Schweiz, erhält man die Darstellung in Abb. 11.6: Auf der Senkrechten ist der Restbestand eines Autojahrganges abgetragen (in %), auf der Waagrechten das Alter der Autos; die durchgezogene Linie ist die geschätzte "Sterbefunktion", die Punkte entsprechen den Zahlen der offiziellen Statistik. Wendet man diese "Sterbetafel" auf die Zulassungen nach 1970 in der Schweiz an (sie sind 1983 publiziert) und nimmt man an, daß sie nach 1983 bei 300'000 Autos pro Jahr stagnieren (d.h. die Zulassungen schwankten überhaupt nicht mehr), dann erhält man den in Abb. 11.7 dargestellten Verlauf der Ersatz-Nachfrage mit den fälligen Ersatzinvestitionen auf der Senkrechten und den Kalenderjahre ab 1979 auf der Waagrechten. Es fällt auf, daß die Ersatznachfrage Anfang der 80er Jahre ein deutliches Tief aufweist. Bis in die erste Hälfte der 90er Jahre steigen die Ersatzinvestitionen an, erreichen einen Sattelpunkt und stabilisieren sich ab 1993 auf dem angenommenen Niveau von 300'000: Unsere Annahme, daß die Zulassungen nicht mehr schwanken, wirkt sich erst 10 Jahre später aus, bis dahin pflanzen sich die konjunkturellen Einflüsse der Vergangenheit fort. Daraus könnte man schließen, daß von der Nachfrage nach Autos gegen Ende der 80er und zu Anfang der 90er Jahre ein expansiver Impuls auf die Konjunktur ausgehen wird. Das würde vor allem gelten, wenn die Autos auch in der Schweiz produziert würden, denn dann dürften wir auf eine entsprechende Beschäftigungserhöhung bei den Automobil-Herstellern hoffen. Da wir die Autos aber importieren, wird von dieser geschätzten Belebung der Nachfrage die inländische Beschäftigung nur in dem Ausmaß profitieren, als gewisse Ausrüstungsarbeiten der Importe im Inland ausgeführt werden; ausserdem bleibt die Wertschöpfung der Autobranche als Einkommen im Inland.

Geschätzter Verlauf der Ersatzinvestitionen von Personenwagen in der Schweiz

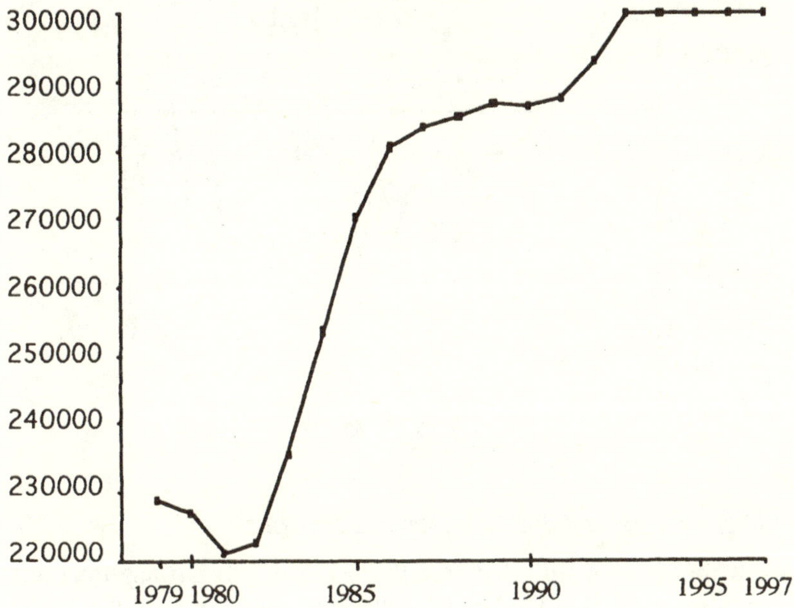

Abb. 11.7

8. Weshalb verläßt man sich in der praktischen Konjunkturpolitik so wenig auf solche Re-Investitionszyklen? Am einfachsten sehen wir das, wenn wir die Fehler einen solchen Prognose ansehen: In Abb. 11.8 sind für die Jahre nach 1951 die Schätzfehler dargestellt. In ihnen erkennt man deutlich die konjunkturelle Entwicklung: Die Spitze liegt bei 1970, die beiden Tiefpunkte bei den Jahren 1974 und 1980. Die Nachfrage nach Autos ist offensichtlich zu einem erheblichen Ausmaß von der Einkommensentwicklung abhängig. Das leuchtet auch ein, denn die Autobesitzer werden sich überlegen, ob und wann sie sich ein neues Auto leisten wollen; die Ersatzbeschaffungen lassen sich relativ leicht um einige Jahre aufschieben, wenn die Einkommensentwicklung das als wünschenswert erscheinen läßt.

Schätzfehler der Ersatzinvestitionen an Personenwagen

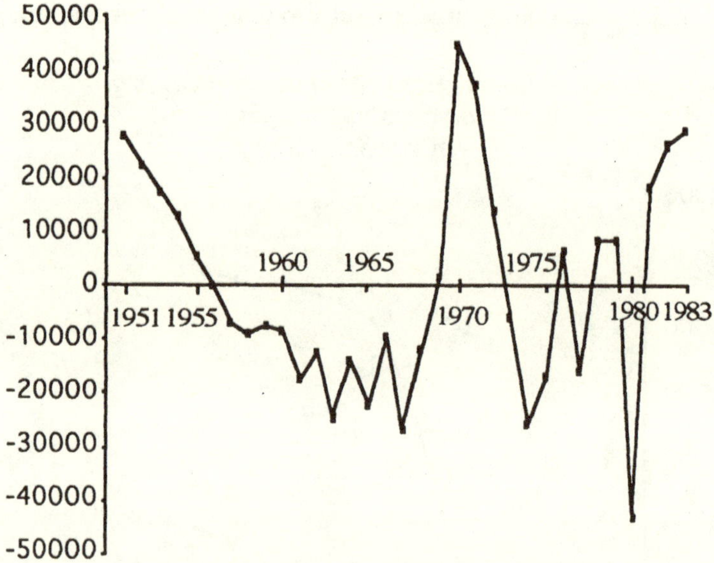

Abb. 11.8

11.22 Die verzögerte Anpassung der Investitionen

9. Investitionen als Kauf oder Erstellung von Produktionsgütern lassen sich einteilen in Netto- und Ersatzinvestitionen; während die letzteren dem Ersatz alter Anlagen dienen, erhöhen die ersteren die Kapazität der Unternehmen. Investitionsgüter unterscheiden sich von anderen produzierten Produktionsmitteln wie Werkstoffe und Halbfabrikate durch ihre längere Lebensdauer. Deshalb muß die Investitionsplanung eines Unternehmens auch notwendigerweise mehrere Jahre umfassen, für diesen Zeitraum sind die Produktionsmöglichkeiten (also die Kapazität) auf die Absatzmöglichkeiten abzustimmen: Die Investitionstätigkeit hängt, von allem anderen einmal abgesehen, von der ***erwarteten Nachfrageentwicklung*** ab. Sie kann nur aufgrund von Beobachtungen der Vergangenheit geschätzt werden, wobei sich Prognosefehler nicht vermeiden lassen. Manchmal werden sie sich in der Volkswirtschaft als Ganzes gegenseitig aufheben, aber nicht immer, dann kommt es zu allgemeinen Schwankungen der Güternachfrage und -produktion. Wir wollen zeigen, daß solche Fehlanpassungen Konjunkturschwankungen erklären können.

11.221 Die verzögerte Anpassung: Der Schweinezyklus

10. Eines der ältesten Beispiele für solche Prognosefehler ist der ***Schweinezyklus***: Angenommen, die Ausgangssituation auf dem Markt für Schweinefleisch ließe sich in Abb. 11.9 durch den Schnittpunkt der (alten) Nachfragekurve N_0 und der Angebotskurve A_l bzw. A_k darstellen. Aus irgendwelchen Gründen verschiebe sich die Nachfrage nach N_1. Da das Angebot an Schweinefleisch relativ preisunelastisch ist, also bei Preissteigerungen kurzfristig nur wenig (entlang der kurzfristigen Angebotskurve A_k) ausgedehnt werden kann, steigt wegen der Nachfrageerhöhung der Preis relativ stark an; in Abb. 11.9 vom Punkt A zum Punkt B.

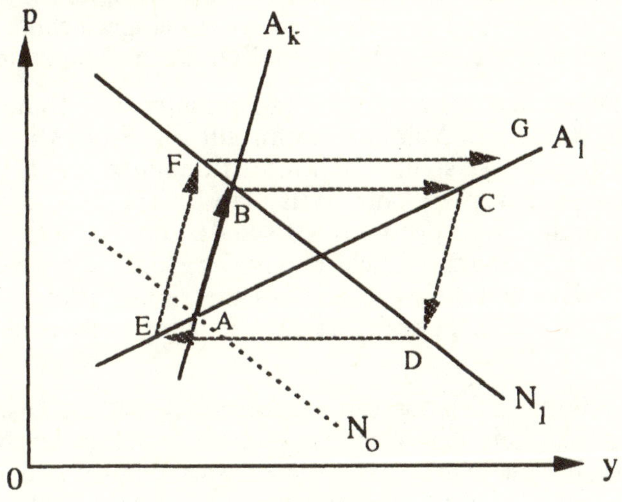

Abb. 11.9

Wenn alle Anbieter diese Politik betreiben, wollen sie Punkt C erreichen, was nur mit einer gewissen zeitlichen Verzögerung möglich ist. C ist aber kein Gleichgewichtspunkt, das vergrößerte Angebot läßt sich zu diesem Preis nicht absetzen. Ohne staatliche Kühlhäuser gibt es nur sehr wenig Möglichkeiten, das Angebot zu variieren: Die Anbieter passen sich entlang einer neuen kurzfristigen Angebotskurve an (in Abb. 11.9 nicht eingezeichnet, sie entspricht dem Reaktionspfeil von C nach D), der Preis sinkt entsprechend stark. Bei diesem niedrigen Preis lohnt sich die Aufzucht von Schweinen kaum, die Anbieter wollen ihr Angebot bis zum Punkt E reduzieren, was wieder eine gewisse Zeit erfordert. Der Punkt E wird aber nicht realisiert, sondern der Punkt F, weil die Nachfrage den Marktpreis bei verringertem Angebot in die Höhe treibt.

11. Die Schweinemästereien werden natürlich versuchen, ihre Produktion auszudehnen. Dazu machen wir zwei zentrale Annahmen:

a) Die Erhöhung des Schweineangebotes erfordere eine bestimmte, relativ lange Zeit, weil die Jungschweine aufgezogen und gemästet werden müssen; während ihr ist eine Variation des Angebotes kaum möglich.

b) Es gäbe viele, voneinander unabhängige Anbieter von Schweinefleisch, die - jeder für sich - den Marktpreis als gegeben annehmen und ihn in die Zukunft extrapolieren: Jeder Produzent richte damit letztlich seine Aufzucht am gegenwärtigen Preis aus.

Solange die Marktteilnehmer nicht lernen, die wirtschaftliche Entwicklung besser einzuschätzen, wiederholt sich dieses Spiel. In Abb. 11.9 sind die Nachfrage- und Angebotskurven so eingezeichnet, daß die Schwankungen von Menge und Preis im Zeitablauf sogar zunehmen.

12. Dieses Phänomen der wiederholten Fehlanpassung finden Sie auf einer ganzen Reihe von Märkten, wenn nur die Produktionsperiode nicht nur relativ lang ist, so daß die Produktion innerhalb dieser Periode kaum angepaßt werden kann. Beispiele für solche Zyklen finden sich deshalb nicht nur in der Landwirtschaft, sondern wahrscheinlich auch auf dem Erdölmarkt (Erschließung der Nordseefelder als Folge des hohen Preises usw.) und sogar bei Lehrern und Professoren (bei denen die "Produktionsperiode" etwa 6-8 Jahre nach dem Lizentiat beträgt).

Solche wiederholten Fehlanpassungen vergeuden natürlich wirtschaftliche Leistungsfähigkeit. Ein wichtiges wirtschaftspolitisches Mittel, sie zu vermeiden, besteht in der staatlichen Preissetzung - auf dem (langfristigen) Gleichgewichtsniveau (!). Entstehen bei dieser Politik *vorübergehend* Angebotsüberhänge, lagert man sie ein, um mit ihnen spätere Nachfrageüberschüsse zu befriedigen. Problematisch wird diese Politik aber dann, wenn es sich um *permanente* Angebots- oder Nachfrageüberschüsse handelt, die auf falsch gesetzte Preise zurückgehen: Versucht der Staat etwa im Rahmen seiner Landwirtschaftspolitik, das Einkommen der Landwirte über die Preise ihrer Produkte zu erhöhen, dann wird er regelmäßig permanente Angebotsüberschüsse und damit die bekannten "Berge" in der Landwirtschaftspolitik hervorrufen.

11.222 Das Akzelerationsprinzip

13. Eine Fehlanpassung der Kapazitäten läßt sich in einer ganzen Volkswirtschaft auch dann beobachten, wenn Investoren die zukünftige Nachfrageentwicklung aus der beobachteten ableiten, so daß letztlich die (Netto-)Investitionen von der beobachteten Nachfrageänderung abhängen. Das bezeichnet man als das ***Akzelerationsprinzip***. Damit es zur Konjunkturerklärung beitragen kann, müssen überhaupt erst einmal Schwankungen des Sozialprodukts dadurch verursacht werden. Dazu

benutzen wir ein ganz einfaches Rechenbeispiel: Nehmen Sie an, die Haushalte würde jeweils 80% ihres letztjährigen Einkommens für Konsumausgaben verwenden,

$$C_t = 0{,}8 \cdot Y_{t-1}$$

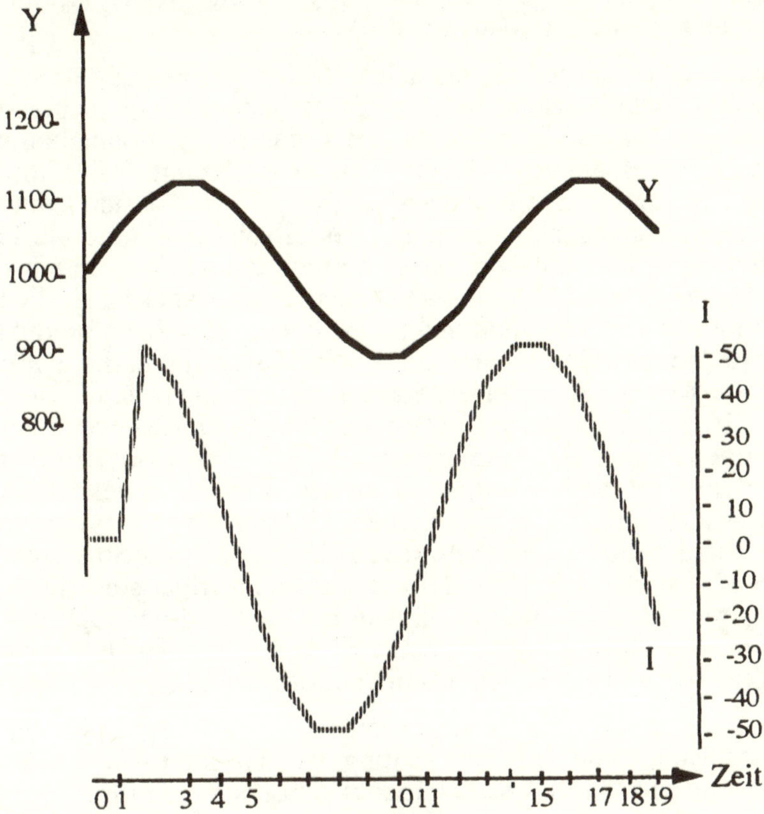

Abb. 11.10

Die Investoren würden die zukünftige Nachfrage gemäß der beobachteten schätzen: Beobachten sie heute eine Nachfrageerhöhung, dann rechnen sie in der nächsten Periode mit einer weiteren und investieren, um ihre Kapazitäten auszudehnen:

$$I_t = \beta \cdot (Y_{t-1} - Y_{t-2})$$

Zum einfacheren Rechnen setzen wir den ***Akzelerator*** $\beta=1$; ökonometrische Untersuchungen lassen vermuten, daß er eher in der Nähe von 4 liegen wird. Befindet sich die Volkswirtschaft zunächst in einer Ruhelage (in der Periode 0 und vorher), in der sich das Sozialprodukt nicht ändert, dann fallen auch keine Nettoinvestitionen an. Wird das

System dann – auch nur ein einziges Mal – gestört (in dem Beispiel durch eine einmalige Erhöhung der Staatsnachfrage um 50), dann werden dauernde Zyklen, die bei den gewählten Funktionen sogar eine konstante Amplitude haben, verursacht. (Die Entwicklung des Sozialprodukts, die aus diesen Annahmen folgt, ist in Tabelle 11.2 ausgerechnet und in Abb. 11.10 dargestellt.)

14. Natürlich ist das nur ein einfaches Rechenbeispiel, das als solches die Realität nicht beschreiben kann. Es hat jedoch einige bemerkenswerte Eigenschaften, die man auch in der praktischen Konjunkturprognose und -politik ausnutzt. Vergleichen Sie doch einmal die Entwicklung der Systemgrößen miteinander: Der private Konsum schwankt proportional zum Einkommen und ist deshalb nicht mehr in Abb. 11.10 eingezeichnet; der Staatskonsum wird durch unsere Annahme bis auf die Störung in Periode 1 konstant gehalten. Interessant ist aber die Entwicklung von Sozialprodukt und Investitionen: Das Sozialprodukt erreicht in den Perioden 3/4 und 17/18 sein Maximum, in den Perioden 10/11 sein Minimum, die Investitionen ihr Maximum in den Perioden 2 und 15/16, ihr Minimum in den Perioden 8/9. Die Extremwerte der Investitionen liegen also immer vor denjenigen des Sozialprodukts. Außerdem sorgt die ***Verlangsamung*** des Wachstums des Sozialprodukts nach Periode 1 oder nach Periode 15 dafür, daß die Investitionen ***sinken*** und damit einen kontraktiven Einfluß auf das Sozialprodukt ausüben; je stärker ihnen das gelingt, um sie niedriger sind sie, desto niedriger ist das Sozialprodukt,bis die Entwicklung umkippt und das Sozialprodukt absolut sinkt. Dasselbe gilt analog für den Übergang aus einer Rezession in einen konjunkturellen Aufschwung.

In der Realität stellt die Berichterstattung deshalb immer wieder auf Wachstumsraten und ihre Entwicklung ab. Man interessiert sich also nicht unmittelbar für das Sozialprodukt selbst, sondern für seinen Anstieg und dafür, wie er sich entwickelt. Das hängt mit diesem Akzelerationsprinzip zusammen: Mit ***positiven*** Investitionen ist nur zu rechnen, wenn das Sozialprodukt ***steigt***, mit ***zunehmenden*** Investitionen nur dann, wenn die Wachstumsrate des Sozialprodukts ***steigt***.

Dieses Akzelerationsprinzip wird zwar von einer ganzen Reihe von anderen Faktoren überlagert, es führt aber trotzdem zu einer prinzipiellen Instabilität der Wirtschaft.

Tabelle 11.2:

Die Wirkungsweise des Akzelerationsprinzips
c=0.8; b=1

Periode	Y	C_{nr}	I	C_{st}
0	1'000	800	0	200
1	1'050	800	0	250
2	1'090	840	50	200
*3	1'112	872	40	200
*4	1'112	890	22	200
5	1'090	890	0	200
6	1'050	872	- 22	200
7	1'000	840	- 40	200
8	950	800	- 50	200
9	910	760	- 50	200
*10	888	728	- 40	200
*11	888	710	- 22	200
12	910	710	0	200
13	950	728	22	200
14	1'000	760	40	200
15	1'050	800	50	200
16	1'090	840	50	200
*17	1'112	872	40	200
*18	1'112	890	22	200
19	1'090	890	0	200

11.3 Die Konjunkturpolitik

11.31 Die Ansatzpunkte der Konjunkturpolitik

15. Mit der Volksabstimmung 1978 ist Art. 31quinquies, der sogenannte Konjunkturartikel, in die Bundesverfassung eingefügt worden; er verlangt vom Bund "Vorkehren für eine ausgeglichene konjunkturelle Entwicklung, insbesondere zur Verhütung und Bekämpfung von Arbeitslosigkeit und Teuerung". Dabei kann der Bund sich der Geld- und Kredit-, der Finanz- und der Aussenwirtschaftspolitik bedienen. In diesem Abschnitt soll die Wirkungsweise dieser Instrumente einer globalen Wirtschaftspolitik charakterisiert werden.

16. Um die Ansatzpunkte der Konjunkturpolitik herauszuarbeiten, betrachten Sie zunächst noch einmal Abb. 11.4 und 11.5: Die einzelnen Komponenten der Nachfrage in einer Volkswirtschaft entwickeln sich während des Konjunkturzyklus durchaus verschieden voneinander, wobei die Konjunkturzyklen vermutlich durch die zeitliche Schwankungen der privaten Investitionsnachfrage verursacht werden.

Zur wirtschaftspolitischen Bekämpfung von Konjunkturschwankungen kann man prinzipiell so vorgehen:

(i) Der Staat nimmt die Entwicklung der privaten Nachfrage als gegeben hin und *kompensiert* sie durch eine entsprechende gegenläufige Variation seiner eigenen Nachfrage. Das geschieht im Rahmen der ***Finanzpolitik*** durch die Erhöhung oder Senkung der Staatsausgaben.

(ii) Der Staat kann versuchen, die private Nachfrage durch geeignete wirtschaftspolitische Mittel zu beeinflussen:

- Die private Investitionsnachfrage hängt u.a. auch von den Finanzierungsmöglichkeiten der Unternehmen ab; also kann er das ***geldpolitische Instrumentarium*** zur Investitionssteuerung einsetzen. Eine andere Möglichkeit besteht darin, im Rahmen der ***Finanzpolitik*** Steuern und/oder Subventionen so zu variieren, daß die Rentabilität von Investitionen in der gewünschten Weise verändert wird.
- Der Staat kann versuchen, die private Konsumnachfrage antizyklisch zu beeinflussen, indem er über Steuervariationen das verfügbare Einkommen der privaten Haushalte entsprechend variiert.

16. Vor allem zum Verständnis der letzten Maßnahme brauchen wir den Einkommens-Kreislauf:

(i) Wir kennen die Berechnung des Sozialprodukt zu Marktpreisen als

(11.1) $E_m = C_{pr} + I_{pr} + G$

Dabei ist E_m das ***Brutto-*** oder das ***Netto***sozialprodukt zu Marktpreisen je nachdem, ob I_{pr} die Brutto- oder Nettoinvestitionen sind.

(ii) Das "Volkseinkommen", d.h. die Gesamtheit aller Einkommen, die dem Haushaltssektor zufliessen, finden wir als

(11.3) $E_f = E_m - T_U$

Hierbei werden von dem Nettosozialprodukt zu Marktpreisen die Unternehmensteuern (=indirekte Steuern) abgezogen; da das das Einkommen der Faktoren ist, spricht man auch von dem ***Sozialprodukt zu Faktorkosten***;

(iii) Das ***private verfügbare Einkommen***, über das die Privaten nach Abzug aller Steuern verfügen können, ist

(11.4) $E_{verf} = E_f - T_H = E_m - (T_U + T_H)$

17. Als spezielle Zielsetzung der Konjunkturpolitik nennt der Konjunkturartikel die Bekämpfung von Arbeitslosigkeit und Teuerung. Hierzu zwei Vor-Überlegungen:

Zur Bestimmung der Beschäftigung, die mit einem bestimmten Sozialprodukt verbunden ist, müssen wir den Arbeitsmarkt genauer analysieren. In Kapitel 5 haben wir dazu die Nachfrage der Unternehmen nach Arbeitskräften abgeleitet. Dabei ist es plausibel, daß ihre Arbeitsnachfrage vom (geplanten) Produktionsvolumen bzw. von den von ihnen erwarteten Absatzmöglichkeiten abhängt, die wir - definitionsgemäß - am Bruttosozialprodukt zu Marktpreisen messen. Deshalb werden wir im folgenden die Wirkungen der Globalpolitik auf die Beschäftigung durch die von ihr bewirkten Veränderungen des Bruttosozialprodukts zu Marktpreisen abschätzen. Aus unseren Überlegungen zum Marktgleichgewicht wissen wir, daß wir Preiserhöhungen immer dann zu erwarten haben, wenn - bei gegebenen Preisen - die Nachfrage das Angebot übersteigt. Mit einer (allgemeinen) Teuerung ist deshalb grundsätzlich dann zu rechnen, wenn ein solcher Nachfrageüberhang auf (fast) allen Gütermärkten besteht. Also untersuchen wir den Einfluß der Globalpolitik auf das Bruttosozialprodukt. - In diesem einführenden Lehrbuch werden wir auf die Angebotsseite nicht eingehen.

11.32 Die Instrumente der Geldpolitik

18. Nach dem Nationalbankgesetz vom 23.12.1953 idF. vom 15.12.1978 hat die Nationalbank eine im Landesinteresse liegende Geldpolitik zu treiben, d.h. sie soll u.a. für Vollbeschäftigung ohne Inflation sorgen. Zur Bekämpfung konjunktureller Ungleichgewichte kann sie die Geldpolitik einsetzen, die sowohl auf die private Investitionsnachfrage als auch auf den privaten Konsum (über die Ersparnisse) ein. Da erfahrungsgemäß der Einfluß der Zinssätze auf das Sparen und damit auf den Konsum sehr gering ist, richtet sich die Geldpolitik primär an die Investoren.

Der Nationalbank stehen für die Geldpolitik zur Verfügung

- die Diskont- und Lombardpolitik,
- die Offenmarkt- und Swappolitik,
- die Mindestreservepolitik,
- die Emissionskontrolle,
- die Abwehr von Geldern aus dem Ausland.

Wir werden hier nicht die außenwirtschaftlichen Verflechtungen und ihre Beeinflussung behandeln und uns auf diejenigen Instrumente beschränken, die allein im Inland wirken.

19. Zur Steuerung der privaten Nachfrage müßte die Nationalbank den von privaten Nichtbanken zu zahlenden Zins beeinflussen. Auf welche Weise kann sie das? Das Nationalbankgesetz ermächtigt sie, Handelswechsel zu den von ihr festzusetzenden Bedingungen zu ***rediskontie-***

ren. Diese ***Diskontpolitik*** gehört zur klassischen Geldpolitik: Da die Banken ihren Liquiditätsbedarf nicht mit völliger Sicherheit voraussehen können, sind sie i.a. darauf angewiesen, sich kurzfristigen Kredit bei der Zentralbank beschaffen zu können. Traditionellerweise benutzen sie dazu Handelswechsel, die Unternehmen bei ihnen diskontiert haben und die sie bei Bedarf ihrerseits bei der Zentralbank rediskontieren lassen können. Die Bedingungen, zu denen das möglich ist, insbesondere der (Re-)Diskontsatz, wird von der Zentralbank festgelegt: Die Diskontpolitik ist also eigentlich eine ***Rediskontpolitik***.

Diese Refinazierung betrifft zwar nur den Rediskont von Handelswechseln, also den kurzfristigen Kredit an die Geschäftsbanken; er wird aber unmittelbar den Zinssatz für kurzfristige Kredite (auf dem Interbanken-Geldmarkt) beeinflussen und darüber die Zinskonditionen, zu denen die Geschäftsbanken ihren Kunden Kredite einräumen.

Da der Rediskont von den Banken benutzt wird, um sich Zentralbankgeld zu beschaffen, kann die Nationalbank mit der Variation des (Re-) Diskontsatzes die Refinanzierung der Banken verteuern oder verbilligen: Je höher die Refinanzierungskosten sind, desto weniger wird eine Bank die Refinanzierungsmöglichkeiten benutzen wollen, desto weniger kann sie ihren Kreditschöpfungsspielraum ausnutzen. (Vgl. Abschnitt 6.2)

Wie man aus dem Kreislaufschema sieht, beeinflußt die Rediskontpolitik der Nationalbank die Güternachfrage und die Beschäftigung nur dann, wenn mindestens eine Nachfragekomponente (meistens die Investitionen) auf Änderungen des Diskontsatzes reagieren. Vor allem grössere Investitionsprojekte werden aber nicht mit einem Wechsel- oder einem anderen kurzfristigen Kredit, sondern mit langfristigem Kredit finanziert: Dann hängt die konjunkturpolitische Wirksamkeit der Diskontpolitik davon ab, ob solche Zinssatzsenkungen für kurzfristigen Kredit auf den Markt für langfristigen Kredit durchschlagen und die Investitionstätigkeit darauf reagiert.

Neben dieser unmittelbaren Wirkung hat die Diskontpolitik noch eine weitere: Mit einer Diskontsatz-Erhöhung geben die Währungsbehörden zu erkennen, daß sie das Volumen der Güternachfrage und damit auch das der laufenden Kreditgewährung für zu hoch halten und deshalb eine kontraktive Politik einschlagen wollen. Banken und potentielle Investoren werden diese wirtschaftspolitische Absicht selbst dann bei ihren Entscheidungen berücksichtigen, wenn sie von der Diskontpolitik unmittelbar überhaupt nicht betroffen sind: Die Diskontpolitik übt in der Realität auch eine ***Signalfunktion*** aus.

20. Bei dem Rediskontgeschäft verkauft eine Geschäftsbank einen

Handelswechsel an die Nationalbank. Das ist dann eine sehr teuere Refinanzierung, wenn die Bank eigentlich nur einen Kredit von wenigen Tagen benötigt, der Wechsel aber noch eine relativ lange Laufzeit hat. Sie wird deshalb versuchen, einen solchen Wechsel (oder ein anderes Wertpapier) nur "beleihen" zu lassen: Sie nimmt einen ***Lombardkredit*** bei der Nationalbank auf, indem sie Wertpapiere verpfändet. - Wegen des unmittelbaren Zusammenhangs mit der Diskontpolitik kann sie nie unabhängig von ihr betrieben werden. Für unsere Zwecke genügt es daher, beide gemeinsam zu betrachten.

21. Einen ähnlichen Ansatzpunkt hat die ***Offenmarktpolitik***. Bei ihr kauft die Nationalbank entweder von den Geschäftsbanken Wertpapiere an oder verkauft ihnen Wertpapiere. Da Wertpapierkäufe und -verkäufe nur einen Aktivtausch innerhalb der Bilanz einer Geschäftsbank bewirken, beeinflußt die Offenmarktpolitik - wie man aus Kapital 6 sieht - primär die Liquidität der Geschäftsbanken. Da die Geschäftsbanken von der Nationalbank nicht gezwungen werden, solche Wertschriften zu kaufen oder zu verkaufen, muß die Nationalbank dafür sorgen, daß solche Geschäfte für die Banken *interessant* sind: Sie wird also attraktive Kurse anbieten müssen, damit diese Geschäfte zustande kommen. Das kann nicht ohne Folgen für das Kursniveau auf dem Kapitalmarkt bleiben - und damit für das (Effektiv-)Zinsniveau, das sich dort einspielt: Durch die Offenmarktpolitik beeinflussen die Währungsbehörden unmittelbar das Zinsniveau am Kapitalmarkt.

Das ist deshalb von Bedeutung, weil die Investitionen großer Unternehmen regelmäßig durch Emission von Schuldverschreibungen am Kapitalmarkt finanziert werden: Mit der Offenmarktpolitik kann die Nationalbank genau den hierfür relevanten Zinssatz beeinflussen.

Üblicherweise schreiben die Notenbankgesetze vor, daß die Notenbank die Offenmarktpolitik nur mit staatlichen Wertpapieren treiben darf, um eine ausreichende Geldversorgung des Landes sicherzustellen. Wirtschaftlich denselben Effekt kann man erzielen, wenn die Währungsbehörden Devisen, d.h. Auslandsguthaben bei ausländischen Banken, kaufen oder verkaufen. Das ist der übliche Weg in der Schweiz, die inländische Geldmenge zu steuern. Genau genommen gehört das nicht zu Offenmarktpolitik, führt aber wirtschaftlich zum gleichen Ergebnis.

22. Die ***Swapgeschäfte*** betreffen unmittelbar den Devisenmarkt: Ob sich die Anlage freier Mittel im Ausland lohnt, hängt für einen Inländer nicht nur vom Verhältnis des in- und des ausländischen Zinssatzes ab, sondern auch mit der Differenz zwischen dem Termin- und Kassakurs für die ausländische Währung.

Bei einem Termingeschäft auf dem Devisenmarkt verpflichtet sich die eine Vertragspartei, der anderen zu einem bestimmten Zeitpunkt (etwa nach einem Vierteljahr) eine bestimmte Summe in ausländischer Währung zu liefern, wobei der Kaufpreis heute schon festgelegt ist. Dieser Kaufpreis nennt man den ***Terminkurs.*** - Entsprechend sind Kassageschäfte dadurch definiert, daß sie Zug um Zug erfüllt werden.

Die Swappolitik der Währungsbehörden besteht nun darin, den Geschäftsbanken für solche Termintransaktionen besondere Bedingungen anzubieten, um sie zu einem kurzzeitigen Geldexport oder -import zu bewegen. Auf diese Einzelheiten werden wir hier nicht eingehen.

23. Ein weiteres Instrument der Geldpolitik der Nationalbank ist die ***Mindestreserve-Politik.*** Nach dem Nationalbankgesetz ist die Nationalbank berechtigt, die Banken zum Unterhalten von Mindestreserven zu verpflichten. In Kap. 6 wurde abgeleitet, daß Banken zur Sicherung ihrer Zahlungsfähigkeit ohnehin in einem bestimmten Ausmaß Reserven bei der Zentralbank unterhalten müssen. Durch die Einforderung bzw. Erhöhung von Mindestreserven kann die Nationalbank die Banken verpflichten, *größere* Reserven zu halten, und das verkleinert die Kreditschöpfungsmöglichkeiten des Bankensystems; das Analoge gilt für die Senkung der Mindestreservesätze. Im Augenblick erhebt die Nationalbank allerdings keine Mindestreserven, so daß eine Ausdehnung der Kreditschöpfungsmöglichkeiten auf diesem Weg nicht zu erreichen ist.

24. Grundsätzlich ist die Nationalbank bei ihrer Geldpolitik nicht nur weitgehend auf die Kooperation der Banken angewiesen, sondern auch auf die Reaktion der "Nicht-Banken". Die Beeinflussung der Güternachfrage gelingt ihr praktisch nur in dem Ausmaß, in dem sie auf die Investitionstätigkeit durchschlägt. Und das ist keineswegs sicher: In der Hochkonjunktur mit Überhitzungserscheinungen wie relativ hohen Inflationsraten, Kapazitätsengpässen usw. gehen Investoren von der Erfahrung aus, daß sie alle Kapazitäten bisher haben voll auslasten können. Je länger sie mit Erweiterungsinvestitionen warten, desto grösser sind einerseits die entgangenen Gewinne, und desto teurer sind - wegen der allgemeinen Preissteigerungen - andererseits die Anlagen, die sie kaufen wollen. In diesen Fällen lohnt es sich, die Investition möglichst frühzeitig durchzuführen - selbst dann, wenn für den Kredit ein hoher Zinssatz zu bezahlen ist: In dieser Konjunkturphase reagiert die Investitionstätigkeit auf eine kontraktive Geldpolitik möglicherweise überhaupt nicht oder nur sehr wenig - mindestens solange, als die Währungsbehörden drastische kontraktive Maßnahmen vermeiden.

Etwas Ähnliches gilt für Zeiten der Rezession, in denen die vorhandenen Kapazitäten allgemein nicht ausgelastet sind: Erweiterungsinvestitionen lohnen sich nur, wenn mit ihnen (erwartete) Absatzmöglichkeiten wahrgenommen werden können. Sind schon die vorhandenen Anlagen nicht ausgelastet, werden Absatzsteigerungen zunächst einmal mit den vorhandenen Kapazitäten befriedigt. Wenn die Währungsbehörden jetzt für einen niedrigen Zinssatz sorgen, werden "überflüssige" Erweiterungsinvestitionen nicht rentabel: Expansive Maßnahmen in einer Rezession bleiben solange wirkungslos, als sich bei den Investoren noch nicht die Zuversicht eingestellt hat, daß Kapazitätserweiterungen wegen zukünftiger Nachfrageerhöhungen erforderlich sind.

11.33 Die Instrumente der Finanzpolitik

25. Unter Finanzpolitik versteht man den systematischen Einsatz der Ausgaben und Einnahmen des Staates, um die Gesamtnachfrage in einer Volkswirtschaft, einzelner ihrer Komponenten oder das Güterangebot zu beeinflussen: Grundsätzlich können alle Posten eines Voranschlags dazu eingesetzt werden.

Wegen der Kompetenzvermutung von Art. 3 BV darf der Bund Ausgaben nur zur Erfüllung derjenigen Aufgaben vornehmen, die ihm nach der Bundesverfassung ausdrücklich zugewiesen sind: In den meisten Fällen hat er nur die Gesetzgebungskompetenz oder fördert die Aufgabenerfüllung durch die Gewährung finanzieller Zuschüsse.

Die Steuern, die der Bund erheben darf, sind in Art. 41bis und 41ter BV aufgeführt; zu den oben erwähnten Verbrauchssteuern hinzu kommt praktisch nur die direkte Bundessteuer, eine progressive Steuer auf das Einkommen natürlicher und juristischer Personen. Über die Aufnahme von Krediten durch den Bund hat schließlich nach Art. 85 Zif. 10 BV die Bundesversammlung zu entscheiden.

26. Erhöht der Staat seine Nachfrage nach Gütern und Dienstleistungen, so beeinflußt er auf diese Weise - wie man aus Abb. 11.3 sieht - direkt die Nachfrage bei den betroffenen Branchen, bei ihnen wird deshalb die Produktion und damit die Beschäftigung zunehmen. Damit steigt aber auch das inländische Einkommen, und wir dürfen davon ausgehen, daß das idR. anregend auf den privaten Konsum wirkt: Die Expansion der Güternachfrage wird insoweit von der staatlichen *und* der privaten Nachfrage getragen.

Daß der expansive Effekt größer als die Erhöhung der Staatsausgaben ist, bezeichnet man im allgemeinen als den ***Multiplikatoreffekt***.

Diese Expansion der Güternachfrage wird noch verstärkt, wenn die Unternehmen wegen dieser Nachfrageerhöhung Kapazitätserhöhungen und damit Investitionen planen.

Passen die Unternehmen daraufhin ihre Produktion an die gestiegene Nachfrage an, dann steigt auch ihre Nachfrage nach Arbeitskräften und damit die Beschäftigung. Abb. 11.11 versucht, auf dem Arbeitsmarkt den Effekt einer solchen Erhöhung der Arbeitsnachfrage der Unternehmen darzustellen. Wegen der Nachfrageerhöhung auf den Gütermärkten verschiebt sich die Nachfragekurve der Unternehmen auf dem Arbeitsmarkt etwa von N_0 auf N_1. Bei gegebener Angebotskurve der Arbeiter steigen daraufhin Lohnsatz und Beschäftigung auf w_1 bzw. A_1.

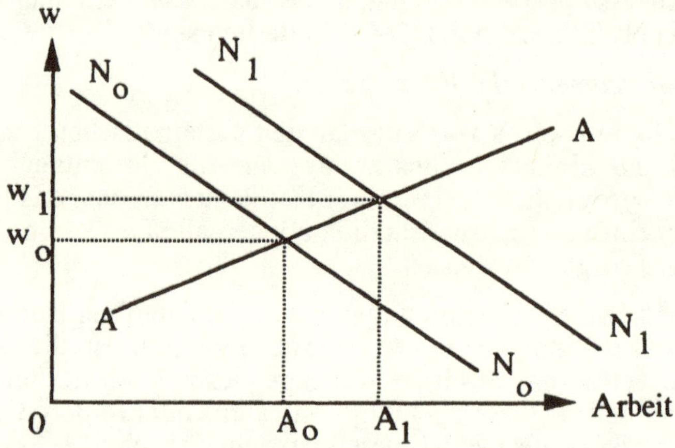

Abb. 11.11

Das Ausmaß der Beschäftigungserhöhung hängt also ab einerseits von der Verschiebung der Nachfragekurve, andererseits von der Steigung der Kurven, also von der Preiselastizität des Angebots und der Nachfrage: Je unelastischer die Arbeitsnachfrage und je elastischer das Arbeitsangebot ist, desto kleiner sind die Lohnsatzerhöhungen, umso stärker steigt die Beschäftigung. Daraus folgt u.a., daß eine expansive Wirtschaftspolitik in einer Unterbeschäftigung bei reichlichem Arbeitsangebot die Beschäftigung relativ stark erhöht, während dieselbe Politik in Zeiten der Vollbeschäftigung sich nur in Lohnsatzerhöhungen niederschlägt.

27. Schwieriger ist die Situation bei der Steuerpolitik: Durch Steuersenkungen kann der Staat zwar z.B. dafür sorgen, daß das private verfügbare Einkommen um die Steuersenkung höher als sonst ist. Im allgemeinen darf man dann eine entsprechende Erhöhung der privaten Konsumnachfrage erwarten, was sich möglicherweise sogar auf die private Investitionstätigkeit auswirkt. Aber: Ob eine solche Steuersenkung tatsächlich diesen Erfolg hat, hängt von dem ***Verhalten der Privaten*** ab: Wenn sie z.B. in einer Rezession den Verlust ihres Arbeitsplatzes befürchten, werden sie mehr sparen und nicht ihren Konsum erhöhen. Der Staat ist insoweit abhängig von der (unsicheren) Reaktion der Betroffenen.

Man könnte geneigt sein anzunehmen, dieses Problem würde bei Steuererhöhungen nicht auftreten, wenn der Staat in der Hochkonjunktur die Güternachfrage abbremsen will: Zwar führen Steuererhöhungen immer zu einer entsprechenden Verringerung des verfügbaren Einkommens. Zu einer Reduktion der Nachfrage kommt es dann aber nicht unbedingt - dann nämlich nicht, wenn die Haushalte das durch Auflösen von Sparguthaben oder durch Kreditaufnahme kompensieren, und damit ist in Zeiten der Hochkonjunktur zu rechnen:

Sie haben sicherlich schon die folgende Argumentation gehört: Wenn die Inflationsraten - wie das in der Hochkonjunktur leicht vorkommt - zwischen 5 und 10 % liegen, dann lohnt sich das Sparen nicht, weil der Kaufkraftverlust durch die Inflation jede Verzinsung des Guthabens auffrißt. Dann lohnt es sich aber auch nicht, Vermögen in Form von Sparguthaben, Wertschriften usw. zu halten, man muß vielmehr alle Güter, die man später einmal kaufen möchte, möglichst früh und u.U. sogar auf Kredit kaufen, man profitiert dann nicht nur davon, daß man noch zu niedrigeren Preisen kauft, man kann den Kredit auch "mit entwertetem Geld" und wegen der inflationären Einkommenserhöhungen leichter zurückzahlen. Das bezeichnet man als die ***Flucht in die Sachwerte***. Sie hat den unangenehmen Effekt, daß die Güternachfrage gerade in der Zeit überschäumender Konjunktur zusätzlich erhöht wird.

28. In neuerer Zeit sind Zweifel an der Wirksamkeit etwa einer expansiven Finanzpolitik aufgetaucht. Sie werden begründet u.a. daran, daß Staatsbürger durchaus längerfristig planen und dabei die Aktionen des Staates einkalkulieren. Das soll an einem Beispiel dargestellt werden:

Nehmen Sie an, zur Bekämpfung einer Arbeitslosigkeit wolle der Staat die Güternachfrage in einer Volkswirtschaft erhöhen. Dazu kann er seine eigene Ausgaben erhöhen (=Arbeitsbeschaffungs-Programme) oder Steuern senken. Beide Maßnahmen führen dazu, daß die Staatsausgaben nicht mehr vollständig durch Steuereinnahmen finanziert werden können, es kommt zu einem Haushaltdefizit. Die Reaktion der Staatsbürger auf dieses Haushaltsdefizit haben wir bisher vernachlässigt. Wie wird sie ausfallen? Wenn sie sich gar nicht darum kümmern, wird diese Fiskalpolitik wahrscheinlich den angestrebten Erfolg haben, wie wir es oben beschrieben haben. Möglicherweise rechnen sie sich aber aus, daß die Staatsschulden verzinst und getilgt werden müssen und daß der Staat dazu die zukünftige Steuerlast erhöhen muß. Wenn sie hiervon überzeugt sind, werden sie alles tun, um der späteren Steuerbelastung auszuweichen; dazu sollten sie vor allem heute nicht investieren und später zu versteuerndes Einkommen beziehen: Diese "expansive" Fiskalpolitik wird auf diese Weise mindestens zum Teil durch das Zurückhalten der Investoren neutralisiert. Dabei nützt der Hinweis gar nichts, daß Staatsschulden aller Erfahrung nach im Durchschnitt nie zurückgezahlt, sondern daß fällige Schuldtitel stets durch die Neuemission neuer Titel finanziert werden. Dieser kontraktive Effekt hängt eben von den Erwartungen der Investoren ab und nicht davon, ob sie objektiv richtig oder falsch sind.

29. Wir haben oben bei der Darstellung der schweizerischen Finanzverfassung bereits darauf hingewiesen, daß der Bund nach Art. 42ter BV den Finanzausgleich zwischen den Kantonen zu fördern und darauf insbesondere bei der Gewährung von Bundesbeiträgen Rücksicht zu nehmen hat. Tatsächlich besteht der Bundeshaushalt zu einen erheblichen Anteil (zu etwa 2 Drittel) aus Übertragungen an Kantone, Gemeinden und Private. Die Übertragungen an Private kann man als negative Steuern auffassen, insofern erübrigt sich ihre besondere Behandlung. Bei der Beurteilung der konjunkturellen Wirksamkeit der Übertragungen an die öffentliche Hand kommt es eigentlich nur auf die gesamten Staatsausgaben und -einnahmen an, ihre Aufteilung in Bund, Kantone und Gemeinden ist Gegenstand des Finanzausgleichs.

Literatur

Andel, N. (1977), Nutzen-Kosten-Analyse, in: Handbuch der Finanzwissenschaft, 3. Auflage, Tübingen,

Bartling, H. and F. Luzius (1981), Grundzüge der Volkswirtschaftslehre, 3. Auflage, München; 5. Auflage, München 1986,

Beck, B. (1983), Lange Wellen wirtschaftlichen Wachstums in der Schweiz, 1814-1913, Bern, Stuttgart,

Bohm, P. (1972), Estimating Demand for Public Goods: An Experiment, in: European Economic Review vol. 3, p. 111-130,

Clark, J. M. (1963), Competition as a Dynamic Process, Washington (D.C.),

Coase, R. (1960), The Problem of Social Costs, Journal of Law and Economics, vol. 3, p. 1-44,

Eidgenössisches Statistisches Amt (1967), Methoden und Quellen der Nationalen Buchhaltung in der Schweiz, Bern,

Eidgenössisches Statistisches Amt (1971), Stand der Nationalen Buchhaltung 1970, Bern, S. 458 ff.,

Eidgenössisches Statistisches Amt (1976), Die Nationale Buchhaltung der Schweiz 1968 bis 1974, Bern, S. 57 ff.,

Einarsen, J. (1953), Reinvestment Cycles, abgedruckt in: Hansen, A. H. and R. V. Clemence, Readings in Busisness Cycle Theory and National Inceome, London,

Engel, E. (1857), Die Productions- und Consumptionsverhältnisse des Königreichs Sachsen, in; Zeitschrift des Statistischen Bureaus des Königl. Sächsischen Ministerium des Innern, Heft 8 und 9,

Fisher, I. , Brown, H. G. and I. Stecker (1916), Die Kaufkraft des Geldes, Berlin,

Funck, H. J. (1983), Geld, 2. Auflage, Frankfurt a. A.,

Gerfin, H., und P. Heinmann (1988), Elastizität, in: Handwörterbuch der Wirtschaftswissenschaften, Band 2, Stuttgart u.a.,

Giersch, H. (1960), Allgemeine Wirtschaftspolitik, Band 1, 1. Auflage,Wiesbaden,

Gutenberg, E. (1971), Grundlagen der Betriebswirtschaftslehre, Band I: Die Produktion, 18. Auflage, Berlin, Heidelberg, New York,

Hesse, H. (1977), Nutzen-Kosten-Analyse, in: Handbuch der Wirtschaftswissenschaften, Band 5, Stuttgart u.a., S. 361 ff.,

Hirsch, W. Z. (1979), Law and Economics, New York, London, Toronto, Sydney, San Francisco,

Janssen, M. E. und K. Hummler (1979), Bundesverfassung und Verfassungsentwurf: Eine ökonomisch-rechtliche Analyse, Zürich,

Keynes, J. M. (1936/1957), A General Theory of Employment, Interest, and Money, London, New York,

König, H. (1988/1978), Konsumfunktionen, in: Handwörterbuch der Wirtschaftswissenschaften, Band 4 , Stuttgart, New York, Tübingen, Göttingen, Zürich, S. 513-527,

Krelle. W. (1961), Preistheorie, Tübingen, Zürich,

Lerner, A. P. (1934), The Concept of Monopoly and the Measurement of Monopoly Power,angedruckt in: A. P. Lerner (Ed.), Essays in Economic Analysis, London 1953, p. 3-37,

Matter, A. (1986), Lockvogeldebatte in einer Sackgasse? in: Neue Zürcher Zeitung Nr. 186 vom 14.8.1986,

Musgrave, R. A. (1959/1969), The Theory of Public Finance, New York, Deutsche Übersetzung: Finanzwirtschaft, 2. Auflage, Tübingen,

Ott, A. E. (1980), Marktformen, in: Handwörterbuch der Wirtschaftswissenschaften, Band 5, Stuttgart usw., S. 104-117,

Pütz, Th. (1974), Grundlagen der theoretischen Wirtschaftspolitik, 2. Auflage, Stuttgart,

Quesnay, F. (1758), Tableau Economique, Paris,

Samuelson, P. A. (1975), Volkswirtschaftslehre, I. Band, 6. Auflage, Köln,

Say, J. B. (1803), Traité d'Economie Politique, Paris,

Schneider, H. (1986), Mikroökonomie, 4. Auflage, München,

Schrader, W. H. (1976), Konventionen, in Ritter,J. und K. Gründer (Hrg.), Historisches Wörterbuch der Philosophie, Band 4, Darmstadt, S. 1071/2,

Schumpeter, J. A. (1972), Kapitalismus, Sozialismus und Demokratie, ins Deutsche übersetzt von S. Preiswerk, 3. Auflage, München,

Schwabe, H. (1868), Das Verhältnis von Miete und Einkommen in Berlin und seine Entwicklung, Berlin,

Sharpe, M. E. (1966), Planning, Profit, and Incentives in the USSR, vol. I: The Liberman Discussion, New York,

Slutsky, E. E. (1965), Zur Theorie des Verbraucherbudgets, abgedruckt in A. E. Ott (Hrg.), Preistheorie, Berlin, S. 87-116,

Smith, A. (1776), An Inquiry into the Nature and Causes of the Wealth of Nations, London,

Stackelberg, H. v. (1948), Grundlagen der theoretischen Volkswirtschaftslehre, Bern,

Statistisches Amt der Europäischen Gemeinschaften (1970), Europäisches System Volkswirtschaftlicher Gesamtrechnungen, Luxemburg,

Stolper, G., Häuser, K., und K. Borchardt (1966), Deutsche Wirtschaft seit 1870, 2. Auflage,Tübingen,

Streit, M. E. (1982), Theorie der Wirtschaftspolitik, 2. Auflage, Düsseldorf,

Stucken, R. (1953), Deutsche Geld- und Kreditpolitik 1914-1953, 2. Auflage, Tübingen,

Theil, H. (1975), Theory and Measurement of Consumer Demand, Amsterdam, Oxford, New York,

Triffin, R. (1940), Monopolistic Competition and General Equilibrium Theory, Cambridge (Mass.),

Weber, M. (1922), Wirtschaft und Gesellschaft, Neudruck 1964,

Weizsäcker. C. Chr. v. (1980), Barriers to Entry, Berlin, Heidelberg, New York,

Wicksell, K. (1922/1928), Vorlesungen über Nationalökonomie auf Grundlage des Marginalprinzips, 2. Band, 2. Auflage, Jena,

Woll, A. (1972), Das Konzept der workable competition, in: WISU Bd. 1, S. 15-20.

Ablaufpolitik, 5, 140
Abschreibungen, 10
Akzelerationsprinzip, 283
Allgemeinverbindlichkeitserklärung, 36
Allokationspolitik, 160
Als-ob-Konzept, 216
Amoroso-Robinson-Formel, 185, 225
Angebotsfunktion, 72, 88
Angebotskurve, 46
Angebotsmenge, gewinnmaximale, 185
Angebotsüberschuß, 47, 93
Annuitätenmethode, 118
Anpassungsgewinne, 28
Anreize, 266
Antiselektion, 241
Anweisungen,verwaltungswirtschaftliche 23
Äquivalenzprinzip, 266
Arbeit, 101, 106
Arbeit: beschränkte Mobilität, 103
Arbeitslosigkeit, 102
Arbeitslosigkeit, freiwillige, 104
Arbeitslosigkeit, unfreiwillige, 105 .
Arbeitsmarkt, 98;
Arbeitsschutz, 32
Aufklärungspflicht, 232
Auflagen, 259
Ausschlußprinzip , 245
Ausbringung, gewinnmaximale , 183
Barwert, 118
Bauerwartungsland, 109
Bauzyklus, 277
Bedürfnisse, 1
Beiträge, 262
Bereich, monopolistischer, 189
Bestandsmarkt, 106
Besteuerung, fiskalische, 262
Betrieb, 9
Betriebswirtschaftslehre, 6
Bevölkerung im erwerbsfähigen Alter, 103
Bilanz, 9
Bilanzgerade, 58, 62,114
Boden, 106
Bodenwertzuwachs-Steuer, 261
Bohm, 251
Budgetrestriktion, 58
Bund: Aufgaben, 41
Bund: Steuern, 42
Cambridge-Gleichung 134
ceteris-paribus-Bedingung, 51
chartists, 44
Clark, 207
Coase, 246
Cournot, 186, 199
Diktator, 145
Diskontpolitik, 289
Durchschnittskosten, 75, 187
Echoprinzip, 279
Edgeworth-Box, 149
Effektivverzinsung, 130
Effizienz der Produktion, 153
Eigenkapital., 9
Eigennachfrage, 108
Eigentumsrechte, 4,31,245
Einarsen, 279
Einfuhrzölle, 172
Einkommen, 4, 9, 11
Einkommensverteilung, 98
Einkommen, privates verfügbares 16, 287
Einkommenseffekt, 51, 66, 67
Einkommenselastizität, 52,64
Einkommenskreislauf, 7
Einkommensverwendung, 35
Elementarmärkte, 176
Endprodukte, 8
Entscheidungseinheiten, 3
Entscheidungen, 2
Erfolgsrechnung, 10

Erlösfunktion, 73,88,181
Ersatznachfrage für Autos, 279
Ersatzinvestitions-Zyklen, 279
Ersparnis, 58
Ertrag, 73
Ertragsbilanz, 19
Export, 17
Externalitäten, 161
Externe Effekte, 245, 247
Externe Effekte privater Güter, 252
Faktorbox, 150
Faktorkombination, optimale, 83
Faktormärkte, 97
Faktorpreisänderungen, 84
Finanzausgleich, 39, 42
Finanzierungsdefizit, 13, 17
Finanzpolitik, 141, 287, 292
Finanzverfassung, 38
Fortschritt, technischer 204
Freizeit, 99
Fremdnachfrage, 107
Frühstücks-Kartelle, 210
Fusion, 195, 210
fundamentalists, 45
Gebühren, 262
Gewinnschwelle, 88, 183
Geld: Buchgeld, 123
Geld: Stückgeld, 123
Geldfunktionen, 120
Geldillusion, 64, 105
Geldmarkt, 127, 128
Geldmenge, 123
Geldpolitik, 141, 287, 288
Geldschöpfung, 124
Geldströme, 4, 7
Geldverfassung, 36
Gesamtangebotskurve, 91
Gesamtarbeitsverträge, allgemein-Verbindlichkeit, 105
Gesamteffekt, 69
Gesamtkosten, 75
Gesamtnachfragekurve, 91
Gesamtrechnung, volkswirtschaftliche, 19
Geschäftsbank, 123, 125
Gesetz der abnehmenden Grenzrate der Substitution, 61
Gesetz gegen unlauteren Wettbewerb, 234
Gewinn, 9, 72, 88
Gewinn, einbehaltener, 14
Gewinnfunktion, 182
Gewinnmaximum, 72, 88
Gleichgewicht, 47, 72, 90, 91, 102
Gleichgewichtspreis, 90
Globalpolitik, 141
Gold, 121
Goldkernwährung, 122
Goldparität., 122
Goldumlaufwährung, 122
Goldwährung, 122
Grenzkosten, 77
Grenzrate der Substitution, 60, 152
Grenzerlös, 184
Grenzerlösfunktion, 185, 213
Grenzkosten-Preise, 227
Grenzrate der (technischen) Substitution, 81
Grenzrate der Transformation, 152, 155
Grossistensteuer, 171
Güter, heterogene, 50;
Güter, homogene, 53, 176
Güter, inferiore 53
Güter, komplementäre, 52
Güter, öffentliche, 248
Güter, substituierbare 52
Güter, superiore, 53
Güterangebot, 72
Güterbündel, 52
Gütergruppen, 54
Gütermärkte, 43
Güterströme, 3, 8
Handeln, 43

Handels- und Gewerbefreiheit: 31
Handelsbilanz, 18
Handelsoptimum, 148, 152
Handlung, 146
Haushalte, 3
Haushaltsgleichgewicht., 63
Höchstpreise, 164, 165, 213
Horten, 137
Hypothek, 109
Idealtypus, 162
Import, 17
imperative Planung, 143
Importkontingente, 170
Indifferenzkurve, 60
Information, asymmetrische, 244
Interessiertheit, materielle, 28
incremental policy, 249
Indifferenzkurvensystem, 61
Indifferenzrelation, 59
Inflation, 37
Information, 28, 229
Information, unvollständige 160, 229, 236
Inlandprodukt, 272
Input-Output-Analyse, 24
Instrument, direktes ablaufpolitisches 163
Instrument, makropolitisches 142
Instrument, wirtschaftspolitisches, 140;
Interbanken-Geldmarkt, 127
Internalisierung, 257
Investitionsgüter, 9, 13
Investitionen, 10, 13, 275
Irrtum, 34
IS-Kurve, 117
IS-LM-Modell, 131
Isoquante, 81
Isokostenlinie, 82
Kapitalmarkt, 17, 18
Kalkulationszinsfuß, 109
Kapazitätsengpässe, 88
Kapitalimporte, 18
Kapitalmarkt, Unvollkommenheit des, 198
Kapitalverkehrsbilanz, 19
Kapitalwert, 118
Kartellgesetz, 209
Kartellvertrag, 191
Kaufvertrag, 25
Kaufvertragsrecht, 32
klassischer Bereich, 133
Knappheit, 1, 62
Kollektivmonopol, 191
Konjunkturtheorien, 275
Konjunkturphänomen, 271
Konjunkturpolitik, 271, 286
Konjunkturzyklus, 277
Konkurrenz, monopolistische, 181, 188, 189
Konkurrenz, potentielle, 192, 193, 196
Konkurrenz, vollständige, 181, 190
Konsequenzen, 43
Konsumausgaben, 13
Konsumentensouveränität., 154
Konsumentenpreisindex, 66
Konsumentenrente, 170
Konsumentenschutz, 229, 230
Konsumfunktion, 112
Konsumgüter, 9
Konsumneigung, 113
Konsumwahl, 35, 153
Kondratieff, 277
Konventionen, 22
Konzern, 210
Kooperation, stillschweigende, 191
Koordination, ex-ante, 24;
Koordination, ex-post, 26
Kosten, 73;
Kosten, fixe, 76;
Kosten, soziale, 252, 253

Kosten, variable, 76
Kostenarten, 74
Kostendegression, 203
Kostenfunktion, 74, 86, 88
Kostenkontrolle, 78, 80
Kostenminimierung, 78
Kosten-Nutzen-Analyse, 249
Kostenprinzip, 216
Kostenprognose, 74
Kostenstelle, 80
Kostenstruktur, 204
Kreditmarktgleichgewicht, 135
Kreditmarkttheorie, 135
Kreditschöpfung, 126
Kreditschöpfungsmultiplikator, 127
Kreislauf, 3
Kreuzpreiselastizität, 51, 177, 191
kritische Menge, 204
Kursentwicklung, 130
Kursgewinn, 130
Kuznet, 278
Lagerhaltungszyklus, 277
Leistungsauftrag, 222
Leistungsbereitschaft, 28
Lenkungsabgaben, 141
Leontief, 24
Lerner'sche Monopolgrad, 188
Liberman, 28
Liquidität, freie, 126
Liquiditätsfalle, 132
LM-Kurve, 131
Lockvogelpolitik, 235
Lohnbildung, 98
Lohnverhandlungen, kollektive, 98
Lombardkredit, 290
Markenartikel, 230
Markt, 175
Marktabgrenzung, 177
Marktanteil, 191
Markteintritt, 158, 192
Marktform, 175, 217
Marktgleichgewicht, 152
Marktkomplex, 176, 188
Marktmorphologie, 178, 193
Marktverfassung, 32
Marktverhalten, 179
Marktversagen, 159
Marktwirtschaft, 2, 5, 25, 43, 162;
Marktzins, 136
Marktzugang, 196
Maßnahme, direkte ablaufpolitische , 140
Maßnahme, indirekte ablaufpolitische, 141, 171
Materialbilanzen, 24
Mengengerüst, 78
Mengenkontrollen, 141
Mengenregulationen, 170
Minimalkostenkombination, 83
Mieterschutz, 216
Mindestreserve-Politik, 291
Mindestpreise, 166
Mindestreserven, 126
Minimalkostenkombination, 153
Mischkalkulation, 235
Mischformen, 27
Mitbestimmung, 32
Monopol, 160, 175, 181, 195, 198, 199, 213
Monopol, natürliches, 192, 193; 196
Monopol, reines, 181;
Monopol, Ursache, 192
Monopolgewinne, 261
Monopolgrad, 200
Montanunion, 208
Multiplikator, 112, 115
Nachfrage eines Haushalts, 57
Nachfragekurve, Verschiebung der, 71
Nachfrageüberhang, 213
Nachfrageelastizitäten, 49, 55
Nachfragekurve, 48, 71

Nachfrageüberschuß, 47, 92, 164
Nationalbank, 36, 124
Nationalbank: Direktorium, 37
Nationale Buchhaltung, 19
Netto-Kapitalexport, 18
Netto-Vermögen, 10
Nettosozialprodukt zu Marktpreisen, 287
Nominalzins, 129
Notenbank, 36
Nutzen-Kosten-Analyse, 268
Nutzenfunktion, 63
Offenmarktpolitik, 290
Ökonometrie, 57
Oligopol, 181, 190
Optimum, sozialökonomisches 146, 148, 199
Ordnungspolitik, 5
Ordnung, teilweise 147
Ordnungspolitik, 21, 140
overshooting, 110
Papiergeld, 121
Papierwährung, 122
Pareto-Kriterium, 33, 34, 145
Pareto-Optimum, 146
Patentschutzes, 198, 206
Planung, indikative, 142
Polypol, 181, 189
Präferenzen, 94, 190
Präferenzordnung, 59
Präferenzrelation, 59
Preisänderung, 65
Preisbildung, 180
Preisbindung der zweiten Hand, 210
Preisdifferenzierung, monopolistische, 226
Preisdiskriminierung, 184
Preiselastizität der Nachfrage, direkte, 49
Preiskampf, 196
Preiskontrollen, 140
Preisregulationen, 163
Preisstarrheit, 191
Preisüberwachung, 212
Preisüberwachungsgesetz, 215
Privateigentum, 25, 245
Prinzip der Wirtschaftlichkeit, 80
Produzentenrente, 168
Produktionsfaktoren, primäre, 2, 106
Produktionsstruktur, optimale, 149
Produktionsstruktur, Verzerrung der, 203
Produktionsmaximum, 148
Produktionsfunktion, 74, 79;
Produktionsfunktion, limitationale, 81
Produktionsfunktion, substitutionale 81
Produktionsfaktoren, 79;
Produktionsfaktoren, primäre, 79; Produktionsmittel, produzierte, 2, 79
Produktionsverfassung, 31
Prognose, 44
Pseudo-Nachfragekurve, 252
Pütz, 5, 31, 141
Quantitätstheorie, 134
Quesnay, 12
Realkonsum, 99
Realtypus, 23, 162
Recheneinheit, 120
Recht, 22
Rechtssicherheit, 34
Regulationen, 193, 198, 259, 269
Reservesatz, 126
Risiko, 237
Risiko, moralisches, 241
Risiko, soziales, 240
Risiko-Neutralität, 239
Saldomethode, 207
Sättigung, 59
Say'sche Gesetz, 13, 137

Say, 12
Schaden, 253
Schwankungen, saisonale, 44, 277
Schweinezyklus, 94, 281
Siegenthaler, 278
Sitten, 22
Slutsky, 114
soziale Wohlfahrtsfunktion, 145
Sonderangebote, 234
soziale Wohlfahrtsfunktion, paretianische, 146
sozialökonomischem Optimum, 152
Sozialprodukt 11, 272
Sozialprodukt zu Faktorkosten., 16, 287
Sozialprodukt zu Marktpreisen., 16
Sparkassen, 120
Sparen, 13, 113
Sparmotive, 113
Spekulationsmotiv, 129
Staatsausgaben für Güter und Dienste, 15
Staatsverschuldung, 37
Stabilisierungspolitik, 161
Standardabweichung, 239
Steuern, 15, 262
Steuerpolitik, interventionistische, 263
Strukturpolitik, 142
Stückgewinn, 187
Stückkosten, 75
Subventionen, 15, 267
Subordination der Individuen, 23
Substituierbarkeit, beschränkte, 82
Substitutionseffekt, 50, 66, 67, 86
Substitutionslücke, 178, 218
Swapgeschäfte, 290
Tarifautonomie, 36
Täuschung, 232
Teuerungsausgleich, 66
Theorie, normative, 143
Transaktionsmotiv, 129
Transfers, 15
Transformationskurve, 151
Trend, 44,
Trennsystem, 39
Triffin', 178
Trittbrettfahrer-Verhalten, 241, 250
Überschußkasse, 126
Überwälzung, 264
Umlaufgeschwindigkeit, 134
Unsicherheit, 237, 242
Unternehmen, 3
Unternehmen, öffentliche, 221
Unternehmensformen, 31
v.Stackelberg, 176
Verfügungsrecht, 32
Vermögensmaximierung, 117
Versteigerung von Kontingenten, 171, 260
Verbotsprinzip, 210
Verbrauchsteuer, spezielle,171
Verbundsystem, 39
Verfahren, kapitalintensive 204
Vergleichsmarkt-Prinzip, 216
Vermögen, 113
Versicherung, 237
Verstaatlichung, 257
Versteigerung, 267
Verteilungspolitik, 162
Vertragsfreiheit, 25
Vertragsrecht, 245
Volkseinkommen, 9, 11, 287
Volkswirtschaft, geschlossene, ohne staatliche Aktivität, 4,7
Volkswirtschaft, offene, 17
Volkswirtschaft, geschlossene mit staatlicher Aktivität., 15
Volkswirtschaftslehre, 6

Volkswirtschaftsplan 24;
Vollbeschäftigung, 153
Vorleistungen, 11, 18
Vorsichtsmotiv, 129
Vorteile der Massenproduktion, 203
Vorteile der Marktwirtschaft, 27
Warengeld, 120
Warenumsatzsteuer, 171
Wechselkursen, flexible, 38
Werbung, 231
Wertschöpfung, 11
Wertaufbewahrungsfunktion, 120
Wettbewerb, funktionsfähiger, 36, 203, 207
Wettbewerbspolitik, 175, 209
Wirtschaftsordnung, 4, 21; 31
Wirtschaftspläne, 92
Wirtschaftspolitik, 5, 139;
Wirtschaftspolitik, interventionistische, 159
Wirtschaftspolitik, rationale, 144
Wohlfahrtsfunktion, soziale, 144
Wohlfahrtstheorie, 143
Zahlungssitten, 126
Zahlungsbilanz, 18
Zahlungsmittelfunktion, 120
Zahlungsverkehr, bargeldloser, 124
Zeitreihen-Analyse, 44
Zentrales Planungsbüro, 23
Zentralverwaltungswirtschaft, 4, 23, 162
Zentralbank, 123
Zielabweichung, 140
Ziele, wirtschaftspolitische, 143
Zins, natürlicher, 137

www.ingramcontent.com/pod-product-compliance
Lightning Source LLC
LaVergne TN
LVHW042233300926
849161LV00003B/338